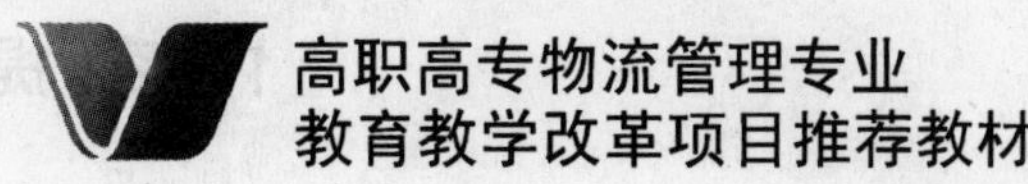

高职高专物流管理专业
教育教学改革项目推荐教材

企业物流管理

主　编　姜志遥　曹玉华
副主编　陈　岩　张玉嵩
主　审　陈志刚

人民交通出版社

内容提要

依托**教育部高职高专物流管理专业教育教学改革研究项目**，由项目负责人上海第二工业大学黄中鼎教授牵头，组织多所院校的专家编写了本套推荐教材。本书为其中之一。

本书从企业物流系统的角度出发，介绍了企业在生产经营过程中的采购与供应物流、仓储管理、库存控制、生产物流、销售物流及回收与废弃物物流等内容，使学习者能够清晰地把握企业物流管理的各项内容。

本书结构完整，分为企业物流管理基础篇、实务篇和技术篇，讲述企业物流管理的基本理论与基本模式，分析企业物流管理的操作内容，介绍企业物流的实用技术。

本书吸收了国内外企业物流管理理论和技术的最新成果，适用于高等职业院校物流管理专业和相关专业的教学，也可供生产企业和流通企业人员继续教育及从事物流工作的人员阅读。

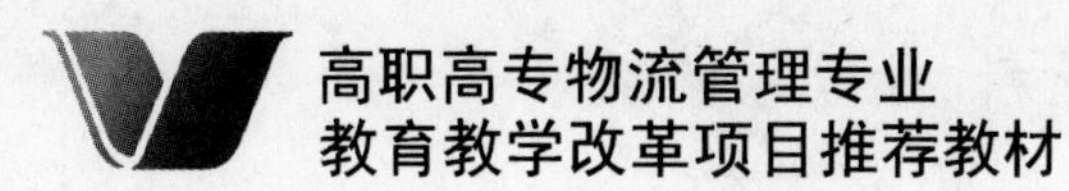

编委会 BIAN WEI HUI

前言 QIAN YAN

依托教育部高职高专物流管理专业教育教学改革研究项目，由项目负责人上海第二工业大学黄中鼎教授牵头，组织多所院校的专家编写了本套推荐教材。本书为其中之一。

企业物流管理是我国现代企业管理的重要组成部分，也是宏观物流管理的基础。随着市场竞争的加剧，加强物流管理意识，积极采用先进的物流组织和管理技术，已经成为降低企业成本，提高企业效率和效益的一条重要途径。

在现代社会中，企业是物流活动的主要承担者，其自身的物流活动最频繁、最重要、最有代表性，提升企业物流管理水平意义也最为显著。实际上，企业物流管理在很多企业中还停留在纸笔时代，有些企业虽然配备了电脑，但没有形成系统，更没有形成网络，同时在物流运作中也缺乏对 EDI、个人电脑、人工智能、专家系统、通信、条形码和扫描等先进信息技术的应用。企业物流管理就是针对企业内部和外部的相关物流活动，进行科学合理的计划、组织、协调与控制，以最低的物流成本达到顾客满意的服务水平，使物流更好地为实现企业目标服务。

本书共分为三大部分：第一部分（第一章至第三章），主要介绍企业物流管理、企业物流组织机构、企业物流规划和企业物流业务外包的基本概况；第二部分（第四章至第九章），主要介绍企业物流管理系统各组成部分的管理实务；第三部分（第十章和第十一章），主要介绍企业物流管理所涉及的相关物流技术。在编写过程中充分注重高等职业教育的特点，以培养学生的应用能力为宗旨，在基本理论适度、够用的基础上着重理论知识应用及实际问题的解决方法。本书适用于高等职业院校物流管理专业和相关专业的教学，也可供生产企业和流通企业人员继续教育及从事物流工作的人员阅读。

本书由姜志遥、曹玉华担任主编，陈岩，张玉嵩担任副主编，上海第二工业大学陈志刚老师担任主审。第一章、第二章、第四章、第五章、第八章和第十章由姜志遥编写，第六章和第七章由曹玉华编写，第三章和第九章由张玉嵩编写，第十一章由陈岩编写，最后由姜志遥负责统稿，在编写过程中还得到了华晨宝马公司李军的帮助，在此表示感谢。

本书在编写过程中力图反映企业物流管理的最新知识，但限于教材的结构和面向对象以及时间、学识水平和经验，错误和缺点在所难免，恳请业内专家学者、广大读者批评指正。

编　　者

2007 年 8 月

目录 MU LU

第一章 企业物流管理概论

学习要求

在对企业物流管理活动及职能有了全面了解和掌握的基础上，明确企业物流的作业目标、企业物流管理的内容及企业物流组织构建原则。

能力目标

◆ 注重物流业务成本的工作能力
◆ 与各部门分工协作、相互配合的合作能力

知识目标

◆ 掌握企业物流的含义、分类与内容
◆ 重点掌握企业物流的作业目标与基本要求
◆ 掌握企业物流管理及企业物流组织设计的基本方法及注意问题
◆ 了解企业物流发展战略

第一节 企业物流概述

一、企业物流的内容与结构

我国国家标准《物流术语》对企业物流(Internal Logistics)的定义是："企业内部的物品实体流动。"企业物流是以企业经营为核心的物流活动，是具体的、微观的物流活动的典型领域。

企业物流作为企业生产经营活动的组成部分，是从企业角度研究与之有关的物流活动。具体指在企业生产经营过程中，物品从原材料供应，经过生产加工，到产成品和销售以及伴随生产消费过程中所产生的废弃物的回收及再利用的完整循环活

动。它由采购物流、生产物流、销售物流、回收物流等组成,是一个集商流、信息流、资金流、实物流、人才流为一体的供应链。

(一)企业物流的发展过程

概括地说,企业物流的发展过程大致可以分为如下三个阶段:

第一个阶段:产品物流阶段(Product Distribution),又称为产品配送阶段。这个阶段的起止时间为20世纪60年代初期至70年代后期,属于企业物流的早期发展阶段,在该阶段中,物流的主要功能大多围绕在对产品从企业工厂生产出来到如何送达消费者手中这一过程的运作上。

在当时,企业重视产品物流的目的是希望能以最低的成本把产品有效地送达到顾客手中。企业重视产品物流的主要原因来自两个方面:一是为了扩大市场份额,满足不同层次顾客的需要,进而扩张其生产线;二是为了对付企业内部与外部市场的压力,倾向于生产非劳动密集型的高附加值产品。产品物流阶段物流管理的特征是注重产品到消费者的物流环节。

第二个阶段:综合物流阶段(Integrated Logistics)。这个阶段的起止时间为20世纪70年代后期至80年代后期,在这个阶段中,企业物流集中表现为原材料物流和产品物流的融合。实践证明,综合物流管理可以为企业带来更大的效益,因此,在这个期间综合物流得到了迅速的发展。

在当时,运输自由化以及全球性竞争的日渐加剧,使企业认识到把原材料管理与产品配送进行综合管理可以大大地提高企业运行效率与效益,因此,在上述因素的推动下,企业物流迅速地从产品物流阶段转向综合物流阶段。

第三个阶段:供应链管理阶段(Supply Chain Management)。这个阶段开始于20世纪90年代初期,在这个阶段中,企业对传统的物流管理有了更为深刻的认识,企业已经将单纯的个体企业之间的竞争上升到企业群、产品群或产业链条上不同企业所形成的供应链之间的竞争这个高度。

从20世纪80年代后期开始,信息技术获得了飞速的发展,信息技术的发展迅速转化为生产力,进而在生产领域掀起了一场前所未有的信息化革命。由信息技术所衍生的一系列外部因素的变化,使得企业开始把着眼点放在物流活动的整个过程,包括原材料供应商和制成品分销商,从而使企业物流从综合物流阶段向供应链管理阶段发生转移。

(二)企业物流的内容

企业物流在不同的发展阶段包含着不同的内容。随着企业物流从单纯的产品配送向综合物流,直至向供应链管理阶段发展,企业物流包含的内容也不断地得到丰富;企业物流涉及的领域也不断地得以扩大。现在看来,企业物流几乎贯穿于企业的整个运营过程。概括地说,企业物流包含着采购、运输、存储、搬运、生产计划、订单处理、包装、客户服务以及存货预测等若干项功能。

1. **采购**(Purchasing)

把企业采购活动归入企业物流是因为企业运输成本与生产所需要的原材料、零部件等的地理位置有直接关系,采购的数量与物流中的运输与存储成本也有直接关系。把采购归入企业物流领域,企业就可以通过协调原材料的采购地、采购数量、采购周期以及存储方式等来有效地降低运输成本,进而为企业创造更大的价值。

2. **运输**(Transportation)

运输是企业物流系统中非常重要的一部分。事实上,运输也是企业物流最为直接的表现形式,因为物流中最重要的是货物的实体移动及移动货物的网络。通常情况下,企业的物流经理负责选择运输方式来运输原材料及产成品,或建立企业自有的运输能力。

3. **存储**(Warehousing & Storage)

存储包括两个既独立又有联系的活动:存货管理与仓储。事实上,运输与存货水平及所需仓库数之间也有着直接的关系。企业许多重要的决策与存储活动有关,包括仓库数目、仓库的大小、存货量大小、仓库的选址等。

4. **物料搬运**(Material Handling)

物料搬运对仓库作业效率的提高是很重要的,物料搬运也直接影响到生产效率。在生产型企业中,物流经理通常要对货物搬运入库、货物在仓库中的存放、货物从存放地点到订单分拣区域的移动以及最终到达出货区、准备运出仓库等环节负责。

5. **生产计划**(Production Planning)

在当前竞争激烈的市场上,生产计划与物流的关系越来越密切。事实上,一方面,企业生产计划往往依赖于物流的能力及效率进行调整;另一方面,企业的生产计划还与存货能力、存货预测有关。

6. **订单处理**(Order Processing)

订单处理过程,包括完成客户订单的所有活动。物流领域之所以要直接涉及订单的完成过程,是因为产品物流的一个重要方面是前置期,即备货周期(Lead Time),它是指从客户下达订单开始,至货物完好交于客户为止的时间。从时间或者说前置期的角度来看,订单处理是非常重要的物流功能。订单处理的效率直接影响到备货周期,进而影响到企业的客户服务质量与承诺。

7. **工业包装**(Packaging)

与物流紧密相关的还有工业包装,即外包装。企业物流中运输方式的选择将直接影响到包装要求。一般来说,铁路与水运引起货损的可能性较大,因而需要支出额外的包装费用。

8. 客户服务(Customer Service)

客户服务也是一项重要的物流功能。客户服务水平与物流领域的各项活动有关,存货、运输、仓储的决策等取决于客户服务要求。

9. 存货预测(Stock Forecasting)

准确的存货和物料、零部件的预测是有效存货控制的基础,尤其是使用零库存(JIT-Just In Time)和物料需求计划(MRP-Material Requiring Planning)方法控制存货的企业。因此,存货预测也是企业物流的一项重要功能。

除了上述列举的几个主要功能外,企业物流还包含诸如工厂和仓库选址、维修与服务支持、回收物品处理、废品处理等功能。当然,不同的企业或企业处于不同的发展阶段,其企业物流不一定会涉及到上述的方方面面。

(三)企业物流结构

1. 企业物流的水平结构

企业物流一般包括原材料的购进、产品在生产线上的生产、产成品的入库、产成品的出库销售、产品消费后废旧物资的回收利用或处理。所以从水平方向来看,企业物流可分为供应物流、生产物流、销售物流、回收和废弃物物流。

(1)供应物流

供应物流是指企业为保证本身的生产节奏,不断组织原材料、零部件、燃料、辅助材料供应的物流活动。供应物流是指生产企业向供应商订购原材料、零部件、并将其运达原材料库,包括采购、包装、运输、装卸、验货、入库、保管、供货信息及系统控制等而引起的物流活动。这种物流活动对企业生产正常、高效的进行起着重大作用。

(2)生产物流

生产物流是指从原材料购入,进入车间,制成半成品,经过加工变成成品,然后运送至成品库的物流活动。这种物流活动是与整个生产工艺过程是相伴的,实际上其已构成了生产工艺过程的一部分。

(3)销售物流

销售物流是指企业为保证本身的经营利益,将产品所有权转给用户的物流活动,包括因产成品的库存管理,仓储发货运输,订货处理与客户服务而引起的物流活动。

(4)回收物流

回收物流是指物品经生产消费或者生产消费后产生了废弃物品,对其中可以回收利用的部分物品,可以通过回收、分类、加工、复用的物流活动将其回收。在一个企业中,回收物品处理不当,往往会影响整个生产环境,甚至影响产品质量,也会占用很大空间，造成浪费。

(5)废弃物物流

废弃物物流是指对企业排放的无用物进行收集、分类、处理等的物流活动。

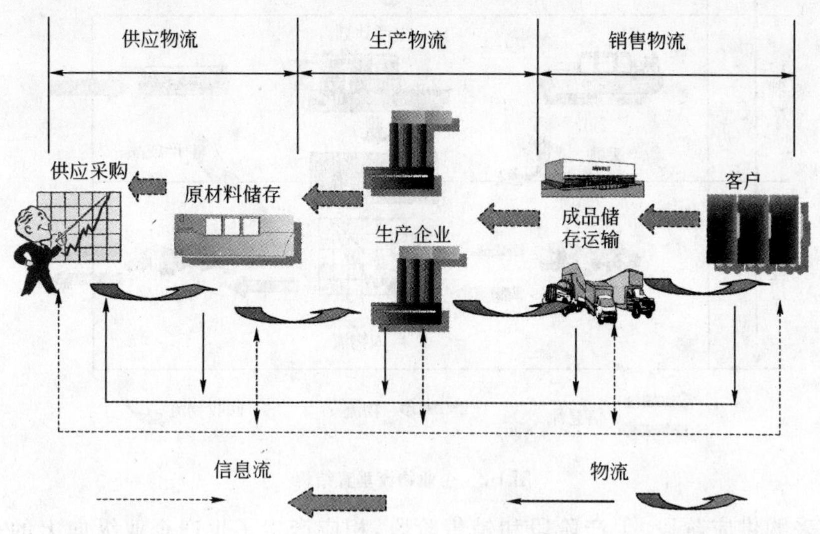

图 1-1 企业物流水平结构

2. 企业物流的垂直结构

按照物流系统的组成结构，企业物流在垂直方向上可分为管理层、控制层、作业层。它们协调配合实现物流系统的整体功能。

(1)管理层

管理层的活动主要包括：对物流系统进行统一规划、系统控制和成绩评定，以形成有效的反馈约束和激励机制。

(2)控制层

控制层的活动主要包括：对物流作业的实时控制、作业调度等。

(3)作业层

作业层的活动主要包括：运输、储存、包装、装卸、流通加工等实现物品空间转移和时间调度的活动。

二、企业物流的分类

企业按其业务不同可分为两类：生产企业物流和流通企业物流。

(一)生产企业物流

生产企业物流是以购进生产所需要的原材料、设备为起点，经过劳动加工，形成新的产品，然后供应给社会需要部门为止的全过程。在这过程中需经过原材料

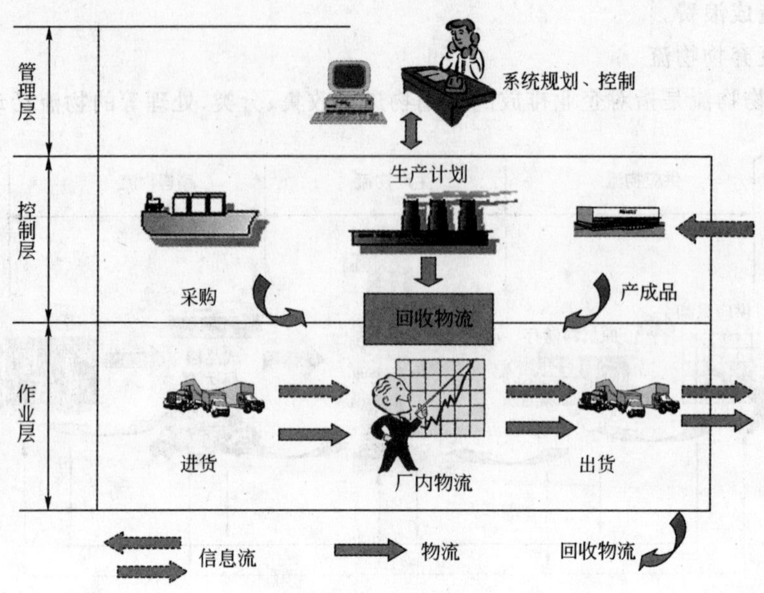

图 1-2 企业物流垂直结构

及设备采购供应阶段、生产阶段和销售阶段，相应产生了生产企业纵向上的三段物流形式。

(1)原材料及设备采购供应阶段的物流。这是企业为组织生产所需要的各种物资供应而进行的物流活动。它包括组织物料生产者送达本企业的企业外部物流和本企业仓库将物资送达生产线的企业内部物流。

(2)生产阶段的物流。生产阶段的物流是指企业按生产流程的要求，组织和安排物资在各生产环节之间进行的内部物流。

(3)销售阶段的物流。销售阶段的物流是企业为实现产品销售，组织产品送达用户或市场供应点的外部物流。对于双方互需产品的工厂企业，一方的销售物流便是另一方的外部供应物流。通过销售物流，企业得以收回资金并进行再生产活动。销售物流的效果关系到企业的存在价值是否被社会承认，可通过销售物流的合理化增强企业的竞争力。

(二)流通企业物流

流通企业物流是指以从事商品流通为主的企业和专门从事实物流通的企业的物流。它是为了克服产品生产点和消费点之间存在的空间和时间上的间隔而产生的一种物品运动方式，主要通过运输、保管、包装、流通加工和配送等物流运作手段，以最低的成本，把特定的产品和服务在特定的时间提交给特定的客户。

1.批发企业的物流

批发企业的物流是指以批发据点为核心，由批发经营活动所派生的物流活动。

这一物流活动对于批发的投入是组织大量物流活动的运行，产出是组织总量相同物流对象的运出。在批发据点中的转换是包装形态及包装批量的转换。

2.零售企业的物流

零售企业物流是以零售商店据点为核心，以实现零售销售为主体的物流活动。零售企业的类型有：一般多品种零售企业、连锁型零售企业、直销企业等。一般零售企业销售物流，大件商品多采用送货和售后服务，大部分小件商品则是用户自己完成。连锁型零售企业物流的特点是集中进行供货的物流，且大多数企业由本企业的共同配送中心完成。直销企业因经营品种较少，内部物流简单，企业物流重点集中于销售物流。

3.仓储企业物流

仓储企业是以储存业务为赢利手段的企业。仓储企业的物流是以接运、入库、保管保养、发运或运输为流动过程的物流活动，其中储存保管是其主要的物流功能。

4.配送中心的物流

配送中心是从事配送业务的物流结点，为集储存、流通加工、分货、拣选和运输为一体的综合性物流过程。配送中心是在市场经济条件下，以加速商品流通和创造规模效益为核心，以商品代理和配送为主要功能，集商流、物流和信息流于一体的现代综合流通部门。

5.“第三方物流”企业的物流

“第三方物流”又称合同制物流，是由供方和需方以外的物流企业提供物流服务的业务模式。“第三方物流”企业不拥有商品，而是在委托方物流需求推动下，为其提供以合同为约束、以结盟为基础的系列化、个性化、信息化的物流代理服务。具体的物流内容包括商品运输、储存、配送以及附加的增值服务等。它是以现代信息技术为基础，实现信息和实物快速、准确地协调传递，提高仓库管理、装卸运输、采购订货以及配送发运的自动化水平。

三、企业物流的重要性

（一）企业物流与宏观经济的关系

企业物流通过影响社会资源的配置来影响宏观经济的政策与发展。因此，企业物流与宏观经济之间具有密切的关系，二者表现为相互适应、相互促进。概括地说，企业物流对宏观经济的影响主要表现在促进社会分工的专业化、改善供给状况、提高产业效率等方面。

首先是促进社会分工的专业化。企业通过物流活动有效地将产品送达市场，实现销售，进而促进企业生产的专业化，生产的专业化带来成本优势，成本优势带来竞争力的提高，竞争力的提高增加对社会经济发展的贡献。

其次是改善供给状况。有了企业物流活动,才能在生产地、仓储地与需求地等之间取得某种平衡。改善供给的同时,物流活动还使得供给的产品或服务变得丰富多彩。从这个角度来说,物流作业提供了连接与存储的网络,它对现代经济的运转发挥着关键的作用。

最后是提高产业效率。通过物流整合,能够实现产业链的最佳组合,进而达到对整个产业效率的提高。

上述三个方面是物流作用于宏观经济的主要表现形式。在企业实践中,物流对于降低产品或服务的价格,对于提升某些地理位置的土地价值等也有明显的作用。具体地说,物流通过产生地点和时间效用来实现对产品价格的降低做出贡献。事实上,企业常常通过权衡规模经济效益和物流成本的增加来降低价格。如果生产企业从技术与管理方面改善物流系统,人们一定能看到价格的下降和产品的丰富等好处。另一方面,物流中的运输作业常常影响到土地价值。比如,航空港附近、水运码头附近以及高速公路的交汇点附近等就常常是企业设置仓库或临时存储点的理想地理位置,而这自然影响到当地的土地价值。

(二)企业物流与微观经济的关系

企业物流几乎涉及到贯穿企业运营的所有过程,因此,企业物流对这些过程都具有或多或少的影响。这些影响就表现为企业物流与微观经济的某些互动关系,比如企业物流与生产制造的关系、企业物流与市场营销组合的关系等。

企业物流与生产制造的关系主要表现在对企业生产周期的影响,若物流稳定畅通,则生产周期可能相对稳定且较短;若物流起伏不定,则生产周期的波动可能较大。在不少竞争激烈的行业里或者原材料的价格变化较为频繁的行业,对物流的快速响应要求表现得更为强烈。比如IT制造业、通讯行业等均如此。出于竞争的考虑,很多行业都趋于努力缩短生产周期并减少改变生产线的时间与费用,采用零库存方法进行存储与计划的企业更是如此。比如DELL电脑公司,通过零库存的生产模式以达到最大限度地控制存货风险,提高应变能力。除了生产周期,企业物流还与产品包装直接相关,无论是生产作业还是物流作业中,包装的主要目的都是为了保护产品,以免受损。因此,物流中的运输方式、物流质量的高低与稳定性等都会影响到包装的要求与稳定性。

企业物流与市场营销的关系更为密切,称企业物流为市场营销的另一半也毫不为过,这是因为企业系统中的产品物流作业直接关系到产品如何被有效地运输、存储及送达客户,因而对产品的销售起着十分重要的作用。

四、企业物流的作业目标与基本要求

企业物流作业的目标包括如下几个方面,分别为快速响应、最低库存、集中运输、最小变异、质量以及生命周期支持等。

(一)快速响应

这是企业物流作业目标中最基本的要求。快速响应关系到一个企业能否及时满足客户的服务需求。比如,一个远在昆明的客户其公司服务器出现问题时,而作为提供服务器备件支援的厂商位于北京,若客户需要在6小时内恢复服务器正常运行,那么快速响应就至关重要。

快速响应的能力使企业将物流作业传统上强调的根据预测和存货情况做出计划转向了以小批量运输的方式对客户需求做出反应上来。快速响应要求企业具有流畅的信息沟通渠道和广泛的合作伙伴支持。在上例中若该服务器备件支援的厂商在成都或昆明有合作伙伴,那么在6小时或更短的时间内解决客户的问题、满足客户需求就变得更为容易。

(二)最低库存

这是企业物流作业目标中最核心的要求。最低库存的目标同资产占用和相关的周转速度有关。最低库存越少,资产占用就越少;周转速度越快,资产占用也越少;因此,物流系统中存货的财务价值占用企业资产也就越低。在一定的时间内,存货周转率与存货使用率相关。存货周转率高、可得性高,意味着投放到存货上的资产得到了有效利用。

企业物流作业的目标就是要以最低的存货满足客户需求,从而实现物流总成本最低。随着物流经理将注意力更多地放在最低库存的控制上,类似"零库存(JIT)"之类的概念已经从DELL这样的国际大公司向众多公司中转移并得到实际应用。

(三)集中运输

集中运输是企业物流作业中实施运输成本控制的重要手段之一。运输成本与运输产品的种类、运输规模和运输距离直接相关。许多具有一流服务特征的物流系统都采用的是高速度、小批量运输,这种运输通常成本较高。为降低成本,可以将运输整合。一般而言,运输量越大、距离越长,单位运输成本就越低。

因此,将小批量运输集中起来以形成大规模的经济运输不失为一种降低成本的途径。不过,集中运输往往降低了企业物流的响应时间。因此,企业物流作业必须在集中运输与响应时间方面综合权衡。

(四)最小变异

在企业物流领域,变异是指破坏系统作业表现的任何未预期到的事件,它可以产生于物流作业的任何地方。比如,空运作业因为天气原因受到影响;铁路运输作业因为地震等灾害受到影响。减少变异的传统解决办法是建立安全存货,或是使用高成本的运输方式。不过,上述两种方式都将增加物流成本,为了有效地控制物流成本,目前多采用信息技术以实现主动的物流控制,这样变异在某种程度上就可以被减少到最低。

(五)质量

物流作业本身就是在不断地寻求客户服务质量的改善与提高。目前,全面质量管理已引起各类企业的高度关注,当然,物流领域也不例外。从某种角度说,全面质量管理还是物流得以发展的主要推动力之一。

因为事实上一旦货物质量出现问题,物流的运作环节就要全部重新再来。比如,运输出现差错或运输途中导致货物损坏,企业不得不对客户的订货重新操作,这样一来不仅会导致成本的大幅增加,而且还会影响到企业对客户的服务质量,因此,企业物流作业对质量的控制至关重要。

(六)生命周期支持

绝大多数产品在出售时都会标明其使用期限。若超过这个期限,厂商必须对渠道中的货物或正在流向顾客的货物进行回收。之所以将产品进行回收是出于严格的质量标准、产品有效期、产品可能出现的危险后果等方面的考虑。当货物潜藏有危害人身健康的因素时,这时不论成本大小与否,反向物流必然发生。

传统的物流作业要求要同时达到上述物流作业的目标比较困难,而市场的激烈竞争又对物流作业的全新目标几乎都要求同时满足,因此就要求企业必须对物流作业的各个环节进行高效整合。

第二节 企业物流管理概述

一、企业物流管理的含义与内容

(一)企业物流管理的含义

企业物流管理就是针对企业内部和外部的相关物流活动,进行科学合理的计划、组织、协调与控制,以最低的物流成本达到顾客满意的服务水平,使物流更好地为实现企业目标服务。它包括合理包装、合理仓储、合理运输、合理保管,以及合理为用户服务等。随着科学技术的发展,有些国家已经开始按行业或商品类型来推进物流合理化,如推进包装方式、托盘、集装箱等标准化,使货物易于连续装卸、搬运;建立托盘、集装箱租借企业,使托盘、集装箱能在企业之间联合使用;建立共同仓库(如储运中心、流通中心),便于对货物进行计划配送和混载运输;建立批发中心等。同时,以信息技术为基础,促进物流管理的现代化。

(二)企业物流管理的内容

1.企业物流活动相关要素管理

(1)运输管理

主要内容包括:运输方式及服务方式的选择、运输路线的选择、车辆调度与组织等。

(2)储存管理

主要内容包括:原料、半成品和成品的储存策略、储存统计、库存控制和养护等。

(3)装卸搬运管理

主要内容包括:装卸搬运系统的设计、设备规划与配置和作业组织等。

(4)包装管理

主要内容包括:包装容器和包装材料的选择与设计、包装技术和方法的改进、包装系列化、标准化、自动化等。

(5)流通加工管理

主要内容包括:加工场所的选定、加工机械的配置、加工技术与方法的研究和改进、加工作业流程的制定与优化。

(6)配送管理

主要内容包括:配送中心选址及优化布局、配送机械的合理配置与调度、配送作业流程的制定与优化。

(7)物流信息管理

主要指对反映物流活动内容的信息,物流要求的信息,物流作用的信息和物流特点的信息所进行的搜集、加工、处理、存储和传输等。信息管理在物流管理中的作用越来越重要。

(8)客户服务管理

主要指对于物流活动相关服务的组织和监督,例如调查和分析顾客对物流活动的反映,决定顾客所需要的服务水平、服务项目等。

2.企业物流人员管理

从事任何一项工作,人总是最重要的因素,物流管理也是如此。在大多数企业尚没有把物流列为头等大事的现阶段,企业物流人员的选用、培养显得格外重要。这里说的物流人员管理,主要强调的是正确认识物流人员的地位和作用,选拔优秀人员从事物流管理工作,加大物流管理人员的教育、培训力度,提高物流管理人员的待遇。没有强大的物流管理人才队伍,企业的物流管理水平就不可能提高。

3.物流技术装备管理

物流技术装备的管理,一要强调质量水平和利用率;二要强调各种技术装备的均衡效益;三要强调技术装备的运行速度和匹配性。比如,生产线传送带速度过慢,作业人员工作间歇就会过长,或者这个车间的传送带速度太快,下一个车间太慢,互不同步,就会影响整体生产效率。生产线两侧的零配件、工具如果放得过远,或者装备落后,这里的物流技术装备用的是20世纪90年代的产品,而那里用的却是20世纪80年代的产品,互不相宜,也都会影响整体作业效率。

4.物流费用管理及物流安全管理

企业在物流方面的规模投资,可分为:物流中心、配送中心和大型物流装备(分类及分拣机械、传送带、起重机、叉车、货架以及软件系统等）的投资。这类投入由于资金量大，风险也大，所以必须做好可行性分析。可行性分析过程中需要考虑的几个重要方面是：投资环境、投资必要性、投资风险和投资效益等。进行物流规模性投资时，一定要牢记物流园区、物流中心、配送中心等物流基础设施的特点，如投资大、回收期长、风险高、利润低、关联因素多等。国外兴建此类物流设施，一般以产品品种杂、作业量大、流通速度快、周转期短、客户要求苛刻、业务集中的大型生产企业，如医药、化妆品、汽车配件、电子元件、烟草、邮政、家电、化工产品、书刊、百货、体育用品等生产企业占多数。

关于物流安全管理，这里只提两点：一是全自动化立体仓库的维护与管理。因为它是昼夜运转、无人化操作，因此，货架、托盘、巷道起重机、搬运小车、电路系统的安全系数要高，安全运行监督和管理措施要到位，维修要定期、细致；另一点是装卸、搬运作业的安全管理。由于装卸、搬运的物品都是重物，一旦发生事故就很麻烦，而且仓库空间有限，在狭窄的空间中，无论是叉车作业还是人工作业，都必须消除安全隐患。

5.企业物流活动效果管理

（1）物流质量管理

物流质量管理的内容包括：物流活动本身的质量管理、物流服务质量管理和物流工程质量管理。物流活动本身的质量管理，即运输、保管、装卸搬运、包装、流通加工、配送以及信息处理等各物流环节的质量管理，其要求的标准是：时间数量、地点的准确性；按货主指定的时间、数量、品种、地点安全的运输或配送，途中无车祸、沉船、散包、丢失、受潮、破损、变质、变形，尤其是易燃、易爆、易碎、易腐蚀的货物以及危险品货物，更要有严格的物流质量管理标准。物流服务质量管理，类似于物流服务程度、服务水平的管理，有一定的伸缩度。这要根据销售部门的要求，或企业的经营战略、方针和目的而定。以送货为例，对方要求每天送两次货和隔三天送一次货，直接关系到送货成本和物流服务水平。有时候企业为了提高对客户服务的质量，扩大销售额，可能会主动频繁地送货上门，这就要求有较高的物流服务质量管理标准。物流工程质量管理涉及物流基础设施质量、物流系统水平、物流工艺、物流环境、物流管理体制，乃至物流作业人员等内容。比如，仓库施工质量有问题，会出现突然倒塌；物流管理人员缺乏训练，可能出现指挥失误、管理没有章法。

（2）物流综合效益管理

企业的物流综合效益管理需要从三个层面考虑：

第一个层面是运输、保管、装卸搬运、包装、流通加工、配送以及信息处理等物流环节之间的综合效益。这些环节应该尽量配套和同步。失衡、倾斜，单独冒进都不会获得均衡效果和整体效益，有时甚至会因此失去平衡，导致系统的混乱。

第二个层面是物流与商流的综合效益。物流与商流存在因果关系，有时物流被商流主导。比如企业是由于有了订单才组织备料和安排生产，也是由于有了订货的结果，才产生物流的需求。反过来，物流的高水平服务，有助于维持客户关系或赢得客源。所以，物流管理的标准化往往能够促进销售。

第三个层面是物流在企业经营中发挥的作用。物流管理不仅服从、服务于销售，而且要遵循企业的经营战略和方针。如果企业为了抢占市场，提高市场占有率，需要超常规的物流服务，那么便可能在一个过程或一段时间内要求物流做出牺牲，即使增加物流费用，产生浪费，也要服从企业经营的战略大局。这是因为在现代经济社会，市场竞争白热化的时代，物流是最有潜力、最能提供差别服务效果的领域，在生产和销售领域各企业的做法相似，竞争的余地很小、利润空间很小的今天，物流往往是最后一张“王牌”。这就要求物流实施综合效益管理，即物流管理不应局限在物流本身，而要扩大到整个企业的经营管理中。

6. 企业物流过程管理包含采购物流管理、生产物流管理、销售物流管理和回收和废弃物物流管理

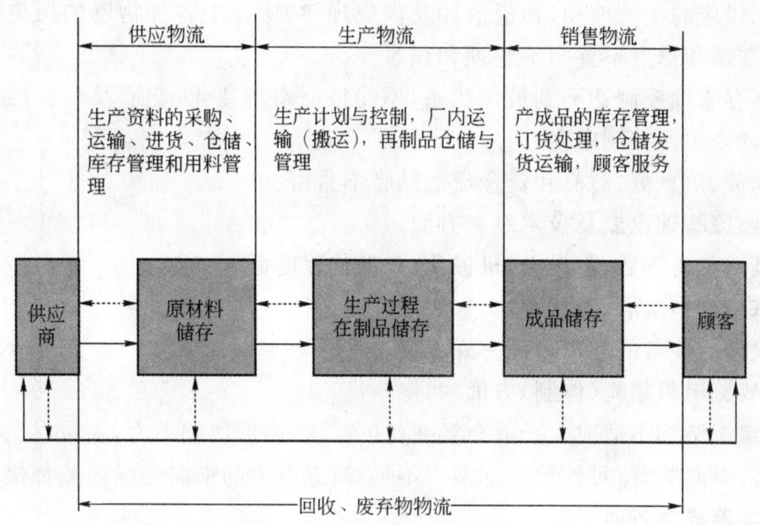

图 1-3　企业物流的过程管理

二、企业物流管理有待解决的问题

(一)主观方面

物流理念认识落后，尤其是国营企业重生产轻管理，重工艺轻物流，有畏难心理，墨守成规，缺乏物流革新精神。决策层次上的理解认识偏差会影响物流系统的整合、重组或再建，影响物流系统在软件、硬件上的投入，影响高层的监督管理作用。各部门因只对上级负责，容易强调部门利益而没有全局观念；在物流作业层次上则容易画地为牢，只是固守自己的一片蓝天。这样的意识和心理不利于搞好企业物流。

（二）客观方面

企业总体布局一般没有进行物流的规划设计，企业现有的总体或局部的物流格局不清晰，因而造成物料流混乱。物料除了停滞外，经常是处于交叉、迂回、倒流、跳跃和拥挤状态；重复搬运多，无效搬运占70%左右；生产流程不合理造成物料流动路径长；时间占用多，产品交（供）货时间长。如制造业中从原材料到产成品的转换过程中，95%为物料的停顿或等待时间，其余5%中的70%为工装及其前后时间，真正创造产品价值的时间仅占整个周期的1.5%。空间浪费大。如机械制造业企业的各种仓库与存储区的面积占到全厂生产面积的40%～50%，冶金制造业约为30%～40%。

（三）功能及管理方面

（1）物流的专业功能及管理不完善，企业物流与社会物流的物理衔接与信息衔接脱节。

（2）物流管理的基础工作薄弱，效率低，如对采购的时常信息、供货人信息、供货质量信息、供应的生产波动、物资消耗及供应规律、库存中各种物资的历史分布等物流的基础数据和信息不善归纳整理和积累。

（3）库存管理控制达不到最佳状态，不能根据市场变化、交通及气候的影响和企业生产波动来柔性控制库存。

（4）物流、信息流、商流和资金流的结合不紧密。

（四）物流基础设施及技术装备方面

（1）技术装备落后，不投入，机械化、自动化程度低。

（2）基础设施落后，不配套。

（3）设施与装备的利用率和完好率低。

（五）物流组织结构（体制）方面

物流组织结构不适应生产或市场变化的需求，内部协调不力，决策层、管理层、作业层之间的纵向脱节；对外部应变能力不强；缺乏有力的横向与纵向监督机制。

（六）物流成本方面

物流系统一般没有采取总成本控制，物流成本模糊，分部门核算时总成本不清，各种浪费现象（物资的、人员的、设备设施的、时间效率的）普遍存在。

三、企业物流合理化的途径

（一）企业物流是我国物流业发展的关键，应该高度重视社会物流与企业物流的平衡发展。从本质上讲，社会物流的发展是由社会生产的发展带动的，当企业物流管理达到一定水平，对社会物流服务就会提出更高的数量和质量要求，那时，物流业大发展的时期就要来临了。我们必须认识并遵从这一客观规律，并且充分依据我国的实际情况确定物流业的发展战略。当前，应高度重视我国物流业中面向生产和面向流通的两个领域的平衡发展问题，时刻注意面向生产领域的物流与面向流通领域的物流必须在发展步调和发展水平上相配合、相匹配。如果片面强调流通而忽视生产领域物流，非但不能增强我国物流业发展后劲，而且极可能形成物流业内部瓶颈。要避免这种情况的发生，不妨从工业企业入手，在完成企业物流建设与现代化的过程中，使社会物流与企业物流水乳交融地结合起来，彻底改变我国生产领域物流水平低下的状况，使企业物流成为整个供应链物流中加快流通的起搏器，从而为我国物流业的发展打开局面。

（二）企业物流活动几乎渗透到企业的所有生产经营活动和管理工作中，抓好关键环节尤为重要。企业物流涵盖了企业在供应、生产、销售、回收和废弃等各个经营环节及其相关管理工作，要切实抓好企业物流，必须针对其经营环节，找出关键问题，采取具体措施。

1.合理布置和规划各种设施在生产空间上的位置

生产系统和服务系统的各类设施的空间布置规划和设计是物流合理化的前提。工厂内各车间的相对位置以及车间内各设施的相对位置一经决定，物流路线亦随之被决定。物流路线的合理，可以减少物料流的迂回、交叉以及无效的重复运输，避免物料运输中的混乱、路线过长等现象，以此来协调运行节奏，缩短生产周期，保障生产的连续性。

2.合理控制库存

解决市场需求随时间变化而变化，而企业销售只能用历史数据对市场需求进行预测，这之间的不确定性只能靠保持一定的库存来解决，因此，解决库存控制既是物流问题，也是企业的综合管理问题。库存控制的关键是综合考虑市场需求的不确定性，考虑从原材料供应、生产到销售过程的各种不确定性问题，确定合适的库存周转率，使提前生产量和库存规模最小，从而降低库存成本。

3.均衡生产

从物流的角度来看，均衡生产就是生产物流流量的均衡，这是杜绝生产中浪费现象的重要措施。均衡生产的最佳状态是一个“流”，这种生产体制中的物流达到均衡状态，从毛坯投入到成品产出全过程，在制品始终处于不停滞、不堆积、不间断、不超越、有节奏的流动状态，是工序间在制品存储量向零挑战的生产组织方式。

4.合理地配置和使用物流机械

为了提高作业效率，增强物料搬运能力，应不断地开发各种类型和规格的物流机械设备。物流的机械化、自动化水平直接反映物流系统的能力和水平。

5.健全物流信息

物流信息系统的建立是物流现代化的标志。在企业内部，合理制定生产计划，控制生产物流节奏，压缩库存，降低生产成本，合理调度运输和搬运设施，使厂内物流顺畅，这些都依赖于及时、准确的物流信息。在企业外部，原材料供应市场和产成品销售市场的信息，也是组织企业生产的重要依据。所以，必须从基本数据的收集做起，建立完善的物流信息系统，以利于管理层进行分析，使企业的领导者决策有所依据。

第三节　企业物流组织机构的设计

一、企业物流管理组织的发展阶段

物流在不同企业中的作用是不相同的，因此，企业的物流管理组织必然不会是相同的，往往有很大的差异。就发达国家而言，企业物流管理组织已经经过了4个发展阶段：

(一)第一阶段：部门分割阶段

在工业化的相当一个时期，物流被分割在企业的各个部门，一些广泛采用的制度，例如事业部制、直线制在一定程度上加深了这种分割，没有办法进行跨部门的物流职能协调，"效益背反"现象、重复浪费现象和信息失真现象经常影响企业的经营，企业往往需要为此付出高昂的物流成本。

(二)第二阶段：功能综合阶段

一个企业的物流功能分散在各个传统的部门之中，完全改变企业的传统结构还不够成熟，但是人们已经认识到物流功能集合所产生的巨大效果。为了做到这一点，企业领导者的通常做法是，通过更高一层企业领导协调各不同传统部门之中的物流功能，使之能够一定程度地协调运作，减少互相背反的内耗现象，在企业中用这个方法来实现对综合物流的理论认识。

这个办法当然会取得一定程度的效果，但是这不取决于好的组织体制，而是取决于管理人的意志，且这种综合又经常会遇到来自纵向传统部门的阻碍和反抗，虽然可以看到系统物流可能带来的曙光，但是难以取得稳定的成效。

(三)第三阶段：资源整合阶段

在工业化的进程中，随着专业化的发展越来越深入，宏观、中观层面的物流社会化和企业层面的物流专业化便逐渐被接受。与企业经营的分散化相反，企业的物流工作却出现了集中化、专业化的趋势。把分散在不同部门中相同的、相近的，甚至相冲突的物流工作采用组织手段组织在一起，以组织为基础一体化，形成一个新的物流管理系统。

建立独立物流组织，就能够消除重复现象、背反现象、脱节现象，从而增加了物流资源的利用率，提高了总体效率。这种资源的整合，是保障能够对物流进行系统化控制的主要手段。20世纪60年代至70年代，许多发达国家在这方面有很大的进展。

(四)第四阶段：以信息为基础的一体化阶段

进入信息社会以后，由于信息对人们生活和工作的改变，信息所提供的巨大的潜在改革力量，人们又对更理想的企业物流结构进行新的探索。这个探索集中在信息化可以给企业物流管理提供什么帮助，可以促成什么样的改变。

有很大权力的集中式的一体化组织机构虽然可以实现现代物流的许多目标，但是又会形成新的边界。传统问题仍然经常发生，不是横向需要协调，就是纵向需要协调。以组织为基础虽然解决了物流系统功能协调问题，但是又出现了更多的新的协调要求。另一方面，机构的设置本来就是均衡权利的一种手段，过大的物流组织机构的权力，自然又会在企业内部形成新的结构不平衡和权利的冲突，这也从体制方面提出了更新的改变要求。

在这种情况下，不是通过官僚式的权力型的机构组织，而是通过以信息化为基础的物流过程的一体化，在新的信息化的基础上，有效地对企业内物流相关过程进行控制，就成为信息时代对企业物流管理最大的突破性的改变。企业的物流管理不再是侧重于建立固定的组织和部门，而是侧重于对整个过程的控制、管理和协调，表面上回到了第二个阶段，实际又上升到了一个新的高度。

二、企业物流组织的形态

目前，企业的物流管理组织大体可划分为物流总部式、物流子公司式、事业部式和职能型管理式等四种。

(一)物流总部式管理

是把企业的全部物流业务，统一由企业的物流总部负责进行总体规划、设计、管理、调度和指挥。比如，由物流总部根据企业的经营战略、发展规划、生产规模等因素预测企业十年或二十年后的物流状况，并据此拟定物流发展战略和规划。供应链组合、物流组织结构、物流设施布局、物流网络建设等所有与物流相关的环节均由物流总部考虑和研究。物流总部与生产、销售、财务等其他各职能部门处于平行位置，对企业决策层负责。这种物流管理组织形式，有利于整体的集中、统一和协调；有利于节约费用和降低物流成本；有利于物流的通畅和效率的提高。但需要生产和销售部门的配合，而且要求企业内各物流环节处于同等的管理水平和技术水平。

(二)物流子公司式的管理

一般是由企业独资或与社会上的物流企业共同出资建立一个独立核算的公司，母公司占大股，物流子公司的业务优先服务于母公司的业务需要，子公司的主要领导也可以由母公司派出，但子公司的管理和业务经营由子公司自行决定。这样做增强了子公司自负盈亏的责任，在承担母公司物流业务的同时又能对外承揽业务，具有专业化经营，业务水平和专业管理水平提高快，竞争力强的优势。缺点是时而会与母公司发生冲突和误解，引起矛盾转化。

(三)事业部式的管理

这种管理方式大都出现在跨国公司和大型生产企业。这是一种按产品种类划分的分权制管理方式，物流业务也随之按产品的类别划分。按事业部划分物流有助于调动各事业部的积极性，加强责任意识，避免集权所造成的偏差和僵化。然而，如果企业规模不足，财力、物力、人力不够时，就会力不从心，不能形成合力。

（四）职能型管理

这种物流管理方式适合中小企业或产品品种少的企业。物流、采购、生产和销售等各职能部门由于统一由最高决策层领导，便于协调矛盾，有利于物流部门与销售、采购、生产等各部门平等对话，阐述物流的重要性，提高其他部门对物流重要性的认识和理解。但这种物流管理组织形式，仅适用于大型冶金企业和机械制造等类型企业，物流的地位和作用也不够突出。

三、建立物流管理组织的基本原则

物流管理组织形成的基本条件在于如何明确业务范围，如何进行业务分工以及如何实施物流管理的统一化。基于这一条件，设计物流管理组织时首先要有系统观念。根据前面对物流系统的分析可知，物流管理系统有五个必不可少的组织要素：人员、职位、职责、关系和信息。物流管理组织的系统观念，就是要立足于物流任务的整体，综合考虑各要素、各部门的关系，围绕共同的目的建立组织机构，对组织机构中的全体成员指定职位、明确职责、交流信息，并协调其工作，达到物流管理组织的合理化，使该组织在实现既定目标中获得最大效率。在建立物流管理组织的过程中，必须从具体情况出发，根据物流系统管理的总体需要，体现统一指挥、分级管理的原则，体现专业职能管理部门之间合理分工、密切协作的原则，使其成为一个有秩序、高效率的物流管理组织体系。具体来说，建立与健全物流管理组织必须遵循下述基本原则。

（一）有效性原则

有效性原则是物流管理组织基本原则的核心，是衡量组织结构合理与否的基础因素。有效性原则要求物流管理组织必须是有效率的。这里所讲的效率，包括管理的效率、工作的效率和信息传递的效率。物流管理组织的效率表现为组织内各部门均有明确的职责范围，充分发挥管理人员和业务人员的积极性，使物流企业能够以最少的费用支出实现目标，使每个物流工作者都能在实现目标过程中做出贡献。有效性原则对于物流管理组织在实现物流活动的目标方面是富有成效的。物流管理组织的成效最终表现在实现物流目标的总体成果上，所以，有效性原则要贯穿在物流管理组织的动态过程中，在物流管理组织的运行中，组织机构要反映物流管理的目标和规划，要能适应企业内部条件和外部环境的变化，并随之选择最有利的目标，保证目标的实现。物流管理组织的结构形式、机构的设置及其改善，都要以是否有利于推进物流合理化这一目标的实现。

（二）统一指挥原则

统一指挥原则是建立物流管理指挥系统的原则。其实质在于建立物流管理组织的合理纵向的层次和设计合理的垂直机构。

物流管理组织机构是企业、公司以及社会的物流管理部门，负有对不同范围的物流合理化的使命。为了使物流部门内部协调一致，更好地完成物流管理任务，必须遵循统一指挥的原则，实现"头脑与手脚的一体化"、责任和权限的体系化，使物流管理组织成为有指挥命令权的组织。在统一指挥原则下，物流管理组织一般形成三级物流管理层次，即最高决策层、执行监督层和物流作业层。高层领导的主要任务是根据企业或社会经济的总体发展战略，制定长期物流规划，决定物流组织机构的设置及变更，进行财务监督，决定物流管理人员的调配等；中层领导的主要任务是组织和保证实现最高决策的目标，包括制定各项物流业务计划、预测物流需求、分析设计和改善物流体系、检查服务水平、编制物流预算草案、分析物流费用、实施活动管理、进行物流思想宣传等；基层领导的主要任务是合理组织物流作业，对物流从业者进行鼓励和奖励，协调人之间的矛盾和业务联系的矛盾，并进行思想工作。

管理层次的划分，体现了纵向指挥系统的分工和分权原则。物流管理组织层次的合理划分，是形成强有力的物流管理指挥体系的前提，而物流管理指挥体系的建立对于实现物流管理组织化、改变人们轻视物流的传统观念具有重要意义。

(三)合理管理幅度原则

管理幅度是指一名管理者能够直接而有效地管理其下属的可能人数及业务范围，它表现为管理组织的水平状态和组织体系内部各层次的横向分工。管理幅度与管理层次密切相关，管理幅度大就可以减少管理层次，反之则要增加管理层次。

管理幅度的合理性是一个十分复杂的问题。因为管理幅度大小涉及许多因素，诸如管理者及下属人员素质、管理活动的复杂程度、管理机构各部门在空间上的分散程度等。管理幅度过大，会造成管理者顾此失彼，同时因为管理层次少而会事无巨细，鞭长莫及；反之，必然会增加管理层次，造成机构繁杂，增加管理上人力、财力的支出，并会导致部门之间的沟通及协调复杂化。因此，合理管理幅度原则一方面要求适当划分物流管理层次，精简机构；另一方面要求适当确定每一层次管理者的管辖范围，保证管理的直接有效性。

(四)职责与职权对等原则

无论是管理组织的纵向环节还是横向环节，都必须贯彻职责与职权对等原则。

职责即职位的责任。职位是组织机构中的位置，是组织体内部纵向分工与横向分工的结合点。职位的工作责任是职务。在组织体内职责是单位之间的连接环，而把组织机构的职责连接起来，就是组织体的责任体系。如果一个组织没有明确的职责，这个组织体就不会牢固。

职权是指在一定职位上，在其职务范围内为完成其责任所应具有的权力。职责与职权是相对应的。高层领导担负决策责任，因此必须拥有较大的物流决策权；中层管理者承担执行任务的监督责任，就要有监督和执行的权力。职责与职权的相适应叫权限，即权力限定在责任范围内，权力的授予要受职务和职责的限制。不能有职无权，无职也不能授权，这两种情况都不利于调动积极性，影响工作责任心，降低工作效率。

要贯彻职责和职权对等的原则，就应在分配任务的同时授予相应的职权，以便有效率、有效益地实现目标。

(五)协调原则

物流管理的协调原则，是指对管理组织中一定职位的职责与具体任务要协调，不同职位的任务要协调。具体地讲，就是物流管理中各层次之间的纵向协调、物流系统各职能要素之间的横向协调和各部门之间的横向协调。在这里，横向协调比纵向协调更为重要。

改善物流管理组织的横向协调关系可以采取下述措施：

(1)建立职能管理横向工作流程，使业务管理工作标准化。

(2)将职能相近的部门组织成系统，如供、运、需一体化。

(3)建立横向综合管理机构。

(六)以客户为中心原则

长期以来，企业不是以市场和客户为中心，因而不少企业仍然保留着计划经济和政企不分的痕迹，自然在一些企业的组织形式中不可避免地保留与政府机构相对应的部门和职能，企业领导和管理人员不是企业家而是行政官员。在这种情况下，企业不可能以客户为中心，视“客户为上帝”。

企业要实现以客户为中心，那么就必须通过其合理的组织形态加以保证，即要有相应的组织机构和流程来保证客户真正成为上帝。比如，目前流行的客户关系管理(CRM)以及呼叫中心技术都是实现以客户为中心的有效方法。

(七)与业务流程相结合原则

对于企业来说，单纯地以一个客户为中心的业务流程设计并不复杂，但是，企业全面业务流程的设计和再造可能会成为一个比较复杂的问题。业务流程将改变传统企业组织形态中的许多观念，影响企业的部门设置和职能的划分。因此，企业的组织形态必须紧密结合物流经营管理活动和业务流程来设计、选择和确定。

(八)与电子商务相结合原则

企业发展的实践表明，电子商务的实施与发展，将对企业的组织形态以及企业的内部各部门的职权、地位和责任产生较大的影响。因此，企业的组织形态的建立要充分考虑实施电子商务的因素，应当与企业的电子商务建设紧密结合起来。

物流管理组织的上述原则，都将具体体现在物流组织的结构形式中。

四、企业物流组织设计

(一)影响企业物流组织设计的因素

1. 企业所属类型因素

不同类型的企业，尽管或多或少地都在进行物流活动，但物流活动的重要性并非对每个企业都是一样的，物流管理组织的结构设计也相应地各有特点。另外，物流成本如何产生以及哪里最需要物流服务也会决定物流活动所需要的组织形式。如材料生产型企业，它们是其他企业原材料的供应者，其产品种类一般较少，但通常却是大批量装卸和运输。因此，一般要成立正式的物流管理部门与之相适应；销售型企业，没有生产活动，经营集中在销售和物流活动上，它们一般从分布广泛的供应商采购商品并通常相对集中在较小的领域内零售商品，主要的物流活动有采购运输、库存控制、仓储、订货处理及销售运输等。对这类企业，物流组织极为重要，而且组织结构以销售运输为重点。

2. 企业的战略因素

企业组织是帮助企业管理者实现管理目标的手段。由于管理目标产生于组织的总战略，因此组织的设计应该与企业的战略紧密配合，特别是组织结构应当服从企业战略。如果一个企业的战略发生了重大调整，毫无疑问，组织结构就需做相应的变动以适应和支持新的战略。

(1)生产战略

生产战略的目标是以最大效率将处于原材料状态的货物通过加工过程转化为产成品。与之相应的组织设计关注的重点是那些产生成本的经营活动，即采购、生产计划、库存管理、运输和订单处理等活动将被集中起来，进行统一管理。

(2)市场策略

追求市场战略的企业会以客户服务为导向，销售与物流也要与之协调。与其对应的组织机构不可能像以生产战略为导向的企业那样自然地将物流活动整合在一起，而是将那些与销售客户服务和物流客户服务直接相关的经营活动集中在一起，经常向同一位主管人员汇报。其组织结构可能超越各经营部门的范围，以实现较高的客户服务水平。

(3)信息策略

追求信息策略的企业一般有大型的下游经销商和分销组织网络，拥有大量的库存。在这一分散的网络中协调物流活动是首要的目标，而信息是良好管理的关键环节。为确保得到信息，组织结构将会超越各职能部门，分支机构及经营单位的范围，当物流活动跨越销售渠道、某成员的经营界限时，要获取信息必须跨越这些组织边界。例如当货物以代销形式在零售网点销售或购买企业处理被退回的货物时。因此，组织结构必须超越企业自身的传统界限。

我们必须认识到，没有哪一家企业会采用单一的组织设计，由于同一公司内部常常有多种战略共存，所以本质相似的企业也会有各种各样的设计方法。同时，相似的企业可能处于不同的组织发展阶段，在行业中的战略地位也不同，这些因素对组织设计都有影响。

3. 企业的规模因素

企业规模的大小对企业的组织结构有明显的影响作用。例如，大型企业的组织倾向于比小型企业的组织具有更高程度的专业化和横向、纵向的分化，规章条例也更多，而小型企业的组织结构就显得简单，通常只需两三个纵向层次，形成“扁平”的模式，员工管理相对灵活。对于规模大的企业，目前流行一种新形式的组织设计，把组织设计的侧重点放在顾客需要或工作过程方面，用跨职能的项目小组取代僵硬的部门设置，在提高效率方面发挥作用。

4. 企业的技术因素

以追求利润为目标的企业（特别是生产制造企业），都需要采取一定的技术，将投入转换为产出，进行组织设计时不可忽视技术对组织结构提出的要求。

5. 企业环境的因素

企业环境也是组织结构设计的一个主要影响力量，由于现今企业面临的竞争压力增大，企业环境也不如从前稳定，故企业物流组织应该能够对环境的变化做出有益于企业运行的反应，设计要充分体现出“柔性”。

总之，企业物流管理组织设计一定要从企业的实际出发，综合考虑企业的规模、产权制度、生产经营特点、企业组织形态及实际管理水平等多种因素，以建立最适宜的组织形式。物流管理组织的调整，要适应企业经营方式变革和企业内部管理向集约化转换的需要。

（二）企业物流管理组织的职能范围设计

物流管理组织机构的组织活动，要明确物流管理的职能范围。关于职能范围，虽然各个企业各不相同，但基本包括物流业务与系统协调两大部分。物流部门的具体职能如表 1-1。

物流部门具体职能　　表 1-1

职能种类	具体表述
计划职能	规划和改进企业物流系统
	制定和完善物流业务管理规程
	根据企业总目标的要求，制定本部门的经营目标和物流计划
	为实现企业物流经营目标和计划任务，制定相应的策略和措施
协调职能	加强与企业生产、采购、销售、财务等部门的联系，经常交换信息，调节物流活动
	发展和巩固与其他企业及客户之间的长期友好合作关系
业务营运职能	组织、监督本部门各业务环节，按计划进行日常业务活动
	评价物流工作计划和任务执行情况
教育职能	定期开展物流员工培训

根据以上业务内容，可以看出物流管理部门的主要作用在于：评价物流系统现状、发现问题、研究改进办法，对能够改变物流现状的物流系统本身进行设计和改造，并制订新的物流计划，确定控制标准，以保证合理物流活动的继续。

物流管理部门还额外承担进行系统协调的"非正式职能"。这主要因为物流管理与企业其他的管理职能紧密相关，且具有交叉性。物流活动把企业的供应商、本企业的采购活动、制造过程、销售活动以及用户联结在一起，物流活动的范围贯穿企业运行的整条链。从整体上把握企业的目标，从而承担起协调的职能。

S 本章小结

企业物流作为企业生产经营活动的组成部分，是从企业角度上研究与之有关的物流活动。具体指在企业生产经营过程中，物品从原材料供应，经过生产加工，到产成品和销售，以及伴随生产消费过程中所产生的废弃物的回收及再利用的完整循环活动。

企业物流管理就是针对企业内部和外部的相关物流活动，进行科学合理的计划、组织、协调与控制，以最低的物流成本达到顾客满意的服务水平，使物流更好地为实现企业目标服务。目前我国企业的物流管理组织大体可划分为物流总部式、物流子公司式、事业部式和职能型管理式等四种。

在实际中，企业物流管理在很多企业还停留在纸笔时代，有些企业虽然配备了电脑，但还没有形成系统，更没有形成网络，同时在物流运作中也缺乏对 EDI、个人电脑、人工智能、专家系统、通信、条形码和扫描等先进信息技术的应用。随着市场竞争的加剧，企业纷纷在降低物流成本、提高物流服务水平上下工夫。为了以较低的交付成本、更好的物流服务在国内、国际市场中赢得竞争优势，企业物流战略越来越成为企业总体战略中不可分割的组成部分。

目前，我国大多数的企业是按职能划分的组织形式，库存控制、物料需求、采购、生产计划、需求预测、销售网络等职能被分布在财务、生产、营销、销售等不同部门中，没有出现独立的物流管理功能和职能部门。企业可以根据不同的物流管理阶段的不同目标和自身管理经验的积累，设计合理的组织结构。首先可以尝试现有结构下的功能合并和集合，然后逐步地将物流功能独立出来。比如，建立面向代理商或零售商的物流配送部门，集中负责需求预测、产品配送控制、用户服务调查监督等职能。再进一步就可以实现物流一体化的组织，这种组织结构的关键是有一个高层经理的领导，由他来统一所有物流功能和运作。这其中，要大胆地启用物流管理人才，委以适当的权限，便于物流参与到企业决策中去。

C 案例分析

北方纸品制造商物流组织结构设置

围绕物流问题，北方纸品制造商遇到了典型的销售部门与生产部门之间的冲突，该公司生产和销售纸制品，如购物袋、商业包装纸、卫生纸和餐巾纸，销售量一般都很大，有的客户一次订 30 个车皮，公司的组织机构围绕营销和生产目标设置。

由于营销和生产部门之间缺乏协调，销售人员单方面向客户承诺在他们需要时候送货，而极少考虑生产计划安排。如果在重要的交货日不能交货，销售部门就会为订单向生产部门施加压力。其中的理由很简单："使劲地挤葡萄，籽就会出来。"另一方面，有些订单到达生产部门手中时，已经超过了交货日期，生产计划经常性的调整，导致机器启动费用居高不下，催得不急的订单就会拖得更久。这些往往会使生产部门承受巨大的压力，由于供求之间缺乏协调，越来越多的客户表示不满，某些客户甚至威胁去寻求其他的货源。

案例思考题：

你认为如何从组织结构方面来解决这些问题？

青啤集团的现代物流管理

青啤集团引入现代物流管理方式，加快产成品走向市场的速度，同时使库存占用资金、仓储费用及周转运输在一年多的时间降低了 3 900 万元。青啤集团从开票、批条子的计划调拨到在全国建立代理经销商制，是青啤集团为适应市场竞争的一次重大调整。但在运作中却发现了由代理商控制市场局面，在市场上倒来倒去的做法，只能牵着企业的鼻子走，加上目前市场的信誉度较差，使青啤集团在组织生产和销售时遇到很大的困难。

1998 年第一季度，青啤集团以新鲜度管理为中心的物流管理系统开始启动。当时青岛啤酒的产量不过 30 多万 t，但库存却高达 3 万 t，限产处理积压，按市场需求组织生产成为当时的主要任务。青啤集团将"让青岛人民喝上当周酒，让全国人民喝上当月酒"，作为目标，先后派出两批业务骨干到国外考察、学习，提出了优化产成品物流渠道的具体做法和规划方案。这项以消费者为中心，以市场为导向，以实现"新鲜度管理"为载体，以提高供应链运行效率为目标的物流管理改革，建立起了集团与各销售物流、信息流和资金流全部由计算机网络管理的智能化体系。

青啤集团首先成立了仓储调度中心，对全国市场区域的仓储活动进行重新规划，对产品仓储、转库实行统一管理和控制。由提供单一的仓储服务，到对产成品的市场区域分布，流通时间等全面地调整、平衡和控制，仓储调度成为销售过程中降低成本、增加效益的重要一环。以原运输公司为基础，青啤集团注册成立了具有独立法人资格的物流有限公司，引进现代物流理念和技术，完全按照市场机制运作。作为提供运输服务的卖方，物流公司能够确保按规定要求，以最短的时间、最少的环节和最经济的运送方式，将产品送至目的地。同时，青啤集团应用建立在Internet信息传输基础上的ERP(企业资源计划)系统，筹建了青岛啤酒集团技术中心，将物流、信息流、资金流统一在计算机网络的智能化管理之下，建立起各分公司与总公司之间的快速信息通道。及时掌握各地最新的市场库存、货物和资金流动情况，为制定市场策略提供准确的依据，并简化了业务运行程序，提高了销售系统的运作效率，增强了企业的应变能力。青啤集团还对运输仓储过程中的各个环节进行了重新整合、优化，以减少运输周转次数，压缩库存，缩短产品仓储和周转时间等。具体做法是根据客户订单，产品从生产厂直接运往港、站；省内订货从生产厂直接送到客户仓库，仅此一项，每箱的成本就下降了0.5元。同时对仓储的存量作了科学的界定，并规定了上限和下限。低于下限发出要货指令，高于上限再安排生产，这样使仓储成为生产调度的平衡器，从根本上改变了淡季库存积压、旺季市场断档的局面，满足了市场对新鲜度的需求。

目前，青啤集团仓库面积由70 000多m^2下降到29 260m^2，产成品库存量平均降到6 000t。这个产品物流体系实现了环环相扣，销售部门根据各地销售网的要货计划和市场预测，制定销售计划；仓储部门根据销售计划和库存，及时向生产企业传递要货信息；生产厂有针对性地组织生产，物流公司则及时地调度运力，确保交货质量和交货期。同时销售代理商在有了稳定的货源供应后，可以从人、财、物等方面进一步降低销售成本，增加效益。经过一年多的运转，青啤集团物流网已取得了阶段性成果。首先是市场销售的产品新鲜度提高，青岛及山东市场的消费者可以喝上当天酒、当周酒，省外市场的东北、广东及沿海城市的消费者，可以喝上当周酒、当月酒；其次是产成品周转速度加快，库存下降使资金占用下降了3 500多万元；再次是仓储面积降低，仓储费用下降187万元，市内周转运输费用降低了189.6万元。

现代物流管理体系的建立，使青啤集团的整体营销水平和市场竞争能力大大提高，1999年青岛啤酒集团产销量达到107万t，再登国内榜首。其建立的信息网络系统还具有较强的扩展性，企业在拥有完善的物流配送体系和成熟的市场供求关系时，为开展电子商务准备了必要的条件。

案例思考题：

青啤集团采取了哪些措施建立现代物流管理体系，对我们有什么启示？

T 思考题

1. 什么是企业物流？企业物流的作业目标是什么？
2. 简述企业物流合理化的途径。
3. 谈谈目前我国企业物流组织的形态特点。
4. 结合企业实际谈谈企业物流管理组织的职能。

E 综合练习题

进行企业物流管理情况调查，取得企业资料，完成以下报告：

1. 描述企业概况

(1)企业在所处领域、业务功能和区位等方面的优势。

(2)企业组织结构图、企业定位与发展规划。

(3)企业发展现状（主营业务、人员、设备、技术、管理等）。

2. 按以下要求绘制企业业务流程图

(1)明确业务流程所涉及部门的主要职责、功能以及责任人。

(2)图中用不同颜色标示出业务流程中的物流、信息流、资金流和商流。

(3)各环节、各部门所涉及的单证及其流转程序。

第二章 企业物流战略与规划

学习要求

在对企业物流战略及规划活动全面了解和掌握的基础上，首先要明确企业物流战略内容及企业主要物流战略；其次要掌握企业物流规划的内容及企业物流规划的步骤。

能力目标

◆ 能够运用所学知识和企业物流战略工作模板来撰写企业物流战略

◆ 能够完成岗位的物流工作规划

知识目标

◆ 掌握制定物流部门工作岗位物流规划的方法

◆ 掌握制定企业物流战略及物流规划的方法及步骤

第一节 企业物流战略

一、企业战略与企业物流战略

(一)企业战略与物流战略的含义

(1)企业战略是企业为实现长期经营目标，适应经营承包环境变化而制定的一种具有指导性的经营规划。过去，我国企业很少认识到物流的战略作用，物流重要的商业价值一直没有得到广泛利用或认同。现在，企业物流已经受到大多数行业与市场的重视。物流已经与企业的发展战略相互联系、相辅相成、密不可分，物流直接影响企业的生存与发展。

(2)企业物流战略是企业为寻求物流的可持续发展,就企业物流发展目标以及达成目标的途径与手段而制定的长远性、全局性的规划与谋略。企业物流战略的制定对促进企业物流的发展有重要意义,企业不追求物流的一时一事的效益,而着眼于总体,着眼于长远,于是企业物流本身战略性发展也提到议事日程上来。事实上,对物流与供应链管理在企业的竞争力和获利性上的重要性认识的提高,使物流成为一个真正的战略问题,并把物流推向了企业战略的核心地位。

(二)企业战略与企业物流战略的关系

(1)企业战略统观企业经营的全局,为企业的经营与发展明确目标,指明方向。物流战略是企业为开展好物流活动而制定的具体的、有操作性的行动指南,它作为企业战略的一个重要组成部分,要服从企业战略的要求,与之协调一致。

(2)有效地实现企业战略需要企业物流战略等战略的支持与协助,企业战略需要企业具体的职能战略来落实。没有物流战略与各具体职能战略的协同配合,企业战略目标也无法实现。

二、企业物流战略的基本目标与内容

(一)企业物流战略的基本目标

企业物流战略与企业物流管理的目标是一致的,在保证物流服务水平的前提下,实现物流成本的最低化,具体而言,可通过以下各个目标的实现来达到。

(1)维持企业长期物流供应的稳定,低成本、高效率。

(2)作为产品的个性谋求良好的竞争优势。

(3)针对环境的变化为企业整体战略提供预警和增强功能范围内的应变力。

(4)以企业整体战略为目标追求与生产销售系统良好的协调性。

(二)企业物流战略的内容

1.客户服务

客户服务是企业物流战略的重要组成部分。进行物流战略的规划时首先应当确立物流活动的服务目标,该目标应该与总体经营目标相一致。客户服务水平的提高必然会伴随着企业物流成本的提高,而因服务水平提高而增加的成本是否能够通过产品销售的增加来弥补是确定物流服务水平的一个关键衡量指标。物流战略所确定的客户服务指标应该与物流现状相适应,客户服务的目标制定得过高或过低都是不合适的,会造成资源的浪费和企业利润的下降。

2.设施选址

物流系统的各个结点(工厂、港口、仓库、供应商、零售点和服务中心等)的位置直接影响物流网络的布局,因此物流网络中结点位置的选择与物流系统的运作效率有着密不可分的关系。设施选址工作要确定设施的数量、地理位置、规模,分配各设施所服务的区域,确定商品到市场所要经过的渠道等。

3. 库存管理

多数的物流系统无法达到及时生产制或订单生产制下的要求——“零库存”,于是都会保有库存。库存管理主要是决定各种物料的库存水平既保证生产和销售的要求,又不会造成流动资金的积压;结合生产点的分布决定库存点的分布达到成本与效率的最优组合;提出控制库存的方法,使适当库存成为生产持续性和稳定性的保证。

4. 运输管理

运输管理包括决定结点之间产生的运输需求应采用的运输方式、货物流动的路线和时间、运输的批次和频率以及运输规模经济的实现。集运是一种有效地降低企业单位运输成本的方式,也可以使企业获得运输的规模经济带来的利益。

(三)物流战略层次

物流战略的内容可以分成四个层次——战略层、结构层、职能层和执行层。客户服务战略属于企业战略层次的物流战略,影响其他物流战略内容的制定;渠道设计战略和网络战略则是结构层次的物流战略,决定物流系统的建立;仓库管理战略、运输管理战略和物料管理战略处于职能层次;最后属于执行层次的是信息战略、设施管理战略、组织管理战略及企业的政策与策略,这些都与物流战略的实施有关。企业物流战略的“金字塔”可以很好地表现企业物流战略的四个层次。

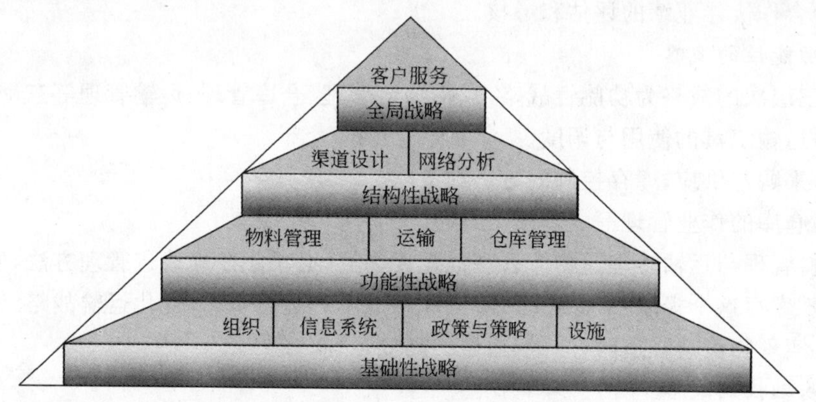

图 2-1 企业物流战略“金字塔”

1. 全局性战略

物流战略的最终目标是满足客户需求，因此，客户服务应该成为物流管理的最终目标，即全局性的战略目标。通过良好的客户服务，可以提高企业的信誉，获得第一手市场信息和客户需求信息，增加企业的亲和力并留住顾客，使企业获得更大的利润。

要实现客户服务的战略目标，必须建立客户服务的评价指标体系，如平均响应时间、订货满足率、平均缺货时间和供应率等。虽然目前对于客户服务的指标还没有一个统一的规范，对客户服务的定义也不同，但企业可以根据自己的实际情况建立提高客户满意度的管理体系，通过实施客户满意工程，全面提高客户服务水平。

2. 结构性战略

物流战略的第二层次是结构性的战略，包括渠道设计和网络分析。渠道设计是物流系统设计的一个重要内容，包括优化物流渠道，提高物流系统的敏捷性和响应性，使物流系统获得最低的物流成本。

网络分析是物流管理中另一项重要的战略工作，它为物流系统的优化设计提供参考依据，网络分析的内容主要包括：

(1)库存状况分析。通过对物流系统不同环节的库存状态分析，找出降低库存成本的改进目标。

(2)客户服务的调查分析。通过调查和分析，发现客户需求并获得市场信息反馈，找出服务水平与服务成本的关系。

(3)运输方式和交货状况的分析，通过分析，使运输渠道更加合理化。

(4)物流信息及信息系统传递状态分析。通过分析，提高物流信息传递过程的速度，增加信息反馈，提高信息的透明度。

(5)合作伙伴业绩的评估和考核。

3. 功能性的战略

第三层次的战略为功能性战略，包括物料管理、仓库管理、运输管理等三个方面：

(1)运输工具的使用与调度。

(2)采购与供应，库存控制的方法和策略。

(3)仓库的作业管理等。

物料管理与运输管理是物流管理的重要内容，必须不断地改进管理方法，使物流管理向零库存这个极限目标努力。降低库存成本和运输费用，优化运输战略，保证准时交货，实现物流过程适时、适量、适地的高效运作。

4. 基础性的战略

第四层次的战略是基础性战略，主要作用是为了保证物流系统的正常运行提供基础性的保障。

三、企业物流发展的主要战略

企业物流发展的主要战略　　表 2-1

战　　略	含　　义	内　　容
合理化战略	根据物流活动的客观规律和特征，组织各物流部门和物流环节采取共同措施，以最低的物流成本达到最佳的物流效应和最高的服务水平，从而充分发挥物流功能	表现为功能的合理化和作业标准化 企业物流的合理化就是要降低成本、提高效率。其一是建立规范的物流市场竞争机制；其二是实现物流各环节作业的标准化
信息化战略	为满足消费者快速变化和日趋个性化、多样化的需求，实现小批量、多品种、快速反应的生产或服务，必须具有掌握和利用信息的能力	在信息化战略的指导下，建立集成化的管理信息系统，以压缩流程时间，提高需求预测程度，并协调企业间关系，促进物流信息共享，推动企业物流的快速发展
品牌战略	实施"品牌"化战略成为在市场竞争条件下谋求发展的必然选择	物流发展要从未来发展方向、服务对象、服务模式等方面考虑，建立社会化、专业化、现代化的物流系统，形成全方位和供应链的物流服务模式，形成品牌优势，开发品牌资源
网络化战略	实质是在信息共享的基础上建立企业内外物流和信息流的统一网络。网络化战略主要包括：物流配送系统的计算机网络化和组织的网络化	关键是加强供应链管理和集成化物流管理的外部集成管理，建立企业与外部供应商、客户之间的战略合作伙伴关系，降低安全库存和物流成本，减少风险优化配置总体资源，提高整个集成化系统的运行效率，以获取更大的整体竞争优势
国际化战略	物流发展需要着眼于全球，以国际化的视角进行思考，确立国际化战略	首先是供应链的全球化，这是供应链外延的扩展，即把全球有业务联系的供应商、生产商、销售商看成是同一条供应链上的成员，要求企业间相互协作更加密切，在满足不同地区消费者的多样化需求上不断提升供应链综合物流管理协调能力。其次是组织全球物流，要求物流的战略构造与总体控制必须集中，以获得全球的最优成本，客户服务的控制与管理必须本地化以适应特定市场的需求

四、实现企业物流发展战略的基本途径

（一）从管理角度发展物流

现代物流是一项科学的系统管理方法，所以企业在发展物流的时候，必须要从管

理角度去发展物流。随着科学技术的日新月异,越来越多的新思想、新方法运用于企业经营的战略规划和管理作业,增强了企业应变市场的能力。在所有改进企业经营管理的措施当中,现代物流技术合理高效地参与,正愈加成为企业赢得市场优势的重要手段。在人们发现从降低生产成本和更新产品上无法再取得像从前那样的竞争优势时,物流变成了可以挖掘的新的利润源泉。它不仅可以降低生产和销售成本、提高服务水平,还有助于整个社会资源的合理配置与优化。

(二)企业物流战略规划原则

企业物流战略的研究制定、物流管理活动的组织开展、物流职能与其他职能的相互协调,必须有战略思想进行指导,我国企业物流发展规划首先必须坚持以下几个重要原则:

(1)依托总体,协调发展。

(2)长期规划,分段实施。

(3)面向未来,适度超前。

(4)管理创新,服务制胜。

(5)一元规划,多元推进。

(三)确立物流在企业中的战略地位

企业内部物流系统和外部物流系统成为一个企业重塑竞争力的重要手段和方式。在激烈竞争的市场经济中,物流已经在企业战略中占有一席之地。《哈佛商业评论》的一篇文章"基于能力的竞争"中,作者分析了零售业巨人沃尔玛公司取得巨大成功的原因。在说明沃尔玛致力于通过天天低价和商品即得性来建立顾客忠诚时,作者断言沃尔玛之所以实现为顾客始终如一的优质服务的目标,关键是让企业补充存货的方法成为其竞争战略的核心部分。这种战略眼光在很大程度上以所谓的"过载"(cross-docking)这一无形的物流技术得以充分体现。一项普通的物流策略竟然变成了世界零售巨头整个竞争战略的核心部分。沃尔玛的巨大成功就在于认识到有效的企业战略必然需要细节与整体之间的有力平衡,而物流贯穿所有关键的企业职能,自然要在维持该平衡中发挥战略作用。若过载这种专业技术对沃尔玛的成功至关重要的话,那是企业的高层管理者看到物流与企业战略有较大关联。当那些成百上千的个别部分被整合为一个完整的、管理良好的整体时,当那些活动被创造性地、及时准确而有条不紊地执行时,物流能够在企业的核心能力和竞争力中起到战略作用。

(四)企业物流战略规划与设计

贯穿于生产和流通全过程的物流,在降低企业经营成本,创造第三利润源泉的同时,也在全球的市场竞争环境下,发挥着举足轻重的作用,物流成为企业经营主角的时代已经到来。很多企业虽然认识到发展物流的潜力,但往往感到无从着手。所以,要获得高水平的物流绩效,创造顾客的买方价值和企业的战略价值,必须了解一个企业的物流系统的各构成部分如何协调运转与整合，并进行相应的物流战略规划与设计。

第二节 企业物流规划

一、企业物流规划的特性与原则

(一)企业物流规划的特性

企业物流规划，就是企业根据自己的发展战略，对未来一段时期企业物流活动所做出的指导方案。具有如下的特性：

1. 目的性

规划是对未来的企业物流活动有意识的安排，因此，规划应以实现企业物流战略目标作为其目的。

2. 前瞻性

把握企业当前与长远的关系是规划的关键，由于规划者在分析企业发展时使用的方法不同，存在着探索性前景和预期性前景两种思路。一般来说，对于现状比较清晰，规划时段不长(3～5 年)，影响因素较为确定的近期物流规划，按以前的资料结合企业的近期状况，按发展趋势外推规划前景，也可以达到规划的目的。而中长期规划，则面向未来，面临着许多错综复杂而又不确定的因素，因而适合预期性前景。

3. 动态性

规划虽然已经对发展前景做出了估计和安排，但社会不断发展，科学技术也在不断创新，影响物流发展的因素也在变化。因此，在规划期内会不断出现新情况、新问题，提出新要求，因而企业物流规划，尤其是中、长期规划，不可能是一成不变的。应当根据实践的发展和外界因素的变化，适时进行调整和补充。因此，企业物流规划也应该是一个不断适应物流发展的动态规划。

4. 综合性

物流规划的综合性反映在物流影响因素的复杂性和物流要素、物流资源的多样性等方面。物流的影响因素包括社会、经济、技术、运输和地理环境等因素，这些因素相互独立又互相交织。因此，编制企业物流规划时要综合考虑这些因素的影响。

(二)企业物流规划的基本原则

企业物流规划的基本原则包括客户服务驱动原则、系统总成本最优原则、多样化细分原则、延迟原则、大规模定制原则和标准化原则。

1.客户服务驱动原则

在当今消费者占主导的客户经济时代，企业的一切经济活动必须时刻以客户为中心。客户服务驱动原则要求企业在进行内部供应链物流规划设计时应以客户为中心，站在客户的立场看问题，要考虑给客户提供时间、地点和交易上的方便，尽可能增大产品或服务的额外附加价值，从而提高客户的满意度和忠诚度。因此，企业物流规划应该首先识别客户的服务需求，然后定义客户服务目标，再进行物流系统设计。

2.系统总成本最优原则

企业供应链物流管理在操作层面上出现的许多问题都是由于没有把某项具体决策的所有影响都考虑进去。在某个领域内所做的决策常常会在其他的领域产生出乎意料的后果。例如，关于产品运输政策的调整，可能会影响产品库存持有成本；产品外包装设计的改变会对运输成本和产品的运输、仓储质量维护等产生直接的影响。同样地，以提高生产效率为目的的生产进度的改变会导致产成品库存的波动，从而影响到客户服务。由于各种物流活动成本的变化模式常常表现出相互冲突的特征，因此在进行企业供应链物流规划时，应追求系统总成本最优，而不能是单项成本最优；不能只考虑到某个部门、某项物流活动的效益，而应该追求供应链系统整体的总效益。

3.多样化细分原则

不要对所有产品、不同类型客户的服务情况提供同样水平的客户服务，这是物流和供应链管理规划的另一基本原则。它要求企业针对自身产品的不同产品特征、不同销售水平等因素制定不同的客户服务水平标准，即在同一产品系列中采用多种细分战略。例如，根据销量的高低将产品分为高、中、低三组分别确定不同的库存水平，区分那些经仓库运送的产品和从工厂、供应商或其他货源直接运到客户手中的产品，根据运输费率的结构，按运量批量进行服务分类，即订购大量产品的客户可以直接供货，其他的则由仓库供货；对于那些由仓库供货的产品，按存储地点进行进一步分组；销售快的产品放在位于物流渠道最前沿的基层仓库中，销量中等的产品存放在数量较少的地区性仓库中，销量慢的产品则放在工厂等中心存储点等，从而使每个存储点都包含不同的产品组合。

4.延迟原则

延迟原则是指分拨过程中运输的时间和最终产品的加工时间应推迟到收到客户订单之后。这一思想避免了企业根据预测在需求没有实际产生的时候运输产品，以及根据最终产品形式的预测生产不同形式的产品。推迟也是当今企业大规模定制生产的主要原则之一，它极大地提高了企业资源的使用柔性，降低了企业生产风险和供应链管理成本，从而全面提高企业效益。

5.大规模定制原则

大规模定制原则强调物流、供应链作业活动中的规模经济效益。主张将小批量运输合并为大批量运输；将先到的客户订单与稍后到的客户订单合在一起进行集中处理，如沿线配送等，这样可以降低单位货物的运输、配送成本。这是为了平衡由于运送时间延长而可能造成的客户服务水平下降与订单合并的成本节约之间的利害关系。

6.标准化原则

物流、供应链渠道中的多样化服务也有代价。产品品种的增加会提高库存，特别是原材料库存。据统计，即使总需求不变，在原有产品系列中增加一个与现有某品种类似的新品种也会使综合产品的总库存水平增加 40%，甚至更多。如何为市场提供多样化的产品以满足客户需求而又不使物流成本显著增加呢？标准化和延迟概念的综合运用常常可以有效解决这一问题。生产中的标准化可以通过可替换的零备件、模块化的产品设计和生产以及给同样产品贴加不同品牌的标签等而实现，这样可以有效控制供应渠道中必须处理的零备件、供给品和原材料的种类。通过延迟也可以控制分拨渠道中产品多样化的弊端。例如在彩电产品的新品设计中，如果尽量做到零备件标准化，则可大大降低材料的采购成本和库存成本。

二、企业物流规划的类型

(一)从物流系统的组成与功能进行划分

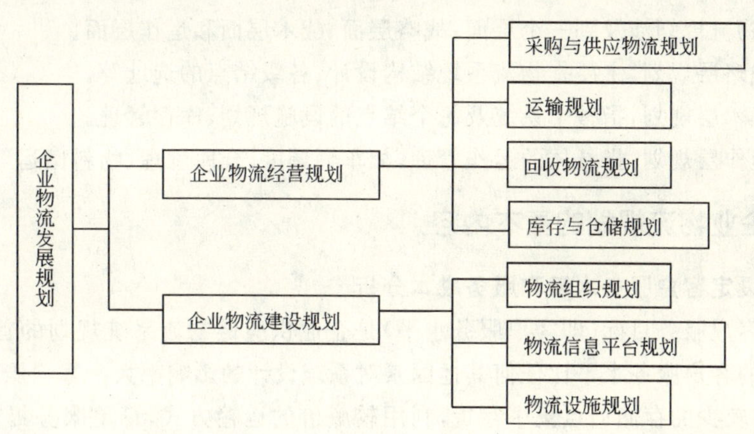

图 2-2　物流系统规划分类图

(二)从规划的深度进行划分

1.总体规划

主要解决系统中一些比较重要的问题，如规模、结构、功能和运动状态等问题。系统的规模可以用数量或空间分布的边界来表示，如物流费用、货运量、货物周转量和建筑面积等数量指标都可以反映出规模。

2. 详细规划

详细规划是总体规划的进一步深化，根据总体规划中的数量结构、空间结构、功能结构和组织结构的情况，分解出更多的数量指标，并根据这些数量指标制定出操作性的方案。

详细规划是一项相当复杂的工作，同样要考虑众多的因素，不但有定量因素，而且还有定性因素；不但需要考虑工艺因素，还要考虑建筑物的限制、生产系统的效率要求、各种资源的约束条件，同时还要遵循有关的政策、法规，如环保、消防等。有些子系统规划，如设施规划、运输规划等还需要进行大量的计算和绘制工作，这将消耗大量的人力和物力。由于手工操作已难以适应愈来愈高的规划标准要求，所以现在多数都借助于计算机和相应的软件平台进行规划工作。

(三)按规划的时间段划分

按照时间段，企业物流规划可分为长期规划、中期规划和近期规划。由于企业的实际情况各不相同，物流在国内发展又很快，因此，要准确地来界定近期、中期、远期规划的期限有一定困难，通过参照社会经济发展规划和城市规划等对规划时间段的划分，结合物流活动的具体情况，可把规划期为3～5年内的定为近期规划；规划期为10年以上的定为远期规划；规划期为5～10年的定为中期规划。

(四)按规划的层面划分

企业物流规划涉及到三个层面：战略层面、战术层面和运作层面。

(1)战略层规划，主要指物流系统结构设计、各级结点的选址等。

(2)战术层规划，指整个系统及每个结点的设施规划、库存管理。

(3)运作层规划，指具体的运作管理，如车辆调度、仓库管理、物料搬运等。

三、企业物流规划的基本内容

(一)设定客户服务水平和服务成本分析

确定客户服务目标(即客户服务水平)是企业供应链物流系统规划的首要任务，企业提供的客户服务水平比任何其他因素对系统设计的影响都大。客户服务水平较低，可以在较少的存储地点集中存货，利用较廉价的运输方式，订单服务提前期比较长。客户服务水平高则恰恰相反。但当客户服务水平接近上限时，企业供应链物流系统成本的上升比服务水平上升更快。

(二)物流服务网络设计

指存储点及供货点的地理分布，它构成了供应链物流规划的基本框架，主要包括确定设施的数量、地理位置、规模，并分配各设施所服务市场(服务对象)范围。这样就确定了产品到市场(服务对象)之间的线路。好的设施选址应考虑所有的产品移动策略及其相关成本。寻求总成本最低的需求分配方案或利润最高的需求分配方案是物流服务网络设计的核心所在。

(三)物流管理组织结构和管理模式、管理流程的设计

这主要包括负责企业物流服务组织体系的构建、业务职能和业务流程的分工、设计,有关企业物流组织和业务流程的规划应从企业供应链、价值链管理的全局角度出发进行系统、综合的考虑,关键是保障企业物流作业的顺畅、高效率,并保障企业总体物流成本最低,而非局部部门成本或单项物流活动成本最低。管理模式的规划是有关企业物流是自营还是外包的抉择。

(四)库存战略和运输战略设计

一般由企业的客户服务目标和客户服务水平决定。库存战略是指库存管理方式,将库存分配(推动)到存储点与通过补货自动拉动库存,代表两种不同的战略。其他方面的决策内容还包括,产品系列中的不同品种分别选在工厂、地区性仓库和基层仓库存放以及运用各种方法来管理永久性存货的库存水平。运输战略包括运输方式、运输批量和运输时间以及路线的选择。这些决策受仓库与客户以及仓库与工厂之间距离的影响,反过来又会影响仓库选址决策。库存水平也会通过影响运输批量影响运输决策。

(五)物流信息系统的规划设计

随着企业业务规模的日益增大,企业必须将物流信息化纳入企业战略规划范畴,从某种程度上来说,当前所谓的 MRPII 系统、ERP 系统、SCM 系统的规划等最初都是围绕企业的物流活动做文章,目的是使得企业物流、商流、资金流和信息流能协调统一,提高各流的流动效率和质量。

四、企业物流规划设计的程序

在设计程序上,规划设计必须采用系统的设计方法,即对原有系统情况进行调查研究、分析、找问题,为制定目标和工作程序做准备,即系统分析;运用分析的结果,设计出能最大限度地满足系统要求和功能的各种具体方案,即系统设计,对设计出来的各种具体方案,用技术经济的观点来评价其是否可行,即系统评价或可行性研究等。

(一)调查

对规划对象现实的物流和非物流情况进行调查,找出问题,为制订改进目标或提出新的目标做准备,调查内容包括以下若干主要方面:

(1)物流情况的调查。包括:品种、数量、性质(物理、化学和机械的性质等)、包装方式等。

(2)储运方法的调查。包括:包装单元;使用设备(运输机、起重机、升降机、叉车等);使用设施(道路、仓库、货架、站台、车库、修理场地等);工位器具和使用人力的情况等。

(3)储运情况的调查。包括:供应地点(来料地点);发送地点(工厂、仓库、转运站和销售地点等);运输方式(空运、水运、铁路和公路);运输距离;运输次数和搬运次数、储运单元、储运速度;储运批量和储运周期等。

(4)储运工艺和生产工艺的调查。包括:厂际之间、车间之间、车间内部、车间与仓库之间、仓库内部、工段之间、厂与城市有关企业、站(场)、仓库和销售点之间等。

(5)外部衔接的调查。弄清规划区域周围地理位置,包括:周围的城市交通、公路、铁路、机场、货站、车站、河流、农田、工厂、市场、学校、机关,城市规划的电力、供水、排污、人流、车流和道路等。

(6)非物流情况的调查。是指除物流之外的一切关系,如生产管理、后勤服务(维修、办公、食堂、卫生设施、供气、供电、环保等),对外联系,规划区域的气象资料、建筑、朝向、总体布置、地质条件等情况,各作业单位之间的人事、组织、计划和业务方面联系的情况,以及它们之间的密切程度,以确定它们之间的相互关系等。

全部情况调查完毕后,绘制出整个系统的物流图和相互关系图,为规划设计分析做准备工作。

(二)分析

对所调查到的物流和非物流的情况,从整个规划系统的角度进行逐个分析,其分析的主要原则如下:

(1)专业化组织生产的原则。那种小而全和大而全的企业灵活性差,且难保证产品质量、产量,更新换代慢,科学管理不易,缺乏市场竞争能力。

(2)合理批量的原则。对任何一个企业的生产活力,按现实情况进行分析,提出其合理的生产批量和经营的品种,以使其经济效益最佳,防止盲目扩大或潜力得不到发挥,同时还要受市场和预测结果的影响。

(3)环保绿化的原则。

(4)节约土地的原则。

(5)节约能源的原。大力节约能源具有战略意义,我们不仅要大力开发新能源,更重要的是节约和合理使用好各种能源,主要是合理选择、使用和维修好各种设备、设施和工位器具,还可利用重力式小车输送和储存,如选用重力式货架、滑道、溜槽和各种人力小车等。

(6)安全原则。重视物流作业中的人、工位器具、设备、设施和物品的安全、完美,保持作业区周围环境的整洁、通畅,考虑各种安全防护设备、工具和设施,清除物料到处乱堆、乱放和无搬运包装的现象,同时还必须注意到防火、防潮、防霉、防腐、防风、防雨、防雪和防爆等，以及人流、车流和物流尽可能分开等。

(7)提高物料搬运“活性”的原则。活性是指便于搬运、装卸和贮存的程度。使物料预先处于方便搬运、装卸和贮存的状态，减少劳动量和作业时间，如将零部件和物品预先放在各种带腿货箱、集装箱、容器内，或放在托盘、托架、小车和设备上。

(8)集装单元化的原则。尽可能组织搬运、装卸和贮存单元，形成相当于加工或运送批量的单元运件，采用托盘、货箱、单元盛器和集装箱等集装单元，便于装卸、搬运和贮存作业。

(9)标准化的原则。使搬运、装卸和贮存作业统一化，首先应使运件的外形尺寸标准化。可以使用标准的设备、器具和设施，便于创造、使用、维修和管理。

(10)工艺直线布置的原则。物流走直线，减少转弯和迂回，尽可能靠近作业接受区。

(11)利用空间的原则。利用有效的空间进行物流作业，如空中悬链、天桥、阁楼仓库、高架(立体)仓库、筒仓等，向空中发展，可减少占地面积，提高土地利用率。

(12)贮运过程中进行作业的原则。贮运工艺流程与加工制作、装配、贮存、运送、检验和包装等一些辅助作业融合在一起。

(13)均衡贮运的原则。减少作业点上的贮存，做到按生产节拍输送，提高物流工作效率，采用看板运输，克服人员和设备忙闲不均的现象。

(14)减少重复搬运的原则。加强计划管理工作，制定好工艺贮运路线，减少重复搬运。

(15)机械化、自动化的原则。机械化适用于劳动条件比较差，劳动强度比较大的作业，以及启动频繁、重复、节拍短促而有节奏、规律的搬运作业等，自动化适用于那些影响工人健康以及有危险的作业等。

(16)减轻体力劳动和过分疲劳的原则。减少搬运、装卸的距离和次数，减少作业人员上、下作业弯腰的次数和人力码垛的范围和数量。

(17)其他建筑朝向、建筑结构、区域道路、管线、建筑造型、通信、联络、公路服务、后勤设施等应符合规模的要求和原则。

以上原则的应用，必须从规划单元系统的实际情况出发，达到投资少、上马快、改善劳动强度、少占土地、好管理、收益大、使用方便、维修容易、便于发展和技术经济最佳的目的。

(三)物流规划初步设计

根据对规划单元的现状调查和分析的结果，首先着手对规划内部各区域之间物流路线、方法、设备、设施和各种工位器具的类型进行综合比较。然后进行物流工艺的设计，制订数个工艺方案，绘制方案流程框图。在此基础上，经过分析比较，绘制物流规划工艺初步设计图，完成设想到制订方案的过程，一般需提出 2～3 个方案供比较选择，最多不宜超过 6 个方案，并同时绘出相互关系图。

(四)技术经济比较

对所提出的方案逐个从投资、建设、经济效益比较，然后要求使用单位、建设单位、使用者一同进行评议，并提出改进意见，即多方案比较。在初评的基础上对整个规划进行修改，绘制出相对最佳方案，列出整个系统的概预算，经大家认可后请上级审批。

(五)施工设计

对最终方案经过上级审批之后进行施工设计，施工设计包括整个系统，各区域内，直到各工段、工位之间，贮存点之间等的设备、设施、建筑、仓库和场所，以及工位器具等进行详细布置，选择各种标准设备、设施和工位器具，设计各种非标准设备、设施和工位器具，以及整个系统的道路、管线、绿化等后勤服务设施、设备的选择和设计图纸，为整个系统的实施做好全部施工要求的一切设计文件、图纸等和详细的工作预算。

(六)实施

根据施工图纸和批准的文件要求，组织采购、订货、土建施工、加工制作、安装、调整、人员培训、后勤服务、企业管理等，同步进行检验，检查全部工作进度和要求，确认无误后即进入试运转阶段。如系统太大，可以分几期进行实施，同时在改造、扩建时，还要考虑到不影响目前的生产和原有设备、设施的利用和重新布置等。

(七)总结

全部土建施工、设备、设施和工位器具等制造、安装、施工完成后，对整个系统进行调整和试验，确认无误后即进行试运转，经过一定时期的试用后，再进行检验，找出存在的缺陷和问题，进一步改进必要的关键设施和方法，再对整个系统进行修改，进行必要的修改设计，直到达到系统的最佳目标为止，然后组织必要的单位、人员进行鉴定，经过认可后方可交付生产单位正式投入运转，使企业取得最佳经济效果，使投资成本能在 1～3 年内全部收回。

五、企业物流规划设计成效

(1)最充分的利用现有城市、企业的潜力和规模，大量节约城市、企业的土地。

(2)有效的布局规划和运用设备、设施和工位器具，使物料搬运量减至最低，使整个企业的生产情况相互适应，增加生产能力，整个系统高效运转，大量节约能源。

(3)做到生产过程流畅、按节奏组织管理生产、作业、增加产量、提高质量、降低消耗,使成本降到最低,提高企业的竞争能力。

(4)适应市场、生产、消费的变化,增加企业的灵活性,降低投资、管理费用,取得明显的经济效益。

(5)环保得到保证,从一开始就考虑到环保,就为改善劳动条件,减少职业病、工伤事故提供了可靠保证,为职工创造了文明生产的条件和环境,合理的、有效的使用人力、物力和财力,做到人尽其才,物尽其用,充分发挥了人的能动性。

总之,能以较少的力量和时间,以合理的速度、更安全的方式和更低的成本,做出更好的产品。

一个城市、站场、企业等在现有条件下,不进行重大的变革,只要按系统规划实施和组织管理生产、生活,就可以提高生产率,若在一个关键环节进行必要的改革,如添置一点设备、设施、工位器具等就可以进一步提高生产率。若整个系统进行了规划改造,可以收到加倍的效果。

S 本章小结

企业战略性的规划,战略性的投资,战略性的技术开发是最近几年促进物流现代化发展的重要原因。企业自身发展物流不仅要解决仓储运输和商品配送这些物流的基本问题,更重要的考虑采购、生产和销售过程中物流活动的有机结合,以业务流程为基础,形成物流的一体化,从而有效地加强企业的市场销售竞争力。物流是企业市场营销的基础。企业在做出物流决策时,应该把物流系统与营销战略以及企业的总体战略有机地结合起来,从战略高度去权衡物流运营成本与市场拓展需要、物流顾客服务的特殊要求之间的动态平衡,而不仅仅局限于解决流程再造、压缩成本、加强培训等投入产出的管理问题、有限资源的合理配置问题。

企业物流规划设计中执行要把握好以下几个观点:第一,系统的观点。把企业以至一个工段的物流流程看作是一个系统,从整个系统着眼去研究系统中的各个要素,而研究各个要素又必须统筹兼顾整个系统的协调。第二,价值观点。也就是要求在保证所需功能的前提下,所花费的费用(代价)应该是最小的。第三,人机观点。整个系统不论如何完美,它永远是离不开操作者(人)、工具、设备、设施和环境的因素。第四,科学管理的观点。科学地生产管理,使物流从接受、发送、运输、装卸、加工、装配、包装和贮存的各个环节的活动融会于整个生产工艺流程中。第五,长远的观点。在规划设计方案时,对企业的未来发展给予充分的注意和研究,使整个系统的设计能够适应将来的发展,并提供良好的条件。第六,仓储技术观点。仓储技术是物流技术中一个重要组成部分，在规划设计时，不能将它与系统分割开来，必须将它当作系统中的一个环节来研究和考虑。

C 案例分析

济南汽运总公司成功实施物流战略规划

济南汽运总公司作为山东省经贸委指定的“优化企业物流管理试点单位”，近年来遵循物流业的发展规律，不断追踪业界新动态，在基础设施建设、网络建设、信息管理等方面都取得了长足的进步与发展，并以规范的管理、优质的服务赢得了众多大客户的青睐。

在确定发展物流战略之前，济南汽运总公司还在为日益萎缩的货运市场愁眉不展。为了探求新的发展道路，济南汽运总公司较早地接触并引进了物流经营管理理念。在南开大学物流专家组对公司进行了全面的系统调研之后，双方共同研究制定了《济运物流发展战略研究报告》，完全突破了“以货物位移为主”的传统货运经营思路束缚，提出了“以代理为龙头、以网络为基础、以场站为依托、以运力为配套、以多种方式联运为方向，向现代物流企业发展的指导思想”。与此同时，公司加快了物流经营的基础设施建设。

济南汽运总公司通过承运山东松下影像产业有限公司的产品，结识了松下物流公司（松下株式会社的专业物流子公司），并以优质的服务给对方留下了深刻的印象。在与日本松下物流公司的合作过程中，济南汽运总公司坚持将学习融于服务，积极采纳、借鉴外方先进的管理经验，并根据自己的发展战略，积极开拓国际市场、加强网络建设和发展现代科技，在努力为松下物流公司提供优质服务的同时，有力地拓展了服务空间，提高了自身的竞争力。济南汽运总公司还力图进入国际市场，并于1998年组建了山东贸通国际货运代理有限公司，经国家外贸部审验批准取得了国际货运一级代理权，可独立承办进口物资的制单、报关等多种业务。在网络建设方面，济南汽运总公司在山东省内建立了以强大的客运网络体系为依托的快运配送网络，主要以高时效、批量小、高附加值的小件货物为服务对象，在省外则致力于将原有的联运网络、零担货运网络改造为物流服务网络，并参加了中国物流联盟，与24家物流企业建立了稳定的合作关系。

面对飞速发展的信息技术，济南汽运总公司于1999年投资40万元与西安亚桥公司合作，开发了山东省内第一套专业物流管理信息系统，实现了对受托、配送、过程查询、管理、结算等环节的全程控制和自动化管理，目前正着手构筑基于微软主流平台和因特网技术的第三方物流信息系统。2000年9月，汽运总公司在济南市高新技术开发区修建了物流交易大厅，交易中心引进了大屏幕、微机自动查询、自动报价等先进科技设备，成为山东省内最大的货运信息交易中心。

济南汽运总公司经过与松下公司近五年的携手合作，服务能力有了极大的提高：仓储面积由1996年年初的5 000m^2增加到20 000m^2，各种运输车辆达到100余部，并与国内外几十家客户建立了稳定的合作关系。前不久，济南汽运总公司又与日本松下电器有限公司中国分公司正式签约，由济南汽运总公司全面代理其电器产品的整机、配件、样品机等货物品种的物流业务，负责在全国范围内为其提供多功能、一体化的综合性物流服务。这次新的合作，打破了以往以运输、仓储为主的单一服务模式，由济南汽运总公司根据松下公司需求自行设计服务方案，开始了真正意义上的物流运作。

案例思考题：

济南汽运总公司确定了怎样的物流战略，为企业的发展起到了什么样的作用？

可口可乐（瑞典）饮料公司的战略行为

可口可乐公司以前在瑞典的业务是通过许可协议由瑞典最具优势的啤酒公司普里普斯公司代理的。该许可协议在1996年到期后终止，可口可乐公司已经在瑞典市场上建立了新的生产与分销渠道。1997年春季，新公司承担了销售责任，并从1998年年初开始全面负责生产任务。

可口可乐瑞典饮料公司（CCBS）正在其不断发展的公司中推广平衡记分卡的概念。若干年来，可口可乐公司的其他子公司已经在做这项工作了，但是，总公司并没有要求所有的子公司都用这种方式来进行报告和管理控制。

CCBS采纳了卡普兰和诺顿的建议，从财务层面、客户和消费者层面、内部经营流程层面以及组织学习与成长四个方面来测量其战略行动。

作为推广平衡记分卡概念的第一步，CCBS的高层管理人员开了3天会议，把公司的综合业务计划作为讨论的基础。在此期间每一位管理人员都要履行下面的步骤：

(1)定义远景。

(2)设定长期目标（大致的时间范围为3年）。

(3)描述当前的形势。

(4)描述将要采取的战略计划。

(5)为不同的体系和测量程序定义参数。

由于CCBS刚刚成立,讨论的结果是它需要大量的措施。

由于公司处于发展时期,管理层决定形成一种文化和一种连续的体系,在此范围内所有主要的参数都要进行测量。在不同的水平上,将把关注的焦点放在与战略行动有关的关键测量上。

在构造公司的平衡记分卡时,高层管理人员已经设法强调了保持各方面平衡的重要性。为了达到该目的,CCBS使用的是一种循序渐进的过程。

第一步,阐明与战略计划相关的财务措施,然后以这些措施为基础,设定财务目标,并确定为实现这些目标而应当采取的适当行动。

第二步,在客户和消费者方面也重复该过程,在此阶段,初步的问题是"如果我们打算完成我们的财务目标,我们的客户必须怎样看待我们"。

第三步,CCBS明确了向客户和消费者转移价值所必需的内部过程,然后CCBS的管理层问自己的问题是:自己是否具备足够的创新精神、自己是否愿意为了让公司以一种合适的方式发展而变革。经过这些过程,CCBS能够确保各个方面达到了平衡,并且所有的参数和行动都会导致向同一个方向的变化。但是,CCBS认为在各方达到完全平衡之前有必要把不同的步骤再重复几次。

CCBS已经把平衡记分卡的概念分解到个人层面上了。在CCBS,很重要的一点就是,只依靠那些个人能够影响到的计量因素来评估个人业绩。这样做的目的是通过测量与他的具体职责相关联的一系列确定目标来考察他的业绩。根据员工在几个指标上的得分而建立奖金制度,公司就控制或者聚焦于各种战略计划上。

在CCBS强调的既不是商业计划,也不是预算安排,更不是把平衡记分卡看成是一成不变的;相反,对所有问题的考虑都是动态的,并且每年都要不断地进行检查和修正。按照CCBS的说法,在推广平衡记分卡概念过程中最大的挑战是既要寻找各层面的不同测量方法之间的适当平衡,又要确保能够获得所有将该概念推广下去所需要的信息系统。此外,要获得成功,重要的一点是每个人都要确保及时提交所有的信息。信息的提交也要考虑在业绩表现里。

案例思考题:

可口可乐瑞典饮料公司在推广平衡记分卡概念的战略中采取了哪些措施?这对今后我们制定企业战略有哪些启示?

T 思考题

1. 什么是企业物流战略？企业战略与企业物流战略的关系如何？

2. 简述企业物流发展的主要战略。

3. 谈谈目前我国企业实现物流发展战略的基本途径。

4. 试述企业物流规划的基本内容。

E 综合练习题

按以下的企业物流战略工作模板结合所调查的企业的实际来撰写企业物流战略。

××公司物流发展战略

一、基本情况

二、优势分析

1. 管理优势

2. 物流配送优势

3. 信息系统优势

4. 人才优势

5. 品牌优势

三、战略目标

××公司决策层通过调研、反复论证、科学决策，制定了××公司五年发展战略。

1. 总体目标

2. 阶段性目标

2005 年实现销售收入××万元，2006 年实现销售收入××万元，2007 年实现销售收入××万元。在业务方面，针对不同地区，拓展不同发展层面，构筑一个全国发展战略布局。

四、发展战略

1. 健全全国采购网络

2. 完善物流中心运作体系

3. 提升物流信息技术能力

4. 培养高素质物流管理人才

五、战略评析

1. 分析××公司物流发展战略的特点

2.总结××公司物流发展战略的启示

(1)整合优势。企业物流战略的确定是建立在企业的优势资源基础上的，并追求企业全部优势的有机整合。有什么样的优势资源才会有什么样的物流发展战略。

(2)持续发展。企业物流战略紧紧围绕企业经营发展需要稳步发展，始终坚持和确保物流资源的配置是为经营服务的思想，不断提升企业物流效率和物流服务质量，实现企业物流发展战略的可持续发展。

(3)注重实效。物流战略的确立只是企业物流发展的规划和指导思想，必须有合理而有效的物流实施方法和措施，才能实现物流战略目标。因此，任何企业的物流发展战略都必须建立在完整的物流运作体系和有力的保障措施之上。

3.提出有待讨论的问题

(1)大多数企业还没有企业物流发展战略，这些企业是否有必要建立物流发展战略?

(2)企业的物流战略是应当逐步形成，还是应尽快确立并实施?

(3)如何运用企业优势来促进企业物流战略的形成?

(4)如何评价企业物流发展战略绩效?

(5)怎样建立完善的企业物流运作体系以确保物流战略目标的实现?

第三章 企业多方物流模式与业务外包

学习要求

通过学习本章内容让学生了解多方物流国际、国内发展情况，熟悉企业选择第三方物流的目的、定位、一般步骤、措施及风险防范措施等；了解第四方物流的特征及企业物流业务外包的发展趋势。

能力目标

- ◆ 结合实际对当前第三方物流发展的情况进行分析，并解决问题的能力
- ◆ 能够根据企业实际将所学理论知识活学活用，正确地选择物流供应商

知识目标

- ◆ 掌握企业采用第三方物流的方法
- ◆ 掌握企业在利用第三方物流过程中进行风险防范的措施
- ◆ 掌握企业选择物流供应商步骤与方法

第一节 发展多方物流的国际国内形势

一、国外第三方物流发展现状

20 世纪 80 年代中期，美国物流管理委员会首次提出了“第三方物流”(Third Party Logistics，3PL)以及“第三方服务提供者”(Third Party Services Provider)的说法，从此拉开了以第三方物流管理为核心的现代物流以及供应链管理的序幕。第三方物流是一个起步不久的领域，从发达国家的经验来看，它也只有十几年的历史，但

是它的发展速度惊人。

(一)第三方物流的概念

所谓的第三方物流是指生产经营企业为集中精力搞好主业,把原来属于自己处理的物流活动,以合同方式委托给专业物流服务企业,同时通过信息系统与物流企业保持密切联系,以达到对物流全程管理和控制的一种物流运作与管理方式。

从字面上看,第三方物流是相对于第一方发货人和第二方收货人而言的。它是由与货物有关的发货人和收货人之外的专业企业,即第三方来承担企业物流活动的一种物流形态。之所以称其为专业,主要是针对它有别于货主企业的非物流核心业务而言的。第三方物流的服务提供者必须满足货主企业和目标客户企业在交通运输、承运人管理、仓储配送等物流活动的专业化和特殊性的要求。同时它也是一种过程关系化服务,货主和第三方物流企业之间存在一种关系,它有别于传统的物流服务,是一种更加广泛的、定制的、长期互惠的服务与被服务的关系。

(二)第三方物流产生的必然性

由于供应链的全球化,物流活动变得越来越复杂、物流成本越来越高、资金密集程度也越来越高。

首先,面对全球化的竞争,现代企业为了适应客户需求的差异性所导致的市场竞争的白热化,先后都采用了重心调整(Refocusing)战略,将企业的资源都投入到了其核心业务中,这就造成了企业核心业务与非核心业务的分离以及资本运作的集中化。这个战略重点转移的实质就是社会分工的细化从而使企业将非核心的业务转包给专业的服务提供商成为可能。

其次,传统企业的统一大规模生产到定制生产的转变。促成这种转变的动因,既有企业为了进一步优化成本减少库存的考虑,又有客户的需求在时空上多样化的改变。从过去的“为库存生产”(Make-to-Stock)演变到“为订单生产”(Make-to-Order),适应了市场的多样化、小批量、多品种、小批次的需求特点。

第三,以优化成本和降低风险为前提,伴随着物流功能和库存节点的向上游移动,货主企业产生了许多自身非核心的物流作业,需要专业的作业团队来完成,而不仅仅依靠自身的力量。

第四,以信息技术为主导的企业资源管理系统的普遍采用。近年来,以制造企业普遍采用的MRP、MRPII、JIT采购和JIT生产以及ERP系统为先导的企业资源管理系统,使得货主企业和向其提供物流服务的供应商之间的网络化信息资源的共享成为可能,极大地促进了双方形成战略伙伴的合作关系。

现代物流与现代物流管理也经历了单纯的成本导向、利润导向直到竞争力导向等几个阶段。同时,伴随世界经济自由化和贸易全球化的趋势,物流企业也经历了从拥有独有政策和技术的成长期向物流企业自身竞争的白热化发展,迫使物流企业不断拓展和完善物流服务的内涵和外延,这也是第三方物流产生和发展的历史基础和原动力。利用外协物流活动,公司可以节省物流成本、提高顾客服务水平。这种趋势首先在制造业出现,公司将资源集中用于最主要的业务,而将其他活动交给第三方物流公司,这样就促进了第三方物流的发展。

(三)国外第三方物流发展现状

在美国,有超过90%的企业自己完成物流工作,然而,现在有越来越多的公司把物流业务转包给第三方物流专业公司,以节约成本,提高效率,使产品在需要的时间及时到达需要的地点。目前全美有几百家第三方物流企业,按其业务形式可分为两大类。一类是资产型,主要是以运输业者和仓库业者为母体的企业;另一类是无资产型,以货代和咨询公司为主,总体来说,资产型企业较多。欧洲的第三方物流企业,以汽车制造厂和家电生产厂为主要顾客,以制造业为中心而进行第三方物流服务。

调查显示,企业对第三方物流的顾客满意度较高,在被调查的企业中,有67%的企业表示他们对第三方物流在降低成本方面表示"非常满意"或者"满意",有90%的企业表示在整体工作关系上"非常满意"或者"满意"。但在这些乐观数据的背后也有一些问题存在,据另一项由 Georgia Institute of Technology 进行的调查显示,在1996～2000年间,有82%～90%的受访者对物流业务外包效果表示"极成功"或者"成功",但在2001年度,这一数据却骤降至54%,主要是"极成功"的比例下降过快,虽然有研究者指出这可能是由于受访者对第三方物流提供商的期望在提高,但仍然说明第三方物流商在某些方面需要做更多的努力。

虽然第三方物流从提出到目前仅经历了短短的20年不到的历史,但却经历了一个持续的高速发展历程。虽然美国最早提出了这一概念,但其最初的发源地却在欧洲,因此欧洲企业接受第三方物流服务的比例也相对较高。

欧洲的第三方物流启动较早,在20世纪的80年代末和90年代初就开始运作,但直到九十年代开始才大规模地扩展业务,目前欧洲市场上的第三方物流收入占物流总收入的比重达24%以上。欧洲市场上的第三方物流公司大致可分为四种:一类是从事大范围服务领域的大型物流企业,其中有一些欧洲本土的大型公司,也有美国在欧洲的大型公司分支机构,比如UPS;第二类是从事传统物流的公司,其业务起源于欧洲各国海关间复杂的报关等手续,但目前很多公司都被合并或离开了该行业;第三类公司是新兴的第三方物流公司,如德国汉堡的主要集装箱经营者欧罗凯公司等;第四类是大型国有机构的第三方物流,比如国家铁路公司和港务局等。

在日本,20世纪90年代早期,日本的松下半导体公司在美国、英国、以色列和东南亚的13个地区设厂生产和组装芯片。产品被送往分布广阔的顾客手中:IBM公司、东芝公司、康柏公司、福特公司、西门子公司等,每个客户的工厂都分布在世界各地。松下的芯片运往客户的工厂总共有2万多条路线,一批货物常常要走12条航线,沿途在10个不同的仓库停靠。松下公司95%的芯片在订单发出后的第45天才能到达,而剩下的5%则要90天才能到达。由于客户不知道5%的会被延误的货物有哪些，就常常在各个仓库里备足90天用的存货。松下公司的一位官员说："到处都是陈旧的存货，整个物流系统都被存货淹没了"。在这种情况下，松下公司"雇用"了联邦快递公司来完成它的全球物流工作。结果是惊人的，在两年之内，松下公司的物流成本降低了27%，销售额增加了5.84亿美元，顾客满意度大大提高。现在，松下半导体公司平均可以在4天之内将产品送到顾客手中，并且正在向3天内到货的目标前进。因此，将物流工作转包给高效率的专业公司去完成，既降低了成本，又改善了顾客服务水平。

总之，使用第三方物流专业公司可以给企业带来如下好处。

第一，专业物流公司来完成这些工作比客户公司自己做效率更高，成本更低。根据美国的一项调查，整个物流工作外包可以节省15%～25%的成本。

第二，物流工作外包可以使企业将精力集中在核心业务方面。

第三，专业物流公司更了解复杂的物流环境，能采用更有效率的物流手段，这一点一般的企业难以做到。

第四，企业可以获得一个完整的物流系统，而不必靠增加成本、花费时间、承担风险来建立一个自己的物流系统。

二、我国第三方物流市场的现状

我国的物流业起步较早，但长期以来一直在低水平徘徊，这很大程度上是受经济体制的限制，进入九十年代以后，物流业开始进入了较快的发展轨道，但在这个时期，传统物流仍占了其中绝大部分比例。进入九十年代末期后，受国外第三方物流蓬勃发展的影响，在经济发达地区也逐渐出现了一些提供第三方物流服务的公司。由于我国对第三方物流企业并未向其他行业那样设置较高的进入门槛，使得许多民营企业进入了这一新生的行业。但是，一个不容回避的事实是，许多的第三方物流公司由于规模小、缺乏运作资金以及管理经验等因素，在红火过一阵后，不少公司都陷入了经营的困境。客户的缺乏以及不能提供全方位的满足客户需求的物流服务是制约这些中小第三方物流公司生存、发展的关键。但是也有一些民营的第三方物流企业在激烈的竞争中由于突出的优势而取得较快的发展，占据了市场的较大份额，比较突出的是宝供等。它们由于与跨国企业的紧密合作保证了客户的来源，更为重要的是在与宝洁、雀巢、巴斯夫等著名企业合作中学到了国际先进的物流管理经验，从而在国内市场占据了技术及管理领先的优势。

由于我国制度和经济体制等方面影响和限制，与发达国家相比，我国第三方物流业发展起步较晚，基础较为薄弱，发展也很缓慢。从全国来看，现代物流只在少数发达地区和先进企业中得到了重视和发展，即使在经济较为发达的东部沿海地区，物流的社会化、市场化程度也还很低。据测算，目前我国企业的自营物流占整个物流市场规模的60%～70%，物流市场需求的匮乏使得我国物流业的发展内在动力不足，限制了物流业的发展，同时这也为我国第三方物流的发展给出了巨大的发展空间。中国目前与物流相关的总支出有19 000亿人民币，物流成本占GDP的比重为20%左右。第三方物流市场的潜力很大，在过去的3年中年均业务增幅都高于30%，整个中国第三方物流市场2000～2005年的年增长率将达到25%。由此可见，市场已经孕育了对第三方物流的巨大需求，为物流企业的发展提供了极好的市场机遇。

在我国物流市场上长期占据领导地位的大型国有企业也注意到了第三方物流的广阔发展前景，纷纷将业务向此领域拓展，在这些公司中比较突出的是中海集团、中远集团和中外运等。其中，中海集团和中远集团依托的是其原有的船务母体，类似于马士基，而中外运则以货运代理为主，类似于丹莎物流。由于这些公司具有广泛的网络资源以及较为成熟的物流经验，在进入市场后取得了较为突出的领先优势，在某些业务区域甚至取得了垄断地位，它们是国内民营中小型第三方物流企业目前主要的竞争对手。

在加入WTO后，我国已承诺在所有重要服务行业，经过合理过渡期后，取消大部分外国股权限制(尤其是在美国有强大商业利益的行业)，不限制外国服务供应商进入目前的市场。我国将不限制所有服务行业的现有市场准入。同时，我国在辅助分销的服务方面承诺，包括租赁、速递、货物储运、货仓、广告、技术检测和分析、包装服务等方面的限制将在2～4年内逐步取消，在此期间，外国的服务供应商将可建立百分之百的全资拥有的分支机构，这意味着国外的物流公司也可以从事原先对外资禁入的物流业务。

这对国内的第三方物流发展无疑起着良好的推动作用，有利于国内企业接受成熟的第三方物流服务，这些国外公司也将利用他们成熟的供应链管理技巧推动企业供应链提升，提高国内企业的整体运营效率。但同时也可以预见到，由于这些具有先进物流技术以及管理经验的国外公司介入，将使得我国目前第三方物流市场的格局发生重大变化。对正在寻求业务发展的国有大型以及民营中小型第三方物流服务提供商都是严峻的挑战。

三、我国第三方物流的发展趋势

虽然我国目前第三方物流所具备的能力不尽如人意，但我国第三方物流市场潜力仍是巨大的。对于众多在计划经济时代建成的企业，现在正面临资产重组和企业再造。物流业务应该交给专业的物流公司。对于新建立的企业，完全按照市场经济的模式，进行社会化专业化协作，物流业务由专业公司承担。到一定的时期，这样的改革就会形成第三方物流大发展的坚实基础和广阔空间。

我国已加入WTO，如何应对外国物流公司对我国物流公司的冲击，已成为摆在我们面前的一个棘手问题。第三方物流企业正在激烈的竞争中不断整合，已经呈现出中外物流企业争霸的局面。

(一)外资企业谋划布局

外资企业在中国谋划布局,通过兼并收购等多种手段,完成在中国内地的网络布局,为其独资运作做各种准备。内资企业则通过对内重组、对外合作,努力提升竞争力,巩固既有市场份额,并寻机向外扩张。

经过多年的发展,外资物流企业在我国已经具备较为坚实的基础。在我国物流市场全面开放之际,这些企业频频动作,通过兼并收购加快网络布局,通过提升服务能力和水平抢占市场,通过广告宣传提升品牌影响,为逐步实现在华独资开展业务打下基础。

1. 加快网络布局

DHL(中外运敦豪)在2004年年底将在中国的分公司增加到56个,使服务范围扩大到全国318个城市。FEDEX(联邦快递)获准在未来3年内在广州白云机场投资1.5亿美元建立一个占地63公顷的亚太货物转运中心。UPS(联合包裹)早在2004年年底耗资1亿美元从中外运购得23个主要城市的国际快递操作业务,2005年7月又宣布在上海开设第一个航空货物转运中心,并计划今后几年在中国投资5亿美元,建设包括在浦东国际机场内的转运中心等物流设施。而TNT在上海开设中国总部,并计划"几年内投资2亿欧元以拓展其中国业务",将其在中国的分支机构增至100家以上,并向中国1 000个城市提供快递服务。TNT除了在经济发达的环渤海布局外,还进驻北京空港物流基地,将在北京空港物流基地的综合快运中心打造成国内最大的综合快运、物流中心。该项目共占地87亩,总投资1.2亿元,年处理能力达13万件,预计年营业额为2.3亿元。

2. 加大并购力度

去年年底,TNT宣布收购国内最大的公路零担货运商——华宇物流集团。利用后者苦心经营10年建立起的1 100多个操作站点和转运中心、3 000多辆卡车、12 000多名员工和快速消费品、家电、医药领域的17万客户资源的平台,既可发展在华物流,也可把它作为连接国内站点与海外业务的"桥梁",发展快递、物流、直邮三大主营项目,最终实现其在中国建立最大货物和包裹内陆运输网络的目的。联邦快递收购大田快递50%的股份,使其拥有独资开展业务的条件。

3. 提升服务能力

2003年6月份,DHL宣布将其"进口到付"业务的服务范围扩大到全球218个国家和地区,7月份,DHL又宣布其设立于北京的中国国家质量控制中心全面建成并正式投入运营,这是DHL在亚太地区开设的第十一个、全球业界在中国建立的第一个同类设施,它能够对自收件至最终派送的所有航班信息和快递系统的运行状态进行24小时实时监控和动态管理,并与DHL亚太地区质量控制中心以及区域内同类设施实现无缝连接,通过提升航班货运安排的透明度、灵活度和整体货运速度,为DHL整个航空快递网络提供更加科学、严密和高效的可靠安全保障。其随后推出的中文版本的快件管理工具——便捷发件系统，帮助用户准确跟踪货物递送过程，控制成本，并根据用户具体需求制作详细的个性化报告，进一步加强了对中国本地客户的服务和支持。TNT 则将其旗舰版物流解决方案 Matrix 运输管理系统落户上海通用汽车公司，并积极倡导 RFID 技术的应用，以赢得更多的业务。

4. 加强形象宣传

2005 年，UPS、FEDEX、DHL 和 TNT 花巨资在北京、上海、广州等主要城市的受众层次较高的媒介上集中推出自己的形象广告，其用意不言而喻。

(二)内资企业发挥本土优势

面对外资企业的大举进军，内地物流企业充分发挥本土优势特别是网络优势，通过资源整合和能力提升、加强对外合作等方式，巩固现有的市场份额。

1. 整合资源，提升能力

经过两年的努力，中邮物流公司完成了五大区域快速集散网络的建设，并通过行邮专列、干线汽车将其连接成为覆盖全国 31 个省份的邮政物流专用运输配送平台，并同步建设配套的信息网和资金网，大大提高了邮政物流的服务质量和运行效率。为充分发挥邮政的业务资源优势，中邮物流将与中国邮政 EMS 进行整合，通过资源共享，满足更多客户更深层次的服务需求。中国远洋运输(集团)总公司和中国外轮理货总公司重组获准。中国外轮理货总公司加盟后，可以使中远集团的业务链更加完整，增强主业竞争能力，有助于实现中远集团“由全球承运人向以航运为依托的全球物流经营人转变”的发展战略。中国外轮理货总公司也可以依靠中远集团在各港口的影响，更好地发挥自身优势，从而实现中远集团和中国外轮理货总公司的强强联合，优势互补，促进双方共同发展。中外运集团则通过入股川航获得了上游的航空运力，收购申通快递弥补了其物流供应链最薄弱的国内快递板块，试图打造一个贯穿产业链上下游的快递王国。

2. 对外合作，进军海外

中远集团和 TNT 集团签订战略合作协议，共同组建合资物流企业，共同拓展亚太地区的物流市场，先期在中国发展和提升家电物流，最终达到为客户提供更简捷、端到端、无缝隙的供应链管理解决方案的目标。中邮物流与澳大利亚邮政物流 2005 年 2 月在上海合资成立赛诚国际物流有限公司，并在上海、深圳等地设立集散中心，已经为多家澳大利亚客户提供包括集散运输、集散中心的增值服务、国际货运代理等功能的一体化物流与供应链管理服务。

第二节　企业与第三方物流

随着全球化竞争的加剧、信息技术的飞速发展，物流科学成为最有影响力的新学科之一。特别是 80 年代西方掀起的放松管制浪潮，让市场机制推动运输发展，第三方物流得以诞生，并日渐成为西方物流理论和实践的宠儿，尤其是在供应链管理中，自营还是外购物流服务已成了企业不能回避的决策之一。随着 WTO 的来临，我国的第三方物流企业不仅面临着“入世”的冲击，而且也存在着巨大的市场。对于第三方物流公司来说，不仅要判断自身企业的市场定位并给客户提供个性化的增值服务，而且还要注意在服务过程中使双方达到互利双赢。

一、企业选择第三方物流的目的

(一)企业集中精力于核心业务

由于任何企业的资源都是有限的，很难成为业务上面面俱到的专家，为此，企业应把自己的主要资源集中于自己擅长的主业，而把物流等辅助功能留给物流公司。如美国通用汽车的萨顿工厂通过与赖德专业物流公司的合作，取得良好的效益。萨顿集中于汽车制造，而赖德管理萨顿的物流事物。赖德接洽供应商，将零部件运到位于田纳西洲的萨顿工厂，同时将成品汽车运到经销商那里。萨顿使用电子数据交换(EDI)进行订购，并将信息发送给赖德。赖德从分布在美国，加拿大和墨西哥的 300 个不同的供应商那里进行所有必要的小批量采购，并使用特殊的决策支持系统软件来有效地规划路线，使运输成本最小化。

(二)灵活运用新的技术，实现信息管理、降低成本

当科学技术日益进步时，专业的第三方物流供应商能不断地更新信息技术和设备，而普通的单个制造公司通常一时间难以更新自己的资源或技术。不同的零售商可能有不同的、不断变化的配送和信息技术需求，此时，第三方物流能以一种快速、更具成本优势的方式满足这些需求，而这些服务通常都是制造商一家难以做到的。

(三)减少固定资产投资，加速资本周转

企业自建物流需要投入大量的资金购买物流设备，建设仓库的信息网络等专业物流设备。这些资源对于缺乏资金的企业特别是中小企业是个沉重的负担，而如果使用第三方物流公司不仅减少设施的投资，还解放了仓库和车队方面的资金占用，加速了资金周转。

二、企业与第三方物流合作面临的问题

我国物流业刚刚起步与发达国家相比存在很大差距，特别是第三方物流的发展更是落后，大多数物流企业目前只能提供运输、仓储等一般性服务，只有极少数企业可提供国际流行的物流网络设计、预测、订货管理、存货管理等物流服务。

(一)体制性障碍

在长期计划经济体制下形成条块分割、部门分割、地区分割的状态，同样会体现在我国目前的物流管理体制上。物流的政府管理职能是分散的，各种运输方式都有各自的物流标准，不同工业部门的物流系统也是各自为政。想把这些标准统一起来，

势必要触动各个行业的利益，难度不小。

（二）物流市场发育程度低，对标准化的需求不强烈

目前，我国多数物流企业规模和实力偏小，缺乏必要的服务规范和内部管理规程，信息化水平低，物流服务单一且质量低，市场竞争也不规范。所以许多物流企业对物流标准化认识不足，不需要或不愿意在标准化方面进行战略投资，甚至有抵制态度。

（三）物流系统标准化工作牵一发而动全身

物流系统中，物流、信息流和资金流要相互协调，包含供应物流、生产物流、销售物流和回收废弃物物流等众多要素。虽然物流标准可以自成体系，但它与其他标准体系有交叉。因此，物流的标准化仅仅靠物流企业自身是难以完成的，还需要物流设备制造企业、物流信息系统开发企业、产品制造企业、商业流通企业等共同努力、协调一致，才能真正推动物流标准化的进程。

（四）概念模糊

很多人对"第三方物流"的真实概念并不理解，有的认为第三方物流只是时尚的代名词而已，企业完全可以自己作物流。有的则认为有了第三方物流就万事大吉了，再不用为企业物流而操心，其实这些认识是完全错误的。一个产品从生产出来到送达消费者手中，要经过很多环节，如批发商、零售商、批发商的仓库、零售商的仓库等等，这是一个非常漫长和复杂的过程，而且效率低下，资金占用巨大，使产品周转速度大大降低，同时也由于技术落后，使这种周转的精确性变得很差。需要人们在能使这个周转过程更高效、更准确、成本更低方面下工夫，使流通的过程变得通畅。

（五）物流领域缺少"团队精神"

在很长一段时间里，企业都是自己做自己的物流。这种小而全的做法，效率不高，后来就出现了独立于生产商、批发商、零售商的物流企业。其功能就是为这些生产商、批发商、零售商提供专业化的物流服务。这种物流就被称为"第三方物流"，实践证明"第三方物流"效率更高、效果更好。但"第三方物流"不能包医百病，第三方物流合作需要全力推进，比如制定规范、选址建点、引进计算机系统、建立合理的工作程序等等。既是这样要合作成功还有很多事情要做。企业与第三方物流公司是双方完全紧密的一种合作，如果没有一种非常清楚的共识是不能成功的。比如投资预算需要双方共同审批，其实是变成了一个家两个人做主，这要求双方有一种高度合作的精神和非常密切的相互配合。

（六）"第三方物流"发展应适应我国国情

我国的物流环境与欧洲甚至香港特区都有很大不同，我国的物流基础设施与发达国家相比，还是较落后，我国特有的人文环境导致了我国的供应商、零售商、消费者也与国外大不相同。因此完全照搬国外的模式的肯定不行的。

我国发展第三方物流任重而道远，如何做出自己相应的对策，把"第三方物流"做成功是件不容易的事,"第三方物流"在我国真正能够生根开花还需要时间。

三、企业中的第三方物流定位

(1)个体的优秀。双方都是有实力的,并且都有一些有价值的东西贡献给这种关系。它们卷入这种关系的动机是积极的,而不是消极的。

(2)重要性。这种关系适合合伙人的主要战略目标,如实现系统的双赢。而且合作中有长期的目标,其中这种关系扮演着关键的角色。

(3)相互信赖。合作者彼此需要,他们拥有互补的资产和技术。任何一方都无法完成双方合作才能完成的事情,即双方具有充分信任的基础。

(4)投资。合作者彼此投资,以显示其在关系中的投入。通过这种投入,显示其长期合作的诚意。

(5)信息。双方进行充分的信息交流和共享,包括他们的目标、技术数据、成本、进度、质量控制等信息。

(6)一体化。通过一定的制度安排,对物流系统功能、资源、网络要素、流动要素进行统一规划、管理和评价,通过要素之间的协调和配合完成物流的整体运作。

四、企业采用第三方物流的一般步骤

技术和市场变化的速度要求企业以长远关系为目标深思熟虑地选择第三方物流伙伴。在选择一个第三方物流之前,企业必须定义自己外包的目标和目的,然后建立最终的选择标准,一些最重要的标准包括价格、财务稳定性、质量标准、持续改进的能力和能动性。企业采用第三方物流一般需要内部的分析和评价、需要评估和供应商选择、执行和管理三个阶段。

(一)第一阶段:企业内部第三方物流的需求分析

物流的目标是要按尽可能低的总成本,对原材料、在制品和制成品的库存进行地理上的定位。物流涉及到信息、运输、存货、仓储、物料搬运和包装等各方面的集成。就具体企业来说,根据业务类型、作业的地理区域、产品和材料的重量/价值比率,物流开支一般占销售额的5%~35%之间。物流成本通常被解释为业务工作中非常重要的成本之一,仅次于制造过程中的物料费用或批发、零售产品的成本。

1.企业战略

在企业的战略决策中,核心竞争力是重要的因素。成功的企业都通过将资源集中在一个或有限的几个能力,去超过竞争者,发掘与众不同的竞争优势。并且这些企业都会将其所需要的核心能力建立在行业平均水平以上,都会围绕其竞争优势,很少将资源投向非核心能力。物流能力无疑是形成企业竞争优势的一个重要基石。企业都必须通过物流来实现其业务目标,同时满足企业自身的需求和顾客的需求。所以明确物流能力是否是其核心能力,企业是否能够积极地利用这种能力去获得竞争优势,是企业决定“自建还是外包”首先要考虑的。

2. 企业规模

企业规模大小体现了企业的资金实力以及企业生产的复杂程度。一般来讲,企业的规模越大,其生产的复杂程度也会越高,它与供应商和销售商有着千丝万缕的联系。如果物流能力外包,企业的生产经营结构要进行大范围的调整,而这个调整成本往往是非常高的,同时会影响到企业的供应网络和销售网络的稳定性。另一方面,企业的规模比较大,其中一个表现就是物流资源相对比较丰富,比如说拥有自己的运输力量和仓储设施等,如果企业自身能够对这些资源进行有效的利用和管理,自营物流可能只需投入少量的成本进行技术更新就可以同时满足自身和消费者的需求。在这种情况下,可能以比外包更低的成本达到相同的服务水平。另外,还可以利用过剩的物流网络资源拓展外部业务,逐步积累物流服务经验、技术和所需的资金,发展专业化物流,为企业以后的长远发展开拓道路。而对于中小型企业来说,资金的规模小,生产的变动性大,一方面无力投入大量的资金进行自有物流设施的建设,而且由于企业内部业务流程重组风险的存在,还可能受到企业内部员工的抵制和资源的浪费。因此,可以利用物流能力外包来突破资源“瓶颈”,使企业的发展获得较高的增长速度。

3. 运营成本

“如何使总成本最低?”是企业在制定物流战略时首先要考虑的问题,也是企业追求的目标之一。当然,这里所要降低的成本并不是物流的功能成本,而是整个企业的运营总成本。企业需要对物流成本的构成有一个全面的了解,并具有对需要展开的功能成本进行分析和动态成本计算的能力。当然,在实际中对有效的物流过程进行总成本计算,还是比较困难的。但是,企业可以对自营的成本与外包后潜在的成本进行分析比较,这是目前一个比较有效的能够证明外包是否对企业有益的方法。

4. 服务质量

在今天的经营环境中,如果企业愿意承担必需的资源,几乎任何想要的物流服务都是能达到的。例如,在地理上靠近顾客的位置建立一个专用仓库,可以使一支车队保持随时待运的状态等。这种物流服务在顾客下单后几乎可以即时响应顾客需求,但是这样做的代价是高昂的。物流服务在本质上是服务优势和服务成本的一种平衡。企业需要了解物流服务供应商的管理深度和幅度、战略导向,看供应商的服务是否能满足本企业的需求,尤其是供应商的发展战略要与需求企业相匹配或类似。

(二)第二阶段:通过评估选择供应商

企业的外包决策需要来自公司所有阶层的支持,虽然让公司的领导和员工们相信外包商能够同等程度地代表本公司的质量和顾客服务通常是比较难的,但是有很多办法可以提高这种内部的满意度。其中一个办法就是获得第三方供应商的参数,调查未来的合作商过去的工作记录是非常重要的。获得这种公司内部各层次对外包的一致认同将会加强与供应商谈判中的地位。另外，企业需要投入很多时间和金钱去获得重要的数据(比如存货量和生产销售需求情况)，这些都是与第三方物流谈判的基础。

1. 明确服务需求

为了有效地进行合同谈判，公司必须清楚地确定自己的服务需求。首先，准确地列出将要外包的项目，公司可能需要供应商提供的服务包括仓储，运输，库存管理，提高附加值的功能(包装、贴标签、组装等)，信息支持(产品跟踪、电子支付、结算等)，然后，详细定出这些作业的参数。这些都是选择供应商时需要的参考标准。如果服务需求没有量化或不明确，会导致供需双方理解出现偏差，供应商常常认为需求商要求过高，需求商认为供应商未认真履行合约条款。此外，要确定供应商是否能够应对实际运作中未预料到的改变，比如说产品数量的改变，销售量和顾客的变化等。

2. 筛选候选者

一旦确定了公司的服务需求后，就可以开始列出最合适的第三方物流名单。这时候有很多选择，需要去做出一个正确的选择从而能显著地减少将来可能出现的问题。可以在一张评估表上概括总结出公司的服务需求，根据它使候选者名单减少到3～4名。衡量每一项服务需求以保证最重要的那些参考标准是令人满意的。一个简单的衡量办法是把这些需求用A或B标识出来，A表示绝对需要的，B表示需要的，但不是必需的。通过这样的评估后，归纳出候选者名单进一步考虑，然后把名额减少到最有希望的1～2名。

3. 参观工作场所

选择供应商的最后一步还需要去参观他们的工作场所了解他们是怎么样工作的。仔细地听取供应商的介绍，给每一个候选者一个公平的机会让他描述他是如何能够满足本公司的需要。其次，确保供应商的每一个设备的可操作性和灵活性。公司可以通过了解实际的使用者所经历过的困难来避免一些常见的问题。由于这个选择供应商的过程可能比较长，公司要试着跳过一些不必要的游览和会见。但是，参观供应商的工作场所对正确选择第三方物流供应商是具有决定性作用的一步。

4. 成本估算

把物流需求运用到合同条目中来计算外包成本。通常，外包普通的仓储服务的成本包括需要的场地面积，仓库中移动产品所必需的活动，以及增加附加值的功能等。确定第三方物流仓储服务成本的典型方法包括每平方米场地使用成本，每件产品的交易成本，每次装载成本。第三方物流供应商应该详细解释这些条目。

5. 建立考核标准

第三方物流应该对需求商的系统需求有比较强的理解力，而需求商要确认所有的要点都包括在合同中并且清楚地了解物流的解决方案。实际上，双方协定的内容将会变得复杂。第三方物流提供商通常希望能够自主决定商品运输的始点、终点和路线，同时，他们也规定运输、仓储和管理的价格。对需求商来说，可以根据对这些服务愿意支付的价格来确定相应的条目（比如说安排收发货时间）。

（三）第三阶段：外包执行

当企业最终选择物流公司后，最后的阶段就是外包的执行，在执行阶段，应当清楚地定义和确定任务，建立时间框架，应当建立监控机制和评估绩效机制。这不仅在执行期间很重要，而且在执行以后也很重要，它将保证外包协定提供着所期望的服务。在这个阶段中，另一个重要的因素是帮助人们适应外包管理的新型关系和变化去实现组织的目标，经常性的教育和培训应当致力于上述这些问题。

企业的物流外包是个长期、曲折的过程，合约的签订也只是外包的开始，在这个过程中，需要不断的对完成的活动进行考核，甚至包括外包决策，使每个步骤都能达到预期的目的。要相信在合作中即使有冲突发生，也能找到办法解决并使它不会再次发生。供需双方自我真诚的评估和定位，行为道德、相互信任和忠诚以及履行承诺是建立良好的外包合作关系的关键因素。

五、企业充分利用第三方物流的措施及风险防范

现代物流与传统的国际货运代理业务有很大的区别，它不仅提供仓储和运输服务，同时还将提供其他服务，如集运、存货管理、分拨服务、加贴商标、订单实现、属地交货、分类和包装，以及其他等，更重要的是帮助客户按照客户的经营战略去策划他的物流。现代物流的合约是一个对多个的关系，业务是一对一的关系，服务性质是多功能的，物流的成本较低，增值服务较多，供应链因素多，质量难以控制，运营风险大。与传统物流相比，现代物流业务的特性与要求，决定了它的责任与风险有增无减。

现代物流业的风险可以概括为合同责任风险和与合同有关的其他风险，主要的包括以下几种：

（一）物流商与客户所签合同的责任风险

物流商与客户之间的法律责任主要体现于双方所签的合同，目前在签署这类合同中，人们发现某些大客户凭借自己雄厚的经济实力，在谈判中往往处于有利的地位，提出一些特别的要求与条件，而物流商常常迫于商业上的压力而接受某些苛刻，甚至是“无理”的条款。合同中订立此类极不合理的条款，一旦产生纠纷，后果可想而知。

例如某物流商与客户签订一合同，作为承运人的物流商替客户运送一批价值将近 900 万美元的货物，却只收取 2 万美元的费用，合同中还要求物流商对货物全程负责并不可享受豁免条款，也不可享受赔偿责任限制。在此情况下，一旦货物全损，即使物流商无任何过失，也得承担无限责任，即至少赔付客户 900 万美元。在法律责任与商业利益发生冲突时，我们平衡一下进行取舍是对的。但风险这么大，受益这么小，权利与义务极不相称，显失公平，这样的生意也去做吗？

有的物流商为了揽取生意，甚至将各种运输所适应的法律中正常的豁免条款都删掉了，例如承运人通常对货物短少或残损引起的赔偿享受责任赔偿限额，现代物流商在目前物流市场尚不规范的前提下可能面临全额赔偿和不得享受责任限制的情况，而承担无限大的责任，这是值得注意的问题。

(二)物流商与分包商所签合同的责任风险

实践中，物流商必须选择资信情况好的分包商，才能做到即降低经营的成本，又可使物流商的责任风险降到最低点。因为在与分包商合作中即物流运作的全程中，当客户发生损失时，无论是物流商的过失还是分包商的过失，都要由物流商先承担对外赔偿责任。

尽管物流商在赔付后，尚可向负有责任的分包商进行追偿，但由于物流商与客户和分包商所签合同分别是背对背的合同，因此所适用的法律往往是不一样的，其豁免条款、赔偿责任限额及诉讼时效也是不一样的，致使物流商常常得不到全部赔偿。

(三)物流商与信息系统提供商所签合同的责任风险

物流商要想开展物流服务离不开信息技术，而物流商在利用信息技术时面临着以下两个问题：一是信息系统出现故障；二是商业秘密受到侵犯。解决此类纠纷时，如果合同中根据有关法律明确地划分了双方的责任，则纠纷容易解决；如果没有做出明确的规定，同时既查不出原因，又确定不了责任方，则纠纷就很难解决。所以，物流商在与信息系统提供商签订合同时应明确双方的责任，明确信息系统提供商在何种情况下需承担多大的责任是十分重要的。

现代物流业务中，信息的提供越来越重要，不但物流商依赖它来掌握与控制其货物，而且客户也需要通过它随时掌握货物的动态，这种服务有时是免费提供的，有时被列入条款，合同中明确规定物流商应及时准确不间断地为客户提供货物的信息，也就是说提供信息不只是物流商吸引客户的优势，也是物流商须承担的责任。然而，当出现停电或信息系统发生故障，一时无法及时提供信息，或提供的信息有误时，物流商是否都需要承担责任？如需要，又承担多大的责任呢？由此可见，向客户提供信息服务既是物流商的优势，同时也是物流商的一种风险。请看下面的例子：某物流商通过 EDI 与船公司连接，有 10 个空箱从香港送到福州，物流商将箱号通过 EDI 系统给船公司。物流商员工输入其中的一个箱号有误，致使一个有货的集装箱错运到福州并被当地海关查扣，由此产生大量罚款、掏箱费、使用费等费用，最终由物流商全部承担。

(四)物流商的第三者法律责任风险

物流商除基于上述三种合同关系要承担责任外，还基于侵权行为要承担第三者法律责任，而且因第三者责任引起的赔偿有时也是相当惊人的。例如物流商用自己拥有的船舶承运客户的货物，一旦发生海事，作为承运人的物流商无法免责时，不但要承担货物的货损货差，而且如果对第三者造成了损害，也应该承担责任。

又如物流商使用自己拥有的仓库存放危险品，发生爆炸引起周围的生命财产损失或人身伤亡时，或物流商使用自己拥有的卡车运送有毒有害液体而产生泄漏，造成环境污染时，都要承担赔偿责任。所以，物流商对第三者的责任随时都有可能发生，其潜在的风险也是不小的，对此我们必须给予高度重视。

物流企业之间、物流企业与客户之间，都是以物流服务为基本目标的，服务是双方乃至多方关系的核心。保证服务的完整性、安全性、灵活性和适应性，是合同的主要内容，也是确定各方责任的依据。因此，防范物流业的法律风险，也就是防范合同风险。

由于现代物流企业与客户之间既是一种伙伴合作关系、双赢关系，也是同盟关系，因此，联系物流企业与客户之间的法律关系就是合同。要通过签订合同，明确各方的权利义务，以保证物流产业链的完整与通畅。

第三节　企业与第四方物流

随着经济的发展，物流逐渐成为一个产业，尤其是世纪之交，IT 技术的突飞猛进更是让物流业的发展如虎添翼，第三方物流应运而生。第三方物流帮助企业节约了物流成本，提高了物流效率，欧洲物流服务市场约四分之一都是由第三方物流来完成的。但是，第三方物流在整合社会所有的物流资源以解决物流瓶颈，从而达到最大效率方面却力从不心，物流业的发展尤其需要技术专家和管理咨询专家的推动，但第三方物流缺乏高技术、高素质的人才队伍支撑。因此，第四方物流（Forth Part Logistics 简称 4PL）便应运而生了。

一、第四方物流的特征

（一）第四方物流的定义

第四方物流供应商是一个供应链的集成商，它对公司内部和具有互补性的服务供应商所拥有的不同资源、能力和技术进行整合和管理，提供一整套供应链解决方案。美国的埃森哲公司最早提出了第四方物流的概念。

物流就是把消费品从生产线的终点有效地移动到有关消费者的广泛活动，也包括将原材料从供给源有效地移动到生产线始点的活动。第三方物流供应商为客户提供所有的或一部分供应链物流服务，以获取一定的利润。第三方物流公司提供的服务范围很广，它可以简单到只是帮助客户安排一批货物的运输，也可以复杂到设计、实施和运作一个公司的整个分销和物流系统。第三方物流有时也被称为“承包物流”、“第三方供应链管理”和其他的一些称谓。第三方物流公司和典型的运输或其他供应链服务公司的关键区别在于：第三方物流的最大的附加值是基于信息和知识，而不是靠提供最低价格的一般性的无差异的服务。

然而，在实际的运作中，第三方物流公司缺乏对整个供应链进行运作的战略性专长和真正整合供应链流程的相关技术。第四方物流正日益成为一种帮助企业实现持续运作成本降低和区别于传统的外包业务的真正的资产转移。它依靠业内最优秀的第三方物流供应商、技术供应商、管理咨询顾问和其他增值服务商为客户提供独特的和广泛的供应链解决方案。这是任何一家公司所不能单独提供的。

尽管埃森哲公司拥有"第四方物流"这个专有名词,其他的咨询公司也开始使用类似的服务,称之为"总承包商"或"领衔物流服务商"。无论称谓如何,这些新型的服务供应商可以通过其影响整个供应链的能力来为客户提供更为复杂的供应链解决方案和价值。第四方物流可以使迅速、高质量、低成本的产品运送服务得以实现。

(二)第四方物流的基本特征

1.第四方物流提供一整套完善的供应链解决方案

第四方物流集成了管理咨询和第三方物流服务商的能力,更重要的是,一个前所未有的、使客户价值最大化的统一的技术方案的设计、实施和运作,只有通过咨询公司、技术公司和物流公司的齐心协力才能够实现。

(1)再造

供应链过程协作和供应链过程的再设计。第四方物流最高层次的方案就是再造。供应链过程中真正的显著改善要么是通过各个环节计划和运作的协调一致来实现,要么是通过各个参与方的通力协作来实现。再造过程就是基于传统的供应链管理咨询技巧,使得公司的业务策略和供应链策略协调一致;同时,技术在这一过程中又起到了催化剂的作用,整合和优化了供应链内部和与之交叉的供应链的运作。

(2)变革

通过新技术的实现加强各个供应链职能。变革的努力集中在改善某一具体的供应链职能,包括销售和运作计划、分销管理、采购策略和客户支持。在这一层次上,供应链管理技术对方案的成败变得至关重要。领先和高明的技术,加上战略思维、流程再造和卓越的组织变革管理,共同组成最佳方案,对供应链活动和流程进行整合和改善。

(3)实施

流程一体化,系统集成和运作交接。一个第四方物流服务商帮助客户实施新的业务方案,包括业务流程优化,客户公司和服务供应商之间的系统集成,以及将业务运作转交给 4PL 的项目运作小组。项目实施过程中应该对组织变革多加小心,因为"人"的因素往往是把业务转给 4PL 管理的成败的关键。最大的目标,是避免把一个设计得非常好的策略和流程实施得非常无效,因而局限了方案的有效性,影响了项目的预期成果。

(4)执行

承担多个供应链职能和流程的运作。4PL 开始承接多个供应链职能和流程的运作责任。其工作范围远远超越了传统的第三方物流的运输管理和仓库管理的运作,包括制造,采购,库存管理,供应链信息技术,需求预测,网络管理,客户服务管理和行政管理。尽管一家公司可以把所有的供应链活动外包给4PL，通常的4PL只是从事供应链功能和流程的一些关键部分。

2. 第四方物流通过其对整个供应链产生影响的能力来增加价值

4PL充分利用了一批服务提供商的能力，包括3PL、信息技术供应商、合同物流供应商、呼叫中心、电信增值服务商等等，再加上客户的能力和4PL自身的能力。总之，4PL通过提供一个全方位的供应链解决方案来满足今天的公司所面临的广泛而又复杂的需求。这个方案关注供应链管理的各个方面，既提供持续更新和优化的技术方案，同时又能满足客户的独特需求。

3. 成为第四方物流企业需具备一定的条件

如能够制定供应链策略、设计业务流程再造、具备技术集成和人力资源管理的能力；如在集成供应链技术和外包能力方面处于领先地位，并具有较雄厚的专业人才；如能够管理多个不同的供应商并具有良好的管理和组织能力等。

二、第四方物流的运作模式

(一)协同运作模式

第四方物流和第三方物流共同开发市场，第四方物流向第三方物流提供一系列的服务，包括技术、供应链策略、进入市场的能力和项目管理的专业能力。第四方物流往往会在第三方物流公司内部工作，其思想和策略通过第三方物流这样一个具体实施者来实现，以达到为客户服务的目的。第四方物流和第三方物流一般会采用商业合同的方式或者战略联盟的方式合作。

(二)方案集成商模式

在这种模式中，第四方物流为客户提供运作和管理整个供应链的解决方案。第四方物流对本身和第三方物流的资源、能力和技术进行综合管理，借助第三方物流为客户提供全面的、集成的供应链方案。第三方物流通过第四方物流的方案为客户提供服务，第四方物流作为一个枢纽，可以集成多个服务供应商的能力和客户的能力。

(三)行业创新者模式

第四方物流为多个行业的客户开发和提供供应链解决方案，以整合整个供应链的职能为重点，第四方物流将第三方物流加以集成，向上下游的客户提供解决方案。在这里，第四方物流的责任非常重要，因为它是上游第三方物流的集群和下游客户集群的纽带。行业解决方案会给整个行业带来最大的利益。第四方物流会通过卓越的运作策略、技术和供应链运作实施来提高整个行业的效率。

第四方物流无论采取哪一种模式，都突破了单纯发展第三方物流的局限性，能做到真正的低成本、高效率、时时运作，实现最大范围的资源整合。因为第三方物流缺乏跨越整个供应链运作以及真正整合供应链流程所需的战略专业技术。第四方物流可以不受约束地将每一个领域的最佳物流提供商组合起来，为客户提供最佳物流服务，进而形成最优物流方案或供应链管理方案，而第三方物流要么独自，要么通过与自己有密切关系的转包商来为客户提供服务，它不太可能提供技术、仓储与运输服务的最佳结合。

三、供应链环境下的第四方物流

在供应链的环境下第四方物流不仅对整体的物流系统进行了整合规划，也对服务商进行了资源整合，同时也促进了信息网络的发展和人才资源的培养。

(一)对整个供应链及物流系统进行整合规划

第三方物流的优势在于运输、储存、包装、装卸、配送、流通加工等实际的物流业务操作能力，在综合技能、集成技术、战略规划、区域及全球拓展能力等方面存在明显的局限性，特别是缺乏对整个供应链及物流系统进行整合规划的能力。而第四方物流的核心竞争力就在于对整个供应链及物流系统进行整合规划的能力，也是降低客户企业物流成本的根本所在。

(二)对供应链服务商进行资源整合

第四方物流作为有领导力量的物流服务提供商，可以通过其影响整个供应链的能力，整合最优秀的第三方物流服务商、管理咨询服务商、信息技术服务商和电子商务服务商等，为客户企业提供个性化、多样化的供应链解决方案，为其创造超额价值。

(三)对供应链信息及服务网络整合

第四方物流公司的运作主要依靠信息与网络，其强大的信息技术支持能力和广泛的服务网络覆盖支持能力是客户企业开拓国内外市场、降低物流成本所极为看重的，也是取得客户的信赖，获得大额长期订单的优势所在。

(四)整合供应链人才资源

第四方物流公司拥有大量高素质国际化的物流和供应链管理专业人才和团队，可以为客户企业提供全面的卓越的供应链管理与运作，提供个性化、多样化的供应链解决方案，在解决物流实际业务的同时实施与公司战略相适应的物流发展战略。

供应链管理是一项系统工程，它的实施需要考虑多方面的因素，遵循系统工程方法论的基本原则，协调各种目标之间的平衡。如：降低库存成本与提高用户满意度平衡、供应链中不同成员不同的、相互冲突目标的平衡、各种信息在供应链企业中的共享问题、信息的透明化以及各环节的利润分配问题。

第四节　企业物流业务外包

随着社会分工的进一步细化和物流业的快速发展，物流外包正迅速被供需双方所认可。物流外包，即生产或销售等企业为集中精力增强核心竞争能力，而将其物流业务以合同的方式委托于专业的物流公司运作，外包是一种长期的、战略的、相互渗透的、互利互惠的业务委托和合约执行方式。

一、企业物流外包为什么是发展趋势

通过实践，我们发现将物流外包给专业的第三方物流供应商(3PL)可以有效降低物流成本，提高企业的核心竞争力，也就是说，将物流业务外包能够带来许多的优势：

(一)企业得到更加专业化的服务，从而降低营运成本，提高服务质量

当企业的核心业务迅猛发展时，也需要企业的物流系统跟上核心业务发展的步伐，但这时企业原来的自理物流系统往往因为技术和信息系统的局限而相对滞后。与企业自理物流相比，3PL 可以集成小批量送货的要求来获得规模经济效应，在组织企业的物流活动方面更有经验、更专业化，从而降低企业的营运成本，改进服务，提高企业运作的灵活性。

对于委托企业而言，它不可能获得所需要的各方面人才。通过将物流外包给3PL，委托企业不但可以引入资金、技术，同时也可以根据自己的需要引入"外脑"。物流方面的专家或是专门人才不一定属于该委托企业，却可以成为企业所使用的一部分有效的外部资源。特别是对于那些财力、物力有限的小企业而言，通过将物流外包，更容易获得企业所需要的智力资本。

(二)物流外包可以解决本企业资源有限的问题，更专注于核心业务的发展

企业的主要资源，包括资金、技术、人力资本、生产设备、销售网络、配套设施等要素。资源的有限性往往是制约企业发展的主要"瓶颈"，特别是在当今时代，技术和需求的变化十分复杂，一个企业的资源配置不可能局限于本组织的范围之内。即使对于一个实力非常强大、有着多年经验积累的跨国企业集团来说，仅仅依靠自身的力量，也是不经济的。物流外包策略对于企业有限资源的合理利用非常重要，国内外的许多企业正是通过利用物流外包，突破原有的资源"瓶颈"，获得了难以想象的增长速度。

利用物流外包策略，委托公司可以集中资源，建立自己的核心能力，并使其不断提升，从而确保委托公司能够长期获得高额利润，并引导行业朝着有利于企业自身的方向发展。应该认识到，无论企业是处于扩张期还是压缩期，大多数企业用于投资的资金总是有限的，通过 3PL 可以节约资金和资本投入，使公司资本集中在主要的、能产生高效益并取得主要竞争力的业务上。通过 3PL 不仅可以减少物流基础设施的新投资，而且可以腾出自有仓库与车队所占用的资金，并把资金用在更有效率的地方。

(三)物流外包可以提高企业的运作柔性

委托企业选择 3PL 的重要原因之一是提高柔性的需要。企业可以更好地控制其经营活动，并在经营活动和物流活动中找到一种平衡，保持两者之间的连续性，提高其柔性，使实行物流外包的委托企业因业务的精简而具有更大的应变空间。

由于大量的非特长业务都由合作伙伴来完成，物流外包企业可以精简机构，中层经理传统上的监督和协调功能被计算机网络所取代，金字塔状的总公司、子公司的组织结构，让位于更加灵活的对信息流有高度应变性的扁平式结构，这种组织结构将随着知识经济的发展而越来越具有生命力。

(四)可以减少监督成本，提高效率

委托公司可以利用物流外包策略缩小公司的规模，精简公司的组织，从而减轻由于规模膨胀而造成的组织反应迟钝、缺乏创新精神的问题。规模偏小的公司，管理事务比较简单，更易于公司专注于自己核心能力的培养。公司要想在激烈竞争的环境里成长，就必须尽量控制公司的规模，以确保公司的灵活反应能力，物流外包策略在这方面具有非常重要的意义。

二、企业物流外包存在的问题

相比发达国家，我国第一方和第二方物流的比重比西方发达国家大得多，随着生产、流通领域竞争加剧，第一方和第二方选择第三方承担物流服务的情况将会更加普遍。为什么我国企业与第三方物流公司进行合作有着诸多明显的优势却并没有更多地将物流业务外包出去呢？我们认为主要有以下几点：

(一)抵制变化

许多公司，尤其是那些目前财务状况还令人满意的公司，不满意通过物流外包的方式来改变现有的业务模式。此外，寻求外包物流的公司有时还会遇到来自企业内部某些部门的抵制，因为他们目前从事的工作很可能会被第三方物流所取代，尤其是一些国有企业，物流外包将意味着解雇大批员工，这对企业的领导人来说意味着风险巨大。

(二)缺乏认识

通常讲，企业对第三方物流公司能力的认识程度普遍还很低。第三方物流行业相对来说还很年轻，尤其是在我国，一些领先的物流公司只有不到10年的历史。更为重要的是，许多公司还远远没有认识到供应链管理的重要性，明显的例子就是还没有哪家公司的高级管理层里有主管物流的人员。

(三)害怕失去控制

由于供应链的实施在提高公司竞争力方面的重要作用，许多公司都宁愿有一个“小而全”的物流部门，也不情愿把对这些功能的控制权交给别人。此外，供应链流程的部分功能需要与客户直接打交道，许多公司担心如果失去内部物流能力，会在客户交往和其他方面过度依赖第三方物流公司。这种担心在那些从来没有进行过物流外包业务的公司中更为普遍。大多数已经进行了物流外包的公司表示，他们通过和第三方物流公司的合作，实际上改善了信息流动，增强了控制力，改善了公司管理其业务的能力。

(四)信用机制

与生产销售不同,物流是一项委托与被委托、代理与被代理的关系,是完全以信用体系为基础的,服务的无形化特点、各种复杂的费率协商机制、“服务的标准和衔接物权”的转移与控制、结算常常涉及多方面的物流服务参与主体和复杂机制,特别是第三方物流服务或有更多层次的外包服务,没有完善的信用体系作基础,仅凭第三方交单结算甚至由第三方代为收款。

三、如何选择物流供应商

一种良好的专业化的物流服务可以促进企业的发展,甚至可以带动某些地区相关产业的齐头并进。那么,企业应该如何选择物流供应商呢?

(一)物流供应商的职责和作用

在选择物流供应商之前,应从运行整体供应链的角度(即从原材料到厂家,成品到客户)明白供应商的作用和职责,要明确物流供应商的职责和作用,更好地确定服务需求。

(1)生产厂家要求与原材料供应商联系提货,与客户联系送货。

(2)具备操作空运、海运、公路、铁路运输、空海联运的能力。

(3)在某一区域或全国范围内做货物分拨。

(4)办理海关清关业务(制单、报关、垫付关税等)。

(5)保险:受厂家委托代办保险和理赔。

(6)财务支持:有足够的周转金保证日常运作、甚至代买部分原材料。

(7)信息传递(网络化)和文件的管理。

(8)采购和管理好二级供应商(如车队等)。

(9)持续性改进。

(二)选择物流供应商

选择物流供应商应做到公平、公正、公开,建议对长期稳定的大宗物流业务应以物流部为主邀请相关部门(如财务、采购、销售),通过公开招标的方式选择,具体可分成三个阶段。

第一个阶段:文件准备、发标、供应商回复、初步报价分析

该阶段的主要目的是:使投标者通过阅读厂家所提供的文件,全面理解业务内容、服务范围运量、报价须知等。该文件除应该详细介绍业务内容外,还需要对服务范围和需求做完整的表述。竞标者收到文件后,应按规定时间予以回复是否可以满足服务要求,附上报价单和公司介绍。厂家收到竞标者的回复和报价单后,应对回复内容和报价单做初步分析,以明白各竞标者的总体水平和各自之间的差距。

第二个阶段:全面评估

1.问答卷评估

是根据第一阶段中供应商的回复和报价情况,将各种要求变成最简单的问题,竞标者只需填写 Yes 或 No。根据回复,厂家能较快地了解竞标者的业务能力。这种做法可根据业务范围的大小,设计不同层面的问卷。

2.对硬件设施的评估

是整个采购过程中最重要的环节。特别是有分拨业务的厂家,一定要事先考查分拨点的能力。通过对竞标者主要网点(办公室、人员、仓库、车队)的实际考查,以当面问答的形式从不同侧面全面了解该公司的现状、业务能力、技术发展的潜力、整体管理水平。建议厂家以至少 2 人一组的形式对竞标者在不同地区,同时开展考查,采用同一问卷和打分标准,小组成员独立打分不得商讨,以保证整个考查的公正性。

完成对硬件设施的评估后,结合第一轮问答卷的情况,有的公司可以设计第二轮问答卷,对服务承诺、报价和仓库考查中发现的问题做进一步核准。竞标者应做出 Yes 或 No 的答复,对现有问题确认改进时间,到此为止已完成全面评估的工作。可根据硬件设施得分情况、价格水平、二轮问卷的答案,决定进入下一轮的竞标者名单。

第三个阶段:案例研讨,内部讨论,谈判,最终决定

该阶段,厂家可以根据未来主要业务范围,提供 2～3 个典型案例。进入本轮的竞标者,可以利用第一次正式的面对面机会全面介绍公司的服务理念、服务标准、运作系统、网络设置,并基于现行的操作水平对案例提出解决方案和接手项目后的运行计划。

完成案例研讨后,厂家结合前面两轮问答卷的结果、设施评估、案例研讨分析、价格水准尽快进行内部讨论,结合自身业务的发展,对使用不同竞标者做出分析。主要从几个方面:

(1)最大的受益点是什么。

(2)最大的风险是什么。

(3)系统、网络是否满足要求。

(4)报价总体水平,是否可以有更多的 saving。

(5)可持续发展的增长点。

(6)团队素质。

走到这一步,厂家可以与最有可能获得此项业务的竞标者展开谈判,包括进一步确认各项服务承诺、报价、设施的改进计划,项目启动运行的计划,使双方的理解达到一致,同时进行商务条款的谈判。通过前面几个阶段大量细致的工作,应当说大部分的合同条款已被涉及到,但法律部门有必要介入,以保证合同条款符合惯例和所在国的法律。如果没有大的差异,可以决定谁获得此项业务。

S 本章小结

在我国企业发展的过程中，不断地改进企业的生产技术，提高生产效率，合理利用人力资源，发挥企业最大功能来满足人们的需求为企业创造更大的利润。可是，企业在物流的设施上大量地投入占用大量的企业资源，以及企业在物流方面不成熟导致库存过多或过少和企业产品不能及时送达顾客，从而影响企业总成本的过多投入和企业利润的获得。企业业务的任何环节都不应该是弱项，企业把物流外包给第三方物流商不是简单地只专注于核心业务，而是转变为对合作方的控制和管理。

在价值链分工的角度来看，成熟的外包业务具有两方面的条件：第一个条件是企业自己的业务理得较顺，模块化较强。如果企业业务模块化做得好，物流可以外包，做得不好，更应该外包。业务水平低虽是多方面的结果，但反映了业务梳理不畅，模块化较差，往往造成业务上不好剥离，想把物流外包都困难。第二个条件是企业只有相信物流公司能比他做得好才会考虑外包。外包有时是一个是经济理性问题，但有时需要在理性之上，理性的企业会考虑它对外包部分的控制能力。

本章结合国内外物流的现状和发展所面临的环境、机遇和挑战，应用现代物流理论对企业物流进行了分析和研究。描述了第三方、第四方物流市场的发展概况，从第三方物流和第四方物流的争议中所引出的问题展开分析，从物流定义的引申含义和物流企业界定入手，在系统分析综合物流服务需求的基础上，提出了物流企业的成熟度模型并分析了不同模型的物流企业的市场定位。

C 案例分析

科技企业物流外包

在敦豪(DHL)位于上海的 4 000m^2 的宽阔货区内，成堆的印有“Siemens(西门子)”Logo 的货件显得格外显眼。去年，西门子(中国)有限公司自动化与驱动集团和敦豪丹沙海空运公司签订了无限期的合作协议，由后者全面负责其从德国工厂至上海的进口海运、空运及清关程序。现在，在敦豪上海货区内，任何时候西门子公司货件的库存量均高于 2 500 件。通过公路、铁路及国内空运，每月 2 000 项左右的订单全部由敦豪负责门到门地递送。所有订单均通过连接西门子公司的电子数据交换系统进行处理，使西门子公司与敦豪的仓库管理系统互通，实现全面自动化的仓储管理过程。

科技企业由于产品更新速度快，原料和产品单价高且全球化程度高、售后备件处理任务重，面临比较复杂的物流环境。为获得更大的市场，全球性的物流公司也不断出台新的物流和供应链服务。像西门子公司一样，科技企业将物流系统外包给第三方物流企业正在成为一种趋势。

一、一体化全球物流

科技企业的跨国采购和销售使得其供应链延伸到全球，既有海运、空运等长途运输，也有门对门的递送，还需要进行通关等手续，因此，建立一体化的全球物流体系，统一资源规划，减少成本，提高效率就成为科技企业应对激烈竞争的手段之一。在与敦豪合作以前，西门子公司的仓储、库存及派送均由公司内部自行管理，其各个生产工厂都需要设小型产品存储仓库，由员工进行手工管理。在敦豪接管及引进电子数据交换系统(EDI)后，原来由19名西门子公司员工才能完成的物流管理工作现在由8名驻上海的敦豪员工即可完成。西门子公司中国采购及物流服务主管托马斯·费希腾麦尔表示："敦豪的服务集成了海运、空运及物流服务，从而实现了端到端的物流系统。"

科技企业和第三方物流公司的这种合作正在亚太地区逐渐普及。朗讯科技公司(Lucent)和另一家全球性的物流企业美国联合包裹公司(UPS)合作进行物流管理。由联合包裹公司相关业务部门设立一个专门工作组，负责管理朗讯科技公司在所有空中和陆上的货运业务、跨港口仓储业务及物流系统的运行。朗讯科技公司供应链网络部副总裁吉姆·约翰逊(Jim Johnson)认为："这项物流管理方案将在整个层面上监督物流网络的运行，包括如何管理送货车司机、缩短各个物流环节之间的间隙、提高整个物流系统运行的透明度等。"可见，第三方物流企业的介入可以让科技企业各个物流环节之间的连接更为顺畅。

中外运——敦豪国际航空快件有限公司董事副总经理陈奋祯透露："未来5年，敦豪计划在中国投资2.7亿美元用于完善基础设施，包括口岸和服务中心等设施。"2005年3月，联合包裹公司在上海、苏州和福田分别设立了3个仓库和配送中心，这三大业务基地均毗邻重要的科技制造中心。联合包裹公司计划2005～2006两年中在中国的主要城市再建立20个这样的业务基地，将在中国的仓库数量增加到60个，其中2005年完成10个业务基地的建设。

二、备件物流再借力

科技企业的另一特点是售后服务水平要求高，往往需要对售出商品进行维修、更换等服务。对科技企业来说，售后服务的管理主要是对备件的物流管理。任何科技产品都难以完全杜绝硬件故障，一旦出现故障，及时找到需要的备件就成为衡量服务质量的关键。这种备件物流又叫"逆向物流"，顾名思义，它与正常物流的方向相反，而且具有不可预知性，难度也较大。传统的方法是企业自己建设备件中心，这样前期需要很大的投入，许多企业也正在尝试将备件物流进行外包。

惠普公司GSO(HP Global Service Organization)部门与敦豪进行了备件物流上的合作,利用敦豪全球的备件物流中心进行逆向物流,包括回收工程师和销售渠道借用的零件,回收、送修、返库缺陷零件,回送缺陷零件给供货商,从用户端到供货商形成了一个完整的逆向物流链条。对于敦豪这样的物流企业来说,所谓正向和逆向物流均是其物流服务的组成部分,有许多重合之处,而对于科技企业来说则减少了重新建设一套备件物流系统的工作,提高了效率。

虽然备件物流在中国还并不普及,但全球各大物流企业已经在华开始布局。从20世纪90年代开始,敦豪进入备件物流领域。目前,在全球范围内,敦豪拥有330个仓库、10个分销中心,另外,在亚洲、欧洲、北美地区还有3个区域呼叫中心,在中国设立了16家备件物流中心。

联合包裹公司位于上海的航空转运中心也将在2007年前建成,其转运中心的功能之一就是为企业提供售后维修服务。敦豪亚太区备件物流总监约翰·法雷尔(John Farrell)如此预测:"目前,全球的备件物流市场规模可望达到650亿美元,并以每年4%的速度增长,从而成为全球物流领域中增长速度最快的市场。"

三、个性化需求尚待突破

科技企业的物流外包需要大发展,仍面临着一些障碍,如何满足科技企业的个性化需求是其中最重要的一点。敦豪全球客户解决方案部亚太区电子元器件部销售总监沈剑平说:"运一箱芯片同运一箱衣服的要求当然不同,需要根据客户的需求提供必要的确保货物安全的服务。"如敦豪与影像企业爱克发公司在合作中,就必须为爱克发公司的影像产品提供特殊的环境,如对温度和湿度严格控制,在仓库内设置专用工作间用于仪器的校准等。在敦豪上海区域转运中心1.8万m^2的仓库中常设500余个爱克发公司专用库存单元,占据了全部物流中心的六分之一。

个性化的需求显然带来成本的增加。如某物流企业为高价值的芯片等产品提供的特殊服务,采用全球定位、特别保镖和装甲卡车等措施,这样的服务开价不菲。

虽然基础设施的限制以及管理体制的制约仍然影响着科技企业外包物流的决心,但科技企业外包物流在中国已经开始兴起。中外运——敦豪国际航空快件有限公司董事副总经理陈奋祯说:"目前在这个领域,发达国家外包的比例在45%~50%,在中国为20%~24%,还有很大的增长空间。"

案例思考题:

1.第三方物流企业的介入是如何让科技企业各个物流环节之间的连接更为顺畅的?

2.备件的逆向物流是如何运转的?

T 思考题

1. 什么叫第三方物流？企业与第三方物流合作面临的问题有哪些？
2. 试述企业采用第三方物流的一般步骤。
3. 第四方物流的特征有哪些？
4. 结合实际谈谈企业进行物流业务外包的原因。

E 综合练习题

结合案例进行企业物流业务外包现存问题的分析。

2002 年 1 月，当第三方物流对于国内的许多生产、流通企业还只是个概念的时候，物美做出了一个大胆的决策，它与和黄天百公司签署了一份为期 7 年外包物流合同。当时，物美在经过几年的快速扩张后，综合超市和便利店的数目逐渐增多，2001 年年底时已达到近 200 家，物流配送的瓶颈在此时凸显出来。但与国内其他传统的商业企业不同，物美是一家完全靠对国有企业进行租赁、托管、改制等方式，从一家店开到几十家再到上百家店的连锁零售企业，没有其他企业与生俱来的仓储、运输和人力等资源，所以在物流的外包还是自营这个话题的考虑上，物美便有了选择的空间。对于这一决策问题，物美集团高层也都争论过，但后来大家还是一致认为物美真正关心的不是物流，而是怎么把店铺经营好，怎么把商品选择好，把对消费者的服务做好，所以最终决定引进第三方物流，以期望可以在短期内提高物流配送的效率。

当时与物美谈判的还有一家北京当地的物流公司和一家声名显赫的跨国物流公司，但物美最终还是选择了以零售配送著称的和黄天百。和黄天百是香港和记黄埔集团与英国天百美达公司的合资企业。作为英国一家大型物流服务商，天百美达的主业就是零售业物流。和黄天百的管理人员认为，“和黄天百优势就是经验，有行业经验，我们的很多客户都是零售商。”

早在 2001 年，包括物美在内的很多国内零售物流先行者就非常明确地意识到，连锁零售物流远比工业物流复杂得多，比如订单数量大、频率高同时有时间要求，有些小型的便利店甚至要求一天送货两次；供应商大包装供货，配送中心则需要按照店铺的订货量进行拆零、分拣，还要处理诸如赠品、退货等繁琐问题；货架上的商品新增频率高，不同商品还有不同的保质期，需要有针对性的保质期管理等等。如果没有行业经验，这些工作对于物流公司来说，几乎是不可能完成的任务。考虑到这些因素，选择拥有零售业物流经验的和黄天百，应该是物美当时所能做出的最好选择之一。

高职高专物流管理专业教育教学改革项目推荐教材出版计划

序号	教材名称	主编	出版时间	ISBN	教材配套材料	定(估)价
1	现代物流管理	黄中鼎，周旻	2007.08	978-7-114-06606-1	课件	28.00
2	配送管理实务	于宗水，赵继兴	2007.09	978-7-114-06804-1	课件	30.00
3	物流服务营销	王进	2007.09	978-7-114-06675-7	课件	27.00
4	物流法律法规知识	高慧云	2007.09	978-7-114-06676-4	课件，相关光盘资料，实训案例指导书	28.00
5	企业物流管理	姜志遥，曹玉华	2007.09	978-7-114-06674-0	课件	26.00
6	商品学	徐沁	2007.09	978-7-114-06677-1	课件	27.00
7	国际贸易理论与实务	吴东泰，董忠敏	2007.09	978-7-114-06678-8	课件	29.00
8	国际货运代理实务	何柳	2007.09	978-7-114-06803-4	课件	35.00
9	国际物流地理	林治泽	2007.09	978-7-114-06679-5	精品多媒体课件	29.00
10	物流信息管理	李於洪，郑立梅	2007.09	978-7-114-06680-1	课件	34.00
11	运输管理实务	韩海燕，徐沁	2007.12		课件	31.00
12	集装箱运输实物	杨茅甄	2007.12		课件，集装箱运输实物实训手册	30.00
13	物流技术与装备	黄照伟，江思定	2007.12		课件	26.00
14	仓储管理实务	刘艳良，肖绍萍	2007.12		课件	26.00

高职高专物流管理专业教育教学改革项目推荐教材

根据教育部高等教育司[2005]202 号文件要求，由上海第二工业大学黄中鼎教授主持高职高专教育教学改革项目——技能型紧缺人才培养培训、工程高职物流专业教学指导方案研究、课程开发和师资培训项目。

人民交通出版社依托此教学改革项目，并委托上海第二工业大学黄中鼎教授牵头，组织了二十余所物流院校的 30 多位具有丰富教学经验的教师进行了物流管理专业教材的编写工作，这套教材第一批共开发了 14 种，相关出版计划见本页背面表格。

我们热诚欢迎广大教师使用本套教材，也欢迎您在使用过程中提出宝贵意见！

我们的联系方式：

陈志敏　电话：010-85285928；　Email：czm@ccpress. com. cn

高　培　电话：010-85285929；　Email：gp@ccpress. com. cn

人民交通出版社 土木与建筑图书出版中心

和黄天百的到来，改变了过去物美的配送中心没有系统、没有客户管理和手工操作的局面，在过去，如果某个人有点意外，那整个仓库就瘫痪了，但现在只要拿着号码，任何一个人进去都可以找到想要的商品，比过去的效率提高了许多。然而，这些变化并未给物美带来多少快乐，因为成本之高出乎他们的意料。物美认为，虽然比较早地引进第三方物流，但还没经验可谈，按照和黄天百的做法，成本的代价已完全超出想像，而且磨合的过程也是很复杂的，双方合作中存在着分歧。

按照协议，和黄天百承担的第三方物流只限于管理工作，成本是开放式的，和黄天百在这里所花的每一分钱都是物美的。自和黄天百接管后，物美方面在系统、设备和库房改造上已投入了很大一笔钱，而且，现在由于信息系统、人事托管、成本概念等存在很大差异和分歧，实际运作成本还在继续提升。另外，与第三方物流合作还增加了许多看不见的协调成本，这也是物美没有想到的。为了深入改善流程，和黄天百希望深入到企业的各个环节，提出需要和物美的人、财务过程、生产过程、经营过程、管理过程全面接触和配合。然而，这种距离的变化同时也意味着摩擦和成本，这让本已对成本问题非常敏感的物美上下感到“焦虑不安”。

但实际上，曾经雄心勃勃想通吃中国零售业物流的和黄天百也不无苦衷。和黄天百在最初与物美洽谈合作中，曾无条件地接受物美提出的托管物美的车队和司机、托管北京粮食公司东郊粮库 30 多名员工的要求。这 30 多名员工原是物美租赁粮库时接管下来的，现在成了和黄天百的员工。整个配送中心加上管理人员共 80 多人，粮库和车队的员工竟然占去和黄天百一半人数。即使辞退他们中任何一个人，也要物美同意才行，这在和黄天百的历史上还是第一次。和黄天百认为，与国外公司合作，可以把大部分精力集中在如何把流程搞好，如何把供应链的技术提升，但在物美，由于客户的经营理念的差距，供应链的技术很难提升，更多的时间是花在人员、企业沟通上，物美内部沟通采用联系单，这无形增加了管理负担。

合作两年，和黄天百为物美的 300 多家便利超市做起了物流配送的服务，随着合作的进一步深入，新的问题又出现了。和黄天百提出，希望将进货计划与配送中心的实际动作有效结合起来，使进货计划能够合理地满足订户和最终消费者的实际需求，但物美并没有这方面的整体供应链计划。和黄天百认为，物美并没能像国外的许多零售企业一样，专门设立一个供应链管理部门与第三方物流公司进行对接。因此，和黄天百目前只限于与物美物流部门的沟通，仅负责从供应商收货到把货送到店铺这一段，所以，每到物美促销旺季的时候，采购、营运、物流部门还是孤立地下指标，没有一个统一协调的计划，导致和黄天百无法获取准确的数据来评估到底造成了多少销售额的流失。

同样的道理，和黄天百认为物美在评估成本时也是片面的，物美缺少基于供应链的财务模型来有效评估目前的供应链成本，而传统的财务成本核算方式，把很多不合理的成本给掩盖掉了。比如，和黄天百曾统计过，在物美仓库里的几万种单品中，有 80%的物品都是慢流货，库存成本非常高。在仓库里放置时间长了，货品进价加上物流成本已经超过卖价，等于这个货都不赚钱了，但这是物美的传统财务根本无法测算的。物美要求和黄天百为其降低很多显性成本，比如仓储费用、人工费用、配送成本等等，但忽略运作中因环境、补货、退货等方面导致的许多不合理成本，如因仓库地面不平整，造成了 5 台叉车损坏，部分叉车因损坏严重，在仓库已停止使用近一年，已无法修复；发货品种日益增加，拆零率居高不下，而退货却并未减少，增加退货处理的成本；半数以上的自有车辆已使用 8 年，由于维修费用高，燃油费高，维修成本甚至超过租车成本，却还在使用等等。这些成本的浪费，比节省一张纸、一枝笔、一卷胶带、电话通讯费要大得多。和黄天百认为，物美这种对于成本的理解是短视的。

正是因为对成本问题的看法不一致，使得物美与和黄天百对于物美的现状及国内零售业发展环境的考虑，物美需要在未来 1～2 年内考虑几个方面：一个是商品健康安全，随着人民生活水平的提高，商品的卫生安全将日益引起消费者的重视。和国外一样，商品健康安全迟早会成为消费者选择零售商的要素之一。由于物美北京大红门配送中心的环境有限，这方面需要投入资金去提高；二是实现尖端的供应链技术。国外零售商的竞争已演变为供应链策略与实现的竞争，即由传统的推动式向拉动式转化，使商品的流动更符合实际最终消费者的需求，而不是店铺要货的需求。这种技术的实现需要系统的支持及仓库自动化的实现，其利益来自于对库存成本的节省和订单满足率的提高；三是物美便利超市的拆零率日益增高，传统标准式货架的储存方式已不能满足需要，必须应用更为灵活的"快速分拣系统"，如采用流动式轻型货架等，来提高拣货效率，支持物美便利店的扩张；四是逐步全部外包运输业务，进一步降低运输管理成本，有效提高运输服务。然而，就目前物美与和黄天百之间岌岌可危的合作关系，和黄天百称自己实在不敢设想他们之间的未来会是什么局面。

实际上，物美与和黄天百的这种"开放式成本"合作模式，目前在欧美等发达国家非常流行，即由货主企业投入资金，第三方物流企业收取管理费。这样做的好处一是可以使第三方物流提供减少对仓储、运输各功能服务分别报价的难度与风险，二是货主可以与第三方物流提供商一起来分析物流成本，从而对自己的物流成本更加了解。总体来讲，国外企业的成本是公开的、整体的、长远的，而国内企业的成本概念则是现实的、短效的。不过，国内外零售企业的不同发展规模和经营状况，也决定了对这个问题必须有现实的考虑。物美方面的考虑是，国内超市的规模本身就不大，利润率又很低，投入必须有一个合理的空间。

物美与和黄天百在购买设备上就曾出现过分歧：和黄天百要高质量、高价格，物美则要一般质量、低价格。物美认为，和黄天百是信息化，物美是半自动化，和黄天百是洋炮，物美是土枪。困难重重之下，物美与和黄天百并没有放弃合作的打算，双方正在努力修补这段来之不易的姻缘。目前物美正与和黄天百商谈外埠合作，比如在河北、天津的超市，由于配送路线比较长，物美准备把这些业务交由和黄天百来统一运作，而和黄天百方面也表示，对于下一步的管理改进计划，他们正力所能及地在最低成本的条件下商讨可改进的方案。

根据以上情况回答下列问题：

1.试分析物美与和黄天百合作方式对于双方的利益和风险所具有的影响。

2.从物美的角度来分析，要想通过第三方物流得到增值利益，应当如何想、如何做。

第四章　采购与供应物流管理

学习要求

在对企业采购与采购管理基本工作职能把握的基础上，掌握企业采购流程及采购制度，掌握采购管理的工作内容，并能够根据企业采购的发展趋势，在实际工作中采用适当的采购战略。

能力目标

◆ 制定企业物流采购流程的能力

◆ 制定采购管理工作的规划能力

知识目标

◆ 掌握企业采购部门的工作职能与工作要求，并能在实际中加以灵活应用

◆ 掌握企业采购管理工作的具体内容及要求

第一节　企业采购概述

一、企业采购概念、分类及方法

(一)企业采购概念

采购是企业经济活动的主要组成部分。传统意义上，采购是指一个组织从目标市场取得满足质量、数量和价格要求的相应资源的购买过程，即包括确定采购需求、选定供应商、谈妥价格、确定交货及相关条件、签订合同并按要求收货付款。在这个过程中，一是要实现将资源的所有权从供应者手中转移到用户手中；二是要实现将资源的物质实体从供应者手中转移到用户手中。前者是一个商流过程，主要通过商品

交换来实现商品所有权的转移；后者是一个物流过程，主要通过运输、储存、包装、装卸、流通加工等手段来实现商品空间位置的转移。因此，采购实际上是商流与物流相统一的过程。

客观地说，不同行业、不同企业因所处的环境不同，对采购的理解也就不同，所采取的运作方式也就有所差异，但对于"采购"概念的认识基本可以分为以下几个方面：

(1)采购是到有形的市场里直接购物，强调购买的一次性作用。

(2)采购是从众多供应商中通过寻价而购买，强调与提供货物的供应商的经济关系。

(3)采购尤其要关注采购成本、所购物品的规格以及由此而产生的后期费用，其强调的是通过一个合理的总成本优势而获得资源。

(4)采购是通过与供应商之间合作，而达到提高质量、缩短交货期以降低供应风险的过程，其强调的是供应商管理。

(5)采购的最终目的在于使企业自身具有竞争力的同时也使供应商增加价值，其强调的是外部资源如何转化为具有竞争力的供应链协作关系，因此，现代采购决策的本质是采购竞争力。

(二)采购分类及方法

采购根据不同的标准可分为不同的类别，按地区可分为国内采购和国外采购；按采购方式分为直接采购、委托采购和调拨采购；按采购政策分为集中采购和分散采购；按性质分为一般采购和项目采购；按照采购主体可以分为政府采购和企业采购等等。

采购价格是采购中最敏感的因素，根据价格采购较常用的方法有：

1.招标采购

物资采购的所有条件(如物资名称、规格、品质要求、数量、交货期、付款条件、处罚规则、投标押金、投标资格等等)详细列明，刊登公告。投标厂商按公告的条件，在规定的时间内，交纳投标押金，参加投标。招标采购的开标按规定必须至少三家以上厂商从事报价投标方得开标，开标后原则上以报价最低的厂商得标，但得标的报价仍高过标底时，采购人员有权宣布流标，或征得监办人员的同意，以议价方式办理。

2.询价采购

采购人员选取信用可靠的厂商将采购条件讲明，并询问价格单或寄发询价单，并促请对方报价，比较后现价采购。

3.比价采购

采购人员请数家厂商提供价格后，从中加以比价后，决定厂商进行采购。

4.议价采购

采购人员与厂商经讨价还价后，议定价格进行采购，一般来说，询价、比价和议价是结合使用的，很少单独进行。

5. **定价收购**

购买物资数量巨大，非几家厂商所能全部提供的，如纺织厂订购棉花、糖厂订购甘蔗等，或当市场上该物资匮乏时，则定价现款收购。

6. **公开市场采购**

采购人员在公开交易或拍卖时随机机动地采购，因此大宗采购物资时，价格变动频繁。

二、企业采购部门的建立、工作目标与工作事项描述

(一)采购部门的建立

所谓采购部门的建立，亦称为采购内部组织的部门化，也就是将采购部门应负责的各项功能整合起来，并以分工方式建立不同的部门来加以执行。

1. **按物品类别建立**

如按物品类别分别设立原料、燃料、设备、办公用品、维修五组，而原料可以再细分如铅、铜、化学品、电器及机械，交由不同的采购人员来承办。此种采购部门的建立方式，可使采购人员对其经办的项目非常专业，这是经常使用的采购部门的建立方式。

2. **按采购地区建立**

依照物品的采购来源，分别设立部门。此种分工方式，主要是基于国内、国外采购的手续及交易对象有显著的差异，因而对于采购人员的工作条件亦有不同的要求。由于国内、国外采购作业方式的不同，因此分别设立采购部门有利于管理。不过，上级主管必须就所购买的物品比较国内、国外采购的优劣，判定采购事务应交给哪一部门承办，才能事半功倍。否则，国外采购归业务处管辖，国内采购归工厂管辖，“井水不犯河水”，国内、国外采购就无法比较成本、品质优劣等，也就无法获得国际供应的好处。

3. **按采购价值或重要性建立**

把采购次数少但价值高的物品，交给采购部门主管负责处理；反之，将采购次数频繁，但价值不高的物品，交给基层采购人员办理。按照物品价值建立部门的方式，主要是保障主管对重大的采购项目能够集中精力加以处理，达到降低成本以及确保来源的目的。此外，让主管有更多的时间，对采购部门的人员与工作绩效加以管理。

4. **按采购过程建立**

这种方式指依照采购过程，把询价、比价、议价、决定等工作分别交由不同的人员办理，产生内部牵制作用。如内购科分别设置询价组负责招标，议价组负责订约，结报组负责付款；外购科的询价与议价功能委托驻外采购单位负责，故只担任签约、履约及综合业务(包括外购法令之修订、申诉处理、进度管制等)。这种以采购过程进行分工并建立部门的方式，以采购量价值巨大、事务繁杂，而且作业过程复杂、交货期较长以及采购人员数量众多的企业与机构为宜。

5. **混合式的建立**

在许多颇具规模的企业或机构中，通常会兼有以采购物品、地区、价值等为基础

而建立采购部门的内部组织。

(二)采购部门的职责和任务

随着现代企业内外环境竞争的日趋激烈，采购在一个企业中所起到的作用也日益加强。根据采购的基本概念和功能，企业的采购至少具有以下职责和任务：

(1)首要任务是保证本单位所需产品与服务的正常供应，以支持本单位生产及其他经营活动的顺利运作。

(2)不断改进采购过程及供应商管理过程，以提高物资质量。

(3)控制、减少所有与采购相关的成本，包括直接采购成本和间接采购成本。

(4)建立可靠、最优的供应配套体系。

(5)利用供应商的专业优势，积极参与产品或开发。

(6)建立并维护本企业、本公司的良好形象。

(7)管理、控制好与采购相关的文件及信息，如程序性文件、作业指导书、供应商调研报告、物资质量数据、供应商考核及认可报告、图纸及样品、合同与订单、供应商发票等。特别是要收集有关物资质量事故的信息，重点是造成产品质量或设备故障的物资信息，这些信息也将作为评价供应商的重要依据。

(三)工作事项描述

(1)制定采购战略。

(2)编制采购计划。

(3)进行采购预算。

(4)确定采购方式。

(5)进行采购管理。

(6)采购招投标管理。

(7)采购认证管理。

(8)采购绩效管理。

三、企业采购的原则

1. 以需定进的原则

企业采购必须需要什么进什么、需要多少进多少，保证需求又不浪费。为此，企业必须把采购与需求紧密结合起来，做到进需协调、不积压、不缺乏。

2. 注重质量原则

采购人员必须坚持注重质量的原则，如果因采购原料质量低下导致企业生产的商品质量低劣，会给企业带来不可估量的经济和社会形象损失。

3. 资金安全原则

企业采购要充分保证资金的安全性。企业采购是一种货币转变为商品的交换活动，但这种交换过程不是一下子就能完成的。在市场经济中，由于订货期不同、货源状况不同以及付款条件不同等，都会使这种交换活动发生时间、空间上的分离，从而增加资金的风险。因此，企业采购时要确保资金安全，避免经济损失。

4. 经济核算原则

企业要从确保经济效益出发，对采购过程中的各种费用、成本、差价等进行核算，优选进货渠道和进货时机。在组织货源时要综合考虑进货距离远近、商品流向、运输条件、时间快慢和费用高低等因素，并对以上各因素进行逐项核算，以减少劳动占用和资源消耗。

5. 信守合同原则

企业要根据签订的采购合同从事采购活动。这就要求企业依法进行经济活动。这不仅有利于企业减少采购中的经济、法律纠纷，也有利于企业树立和维护良好的企业形象，有利于企业品牌的塑造与宣传。

四、企业采购实施的基本步骤与流程

(一)企业采购的基本步骤

这里将美国采购学者威斯汀所主张的采购的基本作业步骤介绍如下：

1. 确认需求

即在采购之前，应先确定买哪些物料，买多少，何时买，由谁决定等。

2. 需求说明

即确认需求之后，对需求的细节如品质、包装、售后服务、运输及检验方式等加以明确说明，以便使来源选择及价格谈判等作业能顺利进行。

3. 选择可能的供应来源

根据需求说明在原有供应商中选择成绩良好的厂商，通知其报价，或以登报公告等方式公开征求。

4. 适宜价格的决定

选定可能的供应商后，进行价格谈判。

5. 订单安排

价格谈妥后，应办理订货签约手续。订单和合约，均属于具有法律效力的书面文件，对买卖双方的要求、权利及义务，必须予以说明。

6. 订单追踪与稽核

签约订货之后，为求销售厂商的按期、按质、按量交货，应依据合约规定，督促厂商按规定交货，并予以严格检验入库。

7. 核对发票

厂商交货验收合格后，随即开具发票。要求付清货款时，对于发票的内容是否正确，应先经采购部门核对，财务部门才能办理付款。

8. 不符与退货处理

凡厂商所交货品与合约规定不符或验收不合格者，应依据合约规定退货。并立即办理重购，予以结案。

9. 结案

凡验收合格付款，或验收不合格退货，均须办理结案手续，清查各项书面资料有无缺失，绩效好坏等，报高级管理层或权责部门核阅批示。

10. 记录与档案维护

凡经结案批示后的采购案件，应列入档案登记编号分类，予以保管，以备参阅或事后发生问题时的查考。档案应具有一定保管期限。

(二)企业采购流程

企业采购流程通常是指有生产需求的企业选择和购买生产所需的各种原材料、零部件等物料的全过程。在这个过程中，购买方首先要寻找合适的供货商，调查其产品在数量、质量、价格、信誉等方面是否满足购买要求，然后，在选定了供应商后，要以订单方式传递详细的购买计划和需求信息给供应商，并商定结款方式，以便供应商能够准确地按照客户的性能指标进行生产和供货。最后，要定期对采购物料的管理工作进行评价，寻求提高效率的采购流程创新模式。商品采购作业流程会因采购的来源——国内采购、国外采购，采购的方式——议价、比价、招标，以及采购的对象——物料、工程发包等不同而在作业细节上有若干差异。但对于基本的流程则每个企业都大同小异。采购流程可以用图 4-1 来表示。

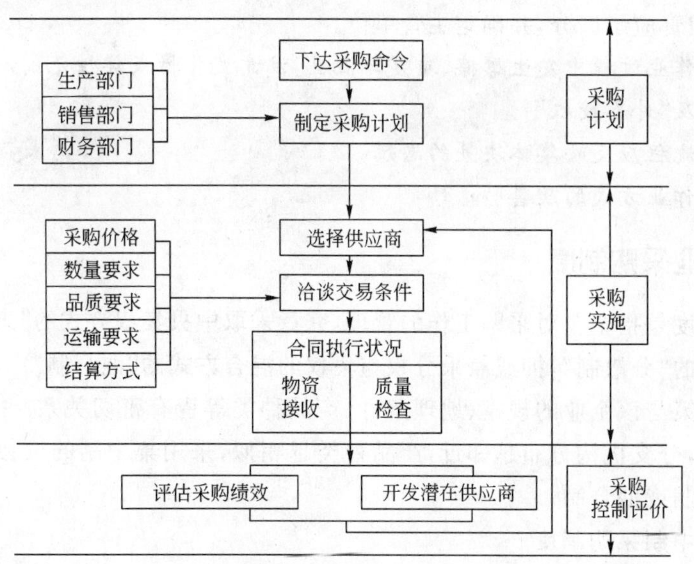

图 4-1 采购流程

(三)采购流程设计注意要点

采购作业流程是采购管理中最重要部分之一,是采购活动具体执行的标准。采购作业流程,会因采购来源、采购方式、采购对象的不同而存在若干差异。企业规模越大,采购金额越高,对流程设计越要重视。一般采购流程包括采购计划、采购实施、控制与评价四个环节组成。在设计采购流程的时候,应注意以下要点:

1.采购结构应与采购数量、种类、区域相匹配

过多的流程环节会增加组织流程运作的作业与成本,降低工作效率。另一方面,流程过于简单,监控点设置不够等,将导致采购过程操作失去控制,产生物资质量、供应、价格等问题。

2.先后顺序及时效控制

应注意其流畅性与一致性,并考虑作业流程所需的时限。例如,避免同一主管对同一采购文件,做数次的签核;避免同一采购文件,在不同部门有不同的作业方式;避免同一个采购文件会签部门太多,影响作业时效。

3.关键点设置

为便于控制,使各项在处理中的采购作业,在各阶段均能追踪管理,应设置关键点的管理要领或办理时限。例如,国外采购,从询价、报价、申请输入许可证、出具信用证、装船、报关、提货等均有管理要领或办理时限。

4.权利、责任或任务的划分

各项作业手续及查核责任,应有明确权责规定及查核办法。比如,请购、采购、验收、付款等权责应予区分,并确定主管单位。

5.避免作业过程中发生摩擦、重复与混乱,注意变化性或弹性范围以及偶然事件的处理规则及“外部授权”

6.采购流程应反映集体决策的思想

7.配合作业方式的改善

五、企业采购制度

采购制度是指企业对采购工作的管理,究竟采取中央集权方式的“集中制”,还是地方分权式的“分散制”,抑或兼采分权与集权的混合方式的“混合制”。当然,采购管理方式的决策与该企业的规模、地理条件、产品种类等皆有密切关系。换句话说,企业规模越小,分支机构分布越邻近,产品种类越相似,采用集中制的机会越大;反之,则采取分散制或混合制。

(一)集中制采购制度

将采购工作集中于一个部门办理,一般情况下,总企业各部门、分企业及各工厂均无采购权责。下面分别介绍集中制采购制度的优缺点及适用状况:

1. 优点

(1)价格优惠。集中采购可以使采购数量增加,提高与卖方的谈判力量,比较容易得价格折让和良好的服务。

(2)管理统一。只有一个部门开展采购,因此采购方针与作业规划比较容易统一实施。

(3)节约成本。采购功能集中,可以精简人力,利于人才培养与训练。推行专业分工,使采购作业成本降低,效率提升。建立各部门共同物料标准规模,除可简化种类、互通有无外,也可节省检验工作。

(4)统筹规划。可以统筹规划供需数量,避免各自为政,产生过多的存货,并且各部门的过剩物资,也可以相互转用。

2. 缺点

(1)采购流程过长,延误实效;零星、地域性及紧急采购状况难以适应。

(2)非共同性物料集中采购,并无数量折扣利益。

(3)采购与使用单位分离,采购绩效比较差。例如,规格确认、物品转运等费事耗时。

3. 适用条件

(1)企业产销规模不大,采购量比较小,全企业只要一个采购单位来办理,即可充分满足各部门对物品或劳务的需求。

(2)企业各部门及工厂集中一个地方,采购工作并无因地制宜的必要。或采购部门与需求单位虽然不在同一个地方,但是因为距离并不遥远,通信工具相当便捷,采购工作集中由一单位办理,尚不至于影响需求实效。

(3)企业虽然有多个生产机构,但是产品种类大同小异,集中采购可以达到"以量限价"的效果。

(二)分散制采购制度

它是将采购工作分散给各需求部门自行办理。此种采购制度通常适用于规模比较大、分布比较广的企业。如果采用集中制,容易产生迟延,不易应付紧急需要,且采购部门的联系相当困难,采购作业与单据流程显得漫长复杂。

除了前述地理因素造成采用分散制的理由外,若散布各地的工厂,在生产设备、贮藏设施、社区的经济责任等,具有独特的差异性时,也以采用分散制较为适宜。

(三)混合制采购制度

兼取集中、分散制的优点而成。凡属共同性物料、采购金额比较大、进口品等,均集中由总企业采购部办理;小额、因地制宜、临时性的采购,则授权分企业或各工厂执行。

第二节　企业采购管理概述

一、企业采购管理概念及重要性

(一)企业采购管理概念

所谓采购管理，就是以实现采购经济效益最大化为目标，对企业采购活动进行计划、组织、指挥、协调和控制的经济活动。

(二)采购管理的重要性

1. 保障供应，保障企业正常生产，降低缺货风险

很显然，物资供应是生产的前提条件，生产所需要的原材料、设备和工具都要由物资采购来提供，没有采购就没有生产条件，没有物资供应就不可能进行生产。

2. 物资采购供应的物资的质量好坏直接决定了企业生产的产品的质量好坏

能不能生产出合格的产品，取决于物资采购所提供的原材料以及设备工具的质量的好坏。

3. 物资采购的成本构成了生产成本的主体部分，其中包括采购费用、购买费用、进货费用、仓储费用、流动资金占用费用以及管理费用等

物资采购的成本太高，将会大大降低产品生产的经济效益，甚至亏损，致使生产成为没有意义的事情。

4. 物资采购是企业和资源市场的关系接口，是企业外部供应链的操作点

只有通过物资采购部门人员与供应商的接触和业务交流，才能把企业与供应商们联结起来，形成一种相互支持、相互配合的关系。在条件成熟以后，可以组织成一种供应链关系，那样就会使企业在管理方面、效益方面都登上一个崭新的台阶。

5. 物资采购是企业与市场的信息接口

物资采购人员虽然主要直接和资源市场打交道，但是资源市场和销售市场是交融混杂在一起的，都处在大市场之中。所以物资采购人员对市场信息比较容易获得，是企业的市场信息接口，可以为企业及时提供各种各样的市场信息，供企业进行管理决策。

6. 物资采购是企业科学管理的开端

企业物资供应是直接和生产相联系的，物资供应模式往往会在很大程度上影响生产模式。例如如果实行准时采购制度，则企业的生产方式就会改成看板方式，则企业的生产流程、搬运方式都要做很大的变革。又例如，如果要实行供应链采购，则需要实行供应商掌握库存、多频次小批量补充货物的方式，这也将大大改变企业的生产方式和搬运方式，所以，如果物资采购提供一种科学的物资采购供应模式，必然会要求生产方式、物料搬运方式都作相应的变动，合在一起共同构成一种科学管理模式，而且这种科学管理模式是从物资采购供应作为开端而运作起来的。

二、采购商品质量管理

企业生产的产品繁多,加强采购环节的质量管理是企业全面质量管理的重要环节之一。商品质量管理除了可以在选择供应商时加以控制之外,对采购物品的质量还要严格进行采购决策前的品质审查和搞好商品到货验收。对于预计要采购的商品进行严格的抽样验质,是采购环节质量管理的开端。

(一)质量管理的方法

1. PDCA 循环

美国质量管理专家戴明博士在阐述质量管理方法时提出“计划(plan)——执行(do)——检查(check)——处理(action)”4 个阶段为一个循环,称为 PDCA 循环或戴明循环。PDCA 循环作为质量管理的科学方法,适用于企业各个环节、各个方面的质量管理工作。PDCA 循环 4 个阶段的基本工作内容如下:

第一,计划阶段(P)。其任务是制定计划。根据存在的问题或用户对产品质量的要求,找出问题存在的原因和影响产品质量的主要因素,以此为依据制定措施计划,确定质量方针、质量目标,制定出具体的活动计划和措施。

第二,执行阶段(D)。此阶段任务是执行计划。按照 P 阶段的计划和标准规定具体实施。

第三,检查阶段(C)。此阶段任务是检查计划的实现情况,调查执行计划的结果。将工作结果与计划对比,得出经验,找出问题。

第四,处理阶段(A)。此阶段任务是把执行的结果进行处理总结。把 C 阶段执行成功的经验加以肯定,纳入标准或规程,形成制度,以便今后照办;对失败的教训也要总结,以后不再那样做;遗留问题转入下一个 PDCA 循环。

2. 质量环又称质量螺旋

是指从识别需要到评定这些需要是否得到满足的各阶段中影响质量相互作用活动的概念模式。它开始于市场营销和市场调研,对市场的需要进行识别,根据市场的需要进行产品的开发和设计。同样,它结束于市场营销和市场调研,根据市场对其产品的反馈信息,评价市场的需要是否已得到满足。因此,质量环反映的是一个连续不断、周而复始的过程,通过不断地循环,实现持续的质量改进。

(二)提高采购商品质量的途径

如果所采购的原材料的质量有问题,将会直接影响到产成品的质量。因此,要在采购中切实保证采购质量,防患于未然,必须寻求可靠的提高采购质量的途径。

1. 选择合适的供应商

企业作为买方,在现代商品质量管理中首要任务是了解供应商的质量政策,选择合适的供应商。作为供货方为确保商品质量,必须提供合格品,并出具必要的合格证明。对于买方及时反馈的有关商品质量及相关问题,供应商管理部门应坚持不懈地随时采取纠正性行动。

总之，作为供应商应及时提供有质量保证的商品，且价格合理，能提供优良的服务。作为买方，对于一些较复杂或重要的商品，最好有多种供应源。

2.正确评审供应商资格

确定合适的供应商之前，必须先进行调查，以判断和核实供应商是否能保证商品质量，如果与其建立供需关系，双方能否在技术、管理、财务等方面互相配合。调查方法一般为函询和访问两种方式。前种方式是给供方函寄一份调查表，查询买主所需了解的情况。后种方式是组成一个由各方代表组成的小组与供应商进行面对面交谈，或到实地参观考察，考察的范围主要是质量控制、工艺制造、质量检验等，甚至包括财务与管理。调查完后应将结果写成报告，结论力求客观，以判断其经营效率状况。若打算与该供应商签订合同，则需对供应商能否交付满意的产品做出预测。

3.制定并执行联合质量计划，建立良好供需关系

现代商品不能仅靠进货检验来决定取舍，更重要的是供、需双方相互信赖、共同合作，建立良好的关系，以实现商品的使用价值。具体操作中，买、卖双方最终应签订合同，制定详细的联合质量计划。联合质量计划内容主要包括经济、技术和管理三方面。联合经济计划中，重点应着眼于商品的使用价值，并确定最合理的购货总价格。供、需双方对与质量有关的一系列成本，如货物检验、材料审查、生产误期、额外存货等成本，看法应一致。作为买方，可将上述成本加到购买价格中，但应尽力压缩，作为卖方，也应力求降低有关成本。

4.做好服务工作，提高服务质量

(1)售前服务是向用户提供技术性帮助，如指导用户如何正确使用，组织技术培训等。许多用户都缺乏判断现代产品的工艺优点及质量性能所采用的必需的设备，他们无法解释用技术术语写成的规格和标准，或根据技术规格检验产品。制造商在产品标记或所附文件中，应提供有关产品的使用说明和注意事项等的详细资料；在有些产品目录和小册子中应对各种型号产品的特征做十分详尽的说明，提供正确使用的方法。

(2)售后服务的内容主要包括：处理用户申诉、供应所需备件、及时排除故障，对一些技术要求复杂的产品，应派专业人员去现场进行设备安装、调试并及时排除运转中发生的故障，教会用户如何维护、保养等。

随着产品的日趋复杂，服务工作必须及时配套。商业企业有关部门尤其应重视复杂商品的售前技术培训，在产品销售、安装、运行和修理等方面接受制造商的技术帮助和指导，以便能正确指导消费。实践证明，对某些消费品，来自顾客对维修服务的申诉往往超过对所交付的最初产品质量的申诉，这些申诉既包括对缺陷的申诉，也包括对修复时间的申诉。从某种程度上来说，商店可看成是制造部门的一个附加部分,商业企业有关人员必须得到技术上的援助,从根本上提高服务质量。

5. 选择最佳质量成本

20 世纪 60 年代前后,欧美一些国家的企业相继提出了质量成本的概念。由于复杂产品数量增加,对精度、可靠性的要求更高,增加了质量成本;耐用品大幅度增加,结果使现场故障增多、维修量上升、零部件配备件需求增多,造成成本上升。

三、供应商管理

所谓供应商管理,就是对供应商的了解、选择、开发、使用和控制等综合性的管理工作的总称。其中,了解是基础,选择、开发、控制是手段,使用是目的。供应商管理的目的,就是要建立起一个稳定可靠的供应商队伍,为企业生产提供可靠的物资供应。

(一)供应商管理的意义

供应商管理的重要意义可以从两个层面来考虑,即技术层面和战略层面。

1. 技术层面

(1)供应商管理有利于降低商品采购成本

据美国先进制造研究报告表明,采购成本在企业总成本中占据着相当大的比重,对美国制造企业而言,原材料采购成本一般占产品单位成本的 40%~60%,大型汽车制造企业更高。研究报告指出,采购成本所占比例将随着核心能力的集中和业务外包比例的增加而增加,因此,供应商作为供需链中的结盟企业直接关系着产品的最终成本。

(2)有利于提高产品质量

有研究表明,30%的质量问题是由供应商引起的,因此提高原材料、零配件的质量是改进产品质量的有效手段。

(3)有利于降低库存

减少库存的压力使制造商将前端库存转嫁于供应商身上,将后端库存转嫁于销售商身上,不利于合作伙伴关系的建立,供应商管理可以进行协调库存管理。

(4)有利于缩短交货期

据统计,80%的产品交货期延长是由供应商引起的,缩短产品交货期应从源头做起。

(5)有利于制造资源的集成

信息技术和计算机网络技术,尤其是全球性网络 Internet 的迅速发展为现代制造企业跨地域、跨行业,实现信息和技术的实时传递与交换,提供了必要条件。制造业面临的是全球性的市场、资源、技术和人员的竞争,制造资源市场已成为一个开放型的大市场。制造资源应被集成起来发挥作用早已是人们在制造生产中得到的共识。

2. 战略层面

(1)有利于集成供应链

即将供应商放在供应链网络结构模型中考虑,供应链是由节点企业组成,节点企业在需求信息的驱动下,通过职能分工与合作实现供应链的价值增值过程。从系统论的角度来看，制造资源是整个制造系统的输入，而供应商的行为和要素市场的规范与制造资源的质、量密切相关，所以供应商管理问题是制造的出发点，也是制造成败的关键之一。

(2)有利于提升核心能力

随着企业越来越注重于核心能力的培养和核心业务的开拓，从外部获取资源通过供应商介入的新产品开发来提升自身的核心能力的情况也逐渐增多。

(3)有利于新产品开发

据美国采购经理们预测，未来5年，新产品上市时间将缩短40%～60%，仅仅依靠制造商或核心企业的能力是远远不行的，与供应商合作在新产品开发方面提升自己的核心能力已势在必行。

(二)供应商管理的几个基本环节

1.供应商初选

对已有的供应商和潜在的供应商进行分析，包括供应商的一些基本信息，如市场信誉度、合作的意愿、财务状况、地理位置等一些基本因素，对供应商进行分类，以识别关键供应商。

2.供应商审核

供应商审核就是在初选的基础上，根据一定的审核标准对选定的供应商做进一步的认定审核。

3.供应商考评

供应商考评是一项很重要的工作，它分布在各个阶段。在供应商的选择过程中需要考评，在供应商的使用阶段也需要考评。不过每个阶段考评的内容和形式并不完全相同。

4.供应商关系管理

建立起不同层次的供应商网络，通过减少供应商的数量，致力于与关键供应商建立合作伙伴关系。

四、采购进货管理

采购进货是将采购订货成交的物资由供应商仓库运输转移到采购者仓库之中的过程，进货过程关系到这次采购成果价值最终实现，关系到企业的经营成本和采购物资的质量好坏，因此，进货管理是采购组织管理中非常重要的一环。

(一)采购进货方式

通常，采购进货有三种方式：一是自提进货；二是供应商送货；三是委托运输。三种进货方式不一样，管理环节也不一样。

1.自提进货

自提进货，就是在供应商的仓库里交货，交货以后的进货过程全由采购者独家负责管理。这种进货方式主要关注以下环节的管理。

(1)货物清点环节管理

在货物的品种、规格、数量、质量都要把好关,检验的工作量很大,不可疏忽。一旦疏忽,没有当面查清,离开以后供应商可以不负任何责任,造成的损失就全归采购者承担。

(2)包装、装卸、搬运上车等环节管理

这些活动原则上都是由采购者负责,但是可以争取供应商协助。这一个环节不但要花费费用,而且包装方式、包装质量、装卸搬运方式、装卸搬运质量的好坏,不仅直接影响货品安全和货品损坏的程度,还直接影响下一个运输环节的安全和运输质量的好坏。所以一定要抓好包装环节和装卸搬运环节的管理。

(3)运输环节管理

第一,运输方式选择:运输方式按交通工具设施分有公路、铁路、水路、航空、管道、联运等方式。自提,一般用汽车运输或船运。汽车运输要注意选好车辆司机。车辆的载重量、技术条件等都要符合装运要求。选择运输方式要注意满足运输时间和运输安全的要求条件。

第二,中转方式:自提最好选择门到门的直达运输,避免中转。

第三,运输路径:要注意选择最短路径,节省运费、节约时间。

第四,运输时间:要注意运输时间上的要求。不但运输方式的选择要满足运输时间的要求,而且在运输途中,要注意时间控制。

第五,运输安全:这可以说是运输环节选择要考虑的首要问题,而且要始终贯穿在整个运输过程;要注意交通安全、货物安全、人员安全等问题。

(4)中转环节的管理

包括不同运输方式之间的转接、不同运输路段的转接。中转环节免不了装卸搬运下车、上车,有的可能还要储存保管,这些环节要注意的问题很多,例如货物清点、装卸搬运方式选择、装卸搬运安全等。中转环节增加了很多物流工作量、物流时间和物流费用,造成货物安全风险,所以应尽量不中转、少中转。

(5)验收入库环节的管理

即货物最后运输到达自己的仓库时进行的验收入库的管理。验收入库是货品更严格的数量清点和质量检验,是进货环节的结束和保管环节的开始,所以存在一个进货员和保管员之间的交接和责任划分的问题。

2.供应商送货

供应商送货对采购商来说基本上省去了整个进货管理环节,换言之,采购商把整个进货管理的任务以及进货途中的风险都转移给了供应商,只剩下一个入库验收环节。而入库验收也主要是供应商和保管员之间的交接,进货员最多只提供一个简单的协助而已。

3. 委托和外包进货

委托外包，就是把进货管理的任务和进货途中的风险都转移给第三方物流公司。它有利于发挥第三方物流公司的自主处理、联合处理和系统化处理的作用，有利于降低采购方的物流运作成本。这种进货方式的管理主要要抓好"二次三方"的交接管理和合同签订管理控制工作。第一次交接是供应商和第三方物流公司的交接，第二次交接是第三方物流公司与采购商保管员之间的交接。交接工作主要是货物的清点检验，要保证货物数量质量无误。合同签订主要包括三方相互之间的合同，要分清权利、义务和责任。合同条款要详细、清楚，凭合同来规范、控制各方的行为。在交接过程中，要检查各方履行合同的程度，根据合同来处理有关的事情或纠纷。

(二)采购进货策略选择的基本原则

进货环节是一个环节多、涉及面宽、环境复杂、进货途中风险大的工作，所以对进货环节进行管理非常重要。目标是既要管好又要减轻负担、减小风险。因此，在选择进货策略时一般有以下几个原则要遵守：

1. 进货方式选择原则

(1)对于进货难度和风险大的进货任务，首选是委托第三方物流公司进货方式，次选供应商送货方式，一般最好不选用户自提进货方式。

(2)对于进货难度小和风险小的进货任务，首选是供应商送货进货方式。

2. 安全第一原则

进货管理中，始终要把安全问题贯穿始终。货物安全、运输安全、人身安全是进货管理第一个应该考虑的因素。要落实到包装、装卸、运输、储存各个具体环节中去，指定措施、严格管理监督，保证整个进货过程不出现安全事故。

3. 成本效益统一原则

进货管理中，也是要追求成本和效益统一的原则。这个效益包括运输的经济效益，也包括社会效益，还包括运输安全。其中社会效益，就是要维护社会生态平衡、减少污染、减少社会交通紧张的压力等。不要片面地追求成本低而盲目超载，为了追求路程短而违反交通规则、破坏城市公共交通秩序等。

4. 总成本最低的原则

进货管理中，客观上存在多个环节、多个利益主体。因此在各个环节中都会发生相应的成本费用。由于进货方案的变动，可能会导致某个环节费用的节省，却有可能导致另一个环节的费用增加，所以考虑成本，不能只孤立地考虑某一个环节、某一个利益主体，而是要综合考虑各个环节各个利益主体的成本之和，也就是总成本。

五、商品招标采购管理

(一)商品招标采购的概念

所谓招标，是指由招标人发出公告或通知，邀请潜在的投标商进行投标，然后由招标人通过对投标人所提出的价格、质量、交货期限和该投标人的技术水平、财务状况等因素进行综合比较评价，确定其中最佳的投标人为中标人，并与其签订合同的过程。

招标采购，就是通过招标方式寻找最好的供应商进行采购的采购方法。在商业贸易中，特别是在国际贸易中，大宗商品的采购或大型建设项目承包等，通常采用招标的方法。在招标交易中，对采购企业来说，他们进行的业务是招标；对供应商（或承包商）来说，他们进行的业务是投标。所谓的投标，是指投标人接到招标通知后，根据招标通知的要求填写投标文件（也称标书），并将其送交招标人的行为。

（二）招标采购的特点

1. 招标程序的公开性

有时也叫透明性，是指将整个采购程序全部公开，公开发布招标邀请，公开发布招标商资格审查标准和最佳投标商评选标准，公开开标，公布中标结果，接受公众监督，防止暗箱操作、徇私舞弊和腐败违法行为。

2. 招标过程的竞争性

招标是一种引发竞争的采购程序，是竞争的一种具体方式。招标活动是若干投标商的一个公开竞标的过程，是一场实力的大比拼。招标的竞争性体现现代竞争的平等、诚信、正当和合法等基本原则。招标也是一种规范的、有约束的竞争，有一套严格的程序和实施方法。企业采购通过招标活动，可以最大限度地吸引和扩大投标商参与竞争，从而使招标企业有可能以更低的价格采购到所需的物资或服务，更充分地获得市场利益。

3. 招标程序的公平性

所有对招标感兴趣的供应商、承包商和服务提供者都可以进行投标，并且地位一律平等，不允许对任何投标商进行歧视。评选中标商根据事先公布的标准进行，招标是一次性的，并且不准同投标商进行谈判。所有这些措施既保证了招标程序的完整，又可以吸引优秀的供应商来进行投标。

（三）招标采购的适用情况

招标采购的适用情况。招标采购一般是一项比较庞大的活动，牵涉面广、费时间、费精力、成本高，因此并不是什么情况都适用于招标投标。一般情况下招标采购只适宜于比较重大的项目，或者影响比较深远的项目。

招标采购方式主要用于：寻找比较长时期供应物资的供应商，例如新企业开业；寻找未来的长期物资供应伙伴；寻找一次比较大批量的物资供应商；寻找一项比较大的工程建设和物资采购供应商等。

（四）招标投标的方法

1. 公开招标

公开招标，又叫竞争性招标，指由招标人在国家指定的报刊、信息网络或其他媒体上发布招标公告，邀请不特定的企业单位参加投标竞争，招标人从中选择中标单位的招标方式。按照竞争程度，公开招标又可分为国际竞争性招标和国内竞争性招标。国际竞争性招标，是指在世界范围内进行招标，国内外合格的投标商都可以投标。它要求制作完整的英文标书，在国际上通过各种宣传媒介刊登招标公告。世界银行规定，我国利用世界银行贷款的工业项目在一百万美元以上的，要采用国际竞争性招标来进行。国内竞争性招标，是指在国内进行招标。利用本国语言编写标书，在国内的媒体上登出广告，公开出售标书，公开开标。通常用于合同金额较小(世界银行规定一般 50 万美元以下)、采购品种比较分散、分批交货时间较长、劳动密集型、商品成本较低而运费较高、当地价格明显低于国际市场等类型的采购。

2. 邀请招标

邀请招标也称有限竞争性招标或选择性招标，指由招标单位选择一定数目的企业，向其发出投标邀请书，邀请他们参加投标竞争。一般选择 3～10 个企业参加较为适宜。由于被邀请参加投标的竞争者有限，可以节约招标费用，缩短招标有效期，提高每个投标者的中标机会。

(五)招标采购的基本过程

招标采购主要有公开招标和邀请招标两种形式。公开招标是指招标人以招标公告的方式邀请不特定的投标者。邀请招标是指招标人以投标邀请书的方式邀请特定的投标者。两种形式除邀请方式不同之外，其他步骤都大体相同。

招标采购过程基本可以分为 5 个阶段：

1. 策划阶段

招标策划的主要内容有：明确招标的内容和目的，对招标采购的必要性和可行性进行充分的研究和探讨；对招标书的标底进行仔细研究；对招标的方案、操作步骤、时间进度等进行研究；对评标方法和评标小组进行讨论研究；将方案计划形成文件，交由领导层讨论决定。

2. 招标阶段

在招标方案得到认可之后，招标采购进入实质操作阶段。招标阶段的工作重点是：形成招标书；对招标书的标底进行最终确定；发出招标公告或邀请投标函。

3. 投标阶段

投标人取得招标书之后，经过仔细的研究，可以根据自己的意愿决定进入投标阶段。

4. 评标阶段

招标方收到投标书后，只有在招标会那天，投标人到达会场，才将投标书邮件交招标人检查，签封完好后，由招标人当面打开，并宣布各投标人的标的，按招标文件中确定的程序由全体评标人员进行分析评比，最后通过投票或打分方式选出中标人。

5. 定标阶段

在全体评标人员投票或打分选出中标者后，交给投标方，通知中标方。评标阶段在整个招标采购过程中是十分关键的，而确定评标考核指标体系又是整个评标的关键。

六、采购合同管理

(一)采购合同是买卖合同的一种，是社会经济生活中普遍存在的合同之一，它是明确平等主体的自然人、法人、其他组织之间设立、变更、终止在采购工业品生产资料过程中的权利义务关系的协议，是确立物品采购关系的法律形式。具体而言，物品采购合同是买受人通过市场购买自己所需的物品，出卖人将物品的所有权转移给买受人，买受人支付价款的合同。

(二)采购合同的类型

采购合同可以根据其主体不同，分为政府采购合同、国有企业采购合同、非国有企业采购合同等。另外，《合同法》还规定了以下几种特殊的物品采购合同：

(1)分期付款的物品采购合同：即在合同订立后，出卖人把标的物转移给买受人占有、使用，买受人按照合同约定，分期向出卖人支付价款的合同。

(2)凭样品采购的物品采购合同：凭样品采购，即是以样品表示标的物品质，并以样品作为交货依据的采购关系。

(3)试用的物品采购合同：这是卖方将标的物交给采购方，由买方在一定期限内试用，买方在适用期内有权选择购买或退回的一种物品采购合同。

(4)招标投标的物品采购合同：招标是订立合同的一方当事人采取招标通知或招标广告的形式，向不特定主体发出的要约邀请。投标是投标人按照招标人提出的要求，在规定时间内向招标人发出的以订立合同为目的的意思表示。招标投标的物品采购合同，是我国市场经济条件下大力提倡并得以广泛使用的一种合同形式。

(三)采购合同管理基础工作

1. 合同签订后的日常管理工作

许多工作应该在合同签订后立刻进行。这些工作包括：建立管理合同的系统；为合同管理团队提供信息；准备好所有的关键性文件等。如果这些工作没有很好地进行，那么实施效率就要大打折扣。

(1)建立系统

主要是建立一个合同号(账户代码)以便跟踪与合同有关的所有成本。

(2)为合同管理团队提供信息

包括有关与供应商之间进行沟通的任何政策、合同号、供应方细节等。

(3)准备好关键的文件

例如获得担保书和保证书，获得供应商的有关保险单据的复印件；准备要签署的所有信用合同;保证通知合约方所有的现场程序,并获得供应方驻现场人员已得到通知准备开始的确认函。

2. 对合同变化和变更的控制工作

合同变更的最常见的原因是没有花足够的时间来确定参数,以及没有花足够的时间来评估供应商的投标文件。出于对合同变更所带来的成本变化考虑,应该对合同变更的原因及过程仔细加以控制。合同变更的控制应该从两个方面入手:一是同意或拒绝变更要求的内部程序;二是修改合同以适应被批准的变化的机制。

3. 进行合同交付与发票收取工作

一旦采购方证实了支付要求的有效性,它将按照合同中规定的支付条款对供应方进行支付后,就面临付款凭证的接受问题。因此,要求在收到发票时,要核实发票的准确性之后,采购方才能确认交付工作已被圆满完成。为了达到职责分担的目的,负责检查与支付有关工作是否圆满完成的人不应该与批准付款的人为同一个人。

4. 合同完成后的管理工作

对合同完成的处理一般是分两个阶段进行的:阶段一,产品的交付或服务条款的结束(称作"完成");阶段二,保证期(保修期)的结束。

七、采购绩效管理

(一)采购绩效的构成

由采购行为所产生的业绩和效果以及效率的综合程度就是采购绩效。

所谓采购效果,是指通过特定的活动,实现预先确定的目标和标准额的程度。它与采购业务的目标有关,即从合适的地方采购最好的价格、最便宜的材料并以最优质的服务及时地运送到最佳的地点。因此,可以从三个方面来测评采购效果,即采购物料的价格、成本方面、采购物流(进货)方面。

所谓采购效率,是为了实现预先确定的目标,计划耗费和实现耗费之间的关系。它与实现预期目标所需要的资源以及实现这一目标的相关活动有关,例如计划成本与实际成本之间的关系,从而必然涉及到采购业务的组织和管理。因此,可以从采购组织的管理制度、人员、信息沟通体系方面来测评。

(二)采购绩效的考核与评估的指标体系

1. 采购绩效考核与评估的指标

采购人员在其工作职责上,必须达成适时、适量、适质、适价及适地等基本任务,因此,其绩效评估应以此"五适"为中心,并以数量化的指标作为衡量绩效的尺度。

(1)质量绩效指标

指供应商的质量水平以及供应商所提供的产品或服务的质量表现,它包括供应商质量体系、物料质量水平等方面,可通过验收记录及生产记录来判断。

(2)数量绩效指标

包括储存费用指标:现有存货利息及保管费用与正常存货水准利息及保管费用之间的差额。呆料、废料处理损失指标:处理呆料、废料的收入与其取得成本的差额。存货积压越多,利息及保管的费用越大,呆料、废料处理的损失越高,显示采购人员的数量绩效越差。不过此项数量绩效,有时受到公司营业状况、物料管理绩效、生产技术变更或投机采购的影响,故并不一定完全归咎采购人员。

(3)时间绩效指标

这项指标主要是用以衡量采购人员处理订单的效率。延迟交货,固然可能形成缺货现象,但是提早交货,也可能导致买方负担不必要的存货成本或提前付款的利息费用。例如,紧急采购费用指标:紧急运输方式(如空运)的费用与正常运输方式的差额。停工断料损失指标:停工期间造成作业人员薪资损失、顾客订单流失,作业人员离职,以及恢复正常作业机器必须做的各项调整等;紧急采购会使得购入的价格偏高,品质欠佳,连带也会产生赶工时间必须支付额外的加班费用。这些费用与损失,通常都未加以估算在此项绩效指标内。

(4)价格绩效指标

价格绩效是企业最重视及最常见的衡量标准。透过价格指标,可以衡量采购人员议价能力。例如,年采购额:包括生产性原材料与零部件采购总额、非生产性采购总额(设备、备件、生产辅料、软件、服务等)、原材料采购总额占产品总成本的比例等;采购价格:包括各种各类原材料的年度基价、所有原材料的年平均采购基价、各原材料的目标价格、所有原材料的年平均目标价格等;付款方式,平均付款周期,目标付款期等。

(5)采购效率指标

主要是用来衡量采购人员的工作效果,具体有:采购金额、采购金额占销货收入的百分比、采购完成率、错误采购次数、订单处理的时间等。

2.采购绩效考核与评估方式

对采购人员进行工作绩效考核和评估的方式,可以定期或不定期式进行。

(1)定期绩效考核与评估

一般以目标管理的方式进行,即从各种绩效指标当中,选择年度重要性比较高的项目定为考核目标,年终按目标实际达成程度加以考核,则必能提升个人或部门的采购绩效。使用这种方法主要是以工作业绩为考核重点,比较客观公正。但应避免人们会特意追求考核目标的提高,而忽略其他方面,因此,要求目标的选择要高一些。

(2)不定期绩效考核与评估

一般以特定项目方式进行,适用于新产品开发计划、资本降低专项方案等,例如企业要求某项特定产品的采购成本要低于某一比例。

第三节　采购发展趋势

一、全球化采购

所谓全球化采购，就是指利用全球的资源，在全世界范围内去寻找供应商，寻找质量最好，价格合理的产品。全球化采购，可以实现采购成本的降低、提高供应商的产品质量，缩短运输周期、提高运输准时率。对大型企业而言，它们可以通过采取全球采购，在降低总成本的同时提高客户满意度。

(一)全球化采购的前提条件

1. 建立全球化采购系统

全球化采购系统是一种电子商务采购模式，企业要进入全球化采购系统，必须熟悉与掌握这一系统。1999 年以来，跨国公司陆续把发展物资采购电子商务工作列入了企业发展战略目标。通用、福特、戴姆勒－克莱斯勒三家汽车公司宣布要建立全球最大的汽车专用采购网络市场，将每年 2500 亿美元的零部件采购移至互联网上进行。

2. 企业要懂得如何成为合格供应商

跨国公司对全球采购供应商都有详细的要求和条件。比如，麦德龙跨国连锁集团对其供应商提出了 4 条基本要求：一是必须拥有完善的供应体系和商品执照。二是商品供应可靠，商品质量保证，致力于长期的商务发展。三是有能力将商品运至指定的商场，并愿意使用指定的物流公司。四是商品规格符合麦德龙公司的要求。

3. 要了解跨国公司的采购程序

以美国通用集团为例，它在全世界 25 个国家设有汽车生产厂，产品分销到全球 170 多个国家与地区。在美国本土，每天有 16 万个零件号的零件被送到主机厂，有 3300 个一级供应商，每年采购费用为 580 亿美元，加上其他国家与地区一年的采购量是 710 亿美元，它的合作企业一年要采购 290 亿美元，总计一年要 1400～1500 亿美元，这还不包括设备与其他服务的采购。

4. 要了解国际采购通用规则

全世界公认的有四大采购法则，这就是《联合国采购示范法》、《WTO 政府采购协议》、《欧盟采购指令》、《世界银行采购指南》。在加入 WTO 时，中国政府并没有参加 WTO 政府采购协议。但中国政府承诺在 2020 年以前，向 APEC 成员开放政府采购市场。

(二)全球化采购流程

1. 全球化采购的障碍

缺乏国际贸易经验的企业在进行全球采购时会遇到一定的障碍。最主要的障碍是对全球采购的程序缺乏了解。这包括：不了解潜在的全球供货商、不熟悉全球采购中所需的附加单证。国际单证包括:信用证、多式联运单、装运收据、进口许可证、原产地证明、商检证明、保险证明、包装清单及商业发票。

拒绝改变已确立的常规程序或是拒绝替换已形成长期供货关系的供应商,都是全球采购的主要障碍。拒绝这种改变是很自然的事情,因为这种改变是对现存交易方式的一种激进的背离。地方市场保护主义有时也会成为一种障碍。有时候,买方也不愿放弃本地采购转而向不了解的外国供应商购买。地方保护注意虽然不像15年或20年前那样流行,但仍然是一个问题。在进行有关全球采购或本地采购的采购决策时,不应该感情用事,而应该通过对两种采购的优缺点权衡利弊进而做出决定。

2.全球采购的流程

企业在进行全球采购时,通常遵循着一定的步骤。尽管各企业进行全球采购时,执行的流程顺序有可能会有所差异,但是要想成功的进行全球采购,这些步骤都是必须完成的。

(1)选择首先进行全球采购的物品

对于那些不熟悉全球采购的企业来讲,第一次进行全球采购是一个学习的过程。国外购买的最初目标可以影响到整个全球采购过程的成功与否。几乎所有能在当地采购到的产品都通过全球采购来获得,尤其是基本的日用品。公司应该选择质量好、成本低、便于装运且无风险的商品进行国外采购。首先选择一个或多个商品进行评价。如选择对现存操作并不重要的产品,比如日用品或具有多种采购来源的产品。一旦采购这些产品积累了足够的经验,就可以进行其他种类产品的全球采购了。

(2)获取有关全球采购的信息

在确定需要进行全球采购的物品之后,接下来企业就要收集和评价潜在供应商的信息或者识别能够承担该任务的中介。如果企业缺乏全球采购的经验、与外界联系较为有限或获得的信息有限,那么获取有关全球采购的信息对于这些企业而言可能就比较困难。但可以借助世界市场名录、中国香港企业目录和日本黄页等资料进行查询。

(3)评价供应商

无论是买方企业还是外国代理机构进行全球采购,公司评价国外供应商的标准都应该与评价国内供应商的标准相同(甚至更加严格)。国外供应商不会主动达到买方的绩效要求或期望。

(4)签订合同

确定了合格的供应商之后,买方就要征求供应商的建议书。如果国外供应商并不具备竞争力(通过评价建议书来确定),那么采购员则会选择国内供应商。如果国外供应商能够满足买方的评价标准,那么买方就可以与供应商磋商合同条款了。无论与哪个供应商合作,买方都要在合同的整个有效期内对供应商进行持续的绩效考察。

二、准时制(JIT)采购

JIT采购，也称准时化采购(Just In Time Purchasing)，是一种完全以满足需求为依据的采购方法。企业实施JIT采购可以大幅度减少库存，使得库存趋近零库存，又缩短采购时间，节约了采购过程所需资源，而且提高了企业的劳动生产率，增强了企业的竞争能力。它是一种比较科学、比较理想的采购模式。

准时制采购的基本思想是：在恰当的时间、恰当的地点、以恰当的数量、恰当的质量提供恰当的物品。它是从准时生产发展而来的，是为了消除库存和不必要的浪费而进行持续性改进。要进行准时化生产必须有准时的供应，因此准时化采购是准时化生产管理模式的必然要求。它和传统的采购方法在质量控制、供需关系、供应商的数目、交货期的管理等方面有许多不同，其中关于供应商的选择(数量与关系)、质量控制是其核心内容。

准时采购(JIT采购)对于供应链管理思想的贯彻实施有重要的意义。供应链环境下的采购模式和传统的采购模式的不同之处，在于采用订单驱动的方式。订单驱动使供应与需求双方都围绕订单运作，也就实现了准时化、同步化运作。要实现同步化运作，采购方式就必须是并行的，当采购部门产生一个订单时，供应商即开始着手物品的准备工作。与此同时，采购部门编制详细采购计划，制造部门也进行生产的准备过程，当采购部门把详细的采购单提供给供应商时，供应商能很快地将物资在较短的时间内交给用户。当用户需求发生改变之时，制造订单又驱动采购订单发生改变。这样一种快速的改变过程，如果没有准时的采购方法，供应链企业很难适应这种多变市场需求，因此，准时化采购增加了供应链的柔性和敏捷性。

综上所述，准时化采购策略体现了供应链管理的协调性、同步性、集成性，供应链管理需要准时化采购来保证供应链的整体同步运作。要实施准时化采购，以下几点是十分重要的：

(一)创建准时化采购团队

世界一流企业的专业采购人员有三个责任：寻找货源，商定价格，发展与供应商的协作关系并不断加以改进，因此，专业化的高素质采购队伍对实施准时化采购至关重要。为此，首先应成立两个团队，一个是专门处理供应商事务的团队，该团队的任务是认定和评估供应商的信誉、能力，或与供应商谈判签订准时化订货合同，向供应商发放免检签证等，同时要负责供应商的培训与教育。另一个团队是专门从事消除采购过程中浪费的团队。这些团队人员对准时化采购的方法应有充分的了解和认识，必要时要进行培训，如果这些人员本身对准时化采购的认识和了解都不彻底，就不可能指望供应商的合作了。

(二)精选少数供应商并建立伙伴关系

选择供应商应从这几个方面考虑：产品质量、供货情况、应变能力、地理位置、企业规模、财务状况、技术能力、价格与其他供应商的可替代性等。选择最佳的供应商，并对供应商进行有效的管理是准时化采购成功的基石。

(三)制订合理计划

确保准时化采购策略有计划、有步骤地实施，需改进当前的采购方式，减少供应商的数量，正确评价供应商，向供应商发放签证等内容。在这个过程中，要与供应商一起商定准时化采购的目标和有关措施，保持经常性的信息沟通，进行试点工作。一般先从某种产品或某条生产线试点开始，进行零部件或原材料的准时化供应试点。在试点过程中，取得企业各个部门的支持是很重要的，特别是生产部门的支持。通过试点，总结经验，为正式实施准时化采购打下基础。

(四)搞好供应商的培训

准时化采购是供需双方共同的业务活动，单靠采购部门的努力是不够的，需要供应商的配合。只有供应商也对准时化采购的策略和运作方法有了认识和理解，才能获得供应商的支持和配合，因此需要对供应商进行教育培训。通过培训，大家认可一致的目标，相互之间就能够很好地协调，做好采购的准时化工作。供应商与用户的紧密合作是准时化采购成功的钥匙。

(五)有效的采购过程质量控制

有效的采购过程质量控制是准时化采购成功的保证。准时化采购和传统的采购方式的不同之处在于买方不需要对采购产品进行比较多的检验手续。要做到这一点，需要供应商做到提供百分之百的合格产品，当其做到这一要求时，即发给免检手续要求的免检证书。

(六)实现准时化生产的交货方式

准时化采购的最终目标是实现企业的生产准时化。为此，要实现从预测的交货方式向准时化适时交货方式转变。

三、采购外包

(一)采购外包的优缺点

“外包”一词，曾被《哈佛商业评论》认为是在过去近一个世纪里最为重要的管理学概念之一，突起于 20 世纪 90 年代的自制或外购决策。如今，业务外包已被企业界公认为可以有助于提升企业供应链中核心业务的竞争力，主要的原始设备制造商和一些中型企业不仅将间接物料的采购外包出去，而且开始将更多直接物料采购业务也交与电子制造供应商伙伴或分销商负责。有迹象表明这一趋势正向中小型制造商蔓延。

采购外包可以省却招聘以及培训采购人员的费用，解决跨地区采购的不足之处，增加人力资源管理的灵活度。此外，可以避免本企业采购人员的暗箱操作。

采购外包的缺点就是失去了采购的控制权，外包决策的可逆性差，存在道德风险，合同成本增加，采购外包的服务质量的管理成本增加，并要制定如何激励采购服务提供商降低采购成本。此外，采购外包经常会导致大批员工被解雇。

(二)采购外包管理流程

1. 内部高标定位分析

(1)识别核心竞争力

首先企业要识别自己的核心竞争力，例如，与竞争对手相比较，提供差异化的服务。内部高标定位分析通常被认为是监控所提供服务的质量和确定其他竞争对手的市场地位的工具。外包决策取决于诸多因素，每个组织必须基于自己的目标、目的、长期战略等来评价这些因素。

(2)外包企业和采购外包服务提供商的关系

关系分四种情况：传统的供应商、暂时性关系、战略联盟和网络组织。

2. 外部高标定位分析

(1)采购服务商的评估

外部高标定位分析就是如何选择采购服务提供商，采购外包的企业可以选择单一供应商，多个独立的供应商或多个供应商联盟组成的单一供应商，于是对应三种采购服务提供商战略：单一服务提供商、多个服务提供商和整合的服务提供商。

第一，单一采购服务提供商：优势是企业可以和采购服务提供商共同工作，采购服务提供商能更好地理解企业的需求并提供更好地服务。劣势是没有其他的采购服务提供商的绩效评估相比较。

第二，多个采购服务提供商：能够降低成本，并能获得更好的服务。但是因为和多个采购服务提供商的合作，相应会增加管理成本。

第三，整合的单一采购服务提供商：此战略具备前两个战略的优点，采购外包的企业有较少的供应商合作问题，只需和主要供应商沟通合作，并可同时评估所有采购服务提供商的绩效。

(2)服务质量协议和效率曲线

此阶段要设计外包关系以及相应的目标。首先，采购外包的企业要定义服务质量标准，即所谓的服务质量协议，包括签订的合同。由专家组成的服务质量管理部门，负责监督、控制和评估服务质量，以及负责供应商关系。

3. 合同谈判

由于书面合同的冗长繁琐和缺乏审计价格与服务的资源，业务外包带有隐性成本。在某些情况下，外包采购、制造、物流、IT 系统和其他业务功能所带来的成本节约可能只占到外包合同所承诺的5%～10%。因此，在签订的合同中，往往要求包含供应商定价、季度物料清单成本更新、包括采购数量和价格说明的前期报告，以及供应商的产品描述。即使合同条款明确也并不意味着外包一定成功。关键要规范管理外包者和供应商之间的关系，确定时间进度表、期望目标以及评估的标准等等。

4.外包管理流程

(1)时间进度控制

外包者和提供服务的供应商应对目标和检查点达成一致，确定服务标准协议的绩效指数是控制时间进度的关键。例如，检查点、目标曲线和实际曲线之间的可容忍差距。如果差距超过了可容忍度，外包者就要寻找原因并提出改进的解决方案。差距过大的原因之一可能是服务标准协议定义不准确，或者是定义的检查点不适宜。如果这些原因都不是，应该考虑确定新的外包战略或者重新策划外包项目。

(2)动态监控

采购外包中存在的最大问题是，采购服务提供商在向外包企业传递价格降低信息上存在延迟。因此，企业应按季审查采购服务提供商为其采购的物料，从而对价格变化了如指掌，并密切关注成本趋势和数据分析。外包企业要经常拜访采购服务提供商，以确保额外的成本不被隐藏在报价中，如果不跟踪市场动态和对服务公司进行审计，将会造成很大的经济损失。

四、电子商务对采购的影响

电子商务采购为采购提供了一个全天候、超时空的采购环境，即 365×24 小时的采购环境。该方式降低了采购费用，简化了采购过程，大大降低企业库存，使采购交易双方易于形成战略伙伴关系。从某种角度来说，电子商务采购是企业的战略管理创新。

目前，传统的采购模式存在六大问题：一是采购、供应双方都不进行有效的信息沟通，互相封锁，呈典型的非信息对称博弈状态，采购很容易发展成为一种盲目行为；二是无法对供应商产品质量、交货期进行事前控制，经济纠纷不断；三是供需关系一般为临时或短期行为，竞争多于合作；四是响应用户需求的能力不足；五是利益驱动造成暗箱操作，舍好求次、舍贱求贵、舍近求远，易产生腐败温床；六是生产部门与采购部门脱节，造成库存积压，占用大量流动资金。

电子商务采购模式六大优势：

第一，可以扩大供应商比价范围，提高采购效率，降低采购成本，突破传统采购模式的局限，从货比三家到货比百家、千家，大幅度地降低采购费用，降低采购成本，大大提高采购效率。

第二，实现采购过程的公开化，有利于实现实时监控，使采购更透明、更规范。

第三，实现采购业务操作程序化，必须按软件规定流程进行，大大减少了采购过程的随意性。

第四，促进采购管理定量化、科学化，实现信息的大容量和快速传送，为决策提供更多、更准确、更及时的信息，决策依据更充分。

第五，生产企业可以由“为库存而采购”转变为“为订单而采购”。在电子商务模式下，采购活动是以订单驱动方式进行的。用户需求驱动制造订单的产生，制造订单驱动采购订单产生，采购订单再驱动供应商生产，该模式可以即时响应用户需求，降低库存成本，提高物流速度和库存周转率。参与采购的供需双方进入供应链，从以往的“输赢关系”变为“双赢关系”。供需双方之间建立起长期的、互利的合作关系，使自己在供应链中成为不可替代的角色。

第六，实现采购管理向外部资源管理的转变。由于与供需双方建立起长期的、互利的合作关系，因此采购方可以及时将质量、服务、交易期的信息传送给供方，使供方严格按要求提供产品与服务。根据生产需求协调供应商的计划，实现准时化采购。

S 本章小结

现代企业面临着需求多样化和个性化的双重挑战，需要物料的采购和供应环节能够满足生产过程对物料柔性(多样化)和刚性(质量)的需求。对于制造企业而言，为销售而生产、为生产而采购是一个环环相扣的物料输入输出动态过程，依次构成了采购流程、生产流程和销售流程。从物流角度看，最初的采购流程运行的成功与否将直接影响到企业生产、销售的最终产品的定价情况和整个供应链的最终获利情况。企业的采购流程的确定与采购管理的加强不容忽视。

经济全球化使采购行业发生了巨大的变革。各种新鲜的概念涌现出来，全球化采购、JIT 采购、采购外包及电子商务采购等等，不一而足。采购从传统的后勤支持角色逐步脱胎换骨，走到了令人瞩目的前台，较之从前地位有了极大的提升。

C 案例分析

永安公司供应部的采购流程内控体系

永安公司的采购部负责全公司的材料采购，其中生产材料有 1000 多种，可分为钢材类、水泥类、化工类、建材类、工电器类、生产工具类、辅助材料、小五金、劳保用品。采购长负责全面工作，同时，钢材类、水泥类材料采购业务由一位采购员负责，其他材料业务量较少，所以由另一位采购员负责。

公司没有长期固定的供应商，采购员尽可能多地掌握潜在的供应商，每次有大宗采购业务，采购员联系各供应商询价、比价，确定一家供应商进货。采购员要知道供货材料的成本结构，了解其成本波动情况，在降低采购成本方面掌握主动。如供应商所提供的化工材料是由国外进口的原料制造的，采购员就要经常通过信息渠道了解进口原料的价格，如果价格下跌，就要求供应商降低产品价格。

对于采购员而言，要编制应付款明细账，掌握往来单位应付款情况；还要编写支票使用记录，用于财务审查。

（一）现款采购业务控制流程

1. 付款审批

采购员填写支票借据（1 联为采购员存根联，2 联为财务的报销附件，3 联报销后退借款人），将支票借据和请购单上报副总审批。主管副总累计本周采购用款，根据“用款计划单”控制购用款（首先保证现款采购，再考虑赊购采购），根据经验审查主要材料的采购价格，根据请购单审查采购的用途，根据所掌握的最新的施工进度和生产进度控制采购时间，在“支票借据”1、2 联签字，同意本次采购用款。采购员拿副总批准的支票借据，到财务部取支票。财务部根据副总批准的支票借据，交采购员支票或汇票。同时在支票借据上，采购员填写支票号，出纳员填写经办人。财务留第 2、3 联支票借据。

2. 订货

采购员通知供应商采购数量等，并再次确定采购价格、运费，督促供应商按期交货。

3. 收货

材料到货后，采购员和库管员共同验收（核对材料型号和数量），进行初检。如果材料型号不对或有明显质量问题，则拒绝收货，要求对方退货，如果核查没问题，由库管员填写“原材料进厂报检审批单”。

4. 入库

验收合格入库后，由库管员填写 5 联材料入库单，将 5 联库单、原材料进厂报检审批单和对方送货单（1 联）交采购员。

5. 核算

付款后收对方购货发票和运费发票，运费发票可能是供货的，也可能是第三方的。采购员填写自用的支票使用记录和应付款明细，既有先付款后收货，也有先收货后付款。核算部留入库单第 1 联登账，在“费用录入单”和发票上盖章，交副总审核。副总根据发票借据第 1 联，审核此费用是否是自己批准的，如是，在“费用录入单”和发票上签字还给采购员。采购员拿发票和“费用录入单”、入库单到财务报账，会计记账，在支票借据的第 3 联填写结算金额并签字，将第 3 联交还采购员。采购员填写支票使用记录并附上支票借据的第 3 联，以备和会计对账、复查。

(二)赊购采购业务过程

1.订货

采购员和供应商签订合同(也可能不签),确定采购数量、本次采购的价格、运费和供应商协商以前赊购的还款金额日期,督促供应商按期交货。

2.收货

赊购采购收货过程同现款采购一样。

3.入库

验收合格入库后,由库管员填写5联材料入库单,将5联入库单、原材料进厂报检审批单和对方送货单(1联)交采购员,采购员在入库单上填写商定的材料实际价格、金额及运杂费、价格,签字后留第1联,登记往来单位应付款明细账,其他联交还库管员处理。如果对方带来发票,采购员保留对方发票,核算部留入库单第2联,登材料明细账,将入库单第3、5联交财务。

4.结算

采购员根据"用款计划单"中的还款部分,找出以前赊购的入库单,按入库单计算付款的实际金额,付款和入库应该配套,电话通知供应商付款。采购员填写支票借据,上交副总审批。主管副总累计本周采购用款,根据"用款计划单"控制购用款(首先保证现款采购,再考虑赊购采购),根据经验审查主要材料的采购价格,根据请购单审查采购的用途,根据所掌握的最新的施工进度和生产进度控制采购时间,在"支票借据"的1、2联签字,同意本次还款。采购员拿副总批准的支票借据,到财务部取支票。

财务部根据副总批准的支票借据,交给采购员支票或汇票。同时在支票借据上,采购员填写支票号,出纳员填写经办人。财务留第2、3联支票借据。供应商以收货单和发票要款,采购员将支票或汇票交供应商,收对方发票(购货发票和运输发票可能不同时到),填写支票记录,核销自己的应付款明细账。采购员填写还款单附上入库单、发票支票借据第1联交核算部。核算部留还款单第3联记账,在发票上盖章,转交副总审核。

副总根据发票借据第1联,审核此费用是自己批准的,在"还款单"上签字,在发票上签字还给采购员。采购员拿"还款单"和入库单、发票、发票借据第1联到财务报账。会计记账,在支票借据的第3联填写结算金额并签字,将第3联还采购员。采购员填写支票使用记录并附上支票借据的第3联,以备和会计对账、复查。

案例思考题:

1.永安公司供应部的采购流程有何特点?

2.根据资料总结采购部门的职责。

T 思考题

1. 什么是企业采购？它可以分成几种形式？
2. 简述企业采购的原则及实施的基本步骤与流程。
3. 企业有哪些采购制度？
4. 企业采购管理包括哪些内容？
5. 结合实际谈谈企业采购的发展趋势。

E 综合练习题

试就下列现象进行分析，提出解决的措施。

现象1：绝大部分企业都设置有采购计划员这个岗位，其主要职能就是根据企业下月的生产计划编制采购计划。有趣的是，许多企业里并不按采购计划员编制的采购计划进行采购，而是要经过加工，而加工的依据呢，多半是领导的个人经验。

现象2：企业里经常会出现计划外采购的情况，一般都是因为出现了临时的意外情况，这时一般需要领导的特批。可是有一个真实的例子就是，有一个厂的厂长在偶然一次进仓库时发现了一种配件是几个月前他特批过的，因为当时情况特别紧急，所以他的印象特别深刻，但是在他发现的时候，那些配件还是原封不动地躺在仓库里睡大觉。

现象3：许多企业的老板都有这样一个体会，就是在审批签字的时候，没有任何依据，只能被动地签字，除了极个别的情况外，一般不会出现拒签的情况，以至于一个企业的老板甚至于说："我就是大家的奴隶"。

现象4：众所周知，企业之间的竞争最后其实是成本的竞争，而在现在生产设备自动化程度越来越高的时候，压缩产品在制造过程中的成本空间越来越小，而材料的采购成本却大有文章可做。但是，采购成本居高不下却一直是许多企业的顽疾之一。

第五章 企业仓储管理

学习要求

通过对本章的学习，掌握仓储与仓储管理的基本概念；了解仓储的功能及仓储管理的对象，学会仓储规划的基本原则与货物分区分类储存方法。

能力目标

◆ 结合企业实际选择仓库类型的能力

◆ 货物的分类与分区方法

◆ 货物编码能力

◆ 运用仓储工作绩效评价指标对仓储工作进行绩效评估的能力

知识目标

◆ 掌握仓储与企业物流的关系

◆ 重点仓储管理的工作目标与工作要求

◆ 掌握仓库作业的内容

◆ 了解仓储绩效评价量货指标

第一节 企业仓储概述

一、企业仓储与物流的关系

(一)仓储的含义与任务

1. 仓储的含义

仓储是指为有形物品提供存放场所并对存放物品进行保管、存取与控制的过程。"仓"即仓库，是具有存放和保护物品功能的特定场所，可以是房屋建筑、大型容器或洞穴;"储"则表示收藏以备使用,包括收存、保管、交付使用,适用于有形物品时又称为储存。"仓储"并称,就是指利用仓库存放、储存未即时使用的物品的行为。从物流系统观念上看,仓储是其基本要素之一,仓储所承担的是物流系统的储存功能。

2.仓储的任务

仓储的物资储藏的基本功能决定了仓储的基本任务是存储保管、存期控制、数量管理、质量维护;同时,利用物资在仓储的存放、开发和开展多种服务是提高仓储附加值、促进物资流通、提高社会资源效益的有效手段,因而也是仓储的重要任务。

(1)物资存储

存储是指在特定的场所,将物品收存并进行妥善的保管,确保被存储的物品不受损害。存储是仓储最基本的任务,是仓储产生的根本原因。因为有了产品剩余,需要将剩余产品收存,才形成了仓储。存储的对象必须是有价值的产品,存储要在特定的场地进行,存储必须将存储物移到存储地进行,存储的目的是确保存储物的价值不受损害,保管人有绝对的义务妥善保管好存储物,存储物始终属于存货人所有,存货人有权控制存储物。

物资的存储有可能是长期的存储,也可能只是短时间的周转存储。进行物资存储既是仓储活动的表现,也是仓储最基本的任务。

(2)流通调控

仓储既可以长期进行,也可以短期开展。存期的控制自然形成了对流通的控制;或者反言之,流通中的需要决定了商品是存储还是流通,即当交易不利时,将商品储存,等待有利的交易机会。这就是仓储的"蓄水池"功能。

流通控制的任务就是对物资是仓储还是流通做出安排,确定储存时机、计划存放时间,当然还包括储存地点的选择。

(3)数量管理

仓储的数量管理包括两个方面:一方面是存货人交付保管的仓储物的数量和提取仓储物的数量必须一致;另一方面是保管人可以按照存货人的要求分批收货和分批出货,对储存的货物进行数量控制,配合物流管理的有效实施,同时向存货人提供存货数量的信息服务,以便客户控制存货。

(4)质量管理

根据收货时的仓储物的质量交还仓储物是保管人的基本义务。为了保证仓储物的质量不发生变化,保管人需要采取先进的技术、合理的保管措施,妥善和勤勉地保管仓储物。仓储物发生危险时,保管人不仅要及时通知存货人,还需要及时采取有效的措施减小损失。

(5)交易中介

仓储经营人利用大量存放在仓库的有形资产、利用与物资使用部门广泛的业务联系开展现货交易中介,具有较为便利的条件,同时也有利于加速仓储物的周转和吸引仓储。仓储经营人利用仓储物开展物资交易不仅会给仓储经营人带来收益，还能充分利用社会资源，加快社会资金周转，减少资金沉淀。交易功能的开发是仓储经营发展的重要方向。

(6)流通加工

加工原本是生产的环节，但是随着满足消费多样化、个性化，变化快的产品生产的发展，又为了严格控制物流成本的需要，生产企业将产品的定型、分装、组装、装潢等工序留到最接近销售的仓储环节进行，使得仓储成为流通加工的重要环节。

(7)配送

对于设置在生产和消费集中地区附近的从事生产原材料、零部件或商品的仓储来说，对生产车间和销售点的配送是其基本的业务。根据生产的进度和销售的需要，由仓库不间断地、小批量地将仓储物送到生产线、零售商店或收货人手上。仓储配送业务的发展，有利于生产企业降低存货，减少固定资金投入，实现准时制生产，有利于商店减少存货，降低流动资金使用量，且能保证销售。

(8)配载

大多数运输转换仓储都具有配载的任务。货物在仓库集中集货，按照运输的方向进行分类仓储，当运输工具到达时出库装运。而在配送中心，则是在不断地对运输车辆进行配载，确保配送的及时进行和运输工具的充分利用。

(二)企业仓储与物流的关系

仓储系统是企业物流系统中不可缺少的子系统。由于仓储在时间上协调原材料、产成品的供需，起着缓冲和平衡的作用。企业可以为客户在需要的时间和地点提供适当的产品，从而提高产品的时间效用。因此，仓储活动能够促进企业提高客户服务水平。仓储在企业物流系统中的主要作用表现在以下几个方面。

1.降低运输成本，提高运输效率

在供应物流方面，企业从多个供应商处批量购买原材料并运至仓库，然后将其拼箱并整车运输至工厂。由于整车运输费率低于零担运输费率，因此，这将大大降低运输成本，提高运输效率。在销售物流方面，企业将各工厂的产品大批量运到市场仓库，然后根据客户的要求，小批量运到市场或客户。这种仓库的作用不仅是拼箱装运，而且还可以按客户要求进行产品整合。另外，各种运输工具的运量相差很大，它们之间进行转运，运输能力上是很不匹配的，因此，仓库还具有调节运力差异的作用。

2.进行产品整合

如果考虑到颜色、大小、形状等因素，企业的一个产品线包括了数千种不同的产品，这些产品经常在不同的工厂生产，企业可以根据客户要求，将产品在仓库中进行配套、组合、打色，然后运往各地客户。否则，从不同的工厂满足订货将导致不同的交货期。仓库除了满足客户订货的产品整合需求外，对于使用原材料或零配件的企业来说，从供应仓库将不同来源的原材料或零配件组合在一起，整体运到工厂以满足需

求也是很经济的。

单纯的储存和保管型仓库已经远远不能适应生产和市场的需要，增加配送和流通加工的功能，向流通仓库方向发展，已经成为现代仓库的一个发展方向。

3. 支持企业的销售服务

仓库合理地靠近客户，使产品适时地送达客户手中，将提高客户的满意度并扩大企业销售，这一点对企业产成品仓库来说尤为重要。

4. 调节供应与需求

由于生产和消费之间或多或少存在着时间或空间上的差异，仓储可以提高产品的时间效用，调整均衡生产和集中消费或均衡消费和集中生产在时间上的矛盾。

二、仓储的功能

（一）保证社会生产顺利进行

仓储是社会再生产顺利进行的必要过程与条件。

从社会再生产总过程看，专业化和规模化的现代社会生产，劳动生产率极高、产量巨大。绝大多数产品因不能被即时消费而需要运用仓储的手段进行储存，只有这样才能避免生产过程被堵塞，保证其顺畅地持续进行。另一方面，生产中所使用的原料、燃料和辅助材料等也需要有合理的储备，才能保证及时供应，满足生产的需要。

从生产过程内部看，生产各环节之间的"物"的停滞，构成了上一步活动和下一步活动的必要条件。例如，在生产过程中，上一道工序生产与下一道工序生产之间，总免不了有一定间隔：上一道工序的半成品，总是要到达一定批量之后，才能经济合理地送给下一道工序，而下一道工序为了保持连续生产，也总是要有一些储备保证。于是，这种储存无论对哪一道工序来说，都是使之正常进行的必要条件。

所以，仓储虽与生产活动不同，不增加社会产品的数量，不赋予产品以新的使用价值，而只是变动了它的时间状态，然而这一变动就能保持生产、流通的正常进行，使社会再生产不断推进。

此外，仓储本身是由生产率的提高造成的，但同时仓储的发展又进一步促进生产率的提高。良好的仓储条件可以确保生产规模的进一步扩大，促进专业化分工的进一步细化，劳动生产率的进一步提高。

（二）调整生产和消费的时间差，维持市场稳定

现代的大生产形式是多种多样的。从生产和消费的连续性来看，各种产品都有不同的特点。有的产品生产是均衡进行的，而消费却是不均衡的；有些产品生产是不均衡的，而消费却是均衡不断地进行；还有不少产品生产和消费都不均衡；也有不少产品生产和消费都是均衡连续的。

现代生产强调生产和消费要均衡协调，以获取较好的效果。这一目标在汽车制造业、电气工业、机械加工工业等工业中已经广泛实现，出现所谓"传送带式生产"、

“无库存的滚动式生产”等生产方式。但是,由于生产的复杂性,决定了在经济领域中不可能全面实现这一目标。生产和消费在时间上的不均衡、不同步的现象是客观存在的,因此,就需要进行调整,即生产的产品要经过一定时间的储存保管才能和消费相协调。通过仓储将集中生产的产品进行储存,持续地向消费者提供,才能保证满足不断的消费需求。

另一方面,集中生产的产品如果即时推向市场销售,必然造成市场短时期内产品供给远远大于需求,造成产品价格大幅降低,甚至无法消费而被废弃;相反,非供应季节,市场供应量少而价高,通过将产品仓储,均衡地向市场供给,才能稳定市场,有利于生产的持续进行。

此外,出于备战、备荒的要求,出于合理使用资源,防止产品一时过剩造成浪费的要求,出于延迟一段时间出售产品而获取较优价格的要求,都需要对生产出的产品进行一定时间的储存。仓储的这个作用称作“蓄水池”作用和“调节阀”作用。

(三)保存劳动产品价值

生产出的产品在消费之前必须保持其使用价值,否则将会被废弃。这项任务就需要由仓储来承担,在仓储过程中对产品进行保护、管理,防止损坏而丧失价值。

同时仓储是产品提供消费的最后一道作业环节,可以根据市场对产品消费的偏好,对产品进行最后加工改造和进行流通加工,提高产品的附加值,以促进产品的销售,甚至增加收益。

(四)创造“时间效用”

时间效用的含义是,同种“物”由于时间状态不同,其使用价值的实现程度可能有所不同,其效益的实现也就会不同。由于改变了时间而最大限度地发挥了使用价值,最大限度地提高了产出投入比,就称之为“时间效用”。通过储存,使“物”在效用最高的时间发挥作用,就能充分发挥“物”的潜力,实现时间上的优化配置。从这个意义来讲,也相当于通过仓储提高了物的使用价值。

(五)衔接流通过程

产品从生产到消费,需要经过分散、集中、分散的过程,还可能需要经过不同运输工具的转换运输。为了有效率地利用各种运输工具,降低运输过程中的作业难度,实现经济运输,物品需要通过仓储进行候装、配载、包装、成组、分劈、疏散等。为了满足销售的需要,商品在仓储中进行整合、分类、拆除包装、配送等处理。

存放在仓库里的商品,还可以提供给购买方进行查看,这是大多数现货批量交易的方法。因而仓储具有商品陈列的功能。

(六)收集和传递市场信息

任何产品的生产都必须满足社会的需要,生产者都需要把握市场需求的动向。社会仓储产品的变化是了解市场需求的极为重要的途径。仓储量减少、周转量加大,表明社会需求旺盛;反之则为需求不足。厂家存货增加表明其产品需求减少或者竞争力降低、或者生产规模不合适。仓储环节所获得的市场信息虽然比销售信息滞后，但更为准确和集中，信息反应快捷，且信息成本极低。现代企业生产特别重视仓储环节的信息反馈，将仓储量的变化作为决定生产的依据。现代物流管理特别重视仓储信息的收集和反应。

(七)实施有效的物流管理

仓储是物流的重要环节，物品在物流过程中相当一部分时间处在仓储之中，在仓储中进行运输整合，在仓储中进行配送准备，在仓储中进行流通加工，也在仓储中进行市场供给调整，仓储中的成本是物流成本的最重要的组成部分。开展物流管理必须特别重视对仓储的管理，有效的仓储管理才能实现物流管理的目的。

(八)形成来自“第三个利润源”的利润

一般认为，仓储作为一种停滞，其时间上有增加成本、冲减利润的趋势。但是如果有了储存保证，就可免除加班赶工，从而省去增大成本的加班赶工费；就无须紧急采购，不致加重成本使该赚的少赚；就能在有利时机进行销售，或在有利时机购进，这样就可以增加销售利润，或减少购入成本。此外，因为储存是大量占用资金的一个环节，仓库建设、维护保养、进库出库等要大量耗费人力、物力、财力，储存过程中的各种损失也是很大的消耗。所以储存中节约的潜力也是巨大的，可以通过储存合理化、减少储存时间、降低储存投入来加速资金周转，降低成本，增加利润。所以，仓储可以成为现代物流系统中的重要利润源。

(九)提供信用保证

在大批量货物的实物交易中，购买方必须检验货物、确定货物的存在和货物的品质，方可成交。购买方可以到仓库查验货物。由仓库保管人出具的货物仓单是实物交易的凭证，可以作为对购买方提供的保证。仓单本身就可作为融资工具，可以直接使用仓单进行质押。

(十)提供现货交易的场所

存货人要转让已在仓库存放的商品时，购买人可以到仓库查验商品，取样化验。双方可以在仓库进行转让交割。在国内众多的批发交易市场，就是既有商品存储功能的交易场所，又有商品交易功能的仓储。众多具有便利交易条件的仓储都提供交易活动服务，甚至部分形成有影响的交易市场。近年来我国大量发展的仓储式商店，就是仓储交易功能高度发展、仓储与商业密切结合的结果。

三、企业仓库的类型与作用

仓库按不同标准可进行不同的分类，企业可根据自身的条件选择或租用不同类型的仓库。

(一)按使用范围不同分类

(1)自用仓库，是生产或流通企业为了本企业经营的需要而修建的附属仓库，完全用于储存本企业的原材料、燃料、产成品等物资或商品。

(2)营业仓库,是某些企业专门为了经营储运业务而修建的仓库。

(3)公用仓库,是由国家或一个主管部门修建为社会服务的仓库,如机场、港口、铁路的货场、库房等。

(4)租赁仓库,仓库设施的所有者(营业仓库以外的企业或个人)本身并不直接提供仓储服务,而是将其拥有的仓库设施租赁给他人来储存保管货物。

(二)按保管物的种类多少分类

(1)综合库,指用于存放多种不同属性物品的仓库。

(2)专业库,指用于存放一种或某一大类物品的仓库。

(三)按仓库保管条件分类

(1)普通仓库,指用于存放无特殊保管要求物品的仓库。

(2)保温、冷藏、恒湿恒温库,指用于存放要求保温、冷藏或恒湿恒温的物品的仓库。

(3)特种仓库,通常是指用于存放易燃、易爆、有毒、有腐蚀性或辐射性物品的仓库。

(四)按仓库建筑结构分类

(1)平房仓库。平房仓库的结构比较简单,建筑费用较少。按封闭的状况可分为库房和货棚两类,货棚的保管条件较差,但出入库作业较方便,适宜存放那些对温湿度要求不高且出入库频繁的物品。

(2)楼房仓库。楼房仓库是指二层楼以上的仓库,它可以减少土地占用面积,进出库作业可采用机械化或半机械化。

(3)罐式仓库。罐式仓库的构造特殊,成球形或柱形,外观像一个大罐子,主要用来储存石油、天然气、液体化工产品、啤酒或散装水泥等物品。

(4)简易仓库。简易仓库的构造简单,造价低廉,一般是在仓库不足而又不能及时建库的情况下采用的临时代用办法。

(五)按库内形态分类

(1)地面型仓库,一般指单层地面库,多使用非货架型的保管设备。

(2)坡道型仓库,指在多层仓库的层与层之间设置升降坡度的仓库。

(3)货架型仓库,指采用多层货架保管的仓库,在货架上放置货物和托盘,货物和托盘可在货架上滑动。货架分固定货架和移动货架。

(4)自动化立体仓库,指出入库用运送机械存放取出,用堆垛机等设备进行机械化作业的高层货架仓库。这类仓库的作业人员明显减少,也有人称之为“无人仓库”。由于计算机作业化程度高,数据储存及分析涉及面广,又有人称它为“信息仓库”或“情报仓库”。

四、仓储的战略决策

仓储系统的能力与费用的确定取决于仓储作业的战略规划。对于任何一个新建的仓库而言,通过制定正确的战略规划可降低仓库的建设投资和仓库的运行费用;对于已有的仓库通过战略目标的明确,则可改善仓库的出入库频率和提高货位的利用率。因此,制定一个完整的战略规划对仓储企业具有十分重要的意义。

仓储企业的战略规划涉及如下内容:仓库内部空间决策、仓库自建或租赁决策、仓库服务提供方决策、仓储设备更新或购置决策等。

(一)仓库空间决策

仓库所需空间一般由货物存储所需的空间、仓库过道和通道空间、存储设备存放空间和仓库管理人员办公所需空间组成。

仓库内部空间的大小首先可根据每年储存货物的数量和存储货物的特点,通过对未来市场需求情况的预测,确定所需要的基本存储空间;再根据对企业发展的规模和速度的预测,确定仓库未来的弹性发展空间;然后再根据对仓库的内部布局和作业设计、作业机械确定仓库的通道和过道空间,从而确定仓储作业所需的硬性使用空间。

在此基础上,综合考虑仓库建设成本、仓库的维修成本和顾客服务方面的因素,在满足顾客服务的前提下,追求总成本的最小化,从而确定合理的仓库空间的大小。

(二)仓库自建或租赁决策

评价仓储经营效率的一个重要指标是库容量利用系数,仓库设计的出发点就是满仓利用。但仓库全年实际处于满仓的可能性极小,经营运作良好的仓库一般也仅在75%~85%之间。因此,在15%~25%的时间里那些旨在满足高峰所需的仓库空间并没有得到充分利用。在这种情况下,有效的办法是建立企业自有仓库,以满足75%的仓储要求,而用公共仓库或合同仓库应付高峰期的要求。

(三)仓储设备决策

竞争性的市场要求仓库具有准确、及时的信息处理、存储和出入库系统及高效的包装和输送系统。但在仓储作业的许多环节中,手工操作仍然必不可少。所以对于一个企业来讲,仓储作业中的人工操作和机器自动化处理的合理配置就显得至关重要。

合理的仓储设备必须符合标准化,能保持或提高物料的搬运活性,使物料处于易搬运的放置状态;满足“移动路径最短、存储空间占用最小、人工控制程度最低”的原则,而且在成本开销方面,必须能够做到最低的成本开支。

在仓储设备的选择决策时,一般来说,应基于仓库现有内部布局,遵循技术成熟、经济合理、安全可靠、操作方便和满足需求的原则,从设备的生产效率、设备的采购成本、设备的可靠性和设备的柔性化程度以及设备维修的难易等方面考虑。

第二节 企业仓储管理

一、仓储管理的含义与合理化标志

(一)仓储管理的含义

仓储管理就是对仓库及仓库内的物质所进行的管理,是仓储机构为了充分利用自己所具有的仓储资源提供高效的仓储服务所进行的计划、组织、控制和协调的过程。具体来说,仓储管理包括仓储资源的获得、经营决策、商务管理、作业管理、仓储保管、安全管理、人事劳动管理、经济管理等一系列管理工作。如果站在供应链一体化的战略高度,以物流系统功能的整体观念来看待的话,则仓储管理不仅是对仓储业务活动与作业过程的管理,而且包括了仓储的战略规划和以仓库定位为中心的物流网络设计与物流结点布局,其目标是实现储存合理化。

(二)储存合理化标志

储存合理化的含义,是用最经济的办法实现储存的功能。储存的功能是对需要的满足,实现被储物的“时间价值”,这就“必须有一定储量”。这是合理化的前提或本质,如果不能保证储存功能的实现,其他问题便无从谈起。但是,储存的不合理又往往表现在对储存功能实现的过分强调,因而是过分投入储存力量和其他储存劳动所造成的。所以,合理储存的实质是在保证储存功能实现的前提下的尽可能少的投入,是一个投入产出的关系问题。

储存合理化主要以下列标志加以体现:

(1)质量标志

保证被储存物的质量,是完成储存功能的根本要求,只有这样,物品的使用价值才能通过物流之后得以最终实现。在储存中增加了多少时间价值或是得到了多少利润,都是以保证质量为前提的。所以,储存合理化的主要标志中,为首的应当是反映使用价值的质量。

现代物流系统已经拥有很有效的维护物资质量、保证物资价值的技术手段和管理手段,也正在探索物流系统的全面质量管理问题,即通过物流过程的控制,通过工作质量来保证储存物的质量。

(2)数量标志

在保证功能实现的前提下,有一个合理的数量范围。目前管理科学的方法已能在各种约束条件的情况下,对合理数量范围做出决策,但是较为实用的还是在消耗稳定、资源及运输可控的约束条件下,所形成的储存数量控制方法,这点将在以后的相关章节中加以阐述。

(3)时间标志

在保证功能实现的前提下，寻求一个合理的储存时间，这是和数量有关的问题。储存量越大消耗速率越慢，则储存的时间必然长，相反则必然短。在具体衡量时往往用周转速度指标来反映时间标志，如周转天数、周转次数等。

在总时间一定的前提下，个别被储物的储存时间也能反映合理程度。如果少量被储物长期储存，成了呆滞物或储存期过长，虽反映不到宏观周转指标中去，但也标志着存在储存不合理。

(4)结构标志

这是从被储物不同品种、不同规格、不同花色的储存数量的比例关系上对储存合理性的判断。尤其是相关性很强的各种物资之间的比例关系更能反映储存合理与否。由于这些物资之间相关性很强，只要有一种物资出现耗尽，即使其他种物资仍有一定数量，也会无法投入使用。所以，不合理的结构影响面并不仅局限在某一种物资身上，而是有着扩展性的，结构标志的重要性也可由此确定。

(5)分布标志

分布标志是指不同地区储存的数量比例关系。即可以此判断和当地需求比，对需求的保障程度，也可以此判断对整个物流的影响。

(6)费用标志

仓租费、维护费、保管费、损失费以及资金占用利息支出等，都能从实际费用上判断出储存的合理与否。

二、仓储管理内容

(一)订货、交货

当今现代化的仓库在建设的过程中，都比较注意通过网络将企业本部与各工厂、仓库与经营最前端的店铺连接起来，从而使订货信息通过信息系统传输到仓库。在准备发货的时候，同期进行自动制作货票、账单等业务。同时通过 EOS 系统实现产业内以及企业间的电子订货，真正使企业的经营活动与商品的物质运动紧密联系在一起。

(二)进货、交货时的检验

在现代化仓库，条形码的广泛普及以及便携式终端性能的提高，使物流作业效率得到大幅提高，即在客户订货信息的基础上，在进货商品上要求贴上条形码，商品进入仓库时用扫描仪读取条形码检验商品，或在企业发货信息的基础上，在检验交货商品时同时加贴代表客户信息的条形码，这样，企业的仓库保管以及发货业务都在条形码管理的基础上进行。

(三)仓库内的保管、装卸作业

企业在现代化仓库建设时都极力导入自动化作业，特别是以往需要大量人力的备货或标价等流通加工如何实现自动化是许多企业面临的主要课题，为了提高作业效率，除了改善作业内容外，许多企业所采取的方法是极力使各项作业标准化，进而最终实现人力资源的节省。

(四)场所管理

现代化仓库的场所管理分为两种形态。一种是利用信息系统事先将货架进行分类、编号、并贴附货架代码，各货架内装置的商品事先加以确定，这是一种固定的场所管理，这样，从事商品备货作业和建立管理信息系统都较容易。另一种是流动型管理，即所有商品按顺序摆放在空的货架中，不事先确定各类商品专用的货架，适用于周转快、出入库频繁的季节性商品或流行性变化剧烈的商品。

(五)备货作业

原来的备货作业是在按交付货指示、发运货票的同时，备货员按照商品分列的清单在仓库内寻找，提取所需商品。如今，实行自动化备货作业后，各个货架或货棚顶部都装存液晶显示的装置，该装置标示有商品的分类号以及店铺号，作业员可迅速查找所需的商品。

备货作业的具体方法有两种，一是抽取方式；二是指定存放方式。前者是将商品从货架上取出，直接放在流水线传输过来的空箱中；而后者通过的货箱是固定的，备货员按数码信息将商品放在指定的货箱中。

在实际运用中，仓储管理往往需要和企业信息化相连接，借助现代先进的信息技术来实现仓储管理最优化。我们必须带有一种系统的思维和战略的眼光，将仓储管理放入供应链中，结合上下游环节来实现整条供应链的共赢。毋庸置疑的是，仓储管理是一种支撑供应链的管理。

三、提高仓储管理水平的措施

在实际操作中，仓储管理与市场和产品的稳定性，物料类型，仓储设备的类型和数量，仓库的规模和数量，信息管理水平和单元负载的选择都有着重要关联。因此，要进行有效的仓储管理，必须选择适当的负载单元，充分利用仓库和仓储设备，最大限度减少操作环节，完善信息管理系统 WMS 以及保证良好的操作环境和安全等。只有这样，才能很好地发挥仓储管理在供应链中的作用。进行有效的仓储管理必须考虑以下几个方面：

(一)有效的人工管理

劳动力是任何成功仓储最重要的因素。然而随着经济的发展，人工处理的程序越来越复杂，人工成本占库存成本的很大一部分。是否能够分配好人力资源进行有效运作是高效仓储管理的重要评判标准之一。人工管理技术可以帮助那些被员工困扰的仓储企业，辅助管理者决策所需仓储员工的数目，并且可以采用工程劳动标准和支持系统评估仓储工人的绩效。另外，公司应该提供激励措施给由员工组成的团队而不是个人，发挥团队的最大潜力。

(二)仓库布局设计和设备的改进

作为物流流程整个系统的枢纽,仓库的设计布局是否合理影响着整个库内作业效率。例如可以把仓库按产品类别分为不同的拣选区。这样,整箱、拆箱、整盘分开作业可以避免现场零乱,减低货物掉落破损。另外,对仓库的设备改进还体现在对货物物资的包装上。长期以来,仓储企业为了追求"零库存",一直投资于仓库存储环境的改善和库房建设上,以吸引货主的青睐。但库房利用率不可能始终保持在100%,而且仓储的周期也越来越短。这时,对货物包装的投资成为仓库提高效率、提高竞争力的一个考虑因素。

先进的包装不但可以为货物提供有效的保护,吸引货主(特别是那些较难保存的货物),而且还能为仓储机械化作业提供方便。引进无线射频和数据自动采集技术使包装的标准化、集束化,可以充分发挥装卸搬运机械的效能,从而提高装卸、搬运、堆码垛的效率,加速实现仓储作业机械化。另一方面,现代仓储信息化的自动化收发不仅要求物资包装的尺寸、规格统一化,而且还要求将物资信息通过条形码等技术体现在包装上,而这恰恰是物资包装标准化所要实现的目标。因此,改善物资包装,有利于仓储管理自动化。目前,国内的大部分 WMS 软件都包括了 RFID 技术等数据自动采集的功能。

(三)开展增值服务以及逆向物流的实现

传统的仓储主要收益来源于保管费,所以希望仓库总是满满的。聪明的仓储企业向货主提供的服务不再局限于收货、储存和运送,已经开始向货主或零售商提供额外的增值服务。一些制造业希望同时向多个市场提供产品,零售商也希望顾客能够收到其所需的货物,或是专门的推销商品。仓库会在货物出库前对产品(货物)进行加工,根据货主的需要对产品进行设计、组合、包装和贴标签,然后向不同的市场发货。例如 PC 机的库内加工,就是将原来分散的各个计算机配件组装成一台顾客需要的 PC,而这一切不需要计算机的制造商将分散的货物出库完成,完全由仓库代劳。

逆向物流也正呈现出越来越重要的地位,对很多没有自己物流仓储系统的制造商或零售商来说,仓储中心对逆向物流的支持成为竞争因素之一,任何作业的神经中枢都是仓库,有效管理仓储中心产品的回收、处理、修理及退换对客户服务有着极其重要的影响。

(四)仓库内的中枢指挥中心

中枢指挥中心可以是一个项目管理机构,指导库存新账的完成、报告执行结果以及每一部门的进展情况,同时维系外部客户联系。指挥中心应该包括两部分:人和系统。仓库内的作业操作是在"四面墙"的仓库内完成的,仓库管理系统除了能够实现包括进出货管理、库存管理、订单管理、拣选、复核、商品与货位基本信息管理、补货策略、库内移动组合等"墙内"的系统功能之外,还要考虑仓库管理系统和运输管理系统、客户管理、员工管理系统之间的衔接。在仓库管理系统下能够实时查询产品的存放地点以及在供应链的存放地点，并且运用实时信息可以准确、合理地在多节点网络中分配货物。这就是 WMS 作为库内指挥中心的作用。专业的物流软件公司一般提供仓储、配送、综合物流一系列的信息化服务，就是为了整个物流过程的衔接与统一。仓库在引进 WMS 时也要为今后物流其他环节的信息化应用留好对接口。

虽然有了完善的仓储管理系统，但是人在指挥中心中的作用不能被技术所代替。物流项目负责人需要在大量数据的基础上对有限的资源进行最佳分配。仓储不是自动化业务，仓储有太多的不确定因素，需要对仓储内外熟悉的负责人担任起总控的角色。

四、仓储管理工作要求

(一)总体目标

衔接生产与需求，为生产和消费提供资源保证。目标分解为：

(1)保证储存货物的安全。

(2)充分有效地利用空间。

(3)节约开支，降低储存成本。

(4)为企业管理提供信息服务。

(二)工作事项描述

(1)建立、健全岗位责任制度、经济责任制度。

(2)规划与配备仓储设施。

(3)制定商品储存计划。

(4)提供良好的保管条件。

(5)进行科学的保养与维护。

(6)掌握库存商品信息。

(三)对仓储管理人员的基本要求

1. 仓库管理人员的基本素质要求

(1)具有丰富的商品知识。对于所经营的商品要充分的熟悉，掌握其理化性质和保管要求，能有针对性地采取管理措施。

(2)掌握现代仓储管理的技术。对仓储管理技术充分掌握，并能熟练运用，特别是现代信息技术的使用。

(3)熟悉仓储设备。能合理而高效地安排使用仓储设备。

(4)办事能力强。能区分轻重缓急，有条理地处理事务。

(5)具有一定的财务管理能力。能查阅财务报表，进行经济核算、成本分析，正确掌握仓储经济信息，进行成本管理、价格管理和决策。

(6)具有一般的管理素质。

2. 仓库保管员的职责

(1)认真贯彻仓库保管工作的方针、政策和法律法规，树立高度的责任感，忠于职守，廉洁奉公，热爱仓库工作，具有敬业精神；树立为客户服务、为生产服务的观点，具有合作精神；树立讲效率、讲效益的思想，关心企业的经营。

(2)严格遵守仓库管理的规章制度和工作规范，严格履行岗位职责，及时做好物资的入库验收、保管保养和出库发运工作；严密各项手续制度，做到收有据、发有凭，及时准确登记销账，手续完备，账物相符，把好收、发、管三关。

(3)熟悉仓库的结构、布局、技术定额，熟悉仓库规划；熟悉堆码、苫垫技术，掌握堆垛作业要求；在库容使用上做到：妥善地安排货位，合理高效地利用仓容，堆垛整齐、稳固，间距合理，方便作业、清数、保管、检查、收发。

(4)熟悉仓储物资的特性、保管要求，能有针对性地进行保管，防止货物损坏，提高仓储质量；熟练地填写表账、制作单证，妥善处理各种单证业务；了解仓储合同的义务约定，完整地履行义务；妥善处理风雨灾、热冻等自然灾害对仓储物资的影响，防止和减少损失。

(5)重视仓储成本管理，不断降低仓储成本。妥善保管好剩料、废旧包装，收集和处理好地脚货，做好回收工作。用具、苫垫、货板等妥善保管、细心使用，使其使用寿命延长。重视研究物质仓储技术，提高仓储利用率，降低仓储物耗损率，提高仓储的经济效益。

(6)加强业务学习和训练，熟练地掌握计量、衡量、测试用具和仪器的使用，掌握分管物资的货物特性、质量标准、保管知识、作业要求和工艺流程；及时掌握仓库管理的新技术、新工艺，适应仓储自动化、现代化、信息化的发展，不断提高仓储的管理水平；了解仓库设备和设施的性能和要求，督促设备维护和维修。

(7)严格执行仓库安全管理的规章制度，时刻保持警惕，做好防火、防盗、防破坏、防虫鼠害等安全保卫工作，防止各种灾害和人身伤亡事故，确保人身、物资、设备的安全。

第三节 仓储规划

一、仓储物流规划的原则

仓储规划方案应能做到以尽可能低的成本，实现货物在仓库内快速、准确地流动。这个目标的实现，要通过物流技术、信息技术、成本控制和仓库的组织结构的一体化策略才能达到。仓储系统的物流规划原则不是一成不变的，要视具体情况而定。在特定场合下，有些原则是互相影响的，甚至互相矛盾。为了做出最好的设计，有必要对这些原则进行选择和修改。

(一)系统简化原则

要根据物流标准化做好包装和物流容器的标准化，把杂货、粮食、饮料、食盐、食糖、饲料等散装货物、外形不规则货物的组成标准的储运集装单元，实现集装单元与运输车辆的载重量、有效空间尺寸的配合、集装单位与装卸设备的配合、集装单位与仓储设施的配合，这样做会有利于仓储系统中的各个环节的协调配合，在异地中转等作业时，不用换装，提高通用性，减少搬运作业时间、减轻物品的损失、损坏，从而节约费用，同时也简化了装卸搬运子系统，降低系统的操作和维护成本，提高系统的可靠性，提高仓储作业的效率。

(二)平面设计原则

即如无特殊要求，仓储系统中的物流都应在同一平面上实现，从而减少不必要的安全防护措施，减少利用率和作业效率低和能源消耗较大的起重机械，提高系统的效率。

(三)物流和信息流的分离原则

现代物流是在计算机网络支持下的物流，物流和信息流的结合解决了物流流向的控制问题，提高了系统作业的准确率，从而提高了系统作业效率。如果不能实现物流和信息流的尽早分离，就要求在物流系统的每个分、合节点均设置相应的物流信息识读装置，这势必造成冗余度，增加系统的成本；如果能实现物流和信息流的尽早分离，将所需信息一次识别出来，再通过计算机网络传到各个节点，即可降低系统的成本。

(四)柔性化原则

仓库的建设和仓储设备的购置，需要大量的资金。为了保证仓储系统高效工作，需要配置针对性较强的设备；而社会物流环境的变化，又有可能使仓储货物品种、规格和经营规模发生改变。因此，在规划时，要注意机械和机械化系统的柔性和仓库扩大经营规模的可能性。

(五)物料处理次数最少原则

不管是以人工方式还是自动方式，每一次物料处理都需要花费一定的时间和费用，通过复合操作，或者减少不必要的移动，或者引入能同时完成多个操作的设备，就可减少处理次数。

(六)最短移动距离，避免物流线路交叉原则

移动距离越短，所需的时间和费用就越低；避免物流线路交叉，即可解决交叉物流控制和物料等待时间问题，保持物流的畅通。

(七)成本与效益原则

在建设仓库和选择仓储设备时，必须考虑投资成本和系统效益原则。在满足作业需求的条件下，尽量降低投资。

二、仓库空间合理规划与内部区域划分

(一)仓库规划

1. 仓库规划的主要内容

仓库规划对合理利用仓库和发挥仓库在物流中的作用有着重要意义。它包括的内容主要有：仓库的合理布局；仓库的发展战略和规模，如仓库的扩建、改造任务，仓库吞吐、储存能力的增长等；仓库机械化发展水平和技术改造方向，如仓库的机械化、

自动化水平等;仓库的主要经济指标,如仓库主要设备利用率、劳动生产率、仓库吞吐储存能力、物资周转率、储存能力利用率、储运质量指标、储运成本的降低率等。因此,仓库规划是在仓库合理布局和正确选择库址的基础上,对库区的总体设计、仓库建设规模,以及仓库储存保管技术水平的确定。

2.库区总体设计

库区总体设计,是根据库区场地条件、仓库的业务性质和规模、储存物品的特性,以及仓储技术条件等因素,对仓库的主要建筑物、辅助建筑物、构筑物、货场、站台等固定设施和库内运输路线所进行的总体安排和配置,以最大限度地提高仓库储存能力和作业能力,降低各项仓储作业费用,更有效地发挥仓库在物流过程中的作用。仓库库区的总体设计,是仓储业务和仓库管理的需要,其合理与否直接影响着仓库各项工作的效率和储存物品的安全,以及仓库储存保管功能的发挥。为了保证库区物流畅通,使物品有次序地经过装卸搬运、检验、储存保管、挑选、整理、包装、加工、运输等完整的仓储过程,就必须进行库区的总体设计,即所谓的库区平面布置,这样才能为库区物流合理化奠定基础和提供条件。

对仓库的总体设计应满足以下条件:

(1)方便仓库作业和物品的储存安全。

(2)最大限度地利用仓库面积,减少用地。

(3)防止重复装卸搬运、迂回运输,避免交通阻塞。

(4)有利于充分利用仓库设施和机械设备。

(5)符合安全保卫和消防工作的要求。

(6)结合仓库当前需要和长远规划,要利于将来仓库的扩建等。

关于仓库规模的确定问题,主要根据储存物品的性能和数量的多少,以及物品的储存量与仓库容量之间的比例关系等来确定仓库规模。

(二)仓库建筑设施

1.仓库建筑的一般要求

仓库建筑是仓库储存保管物品的主要设施,主要包括货场、货棚、库房和其他建筑物、构筑物等。

对仓库建筑的一般要求是:

(1)有利于物品的保管和养护。

(2)符合仓库业务需要和有利于组织仓储作业。

(3)便于安装和使用机械设备。

(4)保证仓库安全,应有安全设施。

(5)有利于充分利用仓库空间等。

2.仓库库房建筑形式和建筑构造的一般要求

(1)仓库库房建筑形式。仓库库房的建筑形式多种多样,一般按库房的建筑结构和使用的建筑材料来划分库房的建筑形式。其中,按照建筑结构形式可分为单层、多层和立体仓库；按照建筑材料，库房可分为木结构、砖结构、钢结构、钢筋混凝土结构等形式；另外还有地下库、半地下库和洞库形式。

(2)对仓库库房建筑构造的一般要求。库房一般由地基、地坪、墙体、屋顶和门窗几部分组成，其他的建筑物也有特定的构造。由于仓库的类型和规模不同，以及储存物品的保管要求、安装的设备、使用的建筑材料、投资的情况等也不尽相同，因此，为了保证仓库建筑质量，保证储存物品的作业操作安全，必须针对具体情况和条件，严格按库房建筑的各项技术准则，进行建筑和施工。

库房建筑主要组成部分的一般技术要求如下：

第一，关于地坪的问题。地坪的作用主要是承受货物、货架以及人和机械设备等的荷载，因此，地坪必须有足够的强度以保证安全使用。根据使用的建筑材料可分为三合土、沥青、砖石、混凝土以及土质地坪等。对地坪的基本要求是平坦坚实，耐摩擦和冲击，表面光洁不起灰尘。地坪的承载能力应视堆放物品性质、当地地质条件和使用的建筑材料确定，一般载荷量在 $5 \sim 10t/m^2$。

第二，关于墙体的问题。墙体是库房建筑的主要组成部分，起着承重、围护和分隔等作用。墙体一般可分为内墙和外墙；按承重与否可分为承重墙和非承重墙。对于起不同作用的墙壁可以根据不同的要求，选择不同的结构和材料。对于外墙，因其表面接触外界，受外界气温变化、风吹、雨淋、日晒等大气侵蚀的影响，因此，对承重外墙除要求其满足具有承重能力的条件外，还需要考虑保温、隔热、防潮等围护要求，以减少外部温湿度变化对库存物品的影响。

第三，关于屋顶的问题。屋顶的作用是抵御雨雪、避免日晒等自然因素的影响，它由承载和覆盖两部分构成。承载部分除承担自身重量外，还要承担风、雪的荷载；覆盖部分主要作用是抵御雨、雪、风、沙的侵袭，同时也起保温、隔热、防潮的作用。对屋顶的一般要求是防水、保温隔热，并具有一定的防火性能，符合自重要轻、坚固耐用的要求等。

第四，关于门窗的问题。门窗是库房围护结构的组成部分，要求具有防水、保温、防火、防盗等性能。其中，库房窗户主要是通风和采光，因此，窗户的形状、尺寸、位置和数量应能保证库内采光和通风的需要，而且要求开闭方便，关闭严密；库门主要是供人员和搬运车辆通行，同时作业完毕后要关闭，以保持库内正常温度、湿度，保证物品存放安全，因此，对库门要求关启方便、关闭精密，库门的数量、尺寸应考虑库房的大小、吞吐量的多少、运输工具的类型、规格和储存物品的形状等因素。

至于一些特殊仓库的库房建筑，应按照其相应技术要求进行建筑，如立体仓库、冷藏仓库、有害物品仓库、地下仓库、洞库等，应严格按其建筑技术要求，确保库房安全，以适应特殊物品储存保管的需要。

三、仓库作业管理

(一)仓库管理作业要求

(1)库存商品要进行定位管理，其含义与商品配置图表的设计相似，即将不同的商品分类、分区管理的原则来存放，并用货架放置。仓库内至少要分为三个区域：第一，大量存储区，即以整箱或栈板方式储存；第二，小量存储区，即将拆零商品放置在陈列架上；第三，退货区，即将准备退换的商品放置在专门的货架上。

(2)区位确定后应制作一张配置图，贴在仓库入口处，以便于存取。小量储存区应尽量固定位置，整箱储存区则可弹性运用。若储存空间太小或属冷冻(藏)库，也可以不固定位置而弹性运用。

(3)储存商品不可直接与地面接触。一是为了避免潮湿；二是由于生鲜仪器规定；三是为了堆放整齐。

(4)要注意仓储区的温湿度，保持通风良好，干燥、不潮湿。

(5)仓库内要设有防水、防火、防盗等设施，以保证商品安全。

(6)商品储存货架应设置存货卡，商品进出要注意先进行出的原则。也可采取色彩管理法，如每周或每月不同颜色的标签，以明显识别进货的日期。

(7)仓库管理人员要与订货人员及时进行沟通，以便到货的存放。此外，还要适时提出存货不足的预警通知，以防缺货。

(8)仓储存取货原则上应随到随存、随需随取，但考虑到效率与安全，有必要制订作业时间规定。

(9)商品进出库要做好登记工作，以便明确保管责任。但有些商品(如冷冻、冷藏商品)为讲究时效，也采取卖场存货与库房存货合一的做法。

(10)仓库要注意门禁管理，不得随便入内。

(二)仓库保管原则

1.面向通道进行保管

为使物品出入库方便，容易在仓库内移动，基本条件是将物品面向通道保管。

2.尽可能地向高处码放，提高保管效率

有效利用库内容积，应尽量向高处码放，为防止破损，保证安全，应当尽可能使用棚架等保管设备。

3.根据出库频率选定位置

出货和进货频率高的物品应放在靠近出入口，易于作业的地方；流动性差的物品放在距离出入口稍远的地方；季节性物品则依其季节特性来选定放置的场所。

4.同一品种在同一地方保管

为提高作业效率和保管效率同一物品或类似物品应放在同一地方保管，员工对库内物品放置位置的熟悉程度直接影响着出入库的时间，将类似的物品放在邻近的地方也是提高效率的重要方法。

5.根据物品重量安排保管的位置

安排放置场所时，当然要把重的东西放在下边，把轻的东西放在货架的上边。需要人工搬运的大型物品则以腰部的高度为基准。这对于提高效率、保证安全是一项重要的原则。

6. 依据形状安排保管方法

货物在仓库内的存入及堆码方式一般有自身堆码、托盘堆码和货架存放三种方式：

(1)自身堆码

自身堆码就是将同一种货物，按其形式、质量、数量和性能等特点，码垛成一个个货堆。在货堆与货堆之间留有供人员或搬运设备出入的通道。常见的堆码方法有重叠式堆码、纵横交错式堆码、正反交错式堆码和旋转交错式堆码等。

①重叠式

即各层码放方式相同，上下对应。这种方式的优点是，工人操作速度快，包装货物的四个角和边重叠垂直，承载能力大。缺点是各层之间缺少咬合作用，容易发生塌垛。在货物低面积较大的情况下，采用这种方式具有足够的稳定性，如果再配上相应的紧固方式，则不但能保持稳定，还可以保留装卸操作省力的优点。

②纵横交错式

相邻两层货物的摆放旋转 90°，一层横向放置，另一层纵向放置。每层间有一定的咬合效果，但咬合强度不高。

③正反交错式

同一层种，不同列的货物以 90°垂直码放，相邻两层的货物码放形式是另一层旋转 180°的形式。这种方式类似于建筑上的砌砖方式，不同层间咬合强度较高，相邻层之间不重缝，因而码放后稳定性较高，但操作较为麻烦，且包装体之间不是垂直面相互承受载荷，所以下部货物容易压坏。

④旋转交错式

第一层相邻的两个包装体互为 90°，两层间码放又相差 180°，这样相邻两层之间互相咬合交叉，货体的稳定性较高，不易塌垛。其缺点是，码放的难度较大，且中间形成空穴，降低托盘的利用效率。

采用自身堆码时，货堆的高度受货物强度的制约，一般以最底层货物不被压坏为前提，另外货堆的高度还受堆垛设备(如叉车)提升高度的限制。故货堆的高度一般小于 4m。这种堆码方式是一种最简单、最原始的堆码方式。如果货物的包装比较规整，而且有足够的强度时，则可采用无托盘的自身堆码方式。在叉车上装一些属具，如纸箱夹，推出器等进行作业。

(2)托盘堆码

托盘堆码即将货物码在托盘上，货物在托盘上码放方式可采用自身堆码采用的码放形式，然后用叉车将托盘货一层层堆码起来。对于一些怕挤压或形状不规则的货物，可将货物装在货箱内或带立柱的托盘上。由于货箱堆码时，是由货箱或托盘立柱承受货垛的重量，故这种托盘应具有较高的强度和刚度。

采用托盘堆码时，其堆码和出入库作业常采用叉车或其他堆垛机械完成，采用桥式堆垛机时,堆垛高度可达 8m 以上,故其仓库容积利用率和机械化程度比自身堆码有较大的提高。

(3)货架存放

在仓库内设置货架,将货物或托盘放在货架上。采用货架存入的最大优点为:货物的重量由货架支撑,互相之间不会产生挤压,可实现有选择的取货或实现先入先出的出库原则。总之,货架存放形式为仓库的机械作业和计算机管理提供了必要的条件。

7. 依据先进先出的原则

保管的重要一条是对于易变质、易破损、易腐败的物品,对于机能易退化、老化的物品,应尽可能按先入先出的原则,加快周转。针对商品的多样化、个性化、使用寿命普遍缩短这一原则是十分重要的。

第四节　货物分类储存

一、货物分类储存方式与布局

(一)货物存储方式

随机库位存储和固定库位存储是进行仓库物资放置和管理的两种方式。

1. 随机库位存储

随机库位存储也称流动货架存储,是将所要存储的物资放置在最接近的自动货机、箱子和货架上,通常,这些物资的入库和出库管理是以"先进先出"的原则为基础的。这种方法能够最有效地使用仓库空间。

2. 固定库位存储

固定库位存储也称固定货架存储。运用这种方法,产品或物料通常被存储在仓库中的某一固定位置,仓库管理员通过简单的人工操作或记忆就能够确切地知道某种存储物资所处的位置,因而这种方法一般不需要非常先进的仓库处理设备。

(二)货物存储布局

货物在仓库内的存储和搬运,应当在保证仓库管理目标的前提下,尽量获得最大的便利。

(1)使用比较频繁的物资项目尽量放置在便于运输和搬运的地点,从而在一定程度上减少存储物资在仓库内的运输距离和运输工具的运行距离,提高整个仓库的运行效率;相反,运输次数较低或不常使用的物资放置在距离仓库出口较远的地点。

(2)应该在仓库中留出一部分空间,用于货物的包装、分拣和配货。仓库物资在运输前一般需要经过重新包装或简单加工,或者是接受来自厂商或顾客的退货,或者是需要进行特别处理等。

(3)仓库处理设备应当能够满足大多数库存物资的操作要求,这样能够提高物资运输的效率；同时，应当对仓库设备处理流程进行优化，减少不必要的损耗和多余的能源浪费。

(4)仓库内货物的存储区域应当按照存储物资的周转速度和产品尺寸的大小来进行设计，而不是单纯地、片面地设计所有的存储货架和仓储工具，这样就可以最大化地使用仓库内部空间，既要满足存储物资的尺寸，又要满足存储物资的重量要求。

二、货物分区分类储存

(一)货物的分区分类

货物的分区，是指根据仓库保管场所的建筑、设备等条件，将仓储库房、货场、货棚和货架等划分为若干保管区，以适应定区储存一定种类货物的需要。分类，则是指根据仓储货物自然属性(性质)、养护需要、消防要求的一致性，将仓储货物划分为若干类，便于结合业务需要，分别按种类集中储存于相对固定的货区。在对货物进行分区分类时，应注意对危险品和一般货物、有毒货物和食品、性能抵触、互相串味的货物、养护方法不同的货物分开存放，确保货物存储安全。同时，还应便于检查、养护和取货。因此，最好在将货物分区、分类存放时，对货位进行编号。编号时可以按其地点和位置的顺序统一编号，并置于明显之处，以利于货物的进出。

货物分区分类的方法一般有以下 4 种：

(1)按货物的种类和性质分区。即按货物的自然属性归类，并集中存放在适当场所。

(2)按不同货主来分区分类。当仓库为几个大的货主服务时，为便于与货主工作的衔接，防止货物混淆，便于货物存取，往往采取这种方式。

(3)按货物流向分类。这种方式多适用于短期中转存储的货物，如在各种交通场站码头一般可采用这种方法。

(4)按货物危险性质分区分类。主要适用于对化学品、危险品的存放。这里要注意不同性质的危险品之间相互引发危险的可能。

(二)货位的选择

货位是指仓库中实际可用于堆放商品的面积。货位的选择是在商品分区分类的基础上进行的，所以货位的选择应遵循确保商品安全，方便吞吐发运，力求节约仓容的原则。

1. 确保货物安全原则

为确保货物质量安全，在货位的选择时，应注意以下几个方面的问题：

(1)怕潮、易霉、易锈的货物，如布鞋、棉布、茶叶、卷烟、五金商品等，应选择干燥或密封的货位。

(2)怕光、怕热、易溶的货物，如橡胶制品、有色纸、油脂、油墨、糖果等，应选择低温的货位。

(3)怕冻的货物，如瓶装的墨水、西药的制剂、某些化妆品等流汁商品，要选择不低于 0℃的货位。

(4)易燃、易爆、有毒、腐蚀性、放射性等危险品，如酒精、苯、树脂胶、硫酸、发令纸、樟脑精块、火柴等，应存放在郊区仓库分类专储。

(5)性能互相抵触和有挥发性、串味的货物不能同区储存。如日用肥皂与纸张，五金与针织品，因性能抵触不能储存在一起，茶叶、卷烟、胶木制品、油脂化妆品等商品，都有不同程度的挥发性和串味，必须专仓专储。

(6)消防灭火方法不同的货物，要分开储存货区。

(7)同一货区的货物中，存放外包装含水量过高的商品会影响邻垛商品的安全。

(8)同一货区储存的货物中，要考虑有无虫害感染的可能。如草制品包装的商品，不要与棉布、针织品等商品同储。

2. 方便吞吐发运原则

货位的选择，应符合方便吞吐的原则，即要方便货物的进出库，尽可能缩短收、发货作业时间。除此之外，还应兼顾以下几方面：

(1)发货方式

采取送货制方式的货物，由于分架理货、按车排货、发货等车的作业需要，其储存货位应靠近理货、装车的场地；采取提货制方式的货物，其储存货位应靠近仓库出口，便于外来提货的车辆进出。

(2)操作条件

各种货物具有不同的包装形态、包装质地和体积重量，因而需要采用不同的操作方法和工具。所以，货位的选择必须考虑货区的装卸设备条件与仓储商品的操作方法相适应。

(3)吞吐快慢，仓储货物的流转快慢不一，有着不同的活动规律

对于快进快出的商品，要选择有利于车辆进出库方便的货位；滞销久储的货物，货位不宜靠近仓库出口；整进零出的商品，要考虑零星提货的条件；零进整出的货物，要考虑到集中发运的能力。

3. 力求节约仓容原则

货位的选择还要符合节约原则，以最小的仓容储存最大限量的货物。在货位负荷量和高度基本固定情况下，应从储存货物不同的体积、重量出发，使货位与商品的重量、体积紧密结合起来。对于轻泡商品，应安排在载重量(即负荷量)小和空间高的货位。对于实重货物，应安排在载重量大而且空间低的货位。

除此之外，在货位的选择和具体使用时，还可根据仓储物资具有吞吐快慢不一的规律，针对操作难易不一的特点，把热销和久储、操作困难和省力的货物，搭配在同一货区储存，这样，不仅能充分发挥仓容使用的效能，而且还能克服各个储存区域之间忙闲不均的现象。

三、货位的编码

(一)货位编码的作用

在规划好各个储存区货位后，为了方便记忆与记录，货位编号、品名、序号等用来

记录的辨识代码就非常重要。如果没有这些可辨识区分的符号代码，系统便无法运作。实际上，货位编码就如同货品的住址，而货物编号如同姓名一样，一封信在住址、姓名都写清楚的条件下，才能迅速正确地送到收信人手中。每种货物都要有一个地址及姓名，才能在需要时马上找到它。

货位经过编码，在管理上具有以下作用：

(1)确定货位资料的正确性。

(2)提供电脑中相应的记录位置以供识别。

(3)为进出货、拣货、补货等人员提供存取货物的位置，以方便货物进出、上架及查询，节省重复找寻货物的时间，提高工作效率。

(4)提高调库、移库的工作效率。

(5)便于计算机处理分析。

(6)方便盘点。

(7)可让仓储及采购管理人员了解存储空间，以控制库存量。

(8)可避免货物因胡乱堆置导致过期而报废，并可有效掌握存货情况存量，降低库存量。

(二)货位编码的方法

一般货位编码的方法有下列四种，由于储存货物特性不同，所适合的货位编码方式也不同，必须按照保管货物的存储量、流动率、保管空间布置以及所使用的保管设备而做出选择。不同的编码方法，对于管理的难易也有影响。

1. 区段方式

是指把保管区域分割为几个区段，再对每个区段编码。这种编码方式是以区段为单位，每个号码所代表的储区较大，因此适用于单元化装载的货品，以及大量或保管周期短的货品。ABC 分类中的 A、B 类货品很适合这种编码方式。货物所占区段的大小根据物流量大小而定，以进出货频率来决定其配置。如图 5-1 所示。

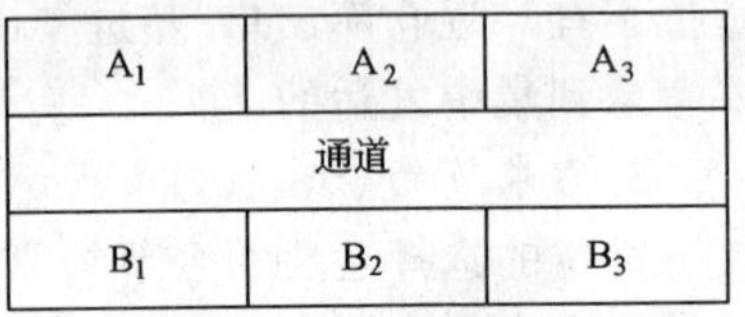

图 5-1　储区的区段式编码

2. 货物类别方式

是指把一些相关货物经过集合后，区分成几个货物大类，再对每类货物进行编码。这种编码方式适用于按货品类别保管或品牌差距大的货物，如服饰类、五金类、食品类等。

3. 地址式

是指利用保管区域中的现成参考单位，例如建筑物第几栋、区、段、排、行、层、格等，按相关顺序来进行编码。这是目前仓库使用较多的编码方式。如图 5-2 所示的位置，表示货物在第 12 区，第 5 排，第 6 号货位。

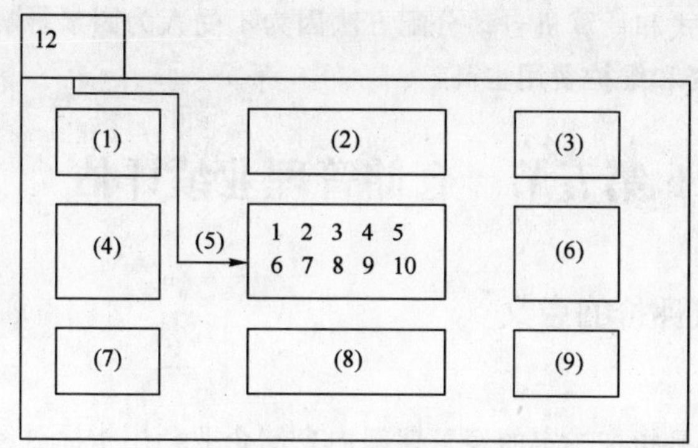

图 5-2 地址式编码

4. 坐标式

是指利用 x、y、z 空间坐标来对货位进行编码。这种方式直接对货位定位，其货位分割细，在管理上比较复杂，适用于周转率很小，存放时间较长的货品。

由于储存货品特性不同，采用的货位编码方式也不同。实践当中，应根据货品储存量、流动率、储存空间布置和储存设备等来选择合适的货位编码方式。

(三)货位分配方式

所谓货位分配方式，就是指在储存空间、储存设备、储存策略、储位编码等一系列前期工作准备就绪之后，用什么方法把货物分配到最佳的货位上。货位分配的方式有人工分配、计算机辅助分配和计算机全自动分配等三种方式。

1. 人工分配

以人工分配货位，所凭借的是管理者的知识和经验，其效率会因人而异。人工分配货位方法的优点是比计算机等设备投入费用少。但是其缺点是分配效率低、出错率高、需要大量人力。人工分配货位的管理要点是：

(1)要求分配者必须熟记各种货位分配原则，并能灵活应用这些原则。

(2)仓储人员必须严格按分配者的指示(书面形式)，把货物存放在指定货位上，并将货物的上架情况记录在货位表单上，并及时更新货位信息。

(3)仓管人员每完成一个货位指派内容后，必须把这个储位内容记录在表单中。此外，货物因补货或拣货从货位中移出后，也应登记消除，从而保证账物相符。

2. 计算机辅助分配

这种货位的分配方法是利用图形监控系统，收集货位信息，并显示货位的使用情况，提供给货位分配者实时查询，为货位分配提供参考，最终还是由人工下达货位分配指示。

3. 计算机自动分配

这是利用图形监控储位管理系统和各种现代化信息技术(条形码扫描器、无线通信设备、网络技术、计算机系统等)，收集货位有关信息，通过计算机分析后直接完成货位分配工作，整个作业过程不需要人工分配作业。这是现代化的货位方式。总之，计算机辅助分配方式和计算机自动分配方法因为不受人为因素影响，出错率低，效率高。当然，设备投资和维护费用也高。

第五节　仓储管理业绩评估

一、仓储绩效评价的意义

(一)基本概念

仓储绩效评价是指在一定的经营期间内仓储企业利用指标对经营效益和经营业绩以及服务水平进行考核，以加强仓储管理工作，提高管理的业务和技术水平。

(二)仓储绩效评价的意义

不论在企业物流系统中还是在社会物流系统中，仓库都担负着货主企业生产经营所需的各种货品可靠的收发、储存、保管保养、控制、监督和保证及时供应货主企业生产和销售经营需要等多种职能，这些活动对于货主企业是否能够按计划完成生产经营目标、控制仓储成本和物流总成本至关重要。因此仓库有必要建立起系统科学的仓储绩效评价指标体系。

仓储绩效评价指标是仓储管理成果的集中体现，是衡量仓库管理水平高低的尺度，利用指标考核仓库经营的意义在于对内加强管理，降低仓储成本，对外接受货主定期服务评价。

1. 对内加强管理、降低仓储成本

仓库可以利用生产绩效考核指标对内考核仓库各个环节的计划执行情况，纠正运作过程中出现的偏差。具体表现如下：

(1)有利于提高仓储管理水平。仓储绩效评价指标体系中的每一项指标都反映某部分工作或全部工作的一个侧面。通过对指标的分析，能发现工作中存在的问题。特别是对几个指标的综合分析，能找到彼此间联系和关键问题之所在，从而为计划的制订、修改，以及仓库生产过程的控制提供依据。

(2)有利于落实岗位责任制。指标是衡量每一个工作环节作业量、作业质量以及作业效率和效益的尺度，是仓库掌握各岗位计划执行情况，实行按劳分配和进行各种奖励的依据。

(3)有利于仓库设施设备的现代化改造。一定数量和水平的设施和设备是保证仓储生产活动高效进行的必要条件，通过对比作业量系数、设备利用等指标，可以及时发现仓库作业流程的薄弱环节，以便仓库有计划、有步骤地进行技术改造和设备更新。

(4)有利于提高仓储经济效益。经济效益是衡量仓库工作的重要标志，通过指标考核与分析，可以对仓库的各项活动进行全面的检查、比较、分析，确定合理的仓库作业定额指标，制订优化的仓储作业方案，从而提高仓库利用率、提高客户服务水平、降低仓储成本，以合理的劳动消耗获得理想的经济效益。

2.进行市场开发，接受客户评价

仓库还可以充分利用生产绩效考核指标对外进行市场开发和客户关系维护，给货主企业提供相对应的质量评价指标和参考数据。具体表现如下：

(1)有利于说服客户、扩大市场占有率

货主企业在仓储市场中寻找供应商的时候，在同等价格的基础上，服务水平通常是最重要的因素，这时如果仓库能提供令客户信服的服务指标体系和数据，则将在竞争中获得有利地位。

(2)有利于稳定客户关系

在我国目前的物流市场中，以供应链方式确定下来的供需关系并不太多，供需双方的合作通常以1年为期，到期客户将对物流供应商进行评价，以决定今后是否继续合作，这时如果客户评价指标反映良好，则将使仓库继续拥有这一合作伙伴。

二、仓储绩效考核指标的制订原则

为了保证仓储绩效评价真正发挥作用，指标体系的科学制订和严格实施和管理非常重要。仓储绩效考核指标制订应遵循的原则如下：

(一)科学性

科学性原则要求所设计的指标体系能够客观地、如实地反映仓储管理的所有环节和活动要素。

(二)可行性

可行性原则要求所设计的指标便于工作人员掌握和运用，数据容易获得，便于统计计算，便于分析比较。

(三)协调性

协调性原则要求各项指标之间相互联系、互相制约，但是不能相互矛盾和重复。

(四)可比性

在对指标的分析过程中很重要的是对指标进行比较，如实际完成与计划相比、现在与过去相比、与同行相比等，所以可比性原则要求指标在期间、内容等方面要一致，使指标具有可比性。

(五)稳定性

稳定性原则要求指标一旦确定之后，应在一定时期内保持相对稳定，不宜经常变动、频繁修改。在执行一段时间后，经过总结再进行改进和完善。

三、仓储绩效评价量化指标体系

(一)资源利用程度方面的指标

(1)仓库面积利用率＝仓库可利用面积/仓库建筑面积×100％。

(2)仓容利用率＝库存商品实际数量或容积/仓库应存数量或容积×100％。

(3)设备完好率＝期内设备完好台日数/同期设备总台日数×100％。

(4)设备利用率＝全部设备实际工作时数/同期设备日历工作时数×100％。

(5)设备工作日利用率＝计划期内设备实际工作天数/计划期内计划工作天数×100％。

(6)工时利用率＝设备每日实际工作时间/设备每日计划工作时间×100％。

(7)设备作业能力利用率＝计划期内设备作业能力/计划期内设备技术作业能力×100％。

(8)资金利润率＝利润总额/固定资产平均占用额＋流动资金平均占用额×100％。

(9)全员劳动生产率＝利润总额(元)/同期平均全员人数×100％。

(二)服务水平方面的指标

(1)客户满意程度＝满足客户要求数量/客户要求数量×100％。

(2)缺货率＝缺货次数/客户订货次数×100％。

(3)准时交货率＝准时交货次数/总交货次数×100％。

(4)货损货差赔偿费率＝货损货差赔偿费总额/同期业务收入总额×100％。

(三)能力与质量方面的指标

(1)计划期货物吞吐量＝计划期货物总进库量＋计划期货物总出库量＋计划期货物直拨量。

(2)账货相符率＝账货相符笔数/库存货物总笔数×100％。

(3)进货和发货准确率＝期内货物吞吐量－进货和发货差错总量/期内货物吞吐量×100％。

(4)商品缺损率＝期内商品缺损量/期内库存商品总量×100％。

(5)平均储存费用＝每月储存费用总额/每月储存费用总额。

(四)库存效率方面的指标

1.基本概念

库存周转率是用于计算库存货物的周转速度，反映仓储工作水平的重要效率指标。它是在一定时期内销售成本与平均库存的比率，用时间表示库存周转率就是库存周转天数。

2.库存周转率的表示方法

(1)基本表示方法

货物年周转次数(次/年)＝年发货总量/年货物平均储存量。

货物的周转天数(天/次)＝360/货物年周转次数。

(2)库存数量表示方法

库存周转率＝年销售量/平均库存水平×100％。

(3)库存金额表示方法

库存周转率＝使用金额/使用金额×100％。

3.商品周转率

商品周转率是用一定期间的平均库存额去除该期间的销售额而得，表示商品的周转情形。可以用它来区分“销路奇佳的商品”和“销路不佳的商品”，使该指标能提供适宜而正确的库存管理所需的基本资料。

4.周转期间与周转率的关系

周转期间(月数表示)＝12/年周转率。

5.周转率的判断标准

(1)周转率高时，经济效益好。

(2)库存周转率虽高，经济效益却不佳。

(3)周转率虽低，但经济效益好。

(4)周转率低，经济效益也低。

四、仓储绩效考核指标的分析

要全面、准确地认识仓储企业的现状和规律，把握其发展的趋势，必须对各个指标进行系统而周密的分析，以便发现问题，并透过现象，认识内在的规律，采取相应的措施，使仓储管理各项工作水平得到提高，从而提高企业的经济效益。

(一)对比分析法

对比分析法是将两个或两个以上有内在联系的、可比的指标(或数量)进行对比分析，从而认识仓储管理的现状及其规律性。对比分析法是绩效考核指标分析法中使用最普遍、最简单和最有效的方法。包括：计划完成情况的对比分析、纵向动态对比分析、横向类比分析、结构对比分析。

(二)因素分析法

因素分析法是用来分析影响指标变化的各个因素以及它们对指标各自的影响程度。因素分析法的基本做法是，假定影响指标变化的诸因素之中，在分析某一因素变动对总指标变动的影响时，假定只有这一个因素在变动，而其余因素都必须是同度量因素(既固定因素)，然后逐个进行替代某一项因素单独变化，从而得到每项因素对该指标的影响程度。

(三)价值分析法

所谓价值分析(value analysis，VA)就是通过综合分析系统的功能与成本的相互关系，寻求系统整体最优化途径的一项技术经济分析方法。

S 本章小结

仓储就是在特定的场所储存物品的行为，是对有形物品提供存放场所、物品存取过程和对存放物品的保管、控制的过程。从性质上看，仓储是物流的主要环节之一，执行的是物流系统的储存功能，实现的是物流对象的时间价值，并创造一定的场所效用和加工价值，也是创造价值的物质产品生产的持续过程。仓库在现代物流系统中具有重要作用，具有储存和保管的功能、调节供需的功能、调节货物运输能力的功能、配送和流通加工的功能。因此,仓储是以仓库设施、设备为基础,以储藏、保管、控制等业务流程为手段实现的现代物流系统的储存功能。

仓储管理不仅是对仓库及仓库内的物资所进行的管理,而且涉及到储存合理化和以仓库定位为中心的物流网络设计与物流结点布局的内容。仓储管理承担着多方面的重要任务。有效的仓储管理必须坚持效率原则、经济效益原则、服务原则。

现代企业物流是从原材料的采购、产品生产到产品销售过程的实物流的统一管理,是实现促进产品销售和降低物流成本的管理。在物流过程经过的众多环节中仓储过程是最为重要、必不可少的环节。仓储从传统的物质存储、流通中心,发展到成为物流的结点,作为物流管理的核心环节而存在并发挥着整体物流协调的作用,亦成为产品制造环节的延伸。传统的仓储业正面临着严峻的挑战。传统的仓储业必须通过多种途径向现代仓储业转化。

C 案例分析

"八百伴"的仓储管理

1952年9月,日本东部遭到太平洋台风的袭击,这是一次造成惨重损失的自然灾害。由于这场台风造成农业及交通两方面的灾害,蔬菜水果的供应一时紧张起来了。许多商店按照"市场规律"把价格上调5～10倍。热海市八百伴百货商店老板和田一夫此时使出一招冒险行动,他决定投放仓库中的一批蔬菜食物,仍以往日的市价销售,并大肆宣传。同时和田一夫要求仓储部门注意库存情况,及时从外地购进补充货源。八百伴的此一举动,莫说高价出售的可观利润得不到,就是进货时已调高的进价也无法收回。

消息传出没多久,热海市妇孺皆知,附近其他乡镇的家庭主妇也闻讯赶来采购蔬菜食物。面对购买热潮,八百伴百货商店密切关注仓储的情况,及时补充货源,即使在货源紧缺的时候,八百伴也是维持通常的定价。八百伴百货商店的做法,成为热海市轰动一时的新闻。

放着可遇不可求的赚钱良机不大赚一把,还使仓储为此大忙了一通,八百伴的作为使同行纷纷采取了讥笑态度。和田一夫难道真是愚不可及吗? 还是让我们来看看事实吧!

一个星期以后,风暴过去。受灾害影响的公路及农户都恢复了正常的运转,蔬菜、水果、肉类的供应不再有问题了,热海市内的各家商店亦重新以平时的正常价格做起生意了。

但是,一个不寻常的现象发生了。物价上涨期间到八百伴百货商店采购商品的顾客,台风过后并没有回到他们以前常去的商店里采购物品,许多人继而成为八百伴百货商店的长期顾客。

面对难得的赚钱机会，八百伴百货商店的和田一夫偏偏反其道而行之，以长远而深邃的眼光来看待这一事件，将此突发事件作为提高自身市场占有率的绝佳机遇。因为和田一夫坚信消费者是能够一眼看穿那些世俗商人的嘴脸的，他们会知恩图报，会以实际行为来补偿吃亏者、报答吃亏者的。实际结果也证明了和田一夫的正确，当风平浪静之际，其他商店的老顾客们纷纷转到八百伴百货商店门下，他们每次都会给商店带来一些利润。日积月累，则是聚沙成塔、集腋成裘。我们在总结八百伴的此次成功经验时，还会发现仓储管理所起的积极作用，要不是仓储部门的努力工作，则成功的几率会大打折扣。

案例思考题：

1.从八百伴的经验可看到，做好仓储管理工作，除了做好仓库的设置与布局工作外，确定好物资的需求量也是很重要的工作。八百伴是怎样在特殊情况下开展这项工作的？

2.结合案例谈谈物资仓库的基本职能。

T 思考题

1.什么是仓储？怎样正确理解现代物流科学体系中的仓储？

2.在现代社会经济与物流过程中，仓储的地位怎样？有哪些功能？

3.怎样认识仓储的作用与任务？

4.什么是仓储管理？其目标是什么？

5.怎样理解仓储管理的必要性？

6.仓储管理的任务是什么？

E 综合练习题

进行企业仓储情况调查，取得资料，完成以下报告：

1.描述企业仓储管理概况

(1)企业仓储管理、仓储流程等方面的情况。

(2)企业仓储部门岗位设置情况。

(3)企业仓储技术设备。

2.企业仓库情况

(1)企业仓库分区情况(画出分区图)。

(2)货物编码的方法。

(3)仓储单证及其流转程序。

第六章　企业库存控制

学习要求

通过对本章内容的学习，掌握企业库存控制的相关概念、方法与降低企业库存的途径，学会企业仓库物料的入库控制、物料储存控制、物料出库控制和盘点方法。

能力目标

- ◆ 运用ABC分类法控制库存
- ◆ 运用经济订货批量法计算库存量
- ◆ 库存货物的管理

知识目标

- ◆ 掌握库存管理控制的基本知识及库存的控制方法
- ◆ 掌握库存物资的管理业务流程及管理要点

第一节　企业库存控制方法

一、企业库存控制的相关概念

(一)库存的概念

在《物流术语》国家标准中，库存是储存作为今后按预定的目的使用而处于闲置或非生产状态的物品。广义的库存还包括处于制造加工状态和运输状态的物品。而过去传统的库存仅仅是指物品在仓库中的暂时闲置状态。

广义的库存它具有整合需求和供给、维持各项活动顺畅进行的功能，并通过克服产品生产与消费在时间上的差异而创造时间效应。

(二)库存的效用

库存有其两面性。一方面，库存为企业带来了较高的库存成本；另一方面，库存能有效缓解供需矛盾，能保持生产顺畅，有时甚至有“投机功能”，即同一种商品在不同的时间销售，可以获得不同的经济效果，以为了避免商品价格上涨造成的损失或为了从商品价格上涨中获得利润而建立的投机库存。但是应该看到，在增加投机库存的同时，也占用了大量的资金和库存维持费用，所以要从经济核算角度评价其合理性。

从不同角度看库存的作用是不同的。

1.从企业角度看，库存为企业带来了较高的成本，但库存在企业生产经营中有重要的效用

(1)满足需求变化

随着产品生命周期的不断缩短以及市场竞争性产品的不断涌现，顾客需求难以预测，维持一定的库存有利于调节供需间的不平衡，并能避免或减少企业因无法准确、及时的预测顾客需求变化而造成缺货带来的损失。

(2)缩短订货提前期

当制造企业保持一定成品库存，顾客能很快采购所需物品，从而缩短了顾客的订货提前期，加快了社会生产进度。同时供应商的竞争力也得到提高，能争取更多的顾客。

(3)降低订货费用

采用批量采购，可以达到规模经济。但是值得注意，要在充分考虑多因素后确定一个最佳的订货量，才能达到规模经济的。

(4)保持生产过程的连续性

生产过程中持有一定的库存，可以防止生产中断。如果某道工序发生意外，而该工序的库存可以避免后面工序的不中断。同样在运输途中维持一定的库存，可以保证供应，使生产顺利进行。

(5)增强生产计划的柔性

库存有助于缓解具有不同生产速率的生产制造环节，协调生产资源在时间和空间上的衔接。

2.从供应链的角度看，库存是一种平衡机制

从单个企业的库存扩大到由供应商、制造商、批发商、零售商和用户组成的整个供应链范围来看库存的作用，发生了巨大的改变。过去企业之间是单纯的买卖交易关系，竞争大于合作，企业之间的信息交流匮乏，从而形成了大量不必要的库存。为了防止供应商不能按时交货，制造企业需要准备大量的“缓冲库存”，这样整个供应链上的库存成本大大增加，这些成本最后将反映到最终产品的价格上，造成客户满意度降低。而在整个供应链体系中，库存变成了一种平衡机制，各个节点企业需要利用它作为缓冲区，以满足连续需求，调整紧急需求，维持连续生产以及提高客户服务水平。目前，已经出现了很多关于企业库存和供应链库存优化的方法和技术，如供应商管理库存法、联合管理库存法等。

二、企业库存控制方法

企业内部各部门对于库存管理的要求并不完全一致，甚至会相互矛盾。对于一个企业而言，总体目标是使库存投资最少，对用户的服务水准最高，保证企业的低成本、高效益运营。具体目标表现在单位成本低、库存周转率高、产品质量稳定、供货持续不间断等等，但是上述目标并不一致，有的甚至相互抵触。因此，企业进行库存管理的首要问题就是根据现实条件和环境的各种限制很好的将这些目标协调起来。例如，在原材料方面，财务经理和采购经理的观点有可能有分歧。通常采购经理希望按大批量采购物品，以便获得数量折扣和节约运输费用，从而降低单位成本；而财务经理为了把有限的资金用于其他方面，倾向于小批量采购，这样造成了两个部门的目标冲突，形成了两个部门的效益背反。许多企业物流控制系统，由于部门之间的竞争和各自为政，从而遭到经济损失。因此企业必须从整个组织的利益出发来协调这些矛盾。

库存问题不能孤立的来处理，它与生产、采购、销售、财务、运输等问题有着千丝万缕的联系。库存管理是一个与企业内部各个部门均密切相关的任务，它应该服务于企业发展的总目标。

库存控制的目的是为了实现对企业整体运营进行有效的监控和管理，以维护顾客服务水平和库存投资的最佳平衡。要以较小的库存投资保持较高的顾客服务水平，就需要采取科学的库存控制方法。库存控制要解决两个问题：一是对需求进行预测，二是计算订货批量、订货点等。库存控制方法有多种，从单个企业角度看有 ABC 分类法、经济订货批量法，从供应链环境看有供应商管理库存、联合管理库存等等。

（一）ABC 分类法

不同的库存产品对企业提高销售额和利润率的贡献是不同的，它的管理方法也有侧重。为了最大限度提高服务水平，降低库存费用，企业在制定库存策略时首先需要对库存的产品进行分类。经济学家帕累托认为，在总体价值中占相当大比重的物品在数量上却只占很小的比例。产品在库存数量所占的比重和在库存价值中所占的比重之间不成比例的现象符合通常所说的“20/80”原则，即 20%数量的库存占全部库存价值的 80%，而其余 80%数量的库存仅占全部库存价值的 20%。ABC 分类法是按照控制对象占全部库存价值比例和占全部库存数量的比例进行不同分类，并采取不同的管理方法。

1. ABC 分类法的标准和方法

(1)ABC 分类法的基本原理：将库存物品按品种多少和占用资金的多少分为特别重要的库存(A 类)、一般重要库存(B 类)和不重要的库存(C 类)，然后针对不同等级分别进行管理与控制，其核心是抓重点、分主次。

(2)分类方法：依据库存物资所占总库存资金的比例和所占总库存物资品种数目的比例。大致如图 6-1 所示标准分类。

品种	分类	资金额
10%	A	70%
20%	B	20%
70%	C	10%

图 6-1　库存 A、B、C 三类物资品种、资金比值关系图

(3)具体步骤：

第一步：确定统计期间并收集数据，即确定要分析的统计期间，收集库存物资的品种数、单价、资金占用、年度需求等数据。

第二步：处理数据，即计算出库存物资品种数和各品种的年度库存总金额。

第三步：编制 ABC 分析表，即将库存品种按所占资金的大小按照顺序排列，分别计算库存金额计算百分比和品种累计百分比。

第四步：确定 ABC 分类，即按分类标准进行分类，确定 A、B、C 各类物资。

第五步：绘制 ABC 分析图，即根据已经计算出来的年库存金额百分比和品种百分比绘制 ABC 分析图。

第六步：实施 ABC 分类管理，即对 A、B、C 各类物资实施不同的管理策略。

(4)ABC 分类法举例

例：某企业全部库存商品共有 3424 种，按每一品种年度销售金额从大到小顺序，排成如表所列的七档，统计每档的品种数和销售金额如表 6-1，要求用 ABC 分类法确定分类。

货物品种数和销售额 表 6-1

货物代号	品种数	销售额(万元)
1	260	5 800
2	68	500
3	55	250
4	95	340
5	170	420
6	352	410
7	2 424	670
合计	3 424	8 390

解:库存物资 ABC 分类法可以分为数据收集、统计汇总、制作 ABC 分析表、确定 ABC 类别、绘制 ABC 分类管理图和确定管理方法等几个步骤。

第一步:数据收集,如表 6-1 所示。

第二步:统计汇总,如表 6-2 所示。

第三步:根据 ABC 分类标准,制定 ABC 分析表。如表 6-3 所示。

货物品种和资金序列表 表 6-2

货物代号	品种数	占全部品种的百分比(%)	品种累计	占全部品种的累计百分比(%)	销售额(万元)	占销售总额的百分比(%)	销售额累计(万元)	占销售总额的累计百分比(%)
1	260	7.59	260	7.59	5 800	69.13	5 800	69.13
2	68	1.99	328	9.58	500	5.96	6 300	75.09
3	55	1.61	383	11.19	250	2.98	6 550	78.07
4	95	2.77	478	13.96	340	4.05	6 890	82.12
5	170	4.96	648	18.93	420	5.01	7 310	87.13
6	352	10.28	1 000	29.21	410	4.89	7 720	92.01
7	2 424	70.79	3 424	100	670	7.99	8 390	100
合计	3 424	100			8 390			

ABC 分析表 表 6-3

分类	品种数	占全部品种的百分比(%)	销售额(万元)	占销售总额的百分比(%)
A	328	9.6	6300	75.1
B	672	19.6	1420	16.9
C	2421	70.8	670	8

2. ABC 分类法的应用策略

A 类货物的管理:

A 类货物品种少,但占用库存资金多,要重点管理。应采用下列策略:

(1)每件商品均作编号。

(2)尽可能正确的预测需求量。

(3)少采购,尽可能在不影响需求的前提下减少库存量。

(4)请求供货单位配合,努力做到货物量平稳化,降低需求波动,减少安全库存量。

(5)对货物进行定期检查,检查周期短。

(6)必须严格执行盘点,每天或每周一次,提高库存精度。

(7)对货物的交货期限加强控制,在制品及发货必须严格控制。

B类货物的管理:

(1)正常的控制,相对A类简单管理。

(2)B类货物中销售额比较高的品种要采用定期订货方式或定期定量混合方式。

(3)每2周或3周盘点1次。

C类货物的管理:

(1)C类货物品种多,但占库存资金少,采用简单管理策略。

(2)防止库存缺货,安全库存要多些。

(3)减少订货次数,降低订货费用。

(4)减少物资盘点次数,延长盘点周期。

(二)经济订货批量法(EOQ)

早在20世纪初期Harris就建立了经济订货公式(Economic Order Quantity, EOQ)。20世纪50年代后,经过不断的发展和完善,已经变形成为较完善的库存控制体系,并在实际中得到了广泛的应用。EOQ通过费用分析求得在库存总费用最小时的订购批量,用以解决独立需求物品的库存控制问题。

1. EOQ方法的原理

EOQ库存控制模型中的库存总成本是由购买成本、订购成本、储存成本和缺货成本四部分组成。

(1)购买成本是购买所需的原材料或半成品所需要的费用,包括单位购入价格或单位生产成本。购买成本不同程度的随着订货批量和规模发生变化。

(2)订购成本是指每进行一次订货时所发生的费用,主要包括差旅费、通信费用、手续费用等。订购成本与每次订货量的多少没有关系,在年需求一定的情况下,订货次数越多,则每次订货量越少,而全年订货成本越大,分摊每次订购费用就越多。

(3)储存成本指保管存储物资而发生的费用,包括存储设施的成本、保险费用、折旧费用、税金以及货物变质损坏费用等。显然这些费用会随着库存量的增加而增加。

(4)缺货成本指由于缺货不能为顾客服务所发生的费用,或由于紧急订货而支付的特别费用,或由于失去对顾客的销售没有得到预定的利益等难以把握的因素,而造成的损失。如果增加库存可以减少缺货,但是库存储存成本会大大增加。

EOQ的控制原理就在于控制订货量,使年度总成本最小。那么,库存总成本可以表示为：

库存总成本＝购买成本＋订购成本＋储存成本＋缺货成本

这里我们先假设不许缺货情况，则库存总成本可以用下述公式表示：

库存总成本＝购买成本＋订购成本＋储存成本

$$TC=RP+RC/Q+QH/2 \tag{6-1}$$

式中：TC——每年总库存成本；

R——库存物品的年需求量(件/年)；

P——单件物品的采购成本(元/件)；

C——单位订购成本(元/次)；

Q——每次订货批量(件)；

H——每单位物品每年的储存成本(元/件·年)。

年购买成本是由年需求量乘单位购买成本来确定，年订购成本是由年订购次数(R/Q)乘每次订货的订购成本得到，年储存成本为平均库存量($Q/2$)与年单位储存成本(H)的乘积。为了获得最低成本的经济订购批量，对公式(6-1)两边关于 Q 一阶求导，并令其为零，得到 EOQ 公式：

$$Q^{*}=\sqrt{\frac{2CR}{H}} \tag{6-2}$$

2. EOQ 方法的应用策略

典型的 EOQ 模型需要严格的假设才能直接应用到实际中，其中模型假设如下：

(1)已知需求量，且对产品的任何需求都能及时满足，不存在缺货的情况。

(2)需求速率不变，库存量随时间均匀连续下降。

(3)订货成本、单位储存成本以及订货提前期保持不变，库存补充的过程可以在瞬间完成。

(4)与订货数量和时间保持独立的产品价格不变(即购买数量或运输价格不存在折扣问题)。

(5)多种存货项目之间不存在交互作用。

(6)没有在途物资等。

由于实际应用中会发生很多特使情况，企业应该根据具体情况来修正 EOQ 模型。

(三)供应商管理库存(VMI，Vendor Managed Inventory)

供应商管理库存是指供应商在用户的许可下管理用户的库存，由供应商决定每种产品的库存水平和维持这些库存水平的策略。

供应商管理库存改变了传统的库存管理理念和运营模式，充分体现了供应链的集成化管理思想。供应商与客户企业交换信息，实现信息共享和密切合作，不仅可以降低整条供应链上的库存水平和成本，还能更好的改变客户满意度，加速资金和物资周转。

1. VMI 策略的实施

VMI 实施过程中遵循合作性原则，目标一致性原则，互惠互利原则和持续改进原则。在严格遵循以上原则的基础上，完善以下的实施步骤，才能真正发挥作用。

VMI 实施步骤如下：

(1)建立客户情报信息系统

要有效管理销售库存，供应商必须能够获得顾客的相关信息，通过建立顾客信息库，供应商能够掌握需求变化的有关情况，从而把由批发商或分销商进行的需求预测与分析功能集成到供应商的系统中来。

(2)建立销售网络管理系统

要有效的管理库存，供应商必须建立完善的销售网络系统，以及时获得自己产品的需求信息和保证整条供应链的物流畅通。

(3)建立供应商与分销商或批发商的合作框架协议

供应商和销售商或批发商一起通过协商，确定处理订单的业务流程，控制库存的有关参数(如订货点或订货量或最低库存水平等等)以及库存信息的传递方式等。

(4)进行组织机构变革

引入 VMI 策略后，供应商的组织模式发生改变，在订货部门产生了一个新的职能，即负责客户库存的控制、库存补给和服务水平等。

2. VMI 策略的问题

从某种意义上，供应商管理库存是企业实现库存成本和风险转移的一条重要途径。企业通过契约的形式将本应该自己承担的成本和风险转移给供应商，在实施 VMI 策略的时候不可避免地会出现一些问题，值得注意。

(1)信任问题

合作需要相互之间的信任，否则就会失败。客户企业不要干预供应商对货物的监控，同时供应商也要多做工作，使客户企业相信不仅能管好自己的库存，也能管好客户的库存。

(2)技术问题

只有采用先进的信息技术，才能保证数据传递及时和准确，但是这些技术价格一般都很昂贵。

(3)存货所有权问题

以前在零售商收到货物时货物所有权也随之转移了，现在实施 VMI 策略后，双方之间的关系为寄售关系，供应商拥有库存直到货物被售出。同时由于供应商管理责任增大，成本增加，双方要对诸项条款进行洽谈。

(4)资金支付问题

过去零售商在收到货物 1～3 个月以后才支付货款，现在不得不在货物售出就要支付货款。付款期限缩短了，零售商要适应这种变化。

(四)联合库存管理(JMI,Joint Managed Inventory)

联合库存管理是指供应商与客户同时参与,共同制定库存计划,利益共享、共担风险的供应链库存管理策略。

联合库存管理是一种基于协调中心的库存管理方法。该方法集中体现通过加强供应链管理模式下的库存控制来提高供应链的系统性和集成性,增强企业的敏捷度和客户响应能力。

1.JMI 策略的实施

联合库存管理强调双方同时参与,共同制定库存控制计划,使供应链上每个库存管理者都能从相互之间的协调性考虑,使供应链相邻的两个节点之间的库存管理者对需求的预测水平保持一致,从而消除需求变异放大的现象。

联合库存管理的实施步骤如下:

(1)建立供需协调管理机制

供需双方从合作精神出发,建立供需协调管理机制,明确各自的目标和责任,建立合作沟通的渠道,为供应链的联合库存管理提供有效的机制。

(2)建立快速响应系统

20 世纪 80 年代发展起来的一种供应链管理策略,其目的在于减少供应链中从原材料到顾客过程的时间和库存,最大限度的提高供应链的运作效率。

(3)充分利用成熟的管理技术

随着管理科学技术的发展,已经出现了一系列的管理技术和方法,如扫描技术、条形码技术、EDI 技术等。

(4)发挥第三方物流的作用

面向协调中心的第三方物流系统使供需双方都取消了各自的库存,增加供应链的敏捷性和协调性,且能改善客户服务水平和供应链的运作效率,从而提高了供应链的竞争力。

2.JMI 策略的问题

联合库存管理系统把供应链系统管理进一步集成为上游和下游两个协调管理中心,从而部分消除了由于供应链环节之间的不确定性和需求信息扭曲现象导致的供应链的库存波动。通过协调管理中心,供需双方共享需求信息,提高了供应链的运作稳定性作用。这里的关键环节是供应商和分销商的协调管理机制,如图 6-2 所示。

供应商和分销商要建立供需协调管理机制,要从以下几个方面着手:

(1)建立共同的合作目标。要理解供需双方在市场目标中的共同点和冲突点,通过协商达到共同的目标,如用户满意度、利润的共同增长和风险的减少等。

(2)建立联合库存的协调控制方法。联合库存管理中心担负着协调供需双方利益的角色,起到协调控制器的作用,要对库存优化的方法进行明确确定。主要内容包括如何在多个需求商之间调节与分配,库存的最大量和最低库存水平、安全库存的确

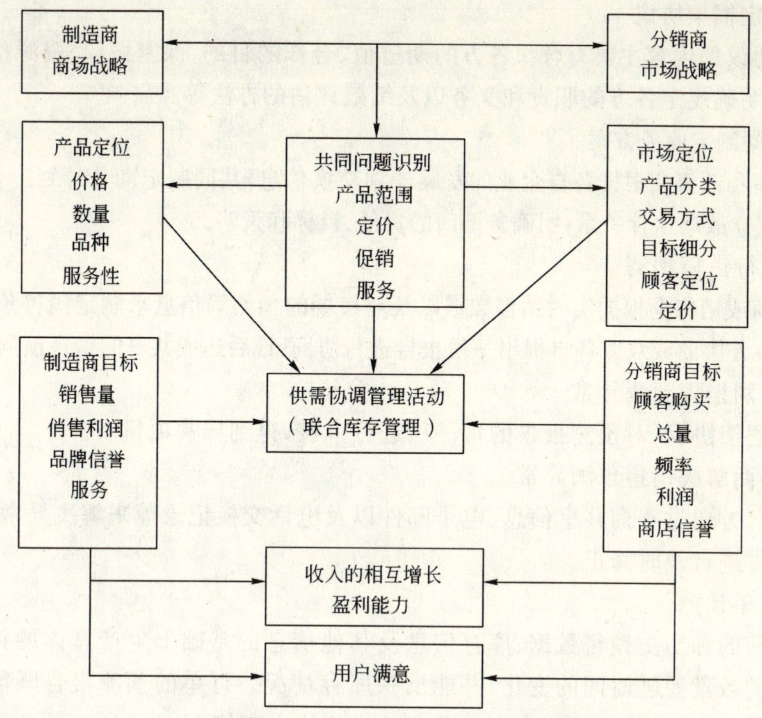

图 6-2　供应商与分销商的协调管理机制

定，需求的预测等。

(3)建立信息沟通渠道或系统。为了提高整个供应链的需求信息的一致性和稳定性，减少由于多重预测导致的需求信息扭曲，应增加供应链各方需求信息在供应链中的畅通和准确性。

(4)建立利益的分配、激励机制，要有效运行基于协调中心的库存管理，必须建立一种公平的利益分配制度，并对参与协调库存管理中心的各个企业进行有效的激励，加强协作性和协调性。

(五)协同式供应链库存管理(CPFR，Collaborative Planning Forecasting & Replenishment)

协同式供应链库存管理是一种协同式的供应链库存管理技术。它能在降低销售商库存的同时，增加供应商的销售量。它能及时准确预测由某些不确定因素带来的销售高峰和波动，从而使供应链上供需双方都能做好充分的准备，实现共盈。

CPFR 提供了覆盖整个供应链的合作过程，通过共享信息和共同管理业务流程，来改善供应商和零售商的合作伙伴关系，提高预测的准确度，以达到降低库存、提高供应链效率和提高客户满意度的目的。

1. CPFR 策略的实施

CPFR 策略的实施步骤：

(1)制定框架协议

框架协议的内容主要有合作各方的期望值、合作的目的、保密协议、资源使用的授权等,协议明确规定各方的职责和义务以及绩效评估的方法等。

(2)协同制定商务方案

制造商和销售商根据各自企业的发展计划交换信息,共同制定商务计划。合作双方必须首先建立战略伙伴关系,明确各部门的责任、目标和策略。

(3)进行销售预测

制造商或销售商根据实时销售数据以及对市场的预测等信息来制定销售预测报告,然后和另一方协商或双方各自提出一份报告进行协商,最后达成共享的销售预测报告。

(4)鉴别销售预测异常

根据框架协议,对预测报告的每一项进行审核,得到异常项目表。

(5)协商解决销售预测异常

合作双方通过查询共享信息、电子邮件以及电话交换记录等来解决异常项目,并对预测报告进行及时修正。

(6)订单预测

在当前的和历史销售数据、库存信息及其他信息的基础上生产具体的订单预测报告订单的数量要随时间的变化,并能反映库存情况。订单的预测报告既能使制造商及时安排生产,又能让销售商对制造商的供货能力有信心。

(7)鉴别订单预测异常

确定哪些项目的预测超出了框架协议规定的预测异常。

(8)协商解决订单预测异常

解决方法与第五步基本相同。

(9)生产计划生成

将预测的订单转化为具体的生产指令,对库存进行补给,指令可由制造商制定,也可以由分销商制定,这取决于他们的能力、资源情况等。

2. CPFR 策略的特点

(1)它是面向客户需求的合作框架

在 **CPFR** 体系中,合作框架及运行规则都是以客户需求和整个价值链的增值能力为基础。**CPFR** 设计了多种运营方案供合作企业选择,一个企业可以选择多种方案,并且各方案都确定了核心企业来承担产品的主要生产任务。

(2)集成供应链管理

在 **CPFR** 中各个节点企业根据销售预测报告制定各自的生产计划,从而集成供应链管理。因为销售商与最终消费者直接接触,能够较准确的预测消费者需求,销售商和制造商共享信息,改善了市场预测能力。

(3)CPFR 能消除供应过程中的约束

实施CPFR有助于解决制造企业生产缺乏柔性的问题，有助于解决贯穿产品制造、运输以及分销过程中企业间资源优化调度的问题，有助于优化供应链库存和改善客户服务，最终为供应链各节点企业带来丰厚的利润。

三、降低库存的有效途径

库存合理化是以最经济的方法和手段从事库存活动，并发挥其作用的一种库存状态及其运行趋势。具体来说，包括以下内容：

(一)库存软硬件配置合理化

库存硬件指各种用于库存作用的基础设备。库存软件指用于存储和处理库存中各种数据的管理信息系统。实践证明，物流基础设施和设备数量不足，其技术水平落后，或者设备过剩、闲置，都会影响库存功能作用的有效发挥。如果设施和设备不足，或技术落后，不但库存作业效率低下，而且也不可能对库存物资进行有效的维护和保养；如果设施和设备重复配置，以至于库存能力严重过剩，也会增加被储物资的成本而影响库存的整体效益。库存软件也有类似的特点，因此库存的软硬件的配置均以能够有效的实现库存职能，满足生产和消费需要为基准，做到适当合理的配置。

(二)组织管理科学化

库存组织管理科学化有以下表现：

(1)货物数量保持在合理的限度之内，既不能少，也不能过多。

(2)货物储存的时间较短，货物周转速度较快。

(3)货物储存结构合理，能充分满足生产和消费的需要。

(4)库存结构符合生产力的发展需要。

在社会化大生产条件下，为了发展规模经济和提高生产、流通的经济效益，库存适当集中应是实库存合理化的一个重要标志。事实证明，以集中化的库存来调节生产和流通，在一定时期内，库存货物的总量会远远低于同时期分散库存的货物总量。同时，由于库存比较集中，存储货物的种类和品种更加齐全，在这样的结构下，库存的保证供给能力会更大。

四、半产品库存控制

在多数的生产制造企业中，随着管理水平的不断提高，物流管理人员对产成品和原材料库存的控制有了足够的认识。受企业的组织结构以及部门职能范围的制约，物流管理人员很少能有机会接触到半产品或在制品的库存控制，多数情况下是由生产制造部门来决定半成品库存的多少，然而生产制造部门又以完成生产任务和降低制造成本为首要任务，因此对半成品库存的控制没有足够的重视。

(一)半成品库存的产生

1.前后生产工序的速度的差异导致半成品库存

例如，工序A　速度50件/小时

工序B　速度70件/小时

由于后道工序B的速度大于前道工序A的速度，要想连续生产或要求工序B不得停产，则必须要求在工序B开始前有足够的工序A产生的半成品，这就要求生产预先对工序A制定计划。

2.生产工序或设备的生产批量导致的半成品库存

工序A由于生产批量的要求，更主要的是从生产制造成本出发，其单位时间半成品的产出速度有时会大于下一道工序单位时间所消耗的速度，如在生产过程中不停止工序A的生产，势必产生工序B之后半成品的积压。

3.原料或半成品在生产制造过程中移动所需的批量导致半成品库存

由于生产线的布局、原料或半成品的搬运以及它们的包装的限制、原料或半成品在生产制造过程中的移动是按批量进行的。因此会使得在一些工作地，由于对原料或半成品的消耗速度相对比较慢，造成了原料或半成品在这些地方的积压。

4.对产品质量的要求而产生的待处理半成品库存

对于质量的控制，不仅仅体现在产成品或原材料的质量检测上，同时也贯穿于整个生产制造过程。而各个生产环节的半成品如果没有通过质量的检测又不能及时处理，也会造成生产线上半成品的积压。

(二)半成品库存的控制

理解半成品库存产生的原因，就可以对其加以控制，控制手段主要体现在以下几个方面。

1.日常工作中的控制

(1)掌握半成品库存的准确信息。

通过定期的库存报告进行分析，找出产生半成品库存的主要存在地方和产生的原因。

(2)在生产制造过程中，要贯彻按要求进行收发料以及半成品。

对各个生产工序或工段的生产人员，要按订单生产或按库存生产进行收发料的习惯。在收发料的过程中，应按看板系统或按以物料需求计划为基础的领料系统。

(3)对于未达到质量标准的半成品，应及时清理。

2.计划中的控制

计划中的控制主要是在生产计划的层面为生产操作人员制定规则。在不改变生产工艺、生产工序或设备速度的情况下，一般应遵循按瓶颈生产的原则。这要求计划人员、生产管理人员、工程维护人员事先确定各个工序或设备的正常生产速度，并针对所生产的不同产品找出影响整个生产过程的瓶颈工序或瓶颈设备。对于瓶颈，有两种计划方法：

(1)整个生产线按瓶颈工序或设备的速度制定生产计划。这样可以最大限度的减少由于速度差异而产生的生产线上的半成品的积压，但是有可能延长了整个产品的生产周期。

(2)在瓶颈的地方,预先设置半成品库存,使得订单产品的生产过程能够按照较快的速度生产,但是也带来了较多的半成品库存。

第二节 物料入库业务控制

一、物料入库业务控制

入库业务控制是指管理人员根据商品入库凭证接收商品入库储存时,进行卸货、搬运、清点数量、检查质量、办理入库手续等一系列操作的总和。整个入库业务操作过程中,其主要任务是:

第一,根据商品入库凭证,清点商品数量。

第二,对入库商品进行接收检查。

第三,按照规定程序办理各种入库手续和凭证。

(一)入库准备工作

做好商品入库前的准备工作,可以保证商品准确、迅速、安全入库,可以防止由于突然到货而造成忙乱,以至于拖延入库时间。所以商品入库前的准备工作主要有两个方面的内容:编制仓库的商品入库计划和入库前的准备工作。

1.编制仓库商品入库计划

商品入库计划是根据商品供应业务部门提供的商品采购进货计划来编制的,有各类商品的进库时间,品种,规格,数量等的计划。仓储部门可以根据供应计划部门提交的采购进度计划,结合仓库本身的存储能力、设备条件、劳动力情况和各种仓库业务操作过程所需用的时间,来确定仓库的入库业务计划,但考虑到商品供应部门的商品存储计划,进货安排会经常发生变化。为了适用这种情况,仓储管理上可以采取长计划短安排的方法,按月编制作业计划。

2.入库前的具体准备工作

商品入库前的准备工作是指仓储保管部门接收商品入库的具体实施方案,这种具体方案是根据仓储业务计划并通过日常与供应业务部门、商品运输部门的联系,在掌握入库商品的品种、数量、到货地点、到货日期等具体情况的基础上确定的。具体的主要内容如下:

(1)组织人力。按照商品到达时间、地点、数量等,预先做好到货接运、装卸搬运、检验、堆码等人力的组织安排。

(2)准备物力。根据入库商品的种类、包装、数量等情况及接运方式,确定搬运、检验、计量等方法,配备好所用车辆、检验器材度量器和装卸、搬运、堆码苫垫的工具,以及必要的防护用品用具。

(3)安排仓位。按入库商品的品种、性能、数量、存放时间等,结合商品的堆码要求，维修、核算占用仓位的面积，以及进行必要的清场、打扫、准备好验收的场地等。

(4)备足苫垫用品。根据入库商品的性能、储存要求、数量多少以及保管场所的具体条件等，确定入库商品的堆码形式和苫盖、下垫形式，准备好苫垫物料，做到商品的堆放与苫垫工作同时间内一次性完成，以确保商品的安全和避免以后的重复工作。

(二)商品接运

商品接运人员要熟悉各交通运输部门及有关供货单位的制度和要求，根据不同的接运方式，处理接运中的各种问题。

1.专用线接运

专用线接运是铁路部门将转运的商品直接运送到仓库内部专用线的一种接运方式。仓库接到车站到货通知后，就确定卸车货位，力求缩短场内搬运距离，准备好卸车所需的人力和机具，车皮到达后，要引导对位。

2.车站、码头提货

凭提货单到车站、码头提货时，应根据运单和有关资料认真核对商品的品名、规格、数量、收货单位等。货到仓库后，接运人员应及时将运单连同提取回的商品向保管人员当面清点，然后由双方办理交接手续。

3.仓库自行接货

仓库接受货主委托直接到供货单位提货时，应根据提货通知，了解所提货的性能、规格、数量，准备好提货所需的机械、人员、工具，配备保管员在供方当场检验质量、清点数量，并做好验收记录，接货与验收合并一次完成。

4.库内接货

存货单位或供货单位将商品直接运送到仓库存储时，应由保管员或验收人员直接与送货人员办交接手续，当面验收并做好记录。若有差错，应填写记录，由送货人员签字证明，据此向有关部门提出索赔。

5.接运记录

在完成商品接运工作的同时，每个步骤应有详细的记录，并详细列明接运商品到达、接运、交接等各环节的情况。接运工作全部完成后，所有的接运资料，如接运记录、运单、运输记录、货运记录、损耗报告单、交接证以及索赔单和文件、提货通知单及其他有关资料等均应分类输入电脑系统以备复查。

(三)入库验收

验收是按照验收业务作业流程，核对凭证等规定的程序和手续，对入库商品进行数量和质量检验的经济技术活动的总称。凡商品进入仓库存储，必须经过检查验收，只有验收后的商品，方可入库保管。

1.验收工作要求

商品验收工作是一项技术要求高、组织严密的工作，关系到整个仓储业务能否顺利进行，所以，必须做到及时、准确、严格和经济。

(1)及时

到库商品必须在规定的期限内完成验收。只有及时验收,尽快提出检验报告,才能保证商品尽快入库,满足用料单位需要,加快商品和资金周转。同时,商品的托收承付和索赔都有一定的期限,如果验收时发现商品不合规定要求,要提出退货、换货或赔偿等要求,均应在规定的期限内提出,否则供方或责任方不再承担责任。

(2)准确

验收的各项数据或检验报告必须准确无误。验收的目的是弄清商品的数量和质量方面的实际情况,验收不准确就失去意义,而且不准确的验收还会给人假相,造成错误的判断,引起保管工作的混乱,严重者还可以危机营运安全。

(3)严格

仓库有关各方都要严肃认真的对待商品验收工作。验收工作的好坏直接关系到国家和企业利益,也关系到以后各项仓储业务的顺利开展。因此,仓库领导应高度重视验收工作,直接参与人员更要以高度负责的精神来对待这项工作。

(4)经济

多数情况下,商品验收不但需要检验设备和验收人员,而且需要装卸搬运机具和设备以及相应工种工人的配合。这就要求各工种紧密协作,合理组织调配人员与设备,以节省作业费用。此外,验收工作中,尽可能保护原包装、减少或避免破坏性试验,也是提高作业经济性的有效手段。

2.验收作业流程及其内容

商品验收包括验收准备、核对证件和检验实物三个作业环节。

(1)验收准备

仓库接到到货通知后,应根据商品的性质和批量提前做好验收前的准备工作。验收准备大致包括以下内容:

①人员准备。安排好负责质量验收的技术人员或用料单位的专业技术人员、配合数量验收的装卸搬运人员。

②资料准备。收集并熟悉待验商品的有关文件,如技术标准、订货合同等。

③器具准备。准备好验收用的检验工具,如衡器、量具,并校验准确。

④货位准备。确定验收入库时存放的货位,计算和准备堆码所需的苫垫材料。

⑤设备准备。大批量商品的数量验收,必须要有装卸搬运机械的配合,应做好设备的调用。

(2)核对凭证

入库商品必须具备下列凭证:

①入库通知单和订货合同副本,这是仓库接受商品的凭证。

②供货单位提供的材质证明书,装箱单,磅码单,发货明细表。

③商品承运单位提供的运单。若商品在入库前发现残损情况,还要有承运部门

提供的货运记录或普通记录，作为向责任方交涉的依据。

核对凭证就是将上述凭证加以整理，全面核对。入库通知单、订货合同要与供货单位提供的所有凭证逐一核对，相符后才进行下一步实物检验。

(3)实物检验

实物检验是根据入库单和有关技术资料对实物进行数量和质量检验。

①数量检验

数量检验是保证物资数量的重要步骤，一般在质量验收之前，由仓库保管职能机构组织进行。按商品性质和包装情况，数量检验分为三种形式，即计件、检斤和检尺求积。

计件是指对于按件数供货或以件数为计量单位的商品，进行数量验收时清点件数。一般情况下，计件商品应全部逐一清点。国内货物只检查外包装，不拆包检查，进口商品按合同或惯例办理。

检斤是指对于按重量供货或以重量为计量单位的商品，进行数量验收时称重。例如金属材料和某些化工产品是检斤验收。按理论换算重量供应的商品，先要通过检尺，然后按规定的换算方法换算成重量验收。对于进口商品，原则上应全部检斤，但如果合同规定按理论换算重量交货，则按合同规定办理。所有检斤的商品，都应填写磅码单。

检尺求积是指对以体积为计量单位的商品，例如木材、竹材、砂石等，先检尺，后求体积。

在作数量验收之前，还应根据商品来源、包装好坏和有关部门规定，确定对到库商品是采取抽检还是全检。在一般情况下，数量检验应全检。如果商品管理机构有统一规定，则可按规定办理。

②质量检验

质量检验包括外观检验、尺寸检验、机械物理性能检验和化学成分检验四种形式。仓库一般只作外观检验和尺寸精度检验，后两种检验如果必要，则由仓库技术机构取样，委托专门检验机构检验。

◆ 商品外观检验。在仓库中，质量验收主要是指商品外观检验，由仓库保管机构组织进行。外观检验是指通过人的感觉器官，检验商品的包装外形或装饰有无缺陷，检查商品包装的牢固程度，检查商品有无损伤，如变形、破碎等，检查商品是否被雨、雪、油等污染，有无潮湿、生虫等。外观有缺陷的商品，有时可能影响其质量，所以要单独存放，防止混杂，等待处理。凡经过外观检验的商品，都应该填写"检验记录单"。

◆ 商品的尺寸检验。需要进行尺寸精度检验的商品，主要是金属材料中的型材、部分机电产品和少数建筑材料。不同型材的尺寸检验各有特点，如椭圆材主要检验直径和圆度；管材主要检验壁厚和内径；板材主要检验厚度及其均匀度等。对部分机电产品的检验，一般请用料单位派员进行。尺寸精度检验是一项技术性强，很费时间的工作，全部检验的工作量大，并且有些产品质量的特征只有通过破坏性的检验才能测到，所以一般采用抽验的方式进行。

◆ 理化检验。理化检验是对商品在质量和物理化学性质所进行的检验。对商品内在质量的检验，要求一定的技术知识和检验手段，目前仓库多不具备这些条件，所以一般由专门的技术检验部门进行。

以上质量检验是商品交货时或入库前的验收。在某些特殊情况下，还有完工时期的验收和制造时期的验收，就是在供货单位完工时和正在制造过程中，由需方派员到供货单位检验。应当指出，即使在供货单位检验过的商品，或者因为运输条件不良，或者因为质量不稳定，也可能在进库时发生质量问题，所以交货时入库前的检验在任何情况下都是必要的。

(四)入库交接

入库货物经过点数、查验后可以安排卸货、入库堆码、标志为仓库接受货物。在卸货、搬运、堆垛作业完毕后，与送货人办理交接手续，并建立仓库台账。即入库交接包括交接手续，登账，立卡和建档四个方面。

1. 交接手续

交接手续指仓库对收到的货物向送货人进行确认，表示已接受货物，办理完交接手续，意味着划清运输、送货部门和仓库的责任。完整的交接手续包括：

(1)接受货物：仓库通过理货、查验货物，将不良货物剔除、退回或者编制残损单证等明确责任，确定收到货物的确切数量、货物表面状态良好。

(2)接受文件：接受送货人送交的货物资料、运输的货运记录、普通记录等，以及随货在运输单证上注明的相应文件，如图纸、准运证等。

(3)签署单证：仓库与送货人或承运人共同在送货人交来的送货单、交接清单上，各方签署后留存相应单证。提供相应的入库、查询、理货、残损单证、事故报告由送货人或承运人签署。

到 接 货 交 接 单 表 6-4

收货人	发站	发货人	品名	标记	单位	件数	重量	车号	运单号	货位	合同号
备注											

送货人： 接收人： 经办人：

2. 登账

货物入库，仓库应建立详细反映货物仓储的明细账，登记货物入库、出库、结存等详细情况，用以记录库存货物动态和入出库过程。登账的主要内容有：货物名称、规格、数量、件数、累计数或结存数、存货人或提货人、批数、金额、注明货位号或运输工具、接发经办人。

3. 立卡

货物入库或上架后，将货物名称、规格、数量或出入状态等内容填在料卡上，称为立卡。料卡插放在货架上货物下方的货架支架上或摆放在货垛正面明显位置。

4.建档

仓库应对所接受仓储的货物建立存货档案,以便货物管理和保持客户联系,也为将来可能发生的争议保留凭据。同时有助于总结和积累仓库保管经验,研究仓储管理规律。

存货档案应一货一档设置,将该货物入库,保管,交付的相应单证、报表,记录、作业安排、资料等的原件或附件、复制件存档。存货档案的内容:

(1)货物的各种技术资料,合格证,装箱单,质量标准,送货单,发货清单等。

(2)货物运输单据,普通记录,货运记录,残损记录、装载图等。

(3)入库通知单,验收记录,磅码单,技术检验报告等。

(4)保管期间的检查,保养工作,通风除湿,翻仓,事故等直接操作记录。

(5)出库凭证,交接签单,送出货单,检查报告。

(6)其他有关该货物仓储保管的特别文件和报告记录。

二、仓库验收、物料交接差错的控制

商品验收中,可能会发现证件不齐、数量短缺、质量不符合要求等问题,应区别不同情况,及时处理。

(1)凡验收中发现问题等待处理的商品,应该单独存放,妥善保管,防止混杂、丢失和损坏。

(2)数量短缺在规定磅差范围内的,可按原数入账。凡超过规定磅差范围的,应查对核实,做成验收记录和磅码单交主管部门会同货主向供货单位交涉。凡实际数量多于原发料量的,可由主管部门向供货单位退回多发数,或补发货款。在商品入库验收过程中发生的数量不符,可能是因为发货方面在发货过程中出现差错,误发了商品,或是在运输过程中丢失了商品等。在商品验收过程中,如果对数量不进行严格的检验,就会给仓库造成经济损失。

(3)凡质量不符合规定时,应及时向供货单位办理退货、换货交涉,或征得供货单位同意代为修理,或在不影响使用前提下降价处理。商品规格不符或错发时,应先将规格对的予以入库,规格不对的做成验收记录交给主管部门办理换货。

(4)证件未到或不齐时,应及时向供货单位索取,到库商品应作为待检验商品堆放在待验区,待证件到齐后再进行验收。证件未到之前,不能验收,不能入库,更不能发料。

(5)凡属承运部门造成得商品数量短少或外观包装严重残损等,应凭接运提货时索取的"货运记录"向承运部门索赔。

(6)凡价格不符,供方多收部分应予以拒付,少收部分经过检查核对后,应主动联系,及时更正。

(7)凡"入库通知单"或其他证件已到,在规定得时间未见商品到库时,应及时向主管部门反映,以便查询处理。

第三节　物料储存控制

一、物料储存环境与质量变化的因素及其控制措施

库存物料发生变化的原因有多种，必须有全面的了解物料的储存环境，方能掌握库存物料质量发生变化的规律，科学的进行物料保管工作。

（一）储存环境和质量变化的因素

1. 商品质量变化的内在因素

商品在储存期间发生各种变化，起决定作用的是商品本身的内在因素，如化学成分、结构形态、物理化学性质、机械及其工艺性质等。

（1）化学成分。不同的化学成分及其不同的含量，既影响商品的基本性质，又影响商品抵抗外界自然因素侵蚀的能力。

（2）结构形态。商品的形态主要分为固态、液态和气态，不同的结构形态会产生不同形式和不同程度的变化。

（3）理化性质。物理性质主要是指挥发性、吸湿性、水溶性、导热性等；化学性质指化学稳定性、燃烧性、爆炸性、腐蚀性等。这些都是商品发生变化的决定性因素。

（4）机械及其工艺性质。商品的机械性质指强度、硬度、韧性、脆性、弹性等；商品的工艺性质指加工程度和加工精度等。不同的加工程度和加工精度的产品在同等条件下，其变化的程度是不同的。

2. 商品质量变化的外在因素

影响库存商品变化的外界因素很多，最主要的是自然因素。值得注意有时也有社会因素造成的，这里主要介绍自然因素。

（1）温度。温度过高、过低或急剧变化，都会对商品产生不良影响，促使其发生各种变化。如易燃品、自然品，温度过高容易引起燃烧；含有水分的物质，在低温下容易结冻失效；精密仪器仪表在温度急剧变化情况下准确性会受到影响。

（2）湿度。过分潮湿或干燥，都会促使商品发生变化，如金属受潮后锈蚀，水泥受潮后结块硬化；木材及其制品，在过于干燥的环境中易开裂变形。

（3）日光。日光是太阳辐射的电磁波，按其波长，可以分紫外线、可见光和红外线。紫外线能量最强，对商品的影响最大，可使高分子材料老化、油脂酸败、着色物质褪色等。可见光与红外线能量较弱，被物质吸收后变为热能，加速商品发生物理化学变化。

（4）大气。空气中的氧、二氧化碳、二氧化硫等，对商品都会产生不良影响；大气中的水气会使湿度增大；大气中的固体杂质、特别是其中的烟尘危害也很大。

（5）生物和微生物。生物主要指仓库害虫、老鼠、鸟类等，其中以虫蚀鼠咬危害最大。微生物主要是霉菌、细菌等，霉菌会使很多有机物质发霉。

3. 库存商品的损耗

库存商品的损耗有两种基本类型,即有形损耗和无形损耗。

(1)有形损耗又称物质损耗,可以分两种情况:一是由于使用而产生的损耗;二是由于不使用而产生的损耗。其中不使用损耗又分为两种情况,即异常损耗和自然损耗。异常损耗指由于非正常原因,如对商品保管不善、装卸搬运不当、管理制度不严等造成的变质、破损、丢失、燃烧等有形损耗。自然损耗指商品在储存过程中,由于受自然因素的影响,本身发生物理或化学变化所造成的不可避免的自然减量。其中主要表现为干燥、风化、挥发等。

(2)无形损耗主要是机电产品,由于更新换代比较块,新的产品出现后,库存同种原产品就会贬值甚至报废而造成的。又如电子器件,由于电子管发展到晶体管,又进一步发展到集成电路,由原来体积大、耗电多、价格高的产品发展到体积小、性能好、耗电少、价钱便宜的新产品,从而使老产品在库贬值,形成无形损耗。库存商品的无形损耗造成的损失是巨大的,必须给以足够的重视。从某种意义上,减少库存商品的无形损耗比减少其有形损耗更为重要。

(二)储存环境和质量变化的控制措施

1. 掌握商品的性能,适当安排储存场所

为了确保其质量不变,应根据商品的性能,选择适当的储存地点,同时要注意避免与同库储存的商品在性质上相互抵触,避免串味、沾染等。

2. 严格入库验收

商品在入库之前,通过运输、搬运、装卸、堆垛等,可能受到雨淋、水湿或操作不慎以及运输中受震动、撞击致使货物或包装受到损坏,通过入库验收及时发现,以分清责任。因此,对入库货物除了核对数量、规格外,还应该按比例检查其外观有无变形、变色、生霉、生锈、老化、风化、挥发等异状,有条件还应该进行必要的质量检验。

3. 合理堆垛苫垫

入库商品应该根据其性质、包装条件、安全要求采用适当的堆垛方式,达到安全牢固,便于堆垛、节约仓库的目的。为了方便检查、通风、防火和库房建筑安全,应适当留出垛距、墙距、柱距、顶距以及一定宽度的主通道和支通道。为了防止商品受潮和防汛需要,货垛垛底应适当垫高,对怕潮商品垛底还需要加垫隔潮层。露天货垛必须苫盖严密,达到风吹不开、雨淋不湿的要求。垛底地面应该稍高,货垛四周应无杂草,并有排水沟以防积水。

4. 加强仓库温湿度管理

各类商品在储存过程中发生的质量变化,多数是由于受到空气湿度和温度的影响。因此,不同的商品在储存过程中都要求有一个适宜的温湿度范围,这样就需要掌握自然气候的变化规律,并通过采取各种措施,使库房内的湿度和温度得到控制与调节,创造适宜的货物储存的温度和湿度条件,以保护商品的质量不变。

5. 坚持在库检查

商品在储存期间受到各种因素的影响，在质量上可能发生变化，如未能及时发现，就可能造成损失，因此需要根据其性质、储存条件、储存时间以及季节气候变化分别确定检查周期、检查比例、检查内容，分别按期检查或进行巡回检查。

6. 开展科学实验研究

对入库储存的商品及时检验质量，开展对货物质量变化规律的研究和采取控制措施的科学实验。通过实验的可靠数据，证实控制措施的可靠性以指导实践。

二、仓库利用率与存货周转率

(一)仓库利用率

仓库利用率＝库房有效面积/库房的使用面积

库房的面积分为建筑面积，使用面积和有效面积。库房建筑面积指整个库房所占平面的面积；库房的使用面积指库房的建筑面积扣除外墙、隔墙、库内立柱所占的面积；库房的有效面积是储存物资所占的面积。

根据资料统计，一般库房的仓库利用率以70％～80％为宜，高于这个比率不利于进出作业，低于这个比率则浪费仓库。

(二)存货周转率

库存周转率是指在一定的期间内，制品或商品经过若干次周转的比率。

库存周转率受库存额和消费额双方的影响，有的出货减少而库存增加，这被视为库存周转率的急剧恶化。库存周转率还可以用来制定库存预算。比如说第二个月的销售预算一旦确定，可以用周转率去除，来求第二个月的库存预算，简单用下述公式表示：

第二个月的制品库存预算＝第二个月的销售预算/库存的标准周转率

库存周转率对企业的库存管理来说具有非常重要的意义。要想其能真正的发挥作用，就要掌握库存周转率的计算方法。

1. 库存周转率

库存周转率＝使用数量/库存数量

注："使用数量"不等于"出库数量"，因为往往出库较多而真正使用数量却不一定达到出库数量。换句话说，就是出库时包括一部分备用材料量。

假定库存数量是1000个单位，月使用数量是5000个单位时，依照前述算式可求得周转率为：库存周转率＝5000/1000＝5，库存量在一个月内就周转5次。

2. 库存周转期间

有时也可用周转期间来代替周转率。周转率所表示的是一定期间(如年、月、周等)的库存周转比率；周转期间则是假定一年为期间单位时，在这期间单位中库存周转一次所需要的时间。计算公式如下：

周转期间(以月数表示)＝12/年间周转率

假定商品周转率是一年之间四周转或八周转，其“周转期间”的计算分别如下：

12/4=3,12/8=1.5

周转期间也可以用“天”表示。周转期间的计算公式为：周转期间=365/年间周转率

假定某库存品一年期间的周转率为10周转，则其周转期间为：12/10=1.2,365/10=36.5事实上我们无法具体计算每种库存品的周转率，通常只能将商品分类，然后分别计算不同种类库存品的周转率。因此，库存量及提货量等不以数量而是用金额来表示。一般制造业所使用的数字多为成本，而销售业的商品库存则以销售价格为基础。例如，认为周转率是产品的年销售额与同期库存平均投资额的比率，用公式如下表示：周转率=某库存成本下的年销售额/平均库存投资。以经验数据看，制造商、批发商和零售商的库存周转率一般是7.65。

第四节　出库业务控制

商品出库是仓库作业的最后一个环节，它使仓库工作与运输部门和商品使用单位直接发生联系。做好出库工作必须遵循“先进先出”的原则，对保管期限的商品要在期限内发放完毕，对可以回收利用的商品在保证质量的前提下，按照先旧后新的原则发放，对零星用料做到“分斤破两”，对专用材料要做到保证重点，照顾一般。

一、出库业务的基本要求

商品出库业务是仓库根据业务部门或存货单位开出的商品出库凭证（提货单/调拨单），按其所列商品编号、名称、规格、型号、数量等项目，组织商品出库一系列工作的总称。

商品出库必须依据货主开的“商品调拨通知单”进行，尽管各个企业的格式不一定相同，但都必须是符合财务制度要求的有法律效力的凭证。

（一）商品出库要求

商品出库要求做到“三不、三核、五检查”。“三不”即未接单据不翻账，未经审单不备货，未经复核不出库；“三核”即在发货时要核实凭证、核对账卡、核对实物；“五检查”即对单据和实物要进行品名检查，规格检查，包装检查，件数检查，重量检查。商品出库要求严格执行各项规章制度，提高服务质量，为用户提货创造各种方便条件、杜绝差错事故。

（二）商品出库的形式

送货制指由仓库根据货主单位预先送来的“商品调拨通知单”，通过发货作业，把应发商品交由运输部门送达收货单位。仓库实行送货，要划清交接责任。仓储部门与运输部门的交接手续，是仓库现场办理完毕的；运输部门与收货单位的手续，是根据货主单位与收货单位签订的协议，在收货单位指定的到货目的地办理。

1. 自提

由收货人或其他代理持“商品调拨通知单”直接到库提取，仓库凭单发货，这种发货形式是提货制。由于具有“提单到库、随到随发、自提自运”的特点，仓库发货人与提货人应在仓库现场，对出库商品当面交接清楚并办理签收手续。

2. 过户

即一种就地划拨的形式，商品未出库，但是所有权已经从原来存货户转移到新存货户。仓库必须根据原存货单位开出的正式过户凭证，才予办理过户手续。

3. 取样

即货主单位出于对商品质量检验、样品陈列等要求，到仓库提取货样（一般要开箱拆包、分割）。仓库必须根据正式取样凭证才予发给样品，并做好账务记载。

4. 转仓

即货主单位为了业务方便或改变存储条件，需要将某批库存商品自甲仓库转移到乙仓库，这种形式就是转仓。仓库必须根据货主单位开出的正式转仓单，才予办理转仓手续。

二、商品出库作业的程序

不同仓库在商品出库的操作程序上会有所不同，操作人员的分工也有粗细，但就整个发货作业过程，都是随着商品在库内的流向或出库单的流转而构成各工种的衔接。出库程序包括核单备料、复核、包装、点交、登账、清理等过程。

（一）核单备料

保管人员接到出库凭证后，仔细核对。首先要审核出库凭证的合法性和真实性，其次核对商品品名、型号、规格、单价、数量、收货单位、到站、银行账号，再次要审核出库凭证的有效期。如属于自提商品，还必须检查有无财务部门批准发货的签章。

在对“商品调拨通知单”所列项目进行核查后，才能开始备料工作。备料时应注意遵循的原则：先进先出、易霉易坏先出、接近失效期先出，根据领料数量下备料或整堆发料。备料的计量实行“以收代发”，即利用入库检验时清点的数据，不在重新过磅。备料后要及时变动料卡余额数量，填写实发数量和日期等。

1. 复核

出库的复核形式主要有专职复核、交叉复核和环环复核三种形式。复核的主要内容包括：品种数量是否正确，商品质量是否完好，配套是否齐全，技术证书是否齐备，外观质量和包装是否完好等，复核后保管人员和复核人员应在“商品调拨通知单”上签名。

2. 包装

出库的货物如果没有符合的运输方式所要求的包装，应根据商品外形特点，选用适宜的包装材料进行包装，以便装卸和搬运。在包装过程中严禁互相影响或性能互相抵融的商品混合包装。包装后要写明收货单位、到站地点、发货号、本批总件数等。

3. 点交

商品经复核后，如果是本单位内部领料，则将商品和单据当面点交给提货人，办清交接手续；如属于送料或将商品调出本单位办理托运，则与送料人或运输部门办理交接手续，当面将商品交点清楚。交清后，提货人员应在出库凭证上签章。

4. 登账

点交后，保管人员应在出库单上填写实发数、发货日期等内容并签名。然后将出库单连同有关证件资料及时交货主，以便货主办理贷款结算。保管人员要保留存在的一联出库凭证交实物明细账登记人员登记做账。

(二)现场和档案的清理

现场管理包括清理库存商品、库房、场地、设备和工具等。档案清理是指对收发、保养、盈亏数量和垛位安排等情况进行分析。

在整个出库业务程序过程中，复核和点交是两个最为关键的环节。复核是防止差错的重要和必不可少的措施，而点交是划清仓库和提货方两者责任的必要手段。

三、出库的差错控制

商品出库中发生的问题处理以及相应的处理方法。

(一)提货单上的问题

(1)凡超过提货期限用户前来提货，必须办理手续，按规定缴足逾期仓储保管费后方可发货。提货时用户若发现规格开错，保管员不得自行调换规格发货，必须通过制票员重新开票方可发货。

(2)凡发现出库凭证有疑点，应及时与仓库保卫部门以及出具出库单的单位或部门联系，妥善处理。

(3)商品进库未验收，或者其货无进库和出库凭证，一般暂缓发货，并通知货主待货到并验收后再发货，提货期顺延。

(4)如客户因各种原因将出库凭证遗失，客户应及时与仓库发货员和账务人员联系挂失。如果挂失时货物已经被提走，保管人员不承担责任，但要协助货主单位找回商品；如果货还没有提走，经保管人员和账务人员查实后，做好挂失登记，将原凭证作废，缓期发货。

(二)提货数与实存数不符

提货数与商品实存数量不符的情况，一般情况是实存数小于提货数，造成这种问题的原因有以下几种：

(1)商品入库时，由于验收问题，增大了实收商品的签收数量，造成了账面数量大于实存数量。

(2)仓库保管人员和发货人员在以前的发货过程中，错发、串发等差错而形成了实际商品库存数量小于账面数量。

(3)货主单位没有及时核减开出的提货数,造成库存数量大于实际存储数量,从而开出的提货单提货数量过大。

(4)仓储过程中造成的货物的损坏。一旦遇到以上原因造成的提货数量大于实际库存数量时,无论何种原因都需要和仓库主管部门以及货主单位及时联系后处理。如属于入库时错账,则可以采用报出报入的方法进行调整,即先按照库存账面数开具商品出库单销账,然后再按照实际情况库存数重新入库登账,并在入库单上签明情况;如果属于仓库保管人员串发错发而引起的问题,应由仓库方面负责解决数与提单数的差数;如属于货主单位漏记账而多开出库数,应由货主单位出具新的提货单,重新组织提货和发货;如果是仓储过程中的损耗,需考虑该损耗数量是否合理的范围内,并与货主单位协商解决,合理范围内的损耗,应由货主单位承担,而超出合理范围之外的损耗,则由仓储部门负责赔偿。

(5)串发货和错发货。串发货和错发货指发货人员对商品品种规格不熟悉情况下,或由于工作中的疏漏,把错误规格、数量的商品发出库的情况。当发生此类情况时的处理方法根据具体情况进行处理。如果商品尚未离库,应立即组织人力,重新发货;如果商品已经提出仓库,保管人员要根据实际库存情况,如实向本库主管部门和货主单位讲明串发和错发货的品名、规格、数量、提货单位等等情况,会同货主单位和运输单位共同协商解决。一般在无经济损失的情况下由货主单位重新按实际发货数冲单解决,如果形成直接的经济损失,应按赔偿损失单据冲转调整保管账。

(6)包装破漏。包装破漏是指在发货过程中,因商品外包破散、砂眼等现象引起的商品渗漏、裸露等问题。这些问题主要是在储存过程中堆垛挤压,发货装卸操作不慎等原因造成的,发货时都应经过整理或更换包装,方可出库,否则造成的损失应由仓储部门承担。

(7)漏记和错记账。漏记账是指在商品出库作业中,由于没有及时核销商品明细账而造成账面数量大于或小于实存数量的现象。错记账是指在商品出库后核销明细账时没有按照实际发货出库的商品名称、数量等登记,从而造成账实不符合的情况。无论是漏记账还是错记账,一经发现,除及时向有关领导如实汇报情况外,同时还应该根据原出库凭证查明原因调整保管账,使之与实际库存保持一致。如果由于漏记和错记账给货主单位、运输单位和仓储部门造成了损失,应予赔偿,同时应追究相关人员的责任。

四、货物发送

仓储中的发货方式一般有托运、提货、取样、移库、过户等,无论何种发货方式均应该按照准确、及时和安全的要求完成。要按照要求完成发货任务,要掌握发货的准备工作以及发货的程序。

(一)发货准备

(1)原件货物的包装整理。货物经多次装卸、堆码、翻仓和拆检,会使部分包装受损,不适宜运输要求,因此仓库必须视情况进行加固包装和整理工作。

(2)零星货物的组装、分装。有些货物需要拆零后出库,仓库应为此事先做好准备,备足零散货物,以免因临时拆零而延误发货时间。有些货物则需要进行拼箱,为此应做好挑选、分类、整理和配套等准备工作。

(3)包装材料、工具、用品的准备。对从事装、拼箱或改装业务的仓库,在发货前应根据性质和运输部门的要求,准备各种包装材料及相应的衬垫物,并准备好钉箱、打包工具。

(4)待运货物的仓容及装卸机具的安排调配。对于待出库的商品,应留出必要的卸货场地,并准备必要的装卸搬运设备,以便运输人员的提货发运。

(5)发货作业的合理组织。发货作业是一项涉及人员较多、处理时间较繁、工作量较大的工作,进行合理的人员组织是完成发货的必要保证。

(二)发货程序

(1)验单:审核货物出库凭证,应注意审核货物提货单或调配单内容,特别注意是否有涂改的痕迹。

(2)登账:对于审核无误的出库货物,仓库会计即可根据提货单所列项目进行登记,核销存储量,并在发货凭证上标注发货货物存放的货区、库房、货位编号以及发货后的结存数量。同时转开货物出库单,连同货主开制的商品提货单一并交仓库保管员查对配货。

(3)配货:保管员对出库凭证进行复核,在确认无误后,按所列项目和标注进行配货。配货时应按"先进先出"、"易坏先出"、"已坏先出"的原则。

(4)包装:在货物出库时往往需要对货物进行拼装、加固或换装等工作,均涉及到货物的包装。对货物包装的要求是:封顶紧密,捆扎牢固,衬垫适当,标志正确。

(5)待运:包装完毕后,经复核员复核后,需出库的货物均需集中到理货场所,与理货员办理交接手续,理货员复核后,在出库单上签字或盖章,然后填制货物运单,并通知运输部门提货运输。

(6)复核:复核货物出库凭证的抬头、印鉴、日期是否符合要求,经复核不符合要求的货物应停止发货。对货物储存的结余数进行复核,查看是否与保管账目、货物保管卡上的结余数相符。对于不符合的情况应及时查明原因。

(7)交付:仓库发货人员在备齐商品并经复核无误后,必须当面与提货人或运输人逐件点交,明确责任,办理交接手续。在货物装车时,发货人员应在现场进行监装,直到货物装运出库。发货结束后,应在出库凭证的发货联上加盖"发讫"印戳,并留据存查。

(8)销账:上述发货作业完成后,需核销保管账、卡上的存量,以保证账、卡、货一致。

(三)发货复核

在货物运出大门时还有几种发货复核方式：

1. 托运复核

仓库保管员根据发货凭证负责配货，由于理货员或其他保管员对货单逐行逐项核对，经复核正确后理货员或保管员应在出库凭证上签字盖章。

2. 提货复核

仓库保管员根据货主填制的提货单和仓库转开的货物出库单所列货物名称、规格、等级等进行配货，由复核员逐项进行复核。复核正确，则由复核员签字后，保管员将货物当场交提货人。未经复核或复核不符的商品不准出库。

3. 取样复核

货物保管员按货主填制的正式样品出库单和仓库转开的货物出库单出货，核实无误，经复核员复核、签字后将货物样品当面交提货人，并办理各种交接、出库手续。

五、退料管理

退料缴库是指由制造现场将多余的物料或不良料退回物料仓储部门缴库的作业过程。制造现场进行物料退回缴库的对象包括以下几项：

(1)规格不符的物料。

(2)不良的物料。

(3)报废物料。

(4)待加工的半成品。

(5)超发的物料。

(6)呆料。

(一)退料的处理方式

1. 余料缴库

制造部门将其领用而剩余的物料再退回到仓储单位，余料退回时，退料单位应该填写退料报告单，连同所退物料，到仓储单位办理退料。

2. 坏料缴库

坏料是指损坏而不能使用的物料，任何企业都不可避免。坏料退回时需要开具坏料报告单，连同坏料一并缴回仓储单位。

3. 废料缴库

废料是工厂在制造过程中，遗留下来的碎残物料，本身仍有残余价值存在。制造部门应于一定期间内将其搜集，开废料报告单，与废料一并缴回仓储单位。

(二)退料缴存的内容

退料缴库内容包括：物料的编号、来源、品名、规格、单位、数量等。其业务流程是经过制造部门、仓储部门、品控部门、会计部门。具体内容如下：

(1)制造部门不良的物料经汇总后，填写退料缴库单一式四份，经制造部门主管核章后，连同不良品送往仓储部门办理退料缴库工作。

(2)仓储部门。仓储部门人员收到退料缴库单与不良品时，先核对无误后核章，第一联由制造部门存查，二至四联退料缴库单连同不良品，由仓储部门送往品控部门进料检验单位，再委请进料单位检验。

(3)品控部门。品控部门检验后将不良品区分为报废品、不良品和良品三类，并在退料缴库单上标明，经检验员与品控主管核章后，通知仓储部门领取，仓储部门的管理人员核对无误，核章后送请主管核章，第二联仓储部门存查，第三联送品控部门，第四联送会计部门。

仓储部门的管理人员根据退料缴库单第二联，不良品送不良品库，并登入不良品账，准备与厂商交换，良品放入料架并登账。

第五节　库存盘点与呆废料处理

一、库存盘点

商品盘点是指对于库存商品的数量和质量机械检查。商品盘点之所以必要，是因为在实际工作中各种原因出现账实不符的情况，通过商品盘点，可以及时发现并修正错误。

盘点的主要内容和检查项目有：

(1)检查商品的账面数量与实存数量是否相符。

(2)检查商品的收发情况，以及有无按先进先出的原则发放商品。

(3)检查商品的堆放及维护情况。

(4)检查各种商品有无超储积压、损坏变质。

(5)检查对不合格品及呆废商品的处理情况。

(6)检查安全设施及安全情况。

仓库商品盘点的主要范围有：

(1)存货盘点：对原材料、辅助材料、燃料、在制品、半成品和产成品的清查核点。

(2)财产盘点：对生产性财产和非生产性财产的清查核点。

(一)盘点的方法

对商品的盘点一般采用实地盘点法。盘点时注意：

(1)商品保管人员必须在场，协助盘点人员盘点。

(2)按盘点计划有步骤的进行，防止重复盘点或漏盘。

(3)一般采用点数、过秤、量尺、技术推算等方法来确定盘点数量。

(二)盘点的程序

1.盘点前的准备

盘点前的准备工作主要包括确定盘点时间,盘点范围,盘点方式,盘点人员,盘点表单。

对于盘点时的商品进出有具体要求:

(1)需盘点的商品应分类堆放整齐,并设置盘点单。

(2)盘点时应办理完盘点之前的收发业务。

(3)盘点期间所来商品应单独存放,并于盘点后入库。

(4)盘点前车间应领取完盘点期间所需商品。

2.初盘

在正是盘点之前,仓管人员应先进行盘点并填写盘点单和盘点表,以便正式盘点工作的顺利进行。

3.复盘

按规定时间和人员对需盘点商品进行盘点。主要是根据盘点表核对盘点单核实物,并检查商品的堆放情况及其他情况。

4.盘点报告

(1)根据盘点数量和实存数量编制盘点报告。

(2)确定盘盈盘亏量。

(3)追查盘盈盘亏的原因。

5.盘点结果处理

(1)查明差异,分析原因。

(2)认真总结,加强管理。

(3)上报批准,调整差异。

(三)盘点差异原因分析

盘点时的账目错误有登记账上错误,数量计算错误,漏账登记以及对于大小物料的数量统计,在作业时发生笔误。

1.储存作业错误

(1)接收及拨发物料时点交错误。

(2)接收时未照规定开箱检验,事后才发现原装箱的数量超出或减少。

(3)储存的过程中原挂签损坏或遗失、导致物料名称及料号等资料无法鉴定,很可能与其他相接近物料混淆。

(4)编号错误。

2.物料本身情况变化

(1)原装箱物料在拨发时,发现情况改变。

(2)保管不良,遇到物料恶化、遗失或意外损坏。

(3)接收物料时,检验人员对于物料的规范鉴别错误。

(4)急于满足需要,物料类别变更,装配或拆为零件。

3.盘点方法不正确,存在重盘、漏盘和误盘等

(四)盘点差异的处理

凡发现差误,应提出分析意见,并实时追查,一般是先向保管人员查问,因这些人员熟悉实情,易发现不符原因,可予适当解释,立即加以纠正。若保管人员无法解释不符原因或说明正当理由,即列为疏忽,如发现显著不符,应审查存量卡,核对各有关记录、账表,并对各种不符项目加以确定追究。现将盘点结果的处理方法列述如下:

1.差异

指存料超过最高存量,或不及最低存量,应予记录并会同各有关部门检讨改进。

2.错误

凡发现错误,应于盘点时当场予以纠正。

3.变质

应详查变质原因、存储时效,必要时应会同检验部门复验,凡损坏者应在发现时立即处理,以防损害扩大,如不能利用者,即拨交呆废料处理。

4.盘盈或盘亏

审查确定后,即转入盘存整理准备账户抵消,并更正各有关材料账卡。

5.耗损

可能发生损耗,参考以往记录与经验,予以核定后调整出账。

二、呆废料管理

物料管理的目标是适时、适质、适地的供应企业各部门所需适量的物料,在满足需求的过程中,由于生产计划变更、技术的进步等因素而产生呆废料。呆废料会造成企业资金成本的积压及仓储空间的浪费。因此,在物料管理上,应防止呆废料的产生,同时对已经产生的呆废料应妥善处理,以实现物尽其用的目标。

(一)呆废料的含义

(1)呆料:库存时间过长而又使用极少或有可能根本不用的物料。

(2)废料:因某些原因而丧失使用价值,同时也无法改作他用的物料。

(3)残料:在加工过程中所产生的已无法再利用的边角或零头。

(二)呆废料的管理程序

1.呆废料信息建立与确认

信息包括公司所定的呆废料政策类别的材料、成品、半成品等收发记录与统计报表,盘存记录等。

2.呆废料处理计划

由信息所区分确认呆废料之后,即由各资料单位详细列出各呆废料的名称、规格、数量和金额，再提报给处理小组或专人进行分析及研拟对策并列出处理计划表。

3. 呆废料处理执行

处理计划表拟好之后，交由处理单位执行，由各有关单位配合执行。

4. 呆废料管制

管制负责人为处理小组或专人，但管理阶层应定期实施追查考核，以确定执行成效。

(三)呆废料的处理方法

物料仓库应将所存的呆废料随时或定期执行处理，视呆废料种类及呆废料程度决定处理方法。

(1)退厂退库：各部门所产生的呆废料均应退缴物料仓库集中处理。

(2)整理：依据种类及性质分别存放整理。

(3)整修：自行加工修复，恢复其使用价值。

(4)留存：预估将来还有使用机会，而此项物料无法再取得，并存储成本不高，物料非腐蚀性，则可以留存。

(5)调拨：原存置的单位不适用，但企业的其他分支机构有此类物料的需求，则可用调拨方式加以处理。

(6)组装维修：将许多呆废料组装维修，使其成为耐用的物料。

(7)拆零利用：将报废的产品，还属完整的零件拆下应用，当然该零件应具备再利用价值。

(8)赠予：赠予合作的教育机构做训练教学用。

(9)交换：退回原制造厂以交换耐用的材料或与其他机构交换。

(10)出售：以较低价格出售，标售呆废料。

(11)销毁：无任何价值的，予以销毁掩埋。

(四)呆废料的控制

1. 呆废料形成原因

(1)因滞销而引起生产变更，致使物料积压。

(2)因设计变更造成呆废料的发生。

(3)因验收疏忽或经检验合格的物料中仍含有少量的不合格品。

(4)因保管不当或保存过久而变质。

(5)加工后所剩的边角料等。

(6)因请购和采购不当而造成呆废料。

(7)用料预算大于实际使用。

(8)代客加工余料。

2. 呆废料的防止

(1)加强市场调查，制定恰当的销售计划，避免因滞销而使物料积压。

(2)加强物资的请购、采购作业，避免误请误购的发生，减少呆废料。

(3)加强验收功能,避免不合格物料混入。

(4)变更产品设计时,应尽量将原有物料用完,不要轻易中途改用新物料。

(5)实施物料品种、规格简单化,功能多元化,以减少呆废料物资的发生。

(6)依物资的种类,改用不同的库量控制法,防止物资变质。

(7)加强各子、母公司以及各部门之间的沟通,减少呆废料物资的发生。

(8)加强设计部门的成本观念,力求设计完整,先经试验后再批量生产,减少呆废料的发生。

(9)加强生产现场和物资搬运管理,减少呆废料的发生。

(10)加强物资储运管理,防止物资损坏变质。

S 本章小结

控制和保持库存是每个企业所面临的问题。由于库存的成本在总成本中占有相当大的比重,因此,库存的管理与控制是企业物流领域所面临的一个关键问题,对于企业物流整体功能的发挥起着非常重要的作用。

传统的库存管理任务涉及这样两个基本问题:订货多少和何时订货。通过简单的计算,管理者可以很容易地做出决策。但是在今天的企业环境中,库存管理的任务变得越来越复杂,涉及库存管理的方法也越来越多,库存决策也变得更加复杂。在实践中,管理者需要根据企业的具体情况来选择合适的库存管理方法以提高企业物流系统的效率,无论企业选择什么样的库存管理方法,总成本最小化是库存管理的关键。

本章介绍了库存的含义、功能,要求对库存以及库存管理有基本的认识;重点介绍了库存控制的原理和方法,要求掌握 ABC 分类管理法、EOQ 法以及在供应链环境下的先进库存控制的原理以及具体应用的方法。介绍了仓库保管各环节的主要作业内容和基本要求,通过本章的学习,熟悉仓储业务、具备从事仓库实际管理的能力。

C 案例分析

光明乳业与联华的 VMI

2003 年,中国市场的乳业大战已趋白热化,原独霸一方的光明乳业,更多的感受到了来自竞争对手的压力。作为一个生活在城市边缘的乳制品企业,光明乳业虽然拥有远东最大的牧场和世界一流水平的挤奶及恒温冷藏系统以及先进的乳品加工工艺、技术和设备,但不可能像“来自大草原的牛奶”——蒙牛和伊利那样,依靠大草原提供长保质期的优质奶制品,只能以城市周边的牧场为奶源,生产新鲜奶。这样,光明乳业必须以最短的时间,把从奶牛身上挤出的奶,经过一系列加工处理后，将9大类的液态奶、鲜奶等190多个品种安全、高质、快捷、保鲜地送到零售商或者消费者手里。为此，光明乳业只能以质量、新鲜度作为竞争手段，以速度和效率制胜。恰在此时，与联华合作进行的一次调查，引发了这个乳业巨头的一场物流革命。

此次调查主要目的集中在物流配送的效果上，光明乳业与主要客户——联华合作，针对其30家门店保鲜牛奶产品新鲜程度、库存积压率和按时到货率的情况进行了调研。调研结果，除产品的按时到货率基本满意外，光明乳业的产品在缺货、新鲜度以及自身库存积压率方面都不太理想。

对此，光明乳业认为有以下三个原因：一是由于保鲜产品配送的特殊性，光明乳业每日与联华的订单数量达几千张，双方的工作量都比较大，造成订单的采集成本比较高。二是订单下达完全依靠业务员的经验或者感觉来判断，会有一些误差；并且不能将这种个人的经验转化为公司的财富；另外，人员的流动造成公司短期内的业务情况异常，销量有一定的流失。三是光明乳业让业务员通过手持设备(PDA)进行订单输入，这种数据交换的方式具有很高的时效性和销售准确率，但每天只能导入一次订单，不能实现二次配送，难以满足零售商的需求。

于是，一些新的供应链管理模式被提上日程。对于被认为是经销商或零售商实现负现金流强势工具的供应商管理库存(VMI)，光明乳业并没有简单排斥，深入分析之后，发现它是增加销售量、提高服务水平、降低成本、保持竞争力和加强与客户联系的有效手段。因此，完善这种VMI模式，形成自身有效的客户反应系统，便成了光明乳业寻找突破的光明大道。在这种情况下，2003年光明乳业决定与联华联手开展VMI项目，以提高订单精度和效率，实现无间断供货最终实现电子化订单、网上对账及支付。

为了很好的完成项目，光明乳业与联华商量之后，制定了VMI项目的目标。通过实施VMI，光明乳业希望能够根据客户分销中心(DC)或零售终端(POS)的销售情况进行有效的客户需求预测，达到减少库存不足以提高客户服务水平和库存周转率，减少库存水平(客户和供应商)，以便减少供应链成本的目的，进而优化物流配送，加强与零售商之间的战略合作伙伴关系，提高供应链管理水平和客户忠诚度。同时，光明乳业希望能根据客户实际销售情况，变“推动供应”为“拉动供应”，提高订单的效率和精度，减少采集成本。

对于经销商或零售商来说，实施VMI的阻力在于说服供应商，对于供应商来说，主要困难在于关键问题的解决。根据光明乳业设计的系统构架，由联华的各家超市将每日库存和销售数据信息以及送货单信息传递到联华总部，然后经由联华总部传递到光明乳业的后台——VMI系统中。这些信息经过VMI系统处理后，会给出一个产品的预测信息，然后把信息给联华发送过去。之后，联华根据这个信息制定订单并返回到光明乳业公司，最终，光明乳业 ERP 的后台会产生一个物流的配送单，实现不间断地送货。

然而，这个看似简单的系统，实施起来难度却非常大，其中订单的预测是 VMI 系统的关键因素，也是光明乳业面临的最大难题。为了保证订单的准确性，光明乳业绞尽脑汁，摸索出一套行之有效的预测思路。

首先，光明乳业通过对联华的一些历史数据进行初步分析，比如进行回归曲线的分析等。对一些主要因素进行考虑，如节假日、温度、天气、促销等不确定的因素，系统管理人员将这些因素转化成参数，由业务员提供个人经验值，完成 VMI 预测系统的销售影响因素的初始系数设定。接下来，对历史数据以及各种信息，比如 VMI 门店信息、天气、促销、团购、库存预警、发货策略等进行整理。最后，通过光明乳业 VMI 这个多元化的信息反馈系统，确保任何影响销售的因素及时被记录并交由系统做进一步处理。主要分四个方面：一是对各种信息如门店信息、天气信息、团购信息等进行基础性维护；二是通过光明的 OMO 系统完成促销计划的提前导入，以计划的准确性及信息转换的便捷性，完善促销信息；三是采集产品的缺货率、新鲜度、即时库存、精品促销活动等更多的信息，并立即运用起来；四是与联华形成互动联系，二次要货计划由网上 VMI 系统实现，而一些突发信息比如停电、修路等可以通过光明 VMI 热线来实现，形成门店主动反馈。这样，光明乳业就能较为准确地对预测进行判断和调整，提高预测的精度。

光明乳业参与 VMI 的积极和耐心取得了回报，统计数据显示，其 VMI 的实施卓有成效。根据首批运行 VMI 管理的 43 家门店的情况进行调查，结果发现，2003 年 8～10 月份与 2002 年同期销售额增长率，实施 VMI 的门店比非 VMI 门店高出 7%～10%；在按时到货率方面，每天 6 时 30 分前到货率由原来的 94.9%提高到 96%；产品缺货率由项目开始实施时到近期检验结果的比较，牛奶由 27.8%降低到 22.6%，光明酸奶由 29.8%降低到 19.5%，达能酸奶由 38.7%降低到 23.1%；产品新鲜度方面由项目开始时到近期，牛奶从 42.1%降低到 52.1%，光明酸奶从 63.6%降低到 66%，达能酸奶从 73.8%降低到 79.8%。尽管这些实施成果还没有达到光明乳业设定的目标，但已表明其在实施 VMI 系统方面取得了一定的成功。

同时，光明乳业 VMI 实施的成功也带动了公司业务量的增长和竞争力的提升。2003 年，光明乳业实现主营业务收入 59.81 亿元，比上年增长 19%；实现净利润 2.82 亿元，同比增长 25%。

根据以上情况回答下列问题：

1. 解释供应商管理库存(VMI)的基本运行方式。

2. 结合光明乳业的实践，分析说明实施 VMI 的基础和条件。

T 思考题

1. 说明库存的含义与作用。
2. 简述库存 **ABC** 分类管理法的核心思想、分类标准以及管理原则。
3. 对 VMI、JMI、CPFR 三种方法的进行对比分析。
4. 货物入库需要进行哪些准备工作?
5. 货物入库检验有哪些内容?

E 综合练习题

试就下列现象进行分析,提出解决的措施。

现象 1:一个产品分解为各种原辅材料,每种材料的批量和采购提前期都不相同,为了降低成本而又不影响生产,每种材料究竟应该在仓库里保存多少?这一直是企业非常关心的问题。有许多企业因为库存的物料不配套,由于工艺调整便造成库存物料的大量浪费。

现象 2:在有些制药、食品、化工企业,大量的物料批账已经混乱不堪,没有进行先进先出的发料管理,有些物料已经过期、变质,还作为企业的存货存在账上。谁也不知道每批物料的去向,出现了质量问题以后,没有办法去追溯。

现象 3:仓库保管员辛辛苦苦编制的库存报表,被领导一把扔在那里,没有起到相应的作用。

现象 4:每个月的月底,财务都会跑来和仓库保管员对账,对来对去却总是对不上,而财务部门对于仓库保管员送来的一摞材料单也是头疼不已。

第七章 企业生产物流运营管理

学习要求

通过学习本章，首先掌握生产物流的含义及其特征、类型；其次掌握不同生产模式下的生产物流管理方法；最后重点掌握几种适合于不同类型企业生产物流计划的制定方法。

能力目标

- ◆ 生产周期计算能力
- ◆ 生产物流的平衡控制能力
- ◆ 生产物流的管理能力

知识目标

- ◆ 生产物流的定位与组织
- ◆ 不同生产模式下生产物流的管理
- ◆ 基于ERP、JIT和TOC模式下生产物流的运营方式管理

第一节 企业生产物流基本原理

一、企业生产物流的定位

(一)生产物流的概念

在《物流术语》的国家标准中，生产物流(Production Logistics)是指生产过程中，原材料、在制品、半成品、产成品等在企业内部的实体流动。

1. 从生产工艺角度分析

生产物流是指企业在生产工艺中的物流活动，这种活动是与整个生产工艺过程

相伴生的，实际上已经构成了生产工艺过程的一部分。由于企业生产物流是生产工艺的一个组成部分，物流过程和生产工艺过程几乎是密不可分的，它们之间的关系有许多种：有的是在物流过程中实现生产工艺所要求的加工和制造；有的是在加工制造过程中同时完成物流；有的是通过物流对不同的加工制造环节进行链接。其过程为：原材料、燃料、外构件等物料从企业仓库或企业的"门口"开始，进入到生产线的开始端，再进一步随生产加工过程并借助一定的运输装置，一个一个环节的"流"，在"流"的过程中，本身被加工，同时产生一些废料余料，直到生产加工终结，再"流"至制成品仓库。

2. 从物流的范围分析

企业生产系统中物流的边界起于原材料、外构件的投入，终止于成品库。它贯穿生产全过程，横跨整个企业，其流经的方位是全厂性的、全过程的。物料投入生产后即形成物流，并随着时间进程不断改变自己的实物形态（如加工、装备、储存、搬运、等待状态）和场所位置（各车间、工段、工作地、仓库）。

3. 从物流属性分析

企业生产物流是指生产所需物料在空间和时间上的运动过程，是生产系统的动态表现。即物料（原材料、辅助材料、零配件、在制品、成品）经历生产系统各个生产阶段或工序的全部运动过程就是生产物流。

（二）生产物流的类型

企业生产的产品产量越大，产品的品种数则越少，生产的专业化程度也越高，而物流过程的稳定性和重复性也越大，所以生产物流类型与决定生产类型的产品产量、品种和专业化程度有内在的联系。因此，把划分生产物流的类型与划分生产类型看成是一个问题的两种说法。

1. 从生产专业化的角度分类

根据产品在工作地生产重复性程度把生产过程划分为：单件、大量和成批三类。

（1）单件生产：生产品种繁多，但每种仅生产一台，生产重复度低下。

（2）大量生产：生产品种单一，产量大，生产重复度高。

（3）成批生产：介于上述两者之间，即品种不单一，每种都有一定批量，生产有一定的重复性，通常分为：大批生产、中批生产和小批生产。

2. 从物料流向的角度分类

根据物料在生产工艺过程中的特点分为项目型生产物流，连续型生产物流和离散型生产物流。

（1）项目型生产物流

生产系统需要的物料进入生产场地后，几乎处于停止状态或在生产过程中物料流动性不强。一般分两种状态：一种是物料进入生产场地后被凝固在场地中和生产场地一起形成最终产品，如住宅，厂房等；一种是物料流入生产场地后"滞留"时间较长形成最终产品后再流出，如飞机、轮船等。管理的重点是按照项目的生命周期对每个阶段所需的物料在质量费用以及时间进度等方面进行严格的计划和控制。

(2)连续型生产物流

物流均匀，连续进行，不能中断，生产出的产品和使用设备工艺流程都是固定并且标准化的，工序之间几乎没有在制品储存。管理的重点是保证连续供应物料和确保每个生产环节的正常进行，由于工艺相对稳定，有条件采用自动化装置实现对生产过程的实施监控。

(3)离散型生产物流

产品由许多零部件构成，各个零部件的加工过程彼此独立，制成的零件通过部件装配和总装配后成为产品，整个产品的生产工艺是离散的，各个生产环节之间要求有一定的在制品储存。管理重点是在保证及时供料和零件、部件的加工质量基础上，准备控制零件的生产进度，缩短生命周期，即减少在制品积压，保证生产的成套性。

3.从物料流经的区域和功能角度分类

根据物流流经的区域和功能角度分为工厂间物流和工序间物流。

(1)工厂间物流是大型企业各专业厂间运输物流或独立工厂与物料，配件供应厂之间的物流。

(2)工序间物流是生产过程中车间内部和车间，仓库之间各工序、工位上的物流。其内容：接受原材料、零部件后的储存活动；加工过程中的在制品储存活动，成品出厂前的储存活动；仓库向生产车间运送原材料、零部件的搬运活动，各个物料在车间、工序之间的搬运活动。工序间物流实际上有两种物流状态：移动和储存，即仓储和搬运。对这两个环节，首先要讲合理性原则，然后才是具体形式的选择问题。由于生产周期中工序间物流所占的时间均90%以上，所以一定程度上工序间物流成为生产物流的代名词。

二、企业生产物流的组织形式

企业生产系统的组织工作，是以最大限度地提高企业综合生产效率为目标，而对企业的人力、设备、物料等各项资源上在时间上和空间上进行科学组织和安排。生产系统的合理组织有利于保证企业按质按量的为社会提供所需的产品，进而促进企业经济和社会效益目标的实现。

从物料投入到成品产出的生产物流过程，包括工艺过程、检验过程、运输过程、等待过程等，研究企业生产物流的组织就从空间、时间和人员等三个方面分析，也就是从空间、时间和人员三个角度组织企业的生产物流。

(一)生产物流的空间组织

生产物流的空间组织是指生产区域或工作地的布置。目标是如何缩短工艺流程，从而缩短物流的时间。一般有三种专业化组织形式为工艺专业化，对象专业化和成组工艺化。

1. 按工艺专业化形式组织生产物流

工艺专业化是把同类的生产设备集中起来，加工按计划生产的工艺相同的各种产品，即加工对象多样化，而加工工艺相同。

按工艺专业化形式组织生产物流的特点是同类型的设备，同工种的工人，同一加工方法，完成产品某一工艺过程加工。

工艺专业化形式组织生产物流的优点是机械利用率高，可减少设备数量；设备和人员柔性程度高，更改产品和数量方便；操作人员作业多样化，有利于提高工作兴趣和职业满足感。缺点是流程较长，搬运路线不确定，物流运费高，生产计划与控制较复杂，要求员工有较高的素质，物料库存量相对较大。

在企业生产规模不大，生产专业化程度低，产品品种不稳定的单件小批生产条件下则适宜于按工艺专业化形式组织生产物流。

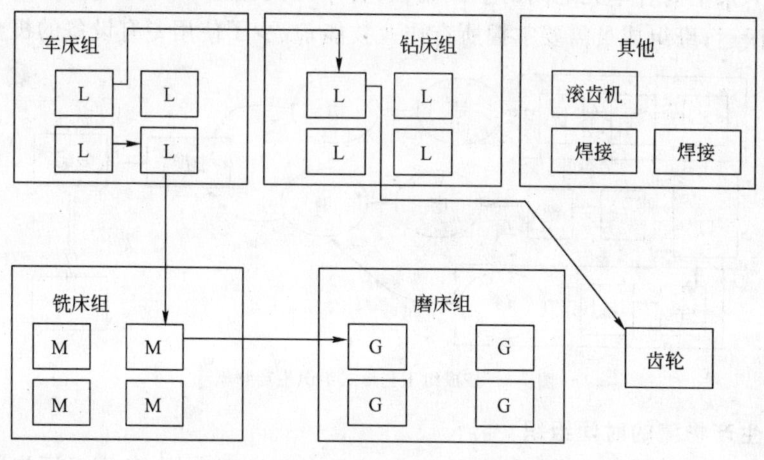

图 7-1　按工艺专业化形式组织生产物流

2. 按对象专业化形式组织生产物流

对象专业化是按加工产品为对象划分生产单位，通过固定制造某种部件或某种产品的封闭车间，其设备、人员按照加工或装配的工艺过程顺序布置，形成一定的生产线。对象专业化形式组织生产物流实行流水线式生产，加工对象单一且加工工艺、方法却多样。

对象专业化形式组织生产物流的优点是布置符合工艺过程，物流畅通，减少搬运次数；生产计划简单，易于控制；可以使用专业设备和机械化、自动化搬运方法。缺点是设备发生故障时引起整个生产线中断；产品设计变化将引起布置的重大调整；生产线速度取决于最慢的机器；设备的维修和保养费用高。

在企业专业方向已经确定，产品品种比较稳定，生产类型属于大批量生产，设备比较齐全能有充分负荷的条件下，适宜于按产品专业化组织生产物流。

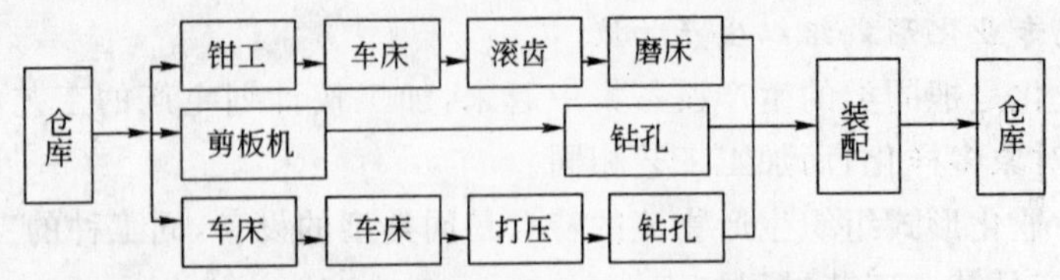

图 7-2　按对象专业化形式组织生产物流

3. 按成组工艺形式组织生产物流

成组工艺形式是按照成组技术原理，把具有相似性的零件分成一个成组生产单元并根据其加工路线组织设备进行生产。

成组工艺形式的优点是设备利用率高；流程畅通，运输距离较短，搬运量少；在满足品种变化的基础上有一定的批量生产，具有柔性和适应性。缺点是需要较高的生产控制水平来平衡各单元之间的生产流程；若单元间流程不平衡，就需要中间储存，增加物料搬运；班组成员需要掌握所有作业技能；减少了使用专有设备的机会。

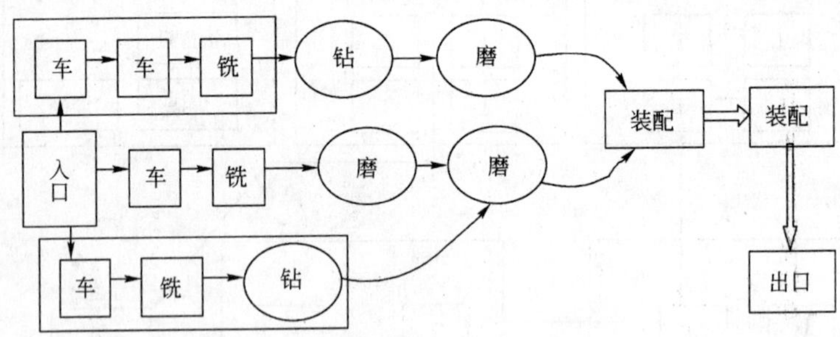

图 7-3　按成组工艺形式组织生产物流

(二)生产物流的时间组织

生产物流的时间组织是指一批在生产过程中各生产单位，各道工序之间在时间上的衔接和结合方式。要合理组织生产物流，不但要缩短物流流程的距离，而且还要加速物料流动的速度，减少物料的成批等待，实现物流的节奏性、连续性。

通常，一批物料有三种典型的移动组织方式，即顺序移动、平行移动和平行顺序移动。

1. 顺序移动方式

顺序移动方式是指当一批加工对象在上道工序完成全部加工后，整批地转到下道工序进行加工的方式。加工周期为 $T_{顺}$

$$T_{顺}=n\sum_{i=1}^{m}t_{i} \tag{7-1}$$

公式中，n 是批量；t_i 是 i 工序单件工时；$T_{顺}$ 是顺序移动方式生产周期。

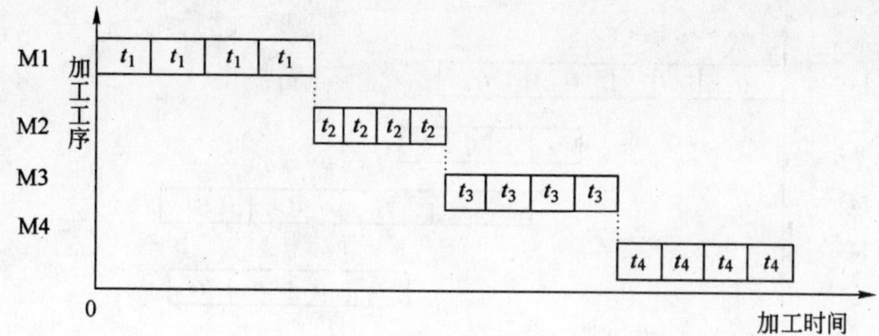

图 7-4 顺序移动方式

2. 平行移动方式

平行移动方式是指每个产品或零件在上道工序加工完成后，立即转到下道工序加工，使各个零件或产品在各道工序上的加工平行地进行。加工周期为 $T_{平}$

$$T_{平}=\sum_{i=1}^{m}t_i+(n-1)t_l \tag{7-2}$$

公式中，$T_{平}$ 是平行移动方式下一批物料的生产周期；n 是物料批量；m 是物料的工序数；t_i 是每道工序的单件时间；t_l 是物料中最长的单件工序时间。

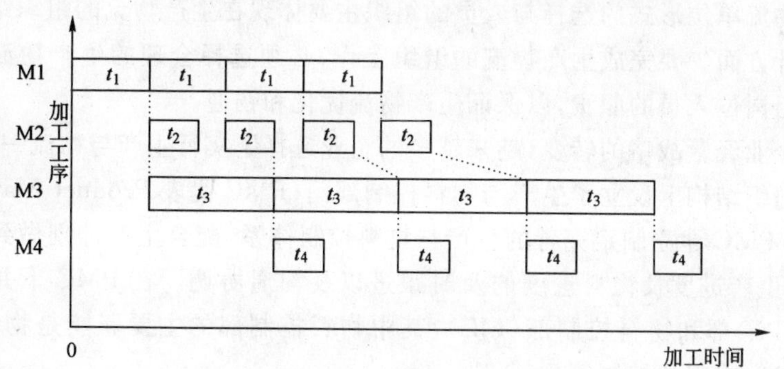

图 7-5 平行移动方式

3. 平行顺序移动方式

平行顺序移动方式是指一批零件或产品既保持每道工序的平行性，又保持连续性的作业移动方式。加工周期为 $T_{平顺}$

$$T_{平顺}=n\sum_{i=1}^{m}t_i-(n-1)\sum_{j=1}^{m-1}\min(t_j,t_{j+1}) \tag{7-3}$$

公式中，$T_{平顺}$ 是平行顺序移动方式下一批物料的生产周期；n 是物料批量；m 是物料的工序数；t_i 是每道工序的单件时间；t_j，t_{j+1} 代表相邻两工序。

当 $t_i \leqslant t_{i+1}$ 时，物料按平行移动方式转移，即当上一道工序的加工时间小于或等于下一道工序的加工时间时，上一道工序加工完每一件物料后，立即转到下一道工序去加工。

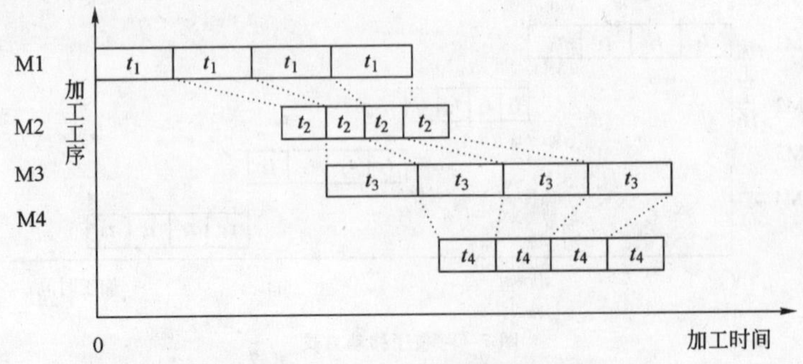

图 7-6　平行顺序移动方式

当 $t_i > t_{i+1}$ 时，以 i 工序最后一件物料的完工时间为基准，往前推移 $(n-1)t_{i+1}$ 作为物料在 $(i+1)$ 工序的开始时间。即当上一道工序的加工时间大于下一道工序的加工时间时，要使上一道工序加工完成最后一件物料，恰好供应下一道工序开始加工该批物料的最后一件物料。

(三)生产物流的人员组织

生产物流单位形式的选择与人员的组织主要体现在生产物流的组织结构和人员的岗位设计方面。要完成生产物流的组织工作，必须选择合理的生产物流组织结构并明确工组岗位人员的职责，以保证生产物流优化和畅通。

随着企业经营战略的转变，越来越多的企业选择了实行生产与物流一体化，在企业内部的组织结构上设立了生产与物料控制部门(PMC 代表 Product Material Control)，要求 PMC 建立制定完善的生产与物料控制体系，配合生产计划做到良好的物料控制，对生产进度及物料进度的及时跟进以及沟通协调。在 PMC 下并分别设立生产管制(PC)部和物料控制部(MC)，其中物料控制部的主要职能是物料计划、请购、物料调度、物料的控制等。

三、企业生产战略与生产物流

(一)企业生产战略

生产战略是企业根据所选定的目标市场和产品特点来构造其生产系统所遵循的指导思想，以及这种指导思想下的一系列规划、内容和程序。生产战略主要包括三个方面的内容：生产运作的总体战略、产品及服务的选择设计与开发、生产运作系统的设计。就企业而言，生产物流是生产系统的动态表现，站在生产物流的角度客观地看，物料从投入到形成产品所经历地各个生产阶段或工序无不与企业生产战略和生产系统设计等方面有着不可分割的联系。

生产运作的总体战略包括 5 种常用的内容：自制与外购、低成本和大批量、多品种和小批量、高质量、混合政策。

(二)不同生产战略下的生产物流

(1)自制与外构:自制要对产品从原料投入到形成实体的生产物流全过程进行控制,而外购的重点在供应物流而不是生产物流。

(2)低成本和大批量:生产产品多为标准化产品,并且需要高效的专用设备和设施作为大批量的保证,当然在组织生产过程中要尽可能提高设备利用率,提高劳动生率,并对生产物料进行严格控制。

(3)多品种和小批量:产品种类多样性、生产过程变动性、生产设备复杂化、生产计划和作业困难、生产实施及其控制动态性等特点,要求生产物流系统注重平衡,协调生产过程中各种零件的生产次序、装配次序,处理好计划与控制原材料生产量、在制品占用量、成品库存量之间的关系。

(4)高质量:要求企业对生产物流进行全面质量管理,制定一系列质量管理办法,并能按照 ISO 9000 系统建立规范的生产物流体系。

(5)混合策略:实现多品种、低成本、高质量,即采用大量规模定制生产方式。采用这种策略时,生产物流过程将完成受令于计算机技术基础上迅速发展的产品制造、信息集成和通信技术所构造的信息技术系统的控制,对从物料的投入到形成实体的生产物流的需求完成取决于最终市场对产品的需求。

四、生产物流的平衡以及平衡指标

生产物流平衡是组织企业有节奏、均衡的生产,保持设备能力平衡,工序能力平衡,对于企业的生产具有举足轻重的作用。生产物流平衡是解决流程型生产系统中的物流管理问题,由于流程型生产物流管理是一项涉及范围较广、工作难度较大、相互联系较紧密的系统工程,所以影响生产物流的因素很多。不同的生产过程形成了不同的生产物流系统,生产物流的构成与下列因素有关:

第一,生产工艺。不同的生产工艺,加工设备不同,对生产物流有不同的要求和限制,是影响生产物流构成的最基本因素。

第二,生产类型。不同的生产类型,产品品种、结构的复杂程度、加工设备不相同,将影响生产物流的构成与比例关系。

第三,生产规模。生产规模指单位时间内的产品产量,规模大,物流量就大;规模小,物流量就小。相应的物流实施、设备不同,组织管理也不同。

第四,专业化和协作化水平。社会生产力的高速发展与全球经济一体化,使企业的专业化和协作化水平不断提高。

(一)生产周期

生产周期指从第一道工序开始到最后一道工序结束,完成必要作业所需要的总制造时间。一般分为四个阶段:

(1)生产准备阶段:连续生产流程中,这个阶段所需时间一般都比较短,往往是更换一些必要的生产工具或者仪器等。

(2)生产制造阶段:生产出指定的产品并装配、包装。

(3)质量检查阶段:在现在很多生产流程中,这个阶段应该被包含在生产制造阶段,如实现精益生产方式的企业,把质量检测放在生产流程中,发现问题当即解决,而不是像传统的生产方式那样只等最后进行质量检查,不合格的只能是次品,这样只能造成浪费。

(4)生产搬运以及等待阶段:零部件在各工序之间搬运、等待加工、出入仓库以及库存等各个阶段时间的总和。

(二)生产物流平衡指标

生产物流的平衡指标,一般可以用以下三种指标就可以反映生产物流的平衡状况。

(1)合同生产率

它是指生产阶段的按合同生产的产品重量占该生产阶段产品总重量的比率。合同生产率反映了各个生产阶段按合同生产的情况,如果企业生产物流不平衡,就经常会为了提高设备的利用率而不按合同生产,结果就会造成库存的大量增加。

(2)生产进度均衡率

它指各个生产单元计划产量与整个生产单元平均计划产量的比值。生产进度均衡率反映了生产物流在各个生产阶段的均衡情况,如果生产物流在各个阶段流量均衡,则各个阶段生产进度均衡率大致相等,且趋于1;相反,如果各个阶段生产进度均衡率大小不一,差别很大,则说明生产物流不平衡。

(3)生产单元负荷率

它指生产单元计划生产产量与生产单元计划期内的生产能力的比值。它反映了生产单元的作业均衡情况,其值越大越接近1,说明生产单元的生产能力得到越来越大的利用;若其值趋于0,则表明生产单元处于空闲状态。

第二节 企业生产过程与物流管理

一、企业生产类型的物流特征

生产系统中的物流具体特征表现在:物料按照工艺流程流动,物流作业与生产作业紧密关联、相互交叉,物流连续的有节奏按比例运转。因为企业生产类型从不同角度进行分类,所以各生产系统的物流具有其自身的特征。

(一)连续型生产、离散型生产和项目型生产

根据生产对象在生产过程中运动的连续程度,可以把企业分为连续型生产、离散型生产与项目型生产。

1.连续型生产过程及其生产物流特征

连续型生产的特点：产品结构比较简单，物料数量和层次较少，设计极少变更；工艺流程采用专用设备或装置，流程和能力都相对固定，工序间连续且能力匹配性强，在最高和最低日产量间波动；当供需变化时，只能靠调整工艺流程参数维持生产，不能中断；物料存储形态多样化；自动化水平高、生产计划管理严格。

连续型生产物流的特征：生产出的产品和使用的设备、工艺流程都是固定且标准化的，工序之间几乎没有在制品存储。

2.离散型生产过程及其生产物流特征

离散型生产的特点：是加工装配式生产，产品生产的投入要素由许多可分离的零部件构成，各个零部件的加工过程彼此独立。

离散型生产物流的特征：制成的零件通过部件装配和总装配最后成为产品，整个产品的生产工艺是离散的，各个生产环节之间要求有一定的在制品储备。

3.项目型生产过程及其生产物流特征

项目型生产物流的特征：物料采购量大，供应商多，外部物流较难控制；生产过程原材料、在制品占用大，无产成品占用；物流在加工场地的方向不确定、加工路线变化极大，工序之间物流联系不规律；物料需求与具体产品存在一一对应的相关需求。

(二)备货型生产和订货型生产

按照企业组织生产的特点，可以把制造性生产分成备货型生产和订货型生产。

流程式生产一般为备货型生产，加工装配式生产既有备货型也有订货型。

备货型生产是企业根据市场需求，有计划的进行产品开发和生产，生产出的产品不断补充成品库存，通过库存随时满足用户的需求。如小型电机、轴承等。

订货型生产是企业根据用户订单组织产品的设计和生产，企业根据用户在产品结构及性能等方面的要求以合同的方式确定产品品种、性能、数量及交货期来组织生产。如锅炉、船舶等等。两者的主要区别如下表：

备件型生产与订货型生产的主要区别 表 7-1

项　目	备货型生产	订货型生产
产品	标准产品	按用户要求生产，无标准产品，大量的变型产品与新产品
对产品的需求	可以预测	难以预测
订货期	事先确定	订货时确定
价格	不重要，由成品库随时供货	很重要，订货时确定
设备	多采用专用高效设备	多采用通用设备
人员	专业化人员	多种操作技能人员

(三)大量生产、成批生产和单件生产

根据产品生产的重复程度和工作地的专业化程度,按生产方式可分为大量生产、单件生产和成批生产类型。

三种生产类型的特点　表 7-2

生产类型	大量生产	成批生产	单件小批生产
产品品种	单一或很少	较多	很多
产品产量	很大	较大	单个或很少
采用设备与工装	专用	专用与通用并存	通用
设备排列	对象专业化	对象、工艺专业化	工艺专业化
劳动分工	细	有一定分工	粗
工人技术水平	低	一般	较高
生产周期	短	较长	长
劳动生产率	高	较高	低
单产成本	低	较高	高
计划管理工作	较简单	较复杂	复杂多变
控制管理	简单	较简单	复杂
适应性	差	较差	强

(1)大量生产方式的特点是生产的品种少,每一种产品的批量大,稳定的不断重复的进行生产。一般这类产品在一定时期内具有相对稳定的需求。

①单一品种大批量生产过程特点:品种单一,但产品数量相当大,产品设计和零件制造标准化、通用化、集中化,很强的零件互换性和装配的简单化使生产效率极大的提高,生产成本低,产品质量稳定。

单一品种大批量生产物流特征:由于物料被加工的重复度高,从而物料需求的外部独立性和内部相关性易于计划和控制;由于产品设计和工艺设计相对标准和稳定,从而物料的消耗定额容易并适宜准确制定;由于生产品种的单一性,使得制造过程中物料采购的供应固定,外部物流相对而言较容易控制。

②多品种大批量生产过程的特点:生产方面要增加定单生产中库存生产的比例,可以将客户订单分离点尽可能向生产过程的下游移动,减少为满足客户订单中的特殊需求而在设计、制造及装配等环节增加的各种费用;在时间的优化方面,关键是有效的推迟客户订单分离点。企业不是采用零碎的方法,而必须对其产品设计、制造和传递产品的过程和整个供应链的配置进行重新思考,通过采用集成的方法,企业能够以最高的效率运转,能够以最小的库存满足客户的订单要求;在空间的优化方面,关键是有效的扩大相似零件、部件和产品优化范围,并充分识别、整理和利用这些零件、部件和产品中存在的相似性。

③多品种大批量生产物流特征：按照客户不同层次需求，可以将大批量定制生产分成三种模式，即面向订单设计、面向订单制造、面向订单装配。三种模式都是以订单为前提，所以具有类似的生产物流特征：物料被加工成型产品的重复度高，而对装配流水线则有更高的柔性要求，从而实现大批量生产和传统定制生产的有机结合。

(2)单件小批量生产指需要生产的产品品种多但每一品种生产的数量少，生产重复度低。单件生产过程特点：生产的组织分散，产品设计和零件制造分散，设备使用通用机器。

单件生产方式的特点：产品对象基本上是一次性需求的专用产品，一般不重复生产。因此，生产品种繁多，生产对象不断在变化，生产设备和物流装备必须采用通用性原则。在生产状态复杂多变的情况下，一般按工艺专业化原则，采用机群式布置的生产物流组织形式。

单件生产物流特征：生产重复程度低，从而物料需求与具体产品制造存在一一对应的相关需求；由于单件生产，产品设计和工艺设计存在低重复性，从而物料的消耗定额不容易或不适宜准确制定；由于生产品种的多样性，使得制造过程中采购物料所需的供应商多变，外部物流较难控制。

(3)成批生产方式生产的对象是通用产品，生产具有重复性，介于大量生产和单件小批量生产方式之间，在生产物流管理上根据轮番重复生产这一特征，可以按对象专业化原则组织生产。但由于生产的品种多，生产的稳定性差，建立正规的生产线和流水线的难度较大，但可以组织多品种的对象生产单元，使工件的生产过程基本上可以在生产单元内封闭的完成。在生产物流的组织上，合理安排每一种产品的轮番间隔期和生产批量，既要减小批量，保证生产的比例性和压缩在制品，又要避免批量频繁变换，影响设备的利用率。

成批生产过程的特点：品种数量多但产量有限；产品设计系列化，零部件制造标准化、通用化；工艺过程采用成组技术；运用柔性制造系统使生产系统能适应不同的产品或零件的加工要求，并能减少加工不同零部件之间的换模时间。

成批生产物流特征：

①物料生产的重复性介于单件生产和大量生产之间，一般是制定生产频率，采用混流生产。

②以MRP(Material Requirements Planning，物料需求计划)实现物料的外部独立需求与内部的相关需求之间的平衡。以JIT(Just in time，准时生产制)实现客户个性化特征对生产过程中物料、零部件、成品的拉动需求。

③由于产品设计和工艺设计采用并行工程处理，物料的消耗定额容易准确制定，从而产品成本容易降低。

④由于生产品种的多样性，对制造过程中物料的供应商有较强的选择要求，从而

外部物流的协调较难控制。

二、不同生产模式下生产物流的管理

生产模式是一种制造哲理的体现，它支持制造企业的发展战略，并具体表现为生产过程中管理方式的集成（包括企业体制、经营理念、生产组织和技术系统的形态以及运作方式等）。生产模式不同，对生产物流管理的侧重点也不同。

（一）企业生产模式三个阶段

制造企业的发展过程，企业生产模式经历了三个阶段，如图 7-7 所示：

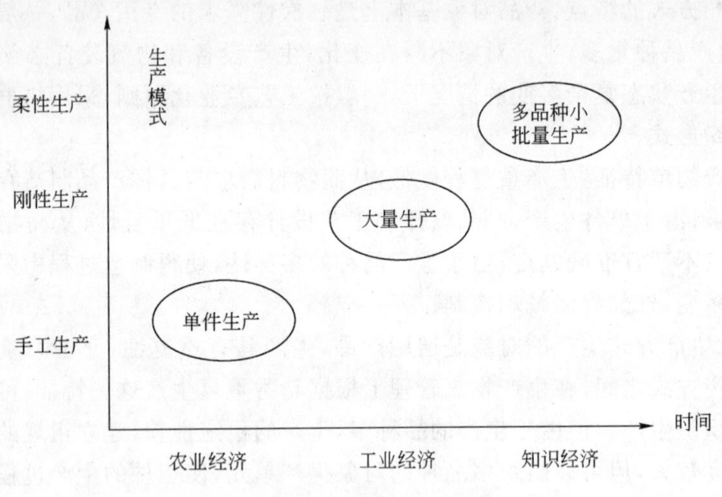

图 7-7　生产模式的三个阶段

（二）不同生产模式的生产物流分析

1. 单件生产模式

在 19 世纪初期到 20 世纪 20 年代采取的是作坊式单件生产组织方式。目前，这种生产模式主要针对消费需求中豪华的、性格各异或独特的单件产品上，使用高度熟练的技术、先进的生产设备来满足大量生产方式不能满足消费者的个性化产品的要求。单件生产模式下的生产物流管理一般是凭借个人的劳动经验和行为规范进行管理。

2. 大量生产模式

20 世纪 20 年代初期，以美国的福特为代表，采取流水线的生产方式，推动了大量生产，为社会提供了大量的产品。

流水线生产是加工对象按照一定的工艺路线、有规律的从前一道工序流到后道工序加工，并按照一定的生产速度连续完成工序作业的生产过程。

大量生产模式下的生产物流管理是建立在科学管理的基础上的，即事先制定科学标准物料消耗定额，然后编制各级生产进度计划对生产物流进行控制，并利用库存制度对物料的采购以及分配过程进行相应的调节。物流管理的目标是追求物流子系统的最优化。

随着流水线生产模式的发展变化，生产单一产品的流水线演变成在一条流水生产线上能够生产多种结构相似的产品，而诞生了多品种小批量生产模式。

3. 多品种小批量生产模式

多品种小批量生产模式的主要特点是产品品种多、变换快，生产中同时加工的零件种类繁多、可以缩短生产周期，实现均匀化生产，降低库存，增加对市场变化的适应力。但生产组织和计划管理工作复杂，难度大。

随着科学技术的不断发展，多品种小批量生产模式又有多种生产组织策略。如成组生产，准时生产，柔性生产，敏捷制造等。多品种小批量生产模式下的物流管理要根据企业具体的生产组织策略，采取具有针对性的措施。

三、现代企业生产物流管理所面临的挑战

(一)现代企业生产环境、信息技术变换

1. 市场环境变化

从 18 世纪英国爆发工业革命开始，制造业走出手工作坊阶段，并迅速发展壮大逐渐成为世界各国国民经济中的主导产业。特别是 20 世纪 50 年代，大批量生产模式的确立使制造业达到了一个前所未有的巅峰时期。20 世纪 70 年代以前，构成产品的技术相对比较简单，产品生产周期很长，市场竞争主要围绕如何提高劳动生产率进行，产品部件标准化以及加工工序规范化的大规模生产线应运而生。到了 20 世纪 80 年代，人们已经将少品种大批量生产模式的优点发挥到了极限，同时这种生产模式同市场需求变化间的矛盾越来越明显，并且成为制约制造业发展的重要因素。解决这对矛盾的出路只能进行制造生产模式的转换。从 20 世纪 70 年代中后期到 20 世纪 80 年代，随着技术进步和人们对个性化产品的需求，产品生产形式向多品种、少批量逐步过渡，市场竞争向企业提出了提高柔性和进一步将低成本的要求。

21 世纪制造业主要的特点：

(1)产品开发周期显著缩短，上市时间更快。

(2)具备赢得竞争、提高市场占有率的四种基本能力：时间竞争力，产品上市快、生产周期短、交货及时；质量竞争力，产品不仅可靠性高，而且使用户在各个方面都满意；价格竞争力，产品生产成本低，销售价格适中；创新竞争力，产品有特色、生产有柔性、竞争有策略。

(3)柔性更加提高，以响应市场。企业不仅要具备技术上的柔性，还要具备管理上的柔性以及人员和组织上的柔性。

(4)产品的生命周期内的质量保证。产品质量的完整概念是顾客的满意度，对产品质量更全面的理解是：产品的可用，使用，耐用和要用。

(5)企业的组织形式将为跨地区、跨国家的虚拟公司或动态联盟。

(6)生产过程更加精良。产品开发、生产、销售、维护过程更加简化，生产工序更加简单，从而降低成本、提高劳动生产率、缩短上市时间。

(7)人员素质更加提高。企业的全体员工具有更高的技术、管理和协作素质，每个人都要掌握多种技术、胜任多种工作。

(8)智能化程度更高。在产品设计和制造过程中广泛应用人工智能技术，各种设备的智能化程度大大提高。

(9)更加注重环境问题。因为环境问题是关系到人类的大问题，也是社会能否持续发展的重要问题。

(10)分布、并行、集成并存。分布性更强、分布范围更广，是全球范围的分布；并行化程度更高，许多作业可以跨地区、跨部门分布式并行实施；集成化程度更高，不仅包括信息、技术的集成，而且包括管理、人员和环境的集成。

2.计算机与信息技术环境的变化

计算机与信息技术环境的进步正在对制造业的发展产生巨大的影响。近 30 年来，信息革命已经渗透至各个经济部门，迅速改变着传统产业和整个经济的面貌。计算机和通信技术的迅猛发展极大的拓展了制造业的广度和深度，产生了一批新的制造理念和制造技术，使制造业正发生着质的飞跃。制造业在信息技术的影响下经历了以下几个阶段：

(1)功能自动化阶段

20 世纪 70 年代电子技术和计算机技术的发展为生产领域的自动控制提供了可能，使得以计算机为辅助工具的制造自动化技术成为可行，由此出现了计算机辅助设计、计算机辅助制造、计算机辅助工艺规划和物料需求计划以及企业资源计划等自动化系统。

(2)信息集成阶段

80 年代针对设计、加工和管理中存在的自动化信息孤岛问题，实现制造信息的共享和交换，采用计算机集成、传递、加工处理信息，形成了一系列信息集成系统。如 CAD/MRP，CAP/MRP ，CIMS 等。

(3)过程优化阶段

90 年代信息和通信技术在知识经济发展过程中处于中心地位，企业意识到除了信息集成技术外，还需要对生产过程进行优化。如用并行工程方法，在产品设计时考虑下游工作中的可制造性、可装配性等，重组设计过程，提高产品开发能力；用企业经营过程重构，将企业结构调整成适应全球制造的新模式。

(4)敏捷化阶段

随着国际互联网的快速发展，企业组织管理方式业发生了变化，以满足全球化市场用户需求为核心的快速响应制造活动成为可能，敏捷制造、虚拟制造等新的制造模式应运而生。

(二)先进的制造系统

1.先进的制造系统类型

(1)柔性制造系统(FMS)

柔性制造系统是20世纪60年代后期发展起来的一种先进制造系统,它由计算机控制的、由若干个半独立的工作站和一个物料传输系统所组成,能高效地制造多品种、中小批量零件的加工系统。

(2)计算机集成制造系统(CIMS)

计算机集成制造系统将制造系统中各种自动化孤岛用计算机进行有机的集成,使制造系统适合多品种、中小批量的生产,提高制造系统的总体效益和柔性。实现CIMS的基本要求:建立有力的领导机构,应用系统工程理论和技术、网络技术、数据库技术等,实现各种信息的集成,改善现有企业组织机构。

(3)精益生产系统(LPS)

精益生产系统是在产品开发、生产过程中通过项目组和生产小组,把各方面的人集成在一起,把生产、检验与修理等场地集成在一起,通过相应措施做到与零部件协作厂、销售商和用户的集成,从而简化产品的开发、生产、销售过程,简化组织机构,实现最大限度的精简,获取最大效益,达到最大限度满足用户需求,提高企业竞争力。

(4)智能制造系统(IMS)

智能制造系统指在制造业的各个环节以一种高度柔性、高度集成、高度智能的方式进行生产的制造系统,旨在取代或延伸制造环境中人的部分脑力劳动。

(5)敏捷制造系统(AMS)

敏捷制造系统是利用人的智能和信息技术,通过多方面的协作改变企业沿用的复杂的多层梯阶结构,来改变传统的大批量生产。其实质是在先进柔性生产技术的基础上,通过企业内部的多功能项目组与企业外部的项目组合作组建一个虚拟公司,这样动态的组织结构把全球范围内的各种资源集成在一起,实现技术、管理和人的集成,从而在整个产品生命周期最大限度地满足用户需求,提高企业竞争能力。

(6)虚拟制造系统(VMS)

虚拟制造系统是以计算机支持仿真技术、产品建模技术、人工智能技术、并行工程技术、分布智能协同求解技术等为前提,对设计、制造等过程进行统一建模,在产品设计阶段可实时地、并行地模拟产品未来制造全过程及其对产品设计地影响,预测产品性能、产品地、可制造性、产品的成本等,从而更有效地、柔性灵活地组织生产,使工厂与车间的设计与布局更合理,以达到产品的开发周期和成本地最小化,产品设计质量的最优化,生产效率的最高化。

2.先进制造系统的关键技术

(1)集成技术

原来只强调信息集成,现在更强调技术、人和管理的集成。

(2)智能化技术

应用人工智能技术实现产品生命周期各个环节的智能化,以及生产设备的智能化,也是实现人与制造系统的融合及人在其中智能的充分发挥。

(3)网络技术

网络技术包括硬件和软件的实现,各种通讯协议及制造自动化的协议,信息通讯接口,系统操作控制策略等,是实现各种制造系统自动化的基础。

(4)分布式并行处理智能协同求解技术

该技术实现制造系统中各种问题的协同求解,获得系统的全面最优解,实现系统的最优决策。

(5)多学科多功能综合产品设计技术

并行工程及CAD/CAP/CAM/CAE一体化设计技术,面向制造、装配、市场销售的并行技术等,广泛应用到产品的开发设计中,在产品设计中不但考虑技术因素,还考虑到经济、环境以及社会等方面的因素。

(6)虚拟现实与多媒体技术

虚拟现实(Virtual Reality)技术是在21世纪制造业中广泛应用的,可以用于培训、制造系统仿真、集成设计与制造等。多媒体技术采用多种介质来储存、表达、处理多种信息,融文字、语音、图像、动画于一体,给人一种真实感。

(7)人一机一环境系统技术

将人、机器和环境作为一个系统来研究,发挥系统的最佳效益。研究的重点是:人机环境的体系结构及其集成技术,人在系统中的作用以及发挥。

(三)制造业的发展对生产物流的影响

物流是生产制造各环节组成的有机整体的纽带,又是生产过程维持延续的基础。随着生产制造系统规模不断扩大,生产的柔性化水平和自动化水平日益提高,与现代制造系统相适应的生产物流也会相应地发展,它经历了早期的人工物流、信息化物流、智能化物流、精密化物流、集成化物流。

现代生产物流系统的特点:

1.现代化的物流设备,最具典型的现代化物流设备有

(1)自动化立体仓库

改平面堆放为立体、空间堆放,既有利于物料周转和自动化的管理,又节约了库存面积。

(2)自动导引运输车(AGV)

可以实现快速、准确的运输和运输路径柔性化,便于计算机管理与调度。

(3)自动化上下料机器

装卸料采用机器人,与加工设备同步协调,安全、快捷,便于计算机管理与控制。

2. 计算机管理

现代生产制造系统的物流系统一般都具有结构复杂、节奏快、路线复杂、信息量大、实时性要求高等特点，因此，必须采用计算机管理，才能对物流系统进行动态管理与优化。同时，通过计算机与其他系统实时联机，发送和接收消息，使物流系统与生产制造等系统有机的联系，可以提高物流系统的效益。

3. 系统化与集成化

生产物流系统的结构特点是：点多、线长、面广、规模大。现代生产物流系统要把物流系统看成一个整体，从系统化、集成化的概念出发去设计、分析、研究和改进生产物流系统，追求系统整体的优化和高效。

第三节　企业生产物流计划与控制

企业生产物流尤其是制造企业的生产物流是伴随产品生产制造过程发生的，也就是产品的生产制造过程实质上是一个物流过程。企业根据市场需求预测或已接到的客户订单所做出的生产运作计划实际上就是物料流动的计划，它具体安排物料在各工艺阶段的生产进度，并使各生产环节上的在制品的结构、数量、时间与计划相协调。企业生产物流的控制主要体现在对生产物料流动速度的进度控制以及生产物料数量上的控制，即根据实际进度与计划速度的差异以及实际情况的变动来控制生产物料的数量与流动速度。

一、基于 ERP 的生产物流计划与控制

在制造业的生产经营活动中，一方面对原材料、零部件、在制品和半成品进行合理储备，以使生产连续不断的有序进行，同时满足波动不定的市场需求；另一方面，原材料、零部件和在制品的库存又占有大量资金，为了加快企业的资金周转，提高资金的利用率，需要尽量降低库存。制造企业为了解决这些矛盾，普遍采用了企业资源计划(ERP)系统，实现优化配置企业资源并合理安排生产计划以适用不断变化的、竞争激烈的环境。从 ERP 的发展历程来看，它从 20 世纪 60 年代末 70 年代初的 MRP，80 年代的 MRPII 直到 90 年代末形成的。企业生产物流过程包括：将购进原材料加工成零件，然后将零件装配成部件，再将部件装配成产成品以满足顾客的需求。

(一)MRP、MRPII、ERP 的基本原理

物料需求计划(MRP，Material Requirements Planning)是 20 世纪 60 年代发展起来的一种计算物料需求量和需求时间的系统，是一种工业制造企业内的物料计划管理模式。它根据产品结构各层次中物料的从属和数量关系，以每个物料为计划对象，以完工日期为时间基准倒推计划，按提前期长短区别各个物料下达计划时间的先后顺序。

20 世纪 80 年代初，又出现了制造资源计划（MRPII，Manufacturing Resource Planning System），它对闭环 MRP 系统做出了进一步的扩展和延伸。MRPII 是涉及物料和生产能力的一切制造资源的协调系统，其功能覆盖市场预测、生产计划、物料需求、能力需求、库存控制、车间管理直到产品销售的整个生产经营过程。

20 世纪 90 年代，又出现了企业资源计划（ERP Enterprise Resource Planning ），以解决多变的市场与均衡生产之间的矛盾。

大量生产方式的企业生产管理思想，为寻求最有效的配置资源，MRPII 和 ERP 都以 MRP 为核心内容，尤其是其生产物流活动呈现与 MRP 企业相似的特征。

(二)物料需求计划理论

1. MRP 原理

MRP 根据需求和预测来确定未来物料供应和生产计划与控制的方法，它提供了物料需求的准确时间和数量，是一种能提供物料计划及控制库存、决定订货优先度、根据产品的需求自动的推导出构成这些产品的零件与材料的需求量、由产品的交货期展开成零部件的生产进度日程和原材料与外购件的需求日期的系统。它将主生产计划转换成物料需求表，并为需求计划提供信息。

MRP 的基本内容是编制零件的生产计划和采购计划。要正确编制零件计划，首先必须落实产品的生产进度计划，就是主生产计划（MPS），这是 MRP 展开的依据。MRP 还需要知道产品的零件结构，即物料清单（BOM），才能把主生产计划展开成零件的计划；同时必须知道库存数量才能准确计算出零件的采购数量。因此，MRP 的基本逻辑是：MRP 根据主生产计划、物料清单和库存记录，对每一种物料进行计算，指出何时将会发生物料短缺，并给出建议，以最小的库存量满足需求并避免物料短缺。作为 MRP 系统核心内容的主生产计划、物料清单和库存文件之间的逻辑流程关系，如图 7-8 所示：

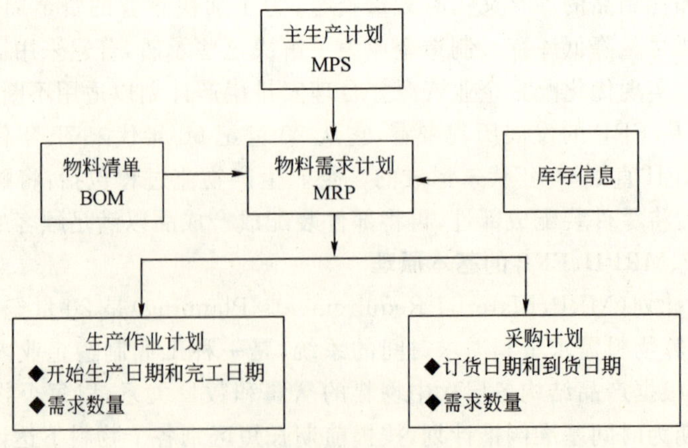

图 7-8　MRP 逻辑流程关系

2. MRP 系统

MRP 系统的由主生产计划、产品结构和库存文件三个输入,生产计划和采购计划两个输出。

(1)主生产计划(MPS,Master Production Schedule)

主生产计划是确定每一种具体的最终产品在每一个具体时间段内生产数量的计划。主生产计划详细规定生产什么、什么时间段产出,它是独立需求计划。在 MRP 中,主生产计划被假定为已知的,根据客户合同和市场预测,考虑需求波动的概率来确定。它把经营计划或生产大纲中的产品系列具体化,使之成为展开物料需求计划的主要依据,起到了从综合计划向具体计划过渡的承上启下的作用。

(2)产品结构与物料清单(BOM,Bill Of Materials)

产品结构文件不仅列出某一产品的所有构成项目,同时也要指出这些项目之间的结构关系,即从原材料到零件、组件直到最终产品的层次隶属关系和数量关系。物料清单是一个制造企业的核心文件,各个部门的活动都要用到物料清单。生产部门要根据物料清单来生产产品,库房要根据物料清单进行发料,财务部门要根据物料清单来计算成本,销售和订单录入部门要通过物料清单确定客户定制产品的构成,维修服务部门要通过物料清单了解需要什么备件,质量控制部门要根据物料清单保证产品正确的生产,计划部门要根据物料清单来计划物料和能力的需求等。MRP 系统要正确计算相互物料需求的时间和数量,特别是相关需求物料的时间和数量。产品结构列出构成成品或装配件的所有部件、组件、零件等组成、装配关系和数量要求,它是 MRP 产品拆零的基础。为了计算机识别,必须把产品结构图转换成规范的数据格式,这样用规范的数据格式来描述产品结构的文件就是物料清单。它必须说明组件中各种物料需求的数量和相互之间的组成结构关系。

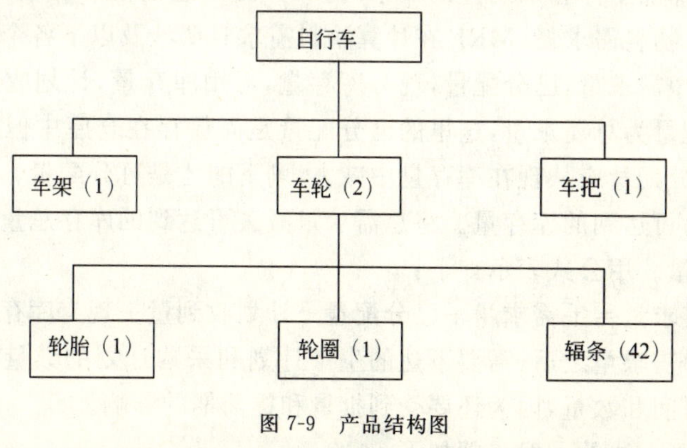

图 7-9　产品结构图

产品结构图相应的物料清单　　表 7-3

层次	物料号	物料名称	单位	数量	类型	ABC码	成品率	提前期
0	GB950	自行车	辆	1	M	A	1.0	2
1	GB120	车架	件	1	M	A	1.0	3
1	CL120	车轮	个	2	M	A	1.0	2
2	LG300	轮圈	件	1	B	A	1.0	5
2	GB890	轮胎	套	1	B	B	1.0	7
2	GBA30	辐条	根	42	B	B	0.9	4
1	GB130	车把	套	1	B	A	1.0	4

(3)库存文件

库存文件是保存企业所有产品、零部件、在制品和原材料等存在状态的数据库。这里的库存是指各种物料的库存，库存记录中要说明现有库存余额、安全库存量、未来各时区的预计入库量和已分配量。已分配量是指虽未出库但是已经分配了某种用途的计划出库量。在库存记录中要说明当前时区的库存量，又要预见未来各时区库存量及其变化。

经过 MRP 程序处理，将产品出产计划转化为外购件需求计划和自制件投入产出计划。外购件的需求计划规定了每一种外购零部件和原材料的需要时间及数量，自制件投入出产计划是一种生产作业计划，它规定了构成产品的每一个零件的投入和出产的时间及数量，使各个生产阶段相互衔接，以确保生产在减少库存的前提下准时进行。

3.物料需求计划的计算方法

MRP 主要根据 MPS 展开编制相关需求件的计划，它根据 MPS、物料清单和物料可用量，计算出企业要生产的全部加工件和采购件的需求量；按照产品出厂的先后顺序，计算出全部加工件和采购件的需求时间，并提出建议性的计划订单。MRP 系统的核心是计算物料需求量，MRP 在计算物料需求时要涉及以下各个量：

毛需求量，净需求量，已分配量，现有库存量，可用库存量，计划收到量，其中，毛需求加上已分配量为总需求量，这里的已分配量是尚保存在仓库中但已经被分配掉的物料数量，已分配量应从现在库存量中减去，剩下的才是可分配量。现有库存量加上计划收到量为可达到的库存量。将总需求量减去可达到的库存总量就是真正的需求量，即净需求量。用公式表示如下：

净需求量＝毛需求量＋已分配量－计划收到量－现有库存量

在计算了净需求量之后，需要下达的生产计划和采购计划的数量和时间不一定等于净需求的时间和数量，因为还要受到批量和提前期的影响。

MRP 的编制方法的一般步骤如下：

第 1 步：根据产品的层次结构，逐层把产品展开为部件和零件，生产物料清单表。

第 2 步：根据规定的提前期标准，由产品的出厂期逆序倒排编制零件的生产进度计划表，再按主生产计划量决定该零件的实际投产批量和日期。

第 3 步：根据毛需求量和该零件的可分配库存量，计算净需求量，再根据选择批量的原则和零件的具体情况，决定该零件的实际投产批量和日期。

第 4 步：对于外购的原材料和零配件，先根据 BOM 表按品种规格进行汇总后再按他们的采购提前期决定订购的日期和数量。

编制 MRP 时考虑生产能力的约束，所以在排好零件的进度表以后，要按进度计划的时间周期，分工种核算各种产品的生产负荷，并汇总编制能力需求计划（CRP，Capacity Requirement Planning），以便进行能力与负荷的平衡。

（三）企业资源计划的理论

进入 20 世纪 90 年代，随着市场竞争的进一步加剧，企业竞争空间与范围的进一步扩大，20 世纪 80 年代 MRPII 主要面向企业内部资源全面计划管理的思想逐步发展为怎样有效利用和管理整体资源的管理思想，企业资源计划也随之产生。ERP 是在 MRPII 的基础上扩展了管理范围，给出了新的结构。

1. MRPII 理论

MRP 只局限在物料需求方面，仅仅是生产管理的一个部分，而且要通过加工计划和采购计划来实现，同时还没有考虑生产能力的约束，因此只有基本的 MRP 不够，将 MRP 完成对生产计划的基础上进一步扩展，将经营、财务、销售、采购与生产管理子系统相结合，就形成了制造资源计划（MRPII）。它用科学的方法计算出什么时间需要、需要什么、需要多少，考虑生产能力的限制，保证企业在正常生产不间断的前提下，根据市场供货情况，适时、适量分阶段订购物料，尽量减少库存积压造成的资金浪费，是一个完整的经营生产管理计划体系。

在 MRPII 中生产物流计划的核心集中体现在生产作业计划的编制工作上，即根据计划期内规定的出产产品的品种、数量、期限以及发展的客观需求，具体安排产品及其零部件在各工艺阶段的生产进度，在保证生产能力的前提下，为企业内部各生产环节安排短期的生产任务，协调前后衔接关系。但是，正是由于 MRPII 采取集中控制，每个阶段的物流活动服从集中控制的指令，从而相应的各个阶段就没有独立影响本阶段局部库存的能力，导致各阶段的库存不能保持期望水平。

2. ERP 理论

随着经济全球化和市场国际化的发展，企业的经营管理的理念发生了改变，已经由原来的推动式经营模式改变成拉动式经营模式，即以客户为中心，根据客户的订单具体安排生产。实施以客户为中心的经营战略是 20 世纪 90 年代企业在经营战略方面的重大转变。

实施以客户为中心的经营战略就要对客户需求迅速做出响应，并在最短的时间内向客户交付高质量和低成本的产品。这就要企业能够根据客户需求迅速重组业务流程，消除业务流程中非增值的无效活动，变顺序作业为并行作业，在所有业务环节中追求高效率和及时响应，尽可能采用现代技术手段，快速完成整个业务流程。

ERP一方面要强调企业边界的合作管理，从全国以及全球的角度进行资源整合；另一方面更重视提高企业生产的柔性，通过前馈的物流和反馈的资金流、信息流，把客户需求和企业内部的生产活动以及供应商的制造资源整合在一起，体现按用户需求制造的一种供应链管理思想的功能网络结构模式，其核心思想是供应链管理。

ERP脱离了以物料、人工和生产为中心的制造系统，而将用户放在主导者的位置上，由客户驱动需求，而不是由销售预测决定生产。它具有以下的特征：

(1)是一个面向供需链管理的管理信息集成。

(2)采用了网络通信技术。

(3)同企业业务流程重组(BPR)是密切相关的。

3. ERP和MRPII的主要区别

(1)资源管理范围方面的差别

MRPII主要侧重对企业内部人、财、物等资源的管理，ERP系统在MRPII的基础上扩展了管理范围，它把客户需求和企业内部的制造活动，以及供应商的制造资源整合在一起，形成企业一个完整的供应链，并对供应链上所有环节如订单、采购、库存、计划、生产制造、质量控制、运输、分销、服务与维护、财务管理、人事管理等进行有效管理。

(2)在生产方式管理方面的差别

MRPII系统把企业归纳为几种典型的生产方式进行管理，如重复制造、批量生产、按订单生产、按订单装配、按库存生产等，对每一种类型都有一套管理标准，而20世纪80年代末、90年代初期，为了满足客户的多样化、小批量需求，企业的生产方式发生了改变，单一大量生产方式向混合生产方式的改变，ERP系统能很好地支持和管理混合生产方式，满足制造企业的经营需要。

(3)在管理功能方面的差别

ERP除了MRPII系统的制造、分销、财务管理的功能外，还增加了支持整个供应链上物料流通体系中的供、产、需各个环节之间的运输管理和仓库管理，支持生产保障体系的质量管理、实验室管理、设备维修和备品备件管理，支持对工作流的管理。

(4)在事务处理控制方面的差别

MRPII是通过计划的及时滚动来控制整个生产过程，它的实时性较差，一般只能实现事中控制，而ERP系统支持在线分析处理、售后服务，强调企业的事前控制能力，它可以将设计、制造、销售、运输等通过集成并行的进行各种相关的作业，为企业提供了对质量、客户满意等关键问题的实时分析能力。

(5)在跨国经营事务处理方面的差别

现代企业的发展，使得企业内部各个组织单元之间、企业与外部的业务单元之间的协调变得越来越多和越来越重要，ERP 系统应用完整的组织构架，从而可以支持跨国经营的多国家、多地区、多工厂的需求。

(6)在计算机信息处理技术方面的差别

随着 IT 技术、网络技术的快速发展，使得 ERP 系统得以实现对整个供应链信息进行集成管理。

二、基于 JIT 的生产物流运营方式

JIT(Just in time)是日本丰田汽车公司创立的一种具有特色的生产管理方式。作为一种拉动式生产系统，它以市场需求为核心，通过看板管理，实现"在必要的时刻生产必要数量的必要产品"，彻底消除在制品过量的浪费及间接浪费的生产安排系统。作为无浪费的管理方式，JIT 可以概括为在需要的时间，按需要的数量，供给用户需要的产品。

(一)JIT 系统的结构体系

JIT 已经逐渐形成和发展成为包括经营理念、生产组织、物流控制、质量管理、成本控制、库存管理、现场管理和现场改善等在内的较为完整的生产管理计划与方法体系。

JIT 管理思想具有普遍性，不仅适用于制造性生产而且适用于服务性运作，同时又是一种战略武器，具有竞争优势；消除浪费，降低成本，从而获得价格优势；不断改进提高质量，从而获得质量优势；降低库存，缩短生产周期，提高了对顾客的响应性；员工参与和培训，提高员工素质，形成了人力资源优势。

从企业经营的角度来看，JIT 的最终目标是实现企业的利润目标。传统经营思想达到目标的基本逻辑：价格＝成本＋利润，即保证利润的目标途径是在于产品定价，通过产品的成本加利润得出产品的价格。JIT 经营思想达到目标的基本逻辑：利润 ＝ 价格－成本，即价格由市场决定的，在竞争中企业保持利润的最佳途径是不断降低成本。因此，JIT 的生产方式的基本目标是消除浪费，降低成本。要实现消除浪费、降低成本的目标，需要实现以下目标：零库存、零废品、零准备时间、零搬运量等，来避免过量生产的浪费、等待时间的浪费、运输浪费等现象。

(二)JIT 系统生产物流控制的原理和方法

JIT 是一种拉动式生产物流控制方法。在生产系统中任何两个相邻工序即上下工序之间都是供需关系，如何处理这种关系，就是生产物流控制所要研究的问题。

(三)JIT 系统生产物流控制的基本原理

JIT 系统要求从生产设计到过程设计再到生产计划控制各个方面都要采取符合 JIT 基本思想的动作方式。JIT 生产方式又是精益生产方式的核心和支柱，是有效运用多种方法和手段的综合管理体系，它通过对生产过程中人、设备、材料等投入要素

的有效使用，消除各种无效劳动和浪费，确保在必要的时间和地点生产出必要数量和质量的必要产品，从而实现以最少的投入得到最大产出的目的。

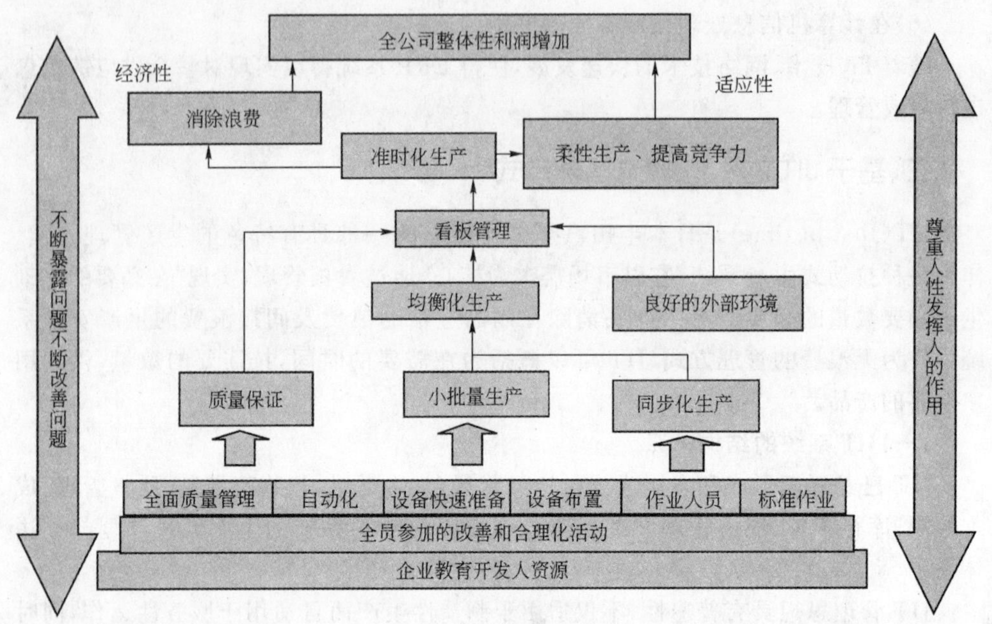

图 7-10　JIT 的构造体系

JIT 强调“非常准时”和“按需要生产”，它要求生产过程中各个环节衔接的准时化，没有不必要的物流停顿和库存，按用户的质量、数量和交货期要求进行生产。准时化生产通过生产流程的物流和信息流的改善得以实现。

(四)JIT 系统生产物流控制的方法

1. 生产同步化

传统的生产方式各工序之间相互独立，设备布置的方法采用机群布置，产品累积到一定程度后一次性送到下一工序，需设置工序间仓库；生产同步化不需要设置工序间仓库，前一道工序结束后被立即送到下一道工序，设备布置方法不适宜按机床分类布置，应根据加工工件的工序顺序综合考虑作业人员的操作进行布置，一般采用 U 形布置。

生产同步化通过一个流生产来实现。一个流生产是指从原材料到成品产出的整个制造加工过程，零件始终处于不停滞、不堆积、不超越，按节拍一个一个流动的生产方法。它的含义是：每道工序加工完成一个制件后立即流到下一个工序，工序间的在制品数量不超过前工序的装配数量，制件的运动不间断、不超越、不落地，生产工序、检验工序和运输工序合为一体，只有合格的产品才可以往下道工序流。

2. 小批量生产

企业生产必须从用户需求出发，根据客户订单进行生产。品种数量多，但是产量有限，生产的重复程度低，物料需求与具体产品制造存在一一对应的相关需求。

3. 质量保证

通常的质量管理方法对产品的检验是在最后一道工序进行，如果有不合格产品则进行返工或做其他的处理，而尽量不让生产线停止。但是JIT的生产方式中要求一旦发现问题，立即停止，防止类似事件的发生，将问题解决在发源地。在JIT的制造生产过程中采用全面质量管理（TQM），即以人为核心的管理体系，它在不同的职能和部门之间运作，涉及所有职员，自上而下，向前后延伸并包括了供应链和客户链。

4. 生产均衡化

生产均衡化是实现适时适量生产的前提。均衡化要求物流的运动完全与市场需求同步，在制造阶段，通过专用设备通用化和制定标准作业来实现，只有实现均衡化生产，才能大大减少以致消除原材料、外构件、在制品以及成品的库存的浪费。均衡化生产是一种理想状态，生产中实施混流生产是实现均衡化的有效方式。

5. 看板管理

JIT是通过看板实现工序间的生产同步化和生产均衡化。看板管理又称准时生产，即前道工序根据看板上的信息，只能在必要的时间，按必要的数量，生产必要的产品，形成由出产决定投入的闭环系统。

看板管理方法是在同一道工序或者前后工序之间进行物流或信息流的传递。JIT是一种拉动式的管理方式，需要从最后一道工序通过信息流向上一道工序传递信息，这种传递信息的载体就是看板。

(1)看板的功能

①生产及运送的工作指令

看板是一种能够调节和控制在必要时间生产出必要的产品的管理手段。它通常通过一种卡片，上面记载零部件的型号、取货地点、送货地点、数量等信息，以此作为生产、取货和运输的指令。

②防止过量生产和过量运送

看板必须按照既定的运送规则来使用。其中的规则之一是："没有看板不生产，不运送"。由于看板所标识的只是必需的量，运用看板能做到防止过量生产、过量运送。

③进行"目视管理"的工具

看板的另一条运送规则是"看板必须附在实物上存放"、"前道工序按照收到的看板顺序进行生产"。根据这一规则，作业现场的管理人员对生产的优先顺序能一目了然，容易管理。只要通过看板所表示的信息，就能知道后工序的作业进展情况、本工序的生产能力利用情况、库存情况等。

④改善的工具

看板的改善功能是通过减少看板的数量来实现的。看板数量的减少意味工序间在制品库存量减少。如果在制品的库存量较高，即使设备出现问题、不良产品数量增加等不良情况也不会影响到后工序的生产，所以容易掩盖问题。在JIT生产方式中，通过不断减少数量来减少在制品库存，就能解决上述问题。

(2)看板的种类

看板的形式多种多样的，总体上可以分为以下三种：传送看板、生产看板和临时看板。

①工序内看板是指工序进行加工时所用的看板，这种看板用于装配线以及生产多种产品也不需要作业更换时间的工序，如机加工工序等，如表7-4所示。

工 序 内 看 板 表7-4

<table>
<tr><td rowspan="3">零部件示意图</td><td rowspan="2">工序</td><td colspan="2">前工序</td><td>本工序</td></tr>
<tr><td colspan="2">热处理</td><td>机加1#</td></tr>
<tr><td>名称</td><td colspan="3">A233-3670B</td></tr>
<tr><td>管理号</td><td>箱内数</td><td>20</td><td>发行张数</td><td>2/5</td></tr>
</table>

②信号看板是在不得不进行成批生产的工序之间所使用的看板，如模锻工序等。信号看板挂在成批制作的产品上，当该批产品的数量减少到基准数时摘下看板，送到生产工序，然后生产工序按该看板的指示开始生产。

③工序间看板是指工厂内部后工序到前工序领取所需的零部件时所用的看板。如表7-5所示。

工 序 间 看 板 表7-5

<table>
<tr><td>前工序
部件1#线</td><td rowspan="2">零部件号：A232－6085C
箱型：3型
标准箱内数：12个/箱
看板编号：2号/5张</td><td>使用工序
总装2号</td></tr>
<tr><td>出口位置号
POSTNO. 12-2</td><td>入口位置号
POSTNO. 4-1</td></tr>
</table>

④外协看板是针对外部的协作厂家所使用的看板。对外订货看板上必须记载进货单位的名称和进货时间、每次进货的数量等信息。外协看板与工序间看板类似，只是前道工序不是内部工序而是供应商，通过外协看板的方式从最后一道工序慢慢往前拉动，直到供应商。

⑤临时看板是在进行设备保全，设备修理，临时任务或需要加班生产的时候所

使用的方法。临时看板是为了完成非计划内的生产或设备维护等任务，灵活性较大。

三、基于 TOC 的生产物流运营方式

随着市场竞争因素的变化，企业的生产组织方式和管理模式也在不断的更新，近年来出现了按物料流动的通畅程度为标准来识别生产控制优先度的生产管理理论。对于各工序能力负荷相对稳定的生产企业，在有了运行 MRP 所需要的基础数据后就可以以 TOC 理论为依据对生产和物流活动进行计划和控制。

（一）TOC 的理论依据及步骤

约束理论（TOC，Theory of Constrain）是作为一种制造管理理念出现，是在以色列物理学家 Eliyahu M. Goldratt 博士提出的最优生产技术（OPT，Optimized Production Technology）的理论的基础上，在 20 世纪 90 年代逐渐成熟完善起来的。TOC 最初被人们理解为对制造业进行管理、解决瓶颈问题的方法，后来几经改进，发展出以“产销率、库存、经营成本”为基础的指标体系，逐渐形成为一种面向增加产销率而不是传统的面向减少成本的管理理论和工具，并最终覆盖到企业的所有职能方面。

1. TOC 的理论依据

任何系统至少存在着一个约束，否则它就可能有无限的产出，因此，要提高一个系统的产出，必须要打破系统的约束。任何系统可以想向成由一连串的环所组成，环与环相扣，这个系统的强度就取决最弱的一环，而不是其最强的一环。如果要想达到预期的目标，必须从最弱的一环，也就是从瓶颈的一环着手，才可得到显著的改善。简单地讲，约束理论是关于企业应作哪些变化以及如何最好地实现这些变化的理论。

在企业的生产系统中，值得特别重视的作业指标有三个：第一是反映单位时间内生产出来并销售出去的产品数量的产销率，即通过销售活动获取收益的速率；第二是以满足未来需要而准备的原材料，加工过程的在制品和一时不用的零、部件，未销售的成品，扣除折旧后的固定资产为表现形式的库存，它包括了企业暂时不用的一切资源；第三是表示生产系统将库存转化为产销量过程中的所有费用的运行费。需要强调的是，通过降低库存从而降低运行费用的手段确实可以提高利润，更重要的是可以缩短制造周期。当今，缩短制造周期是提高企业竞争能力的一个重要因素。因此企业通过制造周期的缩短使产品在质量、价格、交货期等各因素上占有一定的优势，从而使产品在市场上拥有很大的市场占有率，提高产品的产销率。

在现实的生产活动中，对企业库存大小和产销率高低起决定作用的因素是物料在各环节的通过能力。在设计一个企业时，总是以各阶段的生产能力平衡为标准，然而事实上很难实现每个工序的实际负荷与其生产能力的完全统一，必然会出现有的

资源负荷过重，成为生产的瓶颈。

约束理论就是侧重对企业瓶颈资源管理。它不是对所有资源同时进行排序和负荷分配，而是先找出生产系统中的瓶颈，再只对瓶颈资源进行排序和资源分配，最后根据对瓶颈资源的排序对其他有多余容量的资源进行排序。

2.约束理论的应用步骤

TOC 有一套思考的方法和持续改善的程序，具体表述如下：

第一步，找出系统中存在哪些约束。

企业要增加有效产出的话，一般会在以下方面考虑提出应对措施：

(1)原料，即增加生产过程的原料投入。

(2)能力，即某种生产资源不足而导致市场需求无法满足，就要考虑增加的资源。

(3)市场，如果由于市场需求不足而导致市场能力过剩，就考虑开拓市场需求。

(4)政策，找出企业内部和外部约束有效产出的各种政策规定。

第二步，最大限度利用瓶颈，即提高瓶颈利用率。

这是解决第一步中所提出的各种问题的具体方法，从而实现有效产出的增加。如某种内部生产资源是约束，就要采取一系列措施来保证这个环节始终高效率生产，以某台设备利用率不高约束来说，具体的解决方法如下：

(1)设置时间缓冲。多用于单件小批量生产类型，即在瓶颈设备前工序的完工时间与瓶颈设备的开工时间之前设置一段缓冲时间，以保证瓶颈设备的开工时间不受前面工序生产率波动和发生故障的影响。缓冲时间的设置，与前面非瓶颈工序波动的幅度和故障出现的概率及企业排除故障恢复正常生产的能力有关。

(2)在制品缓冲。多用于成批类型，其位置与数量确定的原则与方法同单件小批量生产。

(3)在瓶颈设备前设置质检环节。

(4)统计瓶颈设备的产出的废品率。

(5)找出产出废品的原因并根除。

(6)对返修或返工的方法进行研究改进。

第三步，使企业的所有其他活动服从第二步中提出的各种措施。

目前很多的企业在解决生产系统中的瓶颈问题没有明确这点，对那些非约束环节追求百分之百的利用率，给企业带来的不是利润，而是更多的在制品，约束环节的更多的等待时间以及其他的浪费。因此，企业要按照约束环节的生产节拍来协调整个生产流程。

第四步，打破瓶颈，即设法把第一步中找出的瓶颈转移到别处，使它不再是瓶颈。例如，工厂的一台机器是约束，就需要缩短设备调整和操作时间、改进流程、加班、增加操作人员、增加机器等方法。

第五步，重返第一步，持续改善。

突破一个约束后，一定要重新回到第一步，开始新的循环。因为改进了其中最弱的环节，另一个环节成为最弱的环节。

(二)TOC 条件下企业物流的计划与控制

企业的生产过程可以看作是一个从原材料到成品的高度相关的活动链，内部存在着人员、资金流、信息流和物流。人们可以根据活动链中高度相关的内在关系，制定出一个详尽而周密的生产作业计划，规定出每一种零件、部件和产品的投入、产出时间和数量，但是在实际运作中，设计好的活动程序常常会被企业中大量存在的随机事件的干扰而打乱。要识别这些干扰，找出问题出在何处，只有从“物流”着手。通过对企业中“物流”分类，根据不同类型物流系统，认识其各自的薄弱环节，找出瓶颈所在，从而针对性地进行计划与控制。

1. 企业物流类型

一般将从原材料到成品这一“产品物流”分为：“V”、“A”、“T”三种类型。

“V 形物流”是由一种原材料加工或转变成许多种不同的最终产品；“A 形物流”是由许多种原材料加工或转变成的一种最终产品；“T 形物流”是由许多种原材料加工或转变成多种成品。

(1)“V 形物流”企业

V 形企业的工艺流程一般来说比较清楚且设计简单，物流路径清楚。这类企业的约束分析集中在对内部流转环节进行衔接性的匹配，要消除上道工序与下道工序之间的拖延、无效返工等状况。

典型的“V 形物流”企业有钢铁厂，炼油厂等，其特点：

①最终产品的种类较原材料的种类多得多。

②所有得最终产品，其基本的加工过程相同。

③企业一般是资金密集型且高度专业化的企业。

(2)“A 形物流”企业

典型的“A 形物流”企业有造船厂、大型机械装配厂等，其特点是：

①由许多制成的零部件装配成相对较少数目的成品，原材料种类比零部件种类多。

②一些零部件对特殊的成品来说是唯一的。

③对某一产品来说，其零部件的加工过程往往不相同的。

(3)“T 形物流”企业

典型的“T 形物流”企业有汽车制造厂等，其特点是：

①由一些共同的零部件装配成相对数目较多的成品。

②许多成品的零部件是相同的，即存在标准件和中间件。

③零部件的加工过程通常是不相同的。

V 形企业

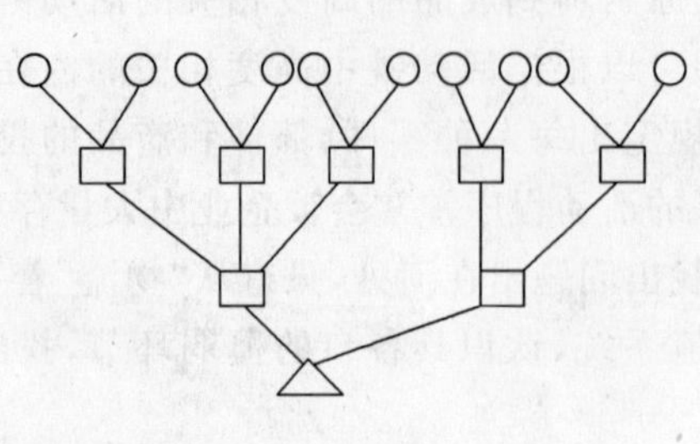

A 形企业

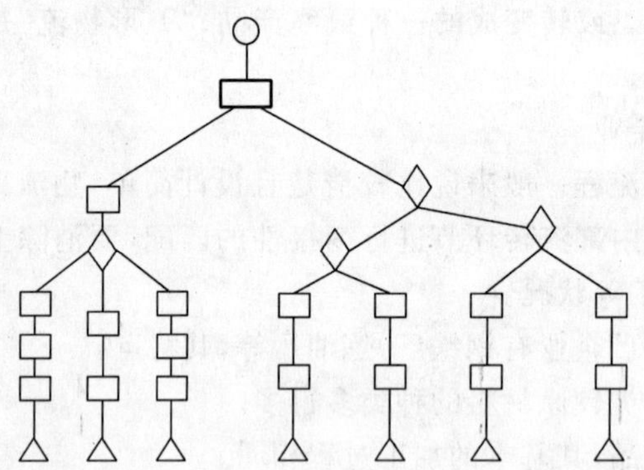

T 形企业

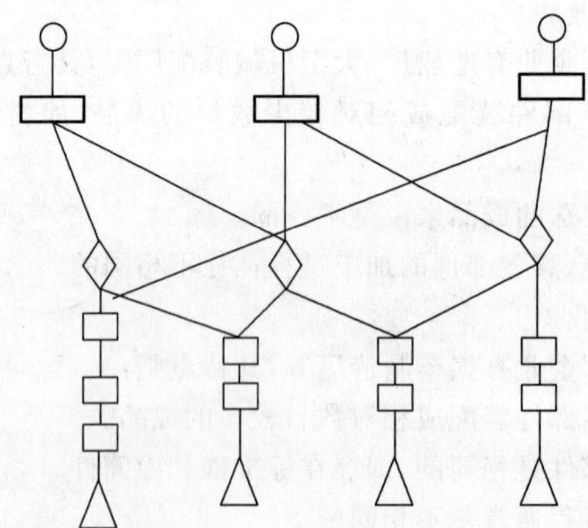

图 7-11　三种典型物流流程图

综上所述,"A 型物流"企业和"T 型物流"企业显著的特点:物流管理难度大,存在着物料清单、工艺流程复杂,企业在制品库存较高、生产提前期较长,约束环节不容易识别,计划及工序间的协调工作也非常困难。要消除"A 型物流"企业和"T 型物流"企业的约束环节,主要工作要集中在外部供应链的优化上面,要协调好企业与外部供应商、经销商之间的关系,保证企业在满足市场多变需求的同时,均衡安排内部的采购、生产、储存等活动。

2. TOC 条件下企业物流的计划与控制——DBR 系统

企业制定计划时要以寻求顾客需求与企业能力的最佳配合为目标,一旦一个被控制的工序(即瓶颈)建立了一个动态的平衡,其余的工序也相应的与这一被控制的工序同步。基于 TOC 的计划与控制关键在于识别瓶颈资源,是通过 DBR (Drum, Buffer, Rope)系统实现的。即"鼓(Drum)"、"缓冲器(Buffer)"、"绳子(Rope)"系统。DBR 系统可以做成软件系统,也可以说是一种基于约束思想的方法。

(1)企业物流约束的识别及合理利用(Drum)

识别企业的真正约束是企业运行 TOC 的开端,也是控制物流的关键。因为这些瓶颈制约着企业的运作能力,也控制着企业同步生产的节奏——鼓点。在安排生产计划时,首先把优先级计划安排在约束资源上,"鼓"反映了系统对约束资源的利用,"鼓"的目标是使效产出最大。事实上,产品的交货期不是企业的生产周期决定的,而是取决于市场需求。只有各个工序都在市场需求的时间完成了加工任务,产品的最终完工时间才能与实际要求的交货期限相符。如果知道一定时间内生产的产品及其组合,就可以按物料清单计算出要生产的零部件,然后按零部件的加工路线及工时定额,计算各个工序的任务工时,将任务工时与能力工时比较,负荷最高的设备就是瓶颈。一般来说,当需求超过能力时,排队最长的机器就是"瓶颈"。找出瓶颈后,可以通过编制详细的生产作业计划,在保证对其生产能力的充分合理的利用的前提下,适时满足市场对本企业产品的需求。

(2)随机波动的控制(Buffer)

缓冲器是为了保证企业在瓶颈生产工序上不受其他因素波动的影响,例如瓶颈生产率高于预期,而上游供货不足导致等待;或者由于上游有的机器质量问题或者正在检修中,而导致不能正常供应上游产品而导致的瓶颈工序受限等。总之,缓冲器就是预防系统随机波动而导致瓶颈出现等待任务的情况。为了保证瓶颈不会出现因缺料而停工,在约束资源的后续装配工序前设置非约束资源缓冲,可以保证瓶颈能力100%利用时间。

缓冲器分为库存缓冲和时间缓冲两类。库存缓冲是用以保证非瓶颈工序出现意外时瓶颈工序的正常运作。而时间缓冲是要求瓶颈工序所需的物料提前提交的时间,以解决由于瓶颈工序和非瓶颈工序在生产批量的差异可能造成的对生产的延误。

缓冲方式分鼓缓冲、装配缓冲和发运缓冲。

①鼓缓冲:可以在任何工作中心之前动态的布置。人们不能处理不可能运行的订单,在鼓上运行的时间之前布置时间缓冲,如果有了这个缓冲,就能具有一些缓冲渗透的数量来承受有限计划鼓的影响的风险。

②装配缓冲:用于保证非鼓链的装配,在足够时间到达,形成和关键鼓链的零件配套。装配缓冲不提供对所有子项装配到达的偏置,只有和通过鼓计划的子项配套时才会出现装配缓冲。

③发运缓冲:是用来保护独立需求物料的交货。所有的产品结构链都具有发运缓冲,它是在订单完成日期之前到达的时间缓冲。但是由于加工过程中的变化,会导致有可能在理想的缓冲日期之后到达。在这个可以接受的日期之后到达和达到要求的时间点到达,就能继续考虑计划满足订单的完成日期(销售或预测)。

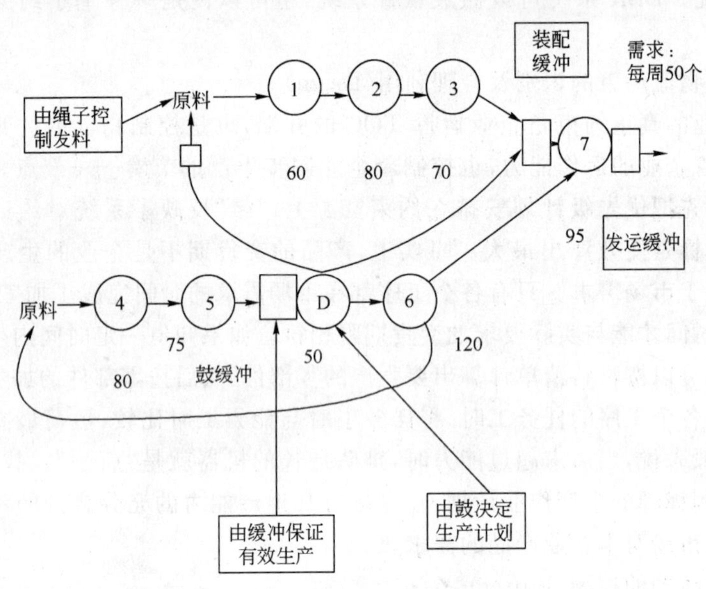

图 7-12 DBR 系统原理

(3)物流能力的平衡(Rope)

绳子的作用是为了使库存减少。因为产销率决定于瓶颈资源,所以对于非瓶颈资源来说,它们应该根据瓶颈资源的利用情况来决定利用多少,过多的利用会造成库存的增加,用的少会造成瓶颈资源的等待。所以绳子就起到一个使非瓶颈资源与瓶颈资源同步的作用,即保证他们与鼓的节奏一致。绳子的目标使在制品库存最小,绳子根据约束资源的生产节拍,决定上游原材料的发放速度,其原理类似看板管理思想。即由后道工序根据需求向前道工序领取必要的零件进行加工,而前道工序只能补充动用的部分,实行的是一种受控生产方式。通过绳子系统的控制，使得瓶颈前的非瓶颈设备均衡生产，加工批量和运输批量减少，可以减少提前期以及在制品库存，而同时又不使瓶颈停工待料，所以绳子是瓶颈对其上游机器发出生产指令的媒介。

(4)DBR系统的目的

①识别企业的真正约束(瓶颈)。

②基于瓶颈约束来建立生产计划(鼓的节拍)。

③对缓冲的管理。

④非瓶颈的物料的投入受到瓶颈的产出率的控制(绳子)。

(5)DBR系统生产计划实现过程

①计划：主生产计划、鼓计划和物料下达计划。

②执行：缓冲管理和采购、发放计划。

③控制：评估和过程指示。

四、TOC、ERP和JIT的区别

TOC 、ERP、JIT是在不同时代、不同经济与社会环境下产生的不同的企业管理方式，其内含的物流活动的原理也不尽相同。他们的区别涉及到企业经营规划、业务运作、决策方式等企业运作管理的方方面面。

(一)计划方式

ERP采用集中式的计划方式，计算机系统建立一套规范、准确的零件、产品结构以及加工工序等数据系统，并在系统中维护准确的库存、订单等供需数据，根据能力平衡后展开各级生产单元以及供应单元的生产与供应指令。

JIT采用看板管理方式，按照有限能力计划，逐道工序的倒序传递生产中的取货指令和生产指令，各级生产单元依据所需满足上级需求组织生产。

TOC是先安排约束环节上关键件的生产进度计划，以约束环节为基准，把约束环节之前、之间、之后的工序分别按拉动、工序顺序、推动的方式排定，并进行一定优化，然后再编制非关键件的作业计划。

(二)能力平衡方式

ERP提供能力计划功能，根据生产单元的初始能力设置，可以判断生产能力的实际需求，由计划人员依据经验调整主生产计划，以实现生产能力的相对平衡。

JIT计划展开时基本不考虑能力的平衡，企业以密切协作的方式保持需求的适当稳定并以高柔性的生产设备来保证生产线上能力的相对平衡。

TOC首先按照能力负荷比把资源分约束资源和非约束资源，通过改善企业链上的薄弱环节来消除约束，并注意约束环节的动态转移，通过TOC管理手段上的反复应用以实现企业的持续改进。

(三)库存控制方式

ERP中一般设有各级库存,库存执行的依据是计划与业务系统产生的指令,如加工领料、销售领料单、采购入库单等。

JIT生产过程中一般不设在制品库存,只有当需求期到达时才供应物料,所以库存基本没有或只有少量。

TOC的库存控制是通过合理设置时间缓冲和库存缓冲来实现的。缓冲器的大小由观察与实验确定,再通过实践,进行必要的调整。

(四)质量管理的方式

ERP将出现质量问题视为概率问题,并在最终检验环节加以控制。系统可以设置某些质量控制参数,借助生产中质量信息反馈,事后帮助分析出现质量问题的原因。

JIT在每道工序中控制质量,进入下一道工序时要确保上一道送来的零件没有质量问题,一级级控制直到最后成品。对于发现质量问题,一方面立即组织质量小组解决,另一方面可以停止生产,确保不生产出更多的废品。

TOC中,一方面在约束环节前设置质检,以避免前道工序的波动对约束环节的影响。另一方面,当质量管理因素成为一个无形约束时,通过一系列工具找到突破点。

(五)采购与供应的方式

ERP的采购与供应系统主要根据计划系统下达的物料需求指令进行采购决策,并负责完成与供应商之间的联系与交易。

JIT将采购与供应视为生产链的延伸部分,实际生产中,由于企业多已经建立密切合作关系,所以供应商一般根据提出的需求组织生产,保证生产链的紧密衔接。

TOC中物料采购提前期不事先确定,物料的供应和投放按照一个详细作业计划来实现,即通过指令来同步。

S 本章小结

生产物流是从原材料购进开始直到生产成品发送为止的全过程的物流活动,它包括从原材料和协作件的采购供应开始,经过生产过程中半成品的存放、装卸、输送和成品包装,到流通部门的入库验收、分类、储存、配送,最后送到客户手中的全过程,以及贯穿于物流全过程的信息传递。做好生产物流管理,就是要做到把正确物品以正确的数量、正确的顺序、正确的取向在正确的时刻送到正确的位置。现代生产过程工艺复杂、时间性强,使生产物流具有多样性和复杂性,因而,研究生产物流的结构,了解影响生产物流的诸多因素,做好生产物流计划与控制尤其重要。

生产物流是企业物流的关键环节。本章从生产物流的基本原理出发,按照生产类型的不同介绍了项目型生产、单件小批量型生产、多品种小批量型生产、单一品种大批量型生产、多品种大批量型生产过程及生产物流的特点；从生产模式的角度，介绍了手工作坊式生产、大批量生产和多品种小批量生产模式下的生产物流管理，最后介绍了基于不同计划控制方法下的生产物流管理的特点。

C 案例分析

利丰制造的业务模式

利丰制造（LPD Manufacturing）是利丰经销集团旗下的公司，为欧美与亚太区的多家跨国公司生产各类消费品，现已为三千多个世界知名品牌生产商品。现时利丰制造在泰国、马来西亚、印度尼西亚及中国均有业务，2000年的营业额逾7500万美元。利丰制造是一家拥有四十多年经验的生产承办商，拥有专业的产品知识和充足的资源，专注于生产食品、医疗药品、个人护理产品及家居用品。

利丰制造不仅从事大量的合约生产业务，专注于生产领域，而且还不断扩展业务范围，管理生产业务的上下游环节，提供各种增值服务。其中生产业务的上游环节包括产品的开发和原材料的采购等，而生产业务的下游环节则包括市场营销和物流配送等。

利丰制造的业务不只局限于生产和加工，还包括为客户提供更全面的服务，承担从采购原材料开始到运送制成品至指定目的地的诸多职能。并且，利丰制造还能为客户的产品进行配方注册，并对客户的产品配方、销售额和促销策略等进行严格保密。

合约生产是利丰制造的一项主要业务。由于提供如食品和个人护理用品等的商户一般会选择在生产成本较低的地区进行生产，但它们又不可能在所有地区都拥有自己的厂房，所以在多数情况下，它们会将产品生产的过程以合约生产的形式外包给一家有资格的工厂负责。在合约生产模式中，客户会为合约生产商提供所有的原材料，或要求合约生产商向指定的原材料供货商购买原材料。例如，某客户外包瓶装饮料的生产，它会将饮料配方、瓶盖和瓶等生产原材料提供给生产商，或让生产商向指定的供货商购买这些原材料。利丰制造合约生产的主要任务集中在产品的生产与加工上，另外还包括为客户提供多种包装选择。利丰制造会根据客户的特定需求度身定制服务内容，并承诺在客户有需要的情况下，会投资以提升工厂的产能。利丰制造在中国、泰国、马来西亚和印度尼西亚都拥有合约生产的厂房与设施。利丰制造的工厂采用严密的措施对生产加工的每一个步骤进行质量监控，并会在设备齐全的实验室内进行常规测试，以保证产品符合客户在质量和卫生上的严格要求。利丰制造拥有位于中国的上海、泰国的巴塔尼、马来西亚的吉隆坡和印度尼西亚的雅加达的四个合约生产基地。每个生产基地都专注于某个领域的产品生产与加工业务。其中，位于泰国的生产基地是最具规模、生产的产品范围最广并且设施最完备的生产基地。

1. 泰国的生产基地

利丰制造（泰国）有限公司成立于1999年，其拥有的工厂早在1962年就已投入生产。利丰制造在泰国的生产基地占地面积为20.4英亩，拥有9栋建筑物，厂房面积为20 900m^2。这个生产基地拥有近550名具有丰富行业经验的员工，厂房的生产能力约为每年35 000t。泰国的生产基地包括生产化妆品、家居用品和医药品的大型厂房。整个生产基地采用先进的企业资源计划系统进行管理，而且运用完整的计算机生产软件系统来控制各个厂房的生产流程。生产厂房拥有容量为50～5 000kg的混合容器，42条产品包装线（包括瓶状、管状和袋状等包装）和先进的自动或手动填充机器。这个生产基地能够生产的产品类别包括乳液、面霜、乳霜、牙膏、唇膏、压缩粉末和蜡状物等。泰国生产商对生产化妆用品拥有丰富的经验。在泰国工厂生产的产品有80%供应本地市场，其余20%出口到马来西亚、新加坡、越南、中国台湾、缅甸和中国香港市场。

在1988年、1994年和2001年，利丰制造位于泰国的工厂分别获得了美国食品和药品管理局颁发的药物、化妆品和危险性产品的优良产品制造规范（GMP）证书。1995年，该工厂获得国际标准化组织（ISO）颁发的ISO 9002证书，是泰国第一个在化妆品、医药品、家居用品和含压缩气体的产品领域中获得此证书的合约生产商。2001年，该工厂又获得了ISO 14001证书。这些证书显示了利丰制造的泰国生产基地拥有优质并且符合环境保护要求的工厂设备。并且该生产商在处理客户保密配方和商标协议的事项上均享有良好的信誉。

2. 中国内地生产基地

利丰制造（上海）有限公司成立于2000年，它收购了创始于1994年的饮料制造商上海东方海外食品有限公司。利丰制造（上海）有限公司的工作包括原材料采购、生产、产品测试、注册和货品存储等业务。上海生产基地的工厂面积达45 000m^2，包括三栋独立厂房、一个仓库及一块作未来扩展之用的预留土地。上海生产基地主要生产的产品包括罐装及瓶装饮料、袋装膨化食品和热罐装保温瓶饮料。

3. 马来西亚生产基地

利丰制造（马来西亚）有限公司成立于1999年，其工厂拥有超过40年的运营历史。马来西亚生产基地主要生产各种饮料、食品、个人护理和保健用品等，共有 36 条生产线,工厂面积达 20 000m^2。利丰制造位于马来西亚的工厂获得了 CMP 证书和 ISO 9002 证书,并获得了食品卫生安全重点控制的鉴定合格证。

4. 印度尼西亚生产基地

利丰制造(印度尼西亚)有限公司成立于 1999 年,其工厂拥有超过 30 年的运营历史。印度尼西亚的生产基地拥有面积达 24 000m^2 的厂房,主要生产一系列的个人护理和家居护理产品。印度尼西亚的生产基地目前正大规模地提升其厂房设施和产能。

案例思考题:

结合生产物流运营知识,分析理解案例利丰制造的业务模式属于哪一种生产物流经营方式,并论述其特征及与其他种类生产物流经营方式的区别。

T 思考题

1. 企业生产物流的含义是什么?
2. 阐述物料需求计划的基本原理。
3. 物料清单在 MRP 中的作用是什么?
4. MRPII 与 ERP 的区别在哪里?
5. 你怎样理解 JIT 生产方式的基本思想?

E 综合练习题

结合本章内容与山东小鸭集团实施 ERP 的案例谈谈企业实施 ERP 项目时,应该采取哪些步骤,采取哪些措施?

小鸭集团的 ERP 项目

山东小鸭集团有限责任公司是著名的现代化大型家电企业。集团下属 12 个分公司,生产经营家用滚筒洗衣机、波轮洗衣机和商用洗衣机、家用冰柜、超市冷柜、电燃气热水器、燃气灶具、空调器、办公设备、发电机组、小家电 12 大门类,150 多个系列的产品,固定资产达 22.8 亿元。是中国最大的滚筒洗衣机生产基地、电热水器生产基地、商用冷柜生产基地之一。

小鸭集团通过各地办事处及各厂的销售公司进行产品销售,拥有很大的商业客户基础。2001年小鸭品牌又荣获“中国名牌”称号。

1.信息化抉择

中国加入WTO,国内庞大的消费市场正迅速成为国际商业巨头竞争中的必争之地。面临来自国内国外的市场竞争,小鸭集团开始意识到,搞好生产、降低成本是企业管理不懈的追求。同时,随着IT技术的飞速发展,企业面临的竞争环境发生了根本性变化,如顾客需求瞬息万变、技术创新不断加速、产品生命周期不断缩短等。

因此,赢得竞争的最直接和最有竞争力的核心手段就是必须实施ERP。如何选择、应用ERP就成了小鸭集团的当务之急。

然而,ERP项目的实施不是一个普通软件的实施,它涉及对企业的管理优化和流程重组,而实施人员的素质和水平及对业务的了解程度将直接影响到项目的实施成败。

因此在选择ERP软件时,小鸭集团在综合比较了十几家软件公司后,最终选择了北京诚通信科技术有限公司(信科)。小鸭集团作为规模庞大的电子制造业,各种生产模式并存,物流种类多达30万种,数据量庞大,业务相当复杂。这就要求ERP软件系统功能强大,而这恰恰是信科的强项。而且,信科在国内完成的ERP项目有20多个,积累了在制造业实施ERP的丰富经验。

2. ERP实现

ERP项目的实施是关系到软件应用效果的关键,也是项目成败的决定因素。小鸭集团在经历了系统培训、业务分析、实施分析、实施设计、模拟测试和试运行等重要阶段后,短短半年就按计划实现了第一阶段实施的重要切换。目前已经完成了ERP系统的(财务会计模块)、MM(物料管理模块)全部功能,以及成本管理中控制模块、销售模块、生产计划管理模块部分功能,使小鸭集团的财务管理和物料管理进入了真正意义的实施管理和控制,有效支持了集团业务的快速增长,并为下阶段的实施开了一个好头。

ERP实施的效果是显著的。短短几个月的时间里,小鸭集团成功地实现了新老系统的转换,完全抛弃了原有生产管理系统,并成功地把这个系统扩展到五大生产基地,用ERP管理企业生产,提高了人均产值和客户服务水平,库存资金占用降低了30%～50%。集团在员工人数不增加的情况下,实现年产洗衣机220万台,营业收入超过30亿元。ERP项目的成功实施为进一步推进CMIS,实现设计、制造一体化奠定了坚实的基础。

此外,小鸭集团还是具有重复制造和单件离散制造等多制造模式的企业,这就必然对实施的ERP项目提出更高的要求。北京诚通信科技术有限公司以其雄厚的技术实力使复杂的ERP项目得以成功实施,充分满足了客户的要求。

3.应用效果

小鸭集团已经成为中国上市公司中实施企业资源计划系统的大型电子电器企业

之一，其 ERP 项目软硬件设备投资已超过 1000 万元。

ERP 系统的成功实施，为小鸭集团完成年度销售目标提供了有力的保障。小鸭集团将进一步完善 ERP 系统中的 PP(产品计划)、CO(管理会计)、SD(销售与分发)三个模块，在集团总部全面实施成功后再推广到集团下属的五个大型生产基地，从而实现与之信息共享集成，形成真正意义上的 ERP 系统。

同时，企业信息化由于信息技术的大量采用，改进并强化了企业物流、资金流、人员流及信息流的集成管理，对企业固有的经营思想和管理模式产生了强烈冲击，带来了根本性的变革。信息技术与企业管理的发展与融合，使企业竞争战略管理不断创新，企业竞争力不断提高，从而推动了业务流程重组，促进了组织结构优化，有效地降低了成本，扩大了企业竞争范围，加快了产品和技术创新，加速差别化，提高了企业的整体管理水平。

第八章 企业销售物流管理

学习要求

通过本章的学习，要明确企业销售物流的岗位要求，掌握企业销售物流的主要环节，掌握销售物流的内容与掌握销售物流服务的工作内容。

能力目标

- ◆ 明确企业销售部门的工作目标与工作任务
- ◆ 掌握企业销售物流管理工作程序

知识目标

- ◆ 掌握企业销售物流过程及渠道
- ◆ 重点掌握企业销售物流服务的要素
- ◆ 掌握 DRP、CRM、ECR 概念及作用

第一节 企业销售物流概述

一、销售物流概念及主要环节

(一)销售物流的概念

我国国家标准《物流术语》对销售物流(Distribution logistics)定义是："生产企业、流通企业出售商品时，物品在供方与需方之间的实体流动"。

在现代社会中，市场环境是一个完全的买方市场，因此，销售物流活动便带有极强的服务性，以满足买方的要求，最终实现销售。在这种市场前提下，销售往往以送达用户并经过售后服务才算终止，因此，销售物流的空间范围便很大，这便是销售物

流的难度所在。在这种前提下，企业销售物流的特点，便是通过包装、送货、配送等一系列物流实现销售，这就需要研究送货方式、包装水平、运输路线等并采取各种诸如少批量、多批次、定时、定量配送等特殊的物流方式达到目的。

(二)销售物流主要环节

企业在产品制造完成后，需要及时组织销售物流，使产品能够及时、准确、完好地送达客户指定的地点。为了保证销售物流的顺利完成，实现企业以最少的物流成本满足客户需要的目的，企业需要在产成品包装、产成品储存、订单及信息处理、发送运输及装卸搬运、流通加工及分销物流网络规划与设计等方面做好工作。

1.产成品包装

包装是企业生产物流系统的终点，也是销售物流系统的起点。销售包装的目的是向消费者展示、吸引顾客、方便零售。运输包装的目的是保护商品，便于运输、装卸搬运和储存。因此，在包装材料、包装形式上，既要考虑储存、运输等环节的方便，又要考虑销售、材料及工艺的成本费用。

2.成品储存

成品储存是满足客户对商品可得性的前提。通过仓储规划、库存管理与控制、仓储机械化等，提高仓储物流工作效率、降低库存水平、提高客户服务水平，同时帮助客户管理库存，有利于稳定客源、便于与客户的长期合作。

3.订单及信息处理

客户在考虑批量折扣、订货费用和存货成本的基础上，合理地频繁订货；企业若能为客户提供方便、经济的订货方式，就能引来更多的客户。随着计算机和现代化通信设备的广泛应用，电脑订货方式被广泛采纳，企业跟踪订货状态的能力也大大提高，使得客户与供应商的联系更加密切。对于购买生产线产品的工业客户来说，了解订货与装运状态虽然重要，但他们最关心的还是保持生产原料的可靠的连续供应，因此他们更关心交货日期的可靠性。

4.发送运输与配送

企业的产成品都要通过运输才能到达客户(消费者)指定的地点，而运输方式的确定需要参考产成品的批量、运送距离、地理等条件。

配送是在局部范围内对多个用户实行单一品种或多品种的按时按量送货。通过配送，客户得到更高水平的服务；企业可以降低物流成本，减少城市的环境污染。要考虑制定配送方案，提高客户服务水平的方法和措施。

5.装卸搬运

装卸是物品在局部范围内以人或机械装入运输设备或卸下。搬运是对物品进行水平移动为主的物流作业。主要考虑：提高机械化水平、减少无效作业、集装单元化、提高机动性能、利用重力和减少附加重量、各环节均衡、协调、系统效率最大化。

6. 流通加工

根据需要进行分割、计量、分拣、刷标志、拴标签、组装等作业的过程。主要考虑：流通加工方式、成本和效益、与配送的结合运用、废物再生利用等。

7. 分销物流网络规划与设计

销售物流网络，是以配送中心为核心，连接从生产厂出发，经批发中心、配送中心、中转仓库等，一直到客户的各个物流网点的网络系统。销售物流网点在空间上的布局在很大程度上影响物流的路线、方向和流程。

二、销售物流过程及渠道

(一)销售物流过程

销售物流的起点，一般情况下是生产企业的产成品仓库，经过分销物流，完成长距离、干线的物流活动，再经过配送完成市内和区域范围的物流活动，到达企业、商业用户或最终消费者。销售物流是一个逐渐发散的物流过程，这和供应物流形成了一定程度的镜像对称，通过这种发散的物流，使资源得以广泛地配置。仅从一个订单来研究的话，销售物流过程如图 8-1 所示。

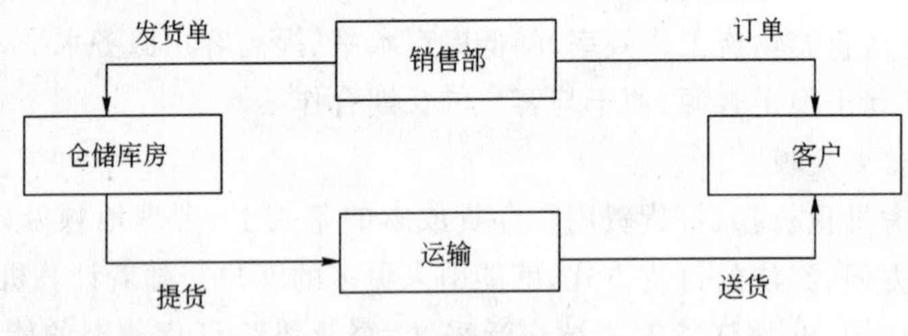

图 8-1　销售物流过程

(二)企业的销售渠道

企业的销售渠道按结构通常分为以下三种形式：

1. 生产者→消费者
2. 生产者→零售商→消费者
3. 生产者→批发商(代理商)→零售商→消费者

企业选择什么样的销售渠道主要决定于政策性因素、产品因素、市场因素和生产企业自身因素等。生产企业对影响销售渠道选择的因素进行研究分析以后，要结合企业自身的特点和要求，对各种销售渠道的销售量、费用开支、服务质量，进行反复比较，找出最佳销售渠道。

企业销售渠道的选择及其销售物流的组织与产品类型有关，如钢材、木材等生产资料，其销售渠道一般选用第一种结构渠道和第三种结构渠道(生产者—批发商—消费者)；而诸如日用百货、小五金等的销售，则较多选用第二、三种结构渠道。

正确选择和运用销售渠道，合理组织销售物流，可使企业迅速及时地将产品传送到客户手中，达到扩大产品销售，加速资金周转，降低流通费用的目的。在现实经济活动中，不同结构流通渠道有其存在的基础与市场适应性，因而都有自己特定的存在价值。

(三)商品流通渠道结构分析

1."生产者→消费者"流通渠道分析

"生产者→消费者"这一流通渠道是指生产者将自己生产的商品，不经过商业环节直接推向市场，由消费者购买而进入消费领域。

(1)"生产者→消费者"这一商品流通渠道的特点：

第一，流转环节少。

第二，单个流通费用最低。

第三，可以有效地沟通产需信息，提高生产的针对性与目的性。

第四，生产者经济效益较高。

(2)"生产者→消费者"这一流通渠道有其局限性，这些局限性集中反映在：

第一，市场范围狭窄，商品销售数量有限，市场因素对生产者扩大再生产限制大。

第二，市场信息不充分。

第三，市场风险集中。

第四，生产者经济要素投入分散，在经营管理水平一定的条件下，可能会造成巨大的资源浪费。

2."生产者→零售企业→消费者"流通渠道分析

在"生产者→零售企业→消费者"这一商品流通渠道结构中，参与流通的主体包括生产者、零售商、消费者三个方面。

(1)"生产者→零售企业→消费者"这一流通渠道的特点是：

第一，由于零售企业的介入，使生产者与消费者的直接联系被割断，生产者与消费者之间的经济联系程度取决于零售企业的能动性。因此，从某种意义来说，零售企业是这一流通渠道的核心。

第二，"生产者→零售企业→消费者"这一流通渠道的效能取决于生产者与零售企业的结合方式及利益分配关系。

第三，商品流通范围突破了生产者能力的限制，而是扩大到一系列零售企业的销售网络和营销能力所能涉及到的范围。

第四，生产者节约了对流通领域的资源投入和经营风险的降低，有利于集中力量从事生产与产品开发。

(2)"生产者→零售企业→消费者"这一流通渠道也有其局限性，它集中反映在：

第一，生产者与零售企业在各自利益的支配下，其行为协调难度较大，从而制约了这一流通渠道效应的发挥。

第二，由于生产者与零售企业的职能分工，在交换过程中各自关注的侧重点有较大的差异，从而产生较高的流通渠道管理费用。

第三，生产者的产品销售依靠一系列零售企业的行为来实现，当零售企业规模达不到一定的市场集中度时，有可能引发零售企业的不良竞争行为，导致商品销售市场秩序混乱。

3.“生产者→(代理商)批发商→零售商→消费者”流通渠道分析

“生产者→批发商→零售商→消费者”或“生产者→代理商→批发商→零售商→消费者”，都是在社会化大生产和社会分工较充分的条件下产生的复杂的商品流通渠道形式。它是今天多数商品所选择的一种流通渠道形式。

“生产者→批发商→零售商→消费者”这一流通渠道的特点是：

第一，流通环节较多，流通链长，能使商品进入广阔的市场。

第二，充分利用流通职能分工的细化，能较好地利用各类流通企业的优势，加快商品流通过程，提高商品流通质量。

第三，市场信息质量较高。由于不同类型的流通企业参与经营活动，以及市场覆盖面广，能在广阔范围内收集市场需求信息，而且不同类型企业间所提供的信息可以相互补充，因而信息内容能较准确地反映市场需求趋势。

第四，经营风险进一步分散，提高了流通参与企业的抗风险能力。

“生产者→批发商→零售商→消费者”这一复杂的流通渠道形式，虽然被当今大多数商品流通所采用，但它自身也有其局限性。第一，流通费用高。第二，流通渠道管理难度大。

三、销售物流模式

销售物流有三种主要的模式：生产者企业自己组织销售物流；第三方物流企业组织销售物流；用户自己提货的形式。

(一)生产企业自己组织销售物流

这是在买方市场环境下主要销售物流模式之一，也是我国当前绝大部分企业采用的物流形式。

生产企业自己组织销售物流，实际上把销售物流作为企业生产的一个延伸或者是看成生产的继续。生产企业销售物流成了生产者企业经营的一个环节。而且，这个经营环节是和用户直接联系、直接面向用户提供服务的一个环节。在企业从“以生产为中心”转向以“市场为中心”的情况下，这个环节逐渐变成了企业的核心竞争环节，已经逐渐不再是生产过程的继续，而是企业经营的中心，生产过程变成了这个环节的支撑力量。

生产企业自己组织销售物流的好处在于，可以将自己的生产经营和用户直接联系起来，信息反馈速度快、准确程度高，信息对于生产经营的指导作用和目的性强。企业往往把销售物流环节看成是开拓市场、进行市场竞争中的一个环节，尤其在买方市场前提下，格外看重这个环节。

生产企业自己组织销售物流，可以对销售物流的成本进行大幅度的调节，充分发挥它的“成本中心”的作用，同时能够从整个生产企业的经营系统角度，合理安排和分配销售物流环节的力量。

在生产企业规模可以达到销售物流的规模效益前提下，采取生产企业自己组织销售物流的办法是可行的，但不一定是最好的选择。主要原因，一是生产企业核心竞争力的培育和发展问题，如果生产企业的核心竞争能力在于产品的开发，销售物流可能占用过多的资源和管理力量，对核心竞争能力造成影响；二是生产企业销售物流专业化程度有限，自己组织销售物流缺乏优势；三是一个生产企业的规模终归有限，即便是分销物流的规模达到经济规模，延伸到配送物流之后，就很难再达到经济规模，因此可能反过来影响其更广泛、更深入的开拓市场。

(二)第三方物流企业组织销售物流

由专门的物流服务企业组织企业的销售物流，实际上是生产企业将销售物流外包，将销售物流社会化。

由第三方物流企业承担生产企业的销售物流，其最大优点在于，第三方物流企业是社会化的物流企业，它向很多生产企业提供物流服务，因此可以将企业的销售物流和企业的供应物流一体化，可以将很多企业的物流需求一体化，采取统一解决的方案。这样可以做到：第一是专业化；第二是规模化。这两者可以从技术方面和组织方面强化成本的降低和服务水平的提高。在网络经济时代，这种模式是一个发展趋势。

(三)用户自己提货的形式

这种形式实际上是将生产企业的销售物流转嫁给用户，变成了用户自己组织供应物流的形式。对销售方来讲，已经没有了销售物流的职能。这是在计划经济时期广泛采用的模式，将来除非十分特殊的情况下，这种模式不再具有生命力。

四、销售物流合理化途径

销售物流活动受企业销售政策制约，由于它是具体化的事物，所以，单单从物流效率的角度是不能找出评价的尺度的。目前，销售物流合理化的形式有大量化、计划化、商物分离化、标准化、共同化等类型，但一种物流并不仅仅与一种类型相对应。

(一)有效预测，实现货物流动的批量(大量)化

随着信息技术的发展，预测手段及工具的更新，企业可以对货物的流量和流向进行有效预测，增加货物流动的批量，减少批次。适用的行业可以是家用电器、玻璃、洗涤剂、饮料等。这种种形式常见问题包括需求预测不准导致销售竞争力下降，交易对象的商品保管面积增加。但可通过装卸机械化，以大大提高货物的装卸效率，由于批量的增大，可以大大降低单件货物的流动成本。又可以克服需求、运输和生产的波动性，简化事物处理。

(二)商物分离化形式

商物分离,是指流通中两个组成部分,即商业流通和实物流通各自按照自己的规律和渠道独立运动。使用这种途径需解决销售活动的方式问题、配送距离增大的问题,以及企业之间关系需进行调整。这种形式适用的行业可以是纤维、家用电器、玻璃等。可实现固定开支减少压缩流通库存,排除交叉运输,又可使整个流通渠道的效率化和流通系列化得到加强。

(三)共同化途径

物流共同化包括物流配送共同化、物流资源利用共同化、物流设施与设备利用共同化以及物流管理共同化。物流资源是指人、财、物、时间和信息;物流的设施及设备包括运输车辆、装卸机械、搬运设备、托盘和集装箱、仓储设备及场地等;物流管理是指商品管理、在库管理等。这种途径的管理要求比较高,它要求企业能够具备对单一主导型企业和行业具有整体垂直结合、水平结合能力。采用这种途径需要解决的问题包括调整企业之间的关系,选择对象企业,对本企业物流状况不能公开化的信息,加强对企业物流状况的保密措施。适用的行业可以是照相胶片、家用电器、食品、药品等。该模式优点:物流管理社会化,装载效率提高,投资压缩成本。

(四)标准化途径

物流标准化是按照物流合理化的目的和要求,制定各类技术标准、工作标准,并形成全国乃至国际物流系统标准化体系的活动过程。其主要内容包括:物流系统的各类固定设施、移动设备、专用工具的技术标准;物流过程各个环节内部及之间的工作标准;物流系统各类技术标准之间、技术标准与工作标准之间的配合要求,以及物流系统与其他相关系统的配合要求。物流标准化需要解决的问题包括交易条件的调整、组合商品的设定和更新。适用的行业可以是食品、文具、化妆品等。该模式优点:拣选、配货等节省人力;订货处理、库存管理、拣选、配货等比较方便。

通过以上分析,可以看出销售物流合理化是一个系统的工程,它涉及到物流的各个方面,需要考虑企业内部因素,同样也需要考虑外部因素。各种物流途径的选择既要遵循物流设计的原则,也要考虑公司的定位、品牌形象、销售政策以及物流各要素与物流成本和服务质量之间的关系。因此,对某一个具体企业而言,可以选择符合自己企业实际情况的合理化物流模式,但对所有企业而言,不存在统一的合理化物流模式,各企业必须根据自身的实际情况设计符合自己的物流模式,形成本企业的核心竞争优势。

五、销售部门的职能与工作内容

(一)销售部门的任务与目标

1. 任务

(1)进行市场调查和需求预测。

(2)开拓市场和制定销售产品的方针和策略。

(3)编制销售计划。

(4)销售订单管理。

(5)组织产品推销。

(6)客户服务。

(7)成本分析。

2.工作目标

全方位地为客户服务,满足客户的要求。

(二)销售物流的内容

1.物流环境分析与物流市场调研

物流营销总是受到各种各样环境因素的影响,环境的变化会直接影响物流营销格局的变化、竞争优势的变化。研究环境,就是为了使企业物流更好地适应环境的变化。企业物流要想真正在目标市场上进行有效的服务,就要做好市场调研,准确掌握市场需求状况和客户行为多样化的发展,并对竞争对手进行深入细致的分析。

2.物流市场细分、目标市场营销与市场定位

物流市场营销的范围很大,无论实力多么雄厚的企业物流都不可能承揽所有业务,不可能满足各个方面各具差异的市场需求。所以必须进行市场细分,根据自身的条件确定为之服务的目标市场,做好准确的市场定位,提供有效的服务。这是物流营销战略的重要内容和基本出发点。

3.销售物流信息管理

整个物流过程是一个多环节的复杂系统。在物流过程的节点上通过物流实体的运动和客户服务来形成一个独立的物流信息系统。物流客户信息管理也是物流客户管理的关键,它不仅能改善物流运作,设计新颖独特的物流方案,还能拓展物流管理的盈利能力,充分发挥物流营销的作用,科学地把物流客户信息用于物流经营管理活动中,使信息为提高企业的经济效益和社会效益服务。它主要包含销售物流信息系统的设计方法与应用,如物流市场信息的搜集、整理和分析,物流信息网络系统建立与应用,物流信息的加工运输与反馈等。

4.物流客户服务与关系管理

销售物流是为客户提供产品和服务,满足客户需求所进行的一项特殊服务。计算机和信息技术在物流客户服务中的应用,使企业可以用电子数据交换技术,在订单处理、产品跟踪和客户反映等许多领域与客户加强联系,实现满意度高的优质服务。客户关系管理是物流营销活动的核心工作,是衡量物流营销系统为客户服务的尺度,直接影响到企业的市场份额和物流总成本。因此,在物流企业的运作中,客户关系管理是至关重要的环节。其主要内容有客户识别与管理、服务人员的管理、市场行为管理与伙伴关系管理。

第二节　企业销售物流服务

一、企业销售物流服务意义

（一）企业销售物流服务含义

企业销售物流服务是围绕市场需求，在最有效和最经济的成本前提下，为顾客提供满意的产品和服务的活动。作为一种复合型的物流服务，销售物流要面对诸如营销供应、采购、成本控制、生产外包、供应商联盟、第三方物流、渠道库存、客户服务等环节，进行全方位组织、统筹、控制、跟踪以及评估管理计划和控制范畴。因此，销售物流的管理者必须具备多方面的专业知识和经验，更重要的是，要具备开阔的视野，相当强的协调和沟通能力，并以客户需求为准绳。

（二）企业销售物流服务的意义

1. 物流服务已逐渐成为企业经营差别化的重要一环

在企业的营销政策上，特别是在细分化营销时期，企业物流功能不再只停留在商品传递和保管等一般性活动上，不再是企业生产和消费的附属职能。进入细分化营销阶段，市场需求出现多样化和分散化，企业只有不断迅速、有效地满足各种不同类型、不同层次的市场需求，才能在激烈的竞争和市场变化中求得生存和发展，而差别化战略中的一个重要内容就是客户服务上的差异。所以，作为客户服务重要组成部分的物流服务成为企业实施差别化战略的重要方式和途径。

2. 物流服务水准的确立对经营绩效产生重大影响

决定物流服务水准是构筑物流系统的前提条件，在物流开始成为经营战略重要一环中，物流服务越来越具有经济性的特征，即物流服务有随着市场机制和价格机制变化的倾向，或者说，市场机制和价格机制的变动通过供求关系既决定了物流服务的价值，又决定了一定服务水准下的成本。所以，物流服务的供给不是无限制的，否则，过高的物流服务势必损害经营绩效，不利于企业收益的稳定。因而，制定合理或企业预期的物流服务水准是企业战略的重要内容之一，特别是对于一些例如运输、紧急输送等物流活动需要考虑成本的适当化或各流通主体相互分担的问题。

3. 物流服务方式的选择对降低流通成本产生重要影响

低成本战略历来是企业营销竞争的重要内容，而低成本往往涉及商品生产、流通的全过程，除了生产原材料、零配件、人力成本等各种有形的影响因素外，物流服务方式等软性要素的选择对成本也具有相当大的影响力。合理的物流方式不仅能提高流通效率，而且能从利益上推动企业发展，成为企业利润的重要来源。

4. 物流服务起着连接厂家、批发商和零售商的纽带作用

随着经济全球化、网络化的发展，企业的竞争体现为一种动态的网络竞争，竞争优势也体现于网络优势，而物流客户服务以其性质和内容，成为构造企业经营网络的主要方式之一。一方面，以商品为媒介，减少了供应商、厂商、批发商和零售商之间的隔阂，有效地推动了商品从生产到消费全过程的顺利流动；另一方面，物流服务通过自身特有的系统设施（POS、EOS、VAN 等）不断将商品销售、在库等重要信息反馈给流通渠道中的所有企业，并通过知识、经验等经营资源的蓄积，使整个流通过程能不断协调地对应市场变化，进而创造一种超越单个企业的竞争网络的供应链价值。

二、企业销售物流服务的基本特点

物流客户服务的基本特点被定义为产品的可得性、运作绩效以及服务的可靠性。

（一）产品的可得性

产品的可得性指的是当客户需要产品时，企业具有可向客户提供足够产品的库存能力。虽然这看上去很容易，但是我们经常可以看到，尽管企业花了很多时间、大量金钱和精力来引导客户需求，但却因为其产品不具备可得性而无法使客户得到满足。企业中传统的做法是根据客户需求预测来储存产品，也就是说，库存计划是以产品需求预测为依据的。企业根据产品销售的流行性、盈利能力、产品在整个产品序列中的重要性以及产品不同的价值特点，采取不同的产品存储策略。

产品的可得性要考虑以下三个性能指标的完成情况：

(1)缺货频率：指的是企业出现缺货无法满足客户订单的次数。

(2)满足率：是用来衡量缺货的程度及其影响的指标。

(3)发出订货的完成状况：对产品的可得性最准确的绩效衡量指标就是发出订货的完成状况。

（二）运作绩效

运作绩效涉及根据客户的订单送付货物所需的时间。不管涉及的实际运行周期是处在市场分销阶段、生产支持阶段还是采购阶段，企业都可以从运作速度、持续性、灵活性以及故障的补救等几个方面来衡量运作绩效。

(1)运作速度：是指客户产生需求、下达采购订单、产品的送货直至把物料准备好供客户使用这一过程所需的时间。

(2)持续性：订货、交货周期的持续性用运行周期按计划所规定的时间运行完毕的次数来衡量。

(3)灵活性：指的是企业是否具备应付特殊情况，满足始料未及的客户需求的能力。

(4)故障的补救：不管公司的物流运作是多么顺畅、良好，运作故障都在所难免。

对企业来说，日复一日连续地提供服务是一项非常艰难的工作。最为理想的情况是，企业有能力采取调整措施应对特殊情况，防止运作故障的发生。

（三）服务的可靠性

服务的可靠性体现了物流的综合特征，关系到企业是否具备实施与交货相关的所有业务活动的能力，同时还涉及企业向客户提供有关物流运作和物流状态等重要信息的问题。除了货物的可得性和运作绩效以外，服务的可靠性还表现为以下特征：完好无损的到货；结算准确无误；货物准确地运抵目的地；到货货物的数量完全符合订单的要求等。另外，服务的可靠性还包括企业是否有能力、是否愿意向客户提供有关实际运作以及订购货物的准确信息。有研究表明：公司向客户提供及时准确的信息的能力是公司能否提供优质服务最主要的特征之一。越来越多的客户认为，企业应将运作中诸如不完全到货这样的信息提前通知客户。这类信息对于客户来说，比企业提供的完全到货信息影响更大。因为，谁也不愿意措手不及，如果他们可以提前收到通知，就可以针对不完全到货或延误到货做出调整，以避免损失。

三、企业销售物流服务要素

销售物流服务有四个要素，即时间、可靠性、通信和方便性。这些要素无论对卖方成本还是对买方成本都有影响。

（一）时间

时间要素通常是指订货周期。订货周期（Order Cycle）是指从客户确定对某种产品有需求到需求被满足之间的时间间隔，也称为提前期（Lead Time）。时间要素主要受以下几个变量的影响：订单传送、订单处理、订货准备及订货装运。

企业只有有效地管理与控制这些活动，才能保证订货周期的合理性和可靠性的一致，才能提高企业的客户服务水平。

1. 订单传送时间

订单传送时间是指从客户发出订单到卖方收到订单的时间间隔。订单传送时间可以从电话的几分钟到邮寄的数天。随着卖方订单传送速度的提高，提前期缩短了，但是订单传送成本提高了。

客户可以通过供应商的销售代表、直接邮寄、打电话或通过电子设备，如计算机到计算机（一般指的是电子数据交换 EDI）向供货方订货。向供货方的销售人员订货和直接邮寄订货，速度较慢且可靠性差；电话订货速度较快，但可靠性较差，其错误往往造成一系列错误；许多企业利用传真进行订货，这种方式速度较快且可靠性较高。

计算机与通信技术的迅速发展使得订单传送方式发生了变革，供求双方的联系非常紧密，买方可以直接登录到卖方计算机、根据卖方所提供的产品及其他诸如装运日期等信息有针对性地订货，或者通过互联网络直接订货，这种方式大大提高了订货效率，逐渐被更多的企业所采纳。

2. 订单处理时间

订单处理时间是指处理客户订单并准备装运的时间，这一功能涉及客户资信调查、销售记录的处理、订单移交到仓库以及装运文件的准备。订单处理可以通过有效地利用电子数据处理设备来同时进行其中各项工作。一般来说，运行成本节约总量要超过利用现代技术设备的资本投资。

3. 订货准备时间

订货准备时间涉及挑选订货并包装以备装运。从简单的人工系统到高度自动化系统，不同的物料搬运系统对于订货的准备有不同的影响，准备时间会有很大变化，企业的物流管理者需要考虑各项成本与效益。挑选与包装时间主要受下列因素影响：系统的自动化程度；客户订货的复杂性；分拣设备的大小及复杂性；是否托盘化或者托盘尺寸是否匹配。

4. 订货装运时间

订货装运时间是指从将订货装上运输工具到买方在目的地收到订货的时间间隔。运输时间的长短与下列因素有关：装运规模、运输方式、运输距离。货物的全部运输时间对距离的依赖性要比对运输方式的依赖性小。

由于以上四个方面的每一项改进都要付出很高的代价，因此，管理者可以先改进一个领域而其他领域以现有水平运行。

（二）可靠性

客户订货周期的缩短标志着企业销售物流管理水平的提高，但是，如果没有销售物流的可靠性作保证则是毫无意义的。

可靠性是指根据客户订单的要求，按照预定的提前期，安全地将订货送达客户指定地方。对客户来说，在许多情况下可靠性比提前期更重要。如果提前期是固定的，客户可将其库存调整到最低水平，不需要保险存货来避免由于波动的提前期造成的缺货。

1. 提前期的可靠性

提前期的可靠性对于客户的库存水平和缺货损失有直接影响，可靠的提前期可以减少客户面临的供应不确定性。如果生产企业能向客户保证预定的提前期，加上少许偏差，那么该企业就使他的产品与竞争者的产品明显区别开来，企业提供可靠的提前期能使客户的库存、缺货、订单处理和生产计划的总成本最小化。

2. 安全交货的可靠性

安全交货是销售物流系统的最终目的，如果货物破损或丢失，客户不仅不能如期使用这些产品，还会增加库存、生产和销售成本。收到破损货物意味着客户不能将破损的货物用于生产或销售，这就增加了缺货损失。为了避免这种情况，客户就必须提高库存水平。这样，不安全交货使得买方提高了库存成本，这种情况对于采用及时生产方法的企业来说是绝对不允许的。另外，不安全交货还会使客户承担向承运人提出索赔或向卖方退回破损商品的费用。

3.正确供货的可靠性

最后，可靠性还包括正确供货。当客户收到的订货与所订货物不符时，将给客户造成失销或停工待料的损失。销售物流领域中订货信息的传送和订货挑选会影响企业的正确供货。在订货信息传递阶段，使用 EDI 可以大大降低出错率，产品标识及条形码的标准化，可以减少订货挑选过程中的差错。另外，EDI 与条形码结合起来还能够提高存货周转率、降低成本、提高销售物流系统的服务水平。

管理者必须连续监控以上三个方面的可靠性，这包括认真做好信息反馈工作，了解客户的反应及要求，提高客户服务系统的可靠性。

(三)通信

与客户通信是监控客户服务可靠性的关键手段。设计客户服务水平必须包括客户通信。通信渠道应对所有客户开放并准入，因为这是销售物流外部约束的信息来源。没有与客户的联系，管理者就不能提供有效及经济的服务。然而，通信必须是双向的。卖方必须能把关键的服务信息传递给客户。例如：供应方应该把降低服务水平的信息及时通知客户，使买方能够作必要的调整。另外，许多客户需要了解装运状态的信息，询问有关装运时间、运输路线等情况，因为这些信息对客户的运行计划是非常必要的。

(四)方便性

市场学的一个研究领域是市场细分(也叫市场细分化)，就是根据消费者之间需求的差异性，把一个整体市场划分为两个或更多的消费者群体，从而确定企业目标市场的活动过程。由于消费者的需求千差万别，一个企业无论规模多么巨大，都不能满足全部消费者的所有需求的变化，而只能满足市场上一部分消费者的需求，企业可以有针对性地提供不同的产品。细分的标准包括地理环境、客户状况、需求特点、购买行为等因素。

进行企业销售物流管理也需要将客户细分。方便性就是指服务水平必须灵活。从销售物流服务的观点来看，所有客户对系统有相同要求，有一个或几个标准的服务水平适用于所有客户是最理想的，但却是不现实的。例如，某个客户要求所有货物用托盘装运并由铁路运输，另一个客户可能要求汽车运输，不使用托盘，或者个别客户要求特定的交货时间。因此，客户在包装、运输方式及承运人、运输路线及交货时间等方面的需求都不尽相同。为了更好地满足客户需求，就必须确认客户的不同要求，根据客户规模、市场区域、购买的产品及其他因素将客户需求细分，为不同客户提供适宜的服务水平，这样可以使管理者针对不同客户以最经济方式满足其需求。

管理者必须将方便性因素摆在适当的位置，销售物流功能会由于过多的服务水平决策而不能实现最优化。服务水平决策需要具有灵活性，但是必须限制在容易识别客户的范围内，在每一个特定情况下，都必须要考察服务与成本之间的关系。

四、物流服务的内容

(一)从生产和流通企业的角度看物流服务可以划分为相应的三种类型

(1)作为功能活动的物流服务。如接受订单、存储、配送等。

(2)作为执行标准的物流服务。如库存保有率、订货周期、商品完好率等。

(3)作为经营理念的物流服务。通过准确设定物流服务与物流成本的最佳组合，找到企业经营与客户之间的结合点，在取得合理利润的前提下，为客户提供满意的产品或服务。

(二)物流企业的物流服务

1. 运输

物流服务商要选择满足客户需要的最经济的运输方式，然后具体组织运输作业或自行组织运输，或选择最佳的承运人，在规定的时间内将货主企业的商品运抵目的地。实时对运输过程进行监控，合理调配运输车辆，减少回程车辆放空，在为客户提供满意服务的同时，提高自身的经济效益。

2. 储存

对于货主企业来说，储存是商品在生产经营过程中的暂时停滞，是资源的一种浪费。为此，物流服务商应尽可能选择连贯的运输方式，并通过在储存体系中配备高效率的分拣、传送、保管设备，多种物流作业同时交叉进行，以减少货主企业的库存量和库存时间。物流服务商还可以按照“JIT”管理思想，利用电子商务的信息网络，尽可能地通过完善的信息网络，用信息(虚拟库存)代替实物库存，实现在不降低物流服务水平的前提下尽可能减少实物库存水平。

3. 配送

物流服务商的配送任务是由其配送部门(或与独立的配送中心合作)在为客户制定完善的配送规划的前提下完成的。经过对计划的配送作业进行运行效率的模拟分析，选定最佳的配送方案，并进行合理的车辆调度，在最短的时间内完成货主物品的市内配送。近来，出现一种准时配送服务方式，客户在订货时就能确定到货的时间，而JIT配送体系中，配送中心并不承诺货物可以在最短的时间送达，而是以双方协商确定的客户需要的时间为准时配送时间。

4. 包装

商品包装是为了便于销售和运输管理，并保护商品在流通过程中不受到毁损，保持完好。为便利运输和保管将商品分装为一定的包装单位以及保护商品免受损毁而进行包装，这些都是物流服务的内容。

5. 流通加工

这是在流通过程中为适应客户需要进行必要的加工，如切割、平整、套裁、配套等。

6. 物流系统设计及网络化物流服务

在以提高客户满意程度为主要目标的综合物流服务中，应把客户的需求作为一个整体，在以各方面综合绩效最优作为目标时，牺牲某部分局部利益是必要的。物流服务商要充当客户的物流专家，因而必须能够为客户设计物流系统，代替它选择和评价运输商、仓储商及其他物流服务提供商，为企业提供多种物流管理和决策服务，创造新的盈利机会。

7. 信息咨询

现代物流是物流服务功能的集成，管理和控制这些功能必然反映到对物流各环节的信息整合上来。物流服务商要依靠网络的货主跟踪系统、电子订货系统、运价咨询系统等与物流网络整合，进行信息采集与运输业务管理、客户查询及业务跟踪，有效地减少物流中间环节和费用，大幅度提高客户服务水平。

第三节　分销资源计划与客户关系管理

一、分销资源计划(Distribution Resource Planning,DRP)

(一)分销资源计划(Distribution Resource Planning,DRP)概念

分销资源计划(DRP)是流通领域中的一种物流技术，是 MRP 在流通领域应用的直接结果。它是企业利用分销管理的先进理念，并结合信息技术，对自己的分销渠道及相关的资源进行管理、调配、监控和优化，以达到既保证有效地满足市场需要又使得配置费用最省的目的。

(二)DRP 的原理

DRP 在两类企业中可以得到应用。一类是流通企业，如储运公司、配送中心、物流中心、流通中心等。这些企业的基本特征是不一定搞销售，但一定有储存和运输的业务；它们的目标是在满足用户需要的原则下，追求有效利用资源(如车辆等)，达到总费用最省；另一类是一部分较大型的生产企业，它们有自己的销售网络和储运设施。这样的企业既搞生产又搞流通，产品全部或一部分由自己销售。企业中有流通部门承担分销业务，具体组织储、运、销活动。

1. 这两类企业的共同之处是

(1)以满足社会需求为自己的宗旨。

(2)依靠一定的物流能力(储、运、包装、装卸搬运能力等)来满足社会的需求。

(3)从制造企业或物资资源市场组织物资资源。

DRP 的原理如图 8-2 所示,输入三个文件,输出两个计划。现分别说明如下。

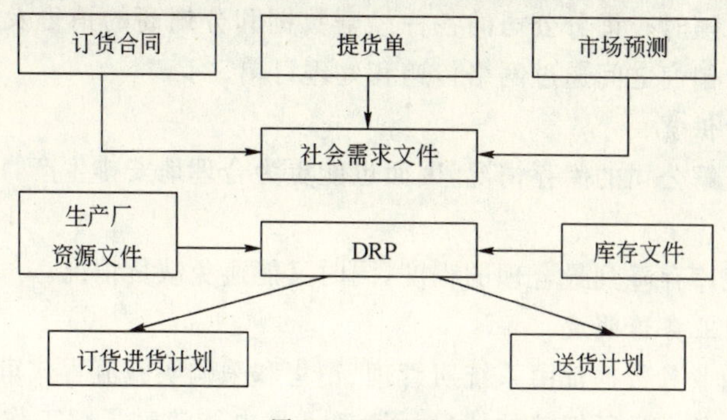

图 8-2 DRP 原理

2. 输入文件是

(1)社会需求文件。包括所有用户的订货单、提货单和供货合同,以及下属子公司、企业的订货单,此外还要进行市场预测,确定一部分需求量。所有需求要按品种和需求时间进行统计,整理成社会需求文件。

(2)库存文件。对自有库存物资进行统计列表,以便针对社会需求量确定必要的进货量。

(3)生产厂资源文件。包括可供应的物资品种和生产厂的地理位置等,地理位置和订货提前期有关。

3. 输出文件是

(1)送货计划。对用户的送货计划,为了保证按时送达,要考虑作业时间和路程远近,提前一定时间开始作业。对于大批量需求可实行直送,而对于数量众多的小批量需求可以进行配送。

(2)订货进货计划。是指从生产厂订货进货的计划。对于需求物资,如果仓库内无货或者库存不足,则需要向生产厂订货。当然,也要考虑一定的订货提前期。

(三)DRP 的意义与作用

1. 提升企业竞争力

使企业与其上下游伙伴之间联系更紧密,流程更优化,从而提高整个链条各方的竞争力。

2. 为企业提供决策依据

系统能及时把最底层的数据收集上来,并提供包括销售、库存、子公司、分销商等各方面的统计分析数据,决策者根据这些数据可以更加快速地做出正确的决策。

3. 可使企业迅速扩充分销体系

依靠传统手段,跨地域的销售网络很难管理。通过 DRP 系统,公司可以对分销网络中的各节点实行标准的管理并进行实时监控,增加分销节点,不会导致管理滞后的问题。

4.改善对分公司及分销商的管理

总公司可以随时查询分公司的各种经营数据和分销商的销售及库存情况，总公司与分公司及分销商之间通过网络传递和处理订单。

5.确保及时供货

可以及时了解公司的库存情况，因而也能更为合理地安排生产，以保证供应。

6.降低库存

各方可以把库存降到最合理的程度，同时又能避免缺货情况。

7.提高公司业务透明度

由于客户和业务数据都由系统所管理、销售和采购实施流程式审核过程，避免公司业务被少数业务人员所把持的情况。管理人员也能随时了解工作情况，便于监督和管理。

8.提高效率，降低误差

由于企业内部与企业之间都通过联网操作，大大减少了纸面工作和差错。管理人员即使不在办公室也能对公司的业务情况了如指掌。

二、客户关系管理(Customer Relationship Management，CRM)

(一)客户关系管理(Customer Relationship Management，CRM)的概念

CRM是通过围绕客户细分重组公司，满足客户需求，连接客户和供应商等手段来最大化利润和客户满意度。关键的CRM技术投资能提供更好的客户理解度，增加客户联系渠道，客户互动以及对客户渠道和企业后台的整合。这种管理机制能使企业在营销、销售、服务与支持各个与客户有关的方面形成一种协调的关系。CRM始终强调以客户为中心，是一种客户驱动的模式，建立完善的客户支持平台、客户交互平台、企业生产平台，最大限度地实现客户交付价值，从中找出有价值的客户，并且不断地挖掘客户的潜力，不断拓展企业的市场和利润空间。

(二)客户关系管理运营模型

企业建立客户关系管理系统，重点是要建立客户价值交付系统，从操作层面看CRM由三个平台组成：客户支持平台、客户交互平台、企业生产平台。为了最大限度提高销售人员的知识、能力，充分赢得客户满意，CRM能够跟踪每个客户的状况、需求、成交、服务全过程。它也能够提供企业自身产品的技术性能、配置，以充分展示给客户。另外，CRM还能提供竞争对手的情况，进行市场预测和分析。

(三)客户关系管理的内容

CRM软件可以通过Web、呼叫中心、移动设备等多种渠道来跟踪和管理与客户交往的一切活动，它对电子商务的实现起了促进作用。CBM软件的功能包含了销售、营销和客户服务与支持及商务智能四大部分。

1. 销售自动化

通过向销售人员提供的计算机网络及各种通信工具，使销售人员了解日程安排、账户管理、佣金、定价、商机、交易建议、费用、信息传送渠道、客户的关键人物图片信息、有关报纸新闻。客户则可通过电子商务的网上交易来购买企业的产品和服务。销售自动化的功能有现场销售、电话销售与网络销售、客户管理、佣金管理和日历日程表。

2. 营销自动化

营销自动化是通过营销计划的编制、执行和结果分析、清单的产生和管理、预算和预测、资料管理、建立产品定价和竞争等信息的知识库，提供营销的百科全书，进行客户跟踪，分销管理，以达到营销活动的设计目的。营销自动化的主要功能有营销活动管理、营销百科全书、网络营销、日历日程表和利用企业内部网和外部网的功能来实现企业员工的工作安排。

3. 客户服务与支持

这是 CRM 中的重要部分，便于产生客户的纵向及横向销售业务，客户服务与支持为客户提供了产品质量、安装产品的跟踪、服务合同管理、业务探讨、现场服务、退货和检修管理、订单跟踪、服务请求、服务合同、维修调度、纠纷解决、客户关怀、投诉管理和知识库、日历日程表等功能。

4. 商务智能

当销售自动化、营销自动化和客户服务与支持三方面的功能实现之后，将会产生大量客户和潜在客户的各方面的信息，利用这些信息可以进行各种分析，以便产生涉及客户关系方面的商务智能方案，供决策者及时做出正确的决策。商务智能包括：销售智能、营销智能、客户智能等内容。

三、有效客户反应（Efficient Consumer Response，ECR）

（一）有效客户反应的概念

有效客户反应简称为 ECR，它是 1992 年从美国的食品杂货业发展起来的一种供应链管理战略。这是一种分销商与供应商为消除系统中不必要的成本和费用并给客户带来更大效益而进行密切合作的一种供应链管理战略。

ECR 的目标是建立一个具有高效反应能力和以客户需求为基础的系统，使零售商与供应商以业务伙伴方式合作，提高整个供应链的效率，大幅降低成本、库存，提高服务水平。ECR 策略可以在工业企业和商业中得到应用，制造业、批发商、零售商之间可以共同合作建立某种联盟关系，以反对单方面不协调的行动来提高生产力，而从全局观点提高相互货物补充过程中的效率，这样可以大大降低由生产开始的整个贸易周期的成本。

实施 ECR 的效益是显著的，根据欧洲供应链管理系统提供的资料，对 392 个企业的调查结果表明:对于制造商,预期销售额增加 5.3%,制造费用减少 2.3%,销售费用降低 1.1%,仓储费用减少 1.3%,而总盈利上升 5.5%;对于批发商和零售商的利益是,销售额增加了 4%,毛利增加 3.4%,仓储费降低 5.9%,库存量下降了 13.1%,衡量商业企业效益的一个重要指标——每平方米的销售额则增加了 5.3%。除此之外,对于上述企业以及客户在内,还存在着广泛的共同潜在效益,如信息通畅、货物品种规格齐全、减少缺货、提高企业信誉、改善供应与销售企业的关系、客户购物便利、增加了可选择性、货物新鲜等。

(二)ECR 的实施要点

实施 ECR 有 4 个基本要点:

(1)新产品的开发、引进速度。在保证成本水平前提下,有效地开发研制新产品,并合理地制定生产计划。

(2)货物配送速度。对产品进行分装或第二次包装以满足不同订单的需求,对新包装重新标识,提高分拣效率和分销效率,提高库存周转率和商店空间使用率。

(3)促销系统效率。提高仓储、运输、管理和生产效率,减少预先购买,减少供应商库存与仓储费等。

(4)补货速度。实施电子数据交换(EDI),应用计算机辅助订货技术,补货时间短、成本低。

(三)ECR 的主要策略

(1)计算机辅助订货(CAO)。CAO 的作用是将有关产品转移、影响需求的外在因素、实际库存、产品接受和可接受安全库存等信息进行集成的订单准备工作。

(2)连续补库程序(CRP)。CRP 根据客户信息,自行决定补货数量,采取频繁交货、缩短提前期等办法降低共同成本。

(3)接力运输。仓库和配送中心作为转运场。到货应预先通知,具有自动识别与数据自动采集设备,具备交货接收的自动确认能力。

(4)产品、价格和促销数据库是无纸信息系统实施的基础,应面向供应链所有信息结点,有校准措施。

S 本章小结

销售物流是企业物流的一部分,占据了企业销售总成本的 20%。因此,销售物流的好坏直接关系到企业利润的高低。销售物流是企业物流活动的一个重要环节,它以产品离开生产线进入流通领域为起点,以送达用户并经售后服务为终点。

销售物流是生产企业赖以生存和发展的条件,又是企业本身必须从事的重要活动,它是连接生产企业和消费者的桥梁。对于生产企业来讲,物流是企业的第三个利润源,降低销售物流是企业降低成本的重要手段。企业一方面依靠销售物流将产品不断运至消费者和用户；另一方面通过降低销售过程中的物流成本，间接或直接增加企业利润。

销售物流具有很强的服务性，销售物流是以满足用户的需求为出发，从而实现销售和完成售后服务，因此销售物流具有更强的服务性。销售物流过程的终结标志着商业销售活动的终结。销售物流是以实现销售为目的。它的所有活动及环节都是为了实现销售利润，因此物流本身所实现的时间价值、空间价值及加工价值在销售过程中处于从属地位。

C 案例分析

浅析"小天鹅"的销售链物流系统

江苏小天鹅集团有限公司拥有33个子公司，集团主要生产经营洗衣机、空调、冰箱、洗碗机、干衣机、冷柜、工业洗衣机和干洗机等家用、商用电器产品，总资产75亿元，小天鹅品牌价值67.69亿元，年营业收入超百亿元，是中国最著名的白色家电集团，跻身中国最大的百强企业行列。

一、集团"销售链"物流系统发展历程

2002年对"小天鹅"来说，在供应链上，实行了全球择优采购，降低成本上亿元，当年实现营业收入百亿元，而在销售链上，公司也开展并实行了几项重大举措：

（一）商流

小天鹅集团从2002年初开始营销整合，成立了营销公司，建立了一支充满活力的销售队伍，全国设有33个管理部、168个办事处和3 400个销售网点、1 500多个服务网点，形成品牌、人、财、物、渠道优势共享，洗衣机、空调、冰箱、洗碗机等六大产品整合销售，销售人员锐减，营销成本大幅下降。

（二）物流

小天鹅2002年1月10日，对100万台洗衣机、9 000多万元的产品分布在全国33条线路上的运输合同实行公开招标，有八家运输公司中标，使每台洗衣机运价比原来降低25%，仅此一项全年节约运费700多万元。紧接着，小天鹅对其他产品运输也实行公开招标，节约运输成本上千万元。2002年销售收入超过100亿元，可供整合的采购需求近20亿元，通过招标谈判降低的物流成本大约在6 000多万元。

（三）资金流

2002年春节前，无锡7家商业银行前所未有地被"小天鹅"集团召集在一起。小天鹅要求获得其中一家银行的承诺，这家银行必须将公司遍布全国2 400多个销售网点的每天的销售货款，当日转到总部的银行账户上，谁能做到这一点，就意味着小天鹅公司每年将有80亿元的现金进入这家银行。销售货款当天到账究竟给小天鹅带来多少好处？“小天鹅”的答案是：每提前1天可节省22万元。此项举措小天鹅获得了一个历史性的成功，它不仅第一次调动银行踮起脚来适应企业需求，而且为他们进行了一年多的新型物流体系整合划上了一个圆满的句号。

(四)信息流

早从2000年开始，小天鹅集团就与广东科龙集团合作，开创了国内最大的家电电子商务平台——安泰达公司，并首开产品零配件国际招标采购的先河，使小天鹅找到了与国际化的企业物流体系对接的“接口”。2001年8月，小天鹅集团与中远集团、科龙集团共同决定组建第三方物流公司。这是国内当时屈指可数的具有完全现代理念的大型家电物流平台。安泰达公司的操作系统包括创建物流信息平台，整合仓储和运输系统，对供应商、制造商、分销商、终端用户的物资流、信息流和资金流进行有效控制和管理，实现供应链全过程的价值和经营行为的最优化，并在到货率、经济性、信息性和安全性等方面对物流系统进行全程监控。

二、2003年小天鹅在2002年销售链物流系统基础上，在商流、资金流上又加强了相关控制。

(一)商流

2003年5月10日，营销公司制订规划方案，采取切实措施，强化零售网点建设，形成密切沟通，全员动销，全心销售的局面，进一步加快了终端销售的步伐。五一期间，在全国14个重点城市的24个广场上，举行了精彩的广场秀表演或展示，成千上万的顾客观看表演，小天鹅形象深入人心，零售量直线上升。同时，坚持盈利和干干净净做生意两项基本原则。为确保赢利的措施，主要有合理采购商品，降低仓储开支；精简机构，减少人员工资开支；降低干线运输成本，大幅度减少片区办公费用等。

(二)资金流

2003年8月2日，营销部召开管理部经理会议，提出调整业务操作流程。调整组织结构，改变原来的产品组负责制形式，改变回笼由财务负责为销售负责，规范操作，严格按规定发货，严格控制保证销售。从10月份开始，对已经对清账的客户所做业务，做到每月对账核实余额，并根据客户不同的资信情况，给予相应的信用额度，避免产生新的坏账。

三、分析与评价

(一)内部条件与外部条件结合方面

1.内部条件

从2001年开始，小天鹅全面实施十五发展计划，开始二次创业。小天鹅集团实行营销整合，形成有33个管理部、168个地市级办事处、3 400个经销网点、1 500多个服务网点的营销网络，销量销售收入屡创新高，产品出口世界60多个国家和地区，2002年出口创汇1.8亿美元，创历史最高纪录。企业发展内部已趋向稳定，管理制度健全，人员素质较高，这时进行物流变革，条件成熟。

2.外部条件

小天鹅集团努力从国内家电制造商向国际家电制造商转变，成为国内唯一生产波轮、滚筒、搅拌式洗衣机的全能企业，小天鹅集团逐步走向世界。同时，同行业竞争压力也逐步加大，价格竞争战此起彼伏，迫切需要通过变革来降低企业成本，增强竞争力。通过在运输、存储、配送、流通加工、物流信息几个功能因素上的物流创新，小天鹅一方面在物资采购上全球公开招标，择优采购，降低了成本；另一方面通过物流整合，在销售链上节约了上千万元的销售运输与仓储成本，在家电市场竞争中完成了一个急速回旋，跳出了价格战的泥潭。

从内部条件与外部条件的结合上说，小天鹅的物流系统运作把握住了内、外时机，将天时、地利、人员因素予以有效的结合，增强了企业的核心竞争力。

（二）当前利益与长远利益结合方面

1.当前利益

小天鹅通过物流系统运作，不但在成本上降低了消耗（一个是供应链物流统一招标节约了上亿元成本，一个是销售链物流运输与仓储上节约了上千万元成本），且在资金回笼上也获得了货币的时间价值。

2.长远利益

小天鹅的物流系统运作率先在国内建立了家电行业电子商务平台，使产品信息能够发布到世界各地，为其国际化战略的实施打下了很好的基础。另一方面，建立了完善的物流配送服务系统，虽然短期投资有所加大，但从长远上来说，使企业获得了良好的品牌效应。从当前利益与长远利益的结合方面来看，小天鹅的物流系统既考虑了当前利益又注重了长远利益，为企业稳定了国内客户市场并开创了国际市场，提高了企业的盈利能力与发展能力。

（三）局部效益与整体效益结合方面

1.局部效益

实施第三方物流后，企业的该部分利益转嫁给了第三方物流公司，但是企业总体成本得以下降，运作效率得到提高。

2.整体效益

在实施第三方物流运作后，企业的整体效益得到明显提高，由于分离了部分资产，总资产下降，而销售收入增加，企业的总资产报酬率得到提高、存货周转率得到提高，说明企业的资产利用率提高了，存货控制得到加强。企业的整体效益得到提升。从局部效益与整体效益方面来说，公司可能减少了个别部门的局部效益，但总体效益得到提高，为企业的长足发展奠定了很好的基础。

总之，通过以上对"小天鹅"集团在实施物流运作前后有关长短期利益、局部与整体效益方面进行的定量与定性分析，我们可以看到公司销售链上的物流系统设计是比较合理的，与公司的战略也是相符合的，而公司也能根据国内、外企业对物流系统运作新的理念与技术来不断调整自己在物流系统方面的建设，实行了第三方物流，有效地整合了公司内、外资源，与国际物流管理逐步接轨，增强了企业的竞争力。

案例思考题：

根据以上内容为"小天鹅"集团的销售物流系统提出建议。

T 思考题

1. 什么是企业销售物流？企业销售环节有哪些？
2. 试对企业销售物流渠道进行分析。
3. 谈谈目前我国企业销售服务的内容有哪些？
4. 结合企业实际谈谈企业销售部门的工作任务。

E 综合练习题

试就下列现象进行分析，提出解决的措施。

现象 1：一个企业的销售收入究竟是多少？应收款是多少？这么简单的问题，可能会难住许多企业的老总，因为当他面对着财务部和销售部提供的两套报表时，不知道该相信谁。

现象 2：当一个业务员拿着特价申请来找领导签字的时候，领导只能凭着感觉来判断业务员的话该不该相信，而无法拿出有效的数据。

现象 3：当客户兴冲冲地拿着提货单到仓库去提货时，却被告知仓库里没有可以发的货了，因为业务员所看到的是库存中货物已经为其他客户预留了。

现象 4：由于业务开展得大，在全国都建立了办事处，但不幸的是，所有的地方都缺货，而库存资金占用却翻了一番，企业不得不一边贷款生产，一边看着存货不断增长。

第九章　企业回收物流与废弃物物流管理

学习要求

通过本章的学习明确回收物流与废弃物物流的构成，能够结合实现对回收与废弃物物流系统进行合理化的分析。

能力目标

◆ 提高对企业回收物流与废弃物物流的认识，并贯穿在企业物流管理活动中

◆ 能够结合我国回收物流与废弃物物流业的现状，做出回收与废弃物物流工作规划

知识目标

◆ 了解回收物流的形成与来源

◆ 重点掌握回收物流的分类与特点

◆ 掌握绿色物流的发展情况

◆ 掌握第三方回收物流的发展趋势

第一节　回收物流概述

自然资源是人类社会赖以生存和发展的物质条件，从钻木取火到阿波罗登月。从十九世纪第一台蒸汽机的发明到飞机、机床等各种现代化工具的应用，人类 5000 年的文明史就是开发消耗自然资源的历史。迄今为止，人类每年开采上千亿吨矿石、

几十亿吨煤、30 亿吨石油、上千万公顷森林，而且，在这期间人类又将百亿吨工业垃圾和无数的生活垃圾抛向了人类有限的生存空间并污染之。

据估算，到 3000 年那些埋藏地下几千万年的财富将全部消耗殆尽，人类后代面对的只有开采铁矿的历史故事和废弃的矿井遗迹。人类在创造文明和进步的同进也削弱了自身的生存基础和条件，人类的生存将面临巨大的危机。因此，如何作好废旧物品的回收和废弃物流的处理工作，已经是摆在我们面前的一个严峻的问题。

一、回收物流的概念与动机

由国家质量技术监督局发布、2001 年 8 月 1 日起正式实施的《中华人民共和国国家质量标准物流术语》指出"回收物流(returned logistics)是指不合格物品的返修、退货以及周转使用的包装容器从需方返回到供方所形成的物品实体流动。比如回收用于运输的托盘和集装箱、接受客户的退货、收集容器、原材料边角料、零部件加工中的缺陷在制品等的销售方面物品实体的反向流动过程。"

今天，世界早已进入工业社会，工业的排泄物如何处理、如何排放已经成为我们的当务之急。从已探明的资源量的现时的消耗速度看，地球上可开采的资源诸如铁矿石大约 200 年，森林大约 200 年，石油大约 45 年，天然气大约 38 年，金、银、铜、铅、锌等约为 20～50 年，有些重要矿藏在 100 年之内将开采殆尽。

过去，我国的发展模式是一种线性的发展，社会高速发展是以高投入、高消耗、高污染、低效率为代价的。废弃物流直接被排放到江河土地当中去，其结果导致了资源被超强度开发提取，生产粗放、能源被低效利用、自然生态环境日渐恶化。

为了实现我国经济社会健康发展，建设资源节约型和环境友好型社会、促进区域协调发展、加快转变经济增长方式、建设一个创新型的国家。我们必须立足国内，提高资源利用效率，降低单位内生产总值能耗、降低单位工业增加值用水量等，提高对于回收物流的重视，减少因对回收物料的处理所造成资源浪费或污染。

二、回收物流的分类与特点

(一)回收物流的分类

要对回收物流进行深入细致的研究与探讨必须首先对其进行分类，而分类的依据和标准不同，结果也自然不同。

(1)按照回收物品的渠道可分为退货物流和回收逆向物流两部分。退货物流是指下游顾客将不符合订单要求的产品退回给上游供应商，其流程与常规产品流向正好相反。回收逆向物流是指将最终顾客所持有的废旧物品回收到供应链上各节点企业。

(2)按照回收物流材料的物理属性可分为钢铁和有色金属制品回收物流、橡胶制品回收物流、木制品回收物流、玻璃制品回收物流等。

(3)按成因、途径和处置方式及其产业形态可分为投诉退货、终端使用退回、商业退回、维修退回、生产报废与副品，以及包装六大类别。

从广义上讲，凡是物品性质、形态和用途上成为“废物”、“旧物”，并可以回收利用的物品，均属回收物流的对象。回收物流的过程，实质上是社会物质资料再生产循环过程的一个重要组成部分。因为一切物质的“废”与“不废”、“旧”与“不旧”，都是暂时的、相对的、有条件的。通过回收物流活动，便可以使所谓的“废旧物”变为有用之物，并重新投入到社会再生产周而复始的循环过程中去，创造社会物质财富。因此，回收物流是现代物流系统的一个组成部分。

(4)按生产和消费过程中产生排泄物来区分，回收物流类别主要有：

①在生产加工中不能再使用的边角余料及废旧物料。

②报废的旧生产工具设备及废旧包装物。

③失去使用价值的各种辅助材料和低值易耗品。

④人们生活消费中所产生的旧物、废物及残留物等。

(二)回收物流的特点

回收物流作为企业价值链中特殊的一环，与正向物流相比，既有共同点，也有各自不同的特点。二者的共同点在于都具有包装、装卸、运输、储存、加工等物流功能。但是，回收物流与正向物流相比又具有其鲜明的特殊性。

1.分散性

回收物流的产生地点、时间、质量和数量是难以预见的。废旧物资流可能产生于生产领域、流通领域或生活消费领域，涉及任何领域、任何部门、任何个人，在社会的每个角落都在日夜不停地发生。

2.缓慢性

回收物流在只有在不断汇集的情况下才能形成较大的流动规模。废旧物资的产生也往往不能立即满足人们的某些需要，需要经过加工、改制等环节，甚至只能作为原料回收使用，这一系列过程的时间是较长的。

3.混杂性

回收的产品在进入回收物流系统时往往难以划分为产品，因为不同种类、不同状况的废旧物资常常是混杂在一起的。当回收产品经过检查、分类后，回收物流的混杂性随着废旧物资的产生而逐渐衰退。

4.多变性

由于回收物流的分散性及消费者对退货、产品召回等回收政策的滥用，有的企业很难控制产品的回收时间与空间，这就导致了多变性。

5.成本高昂

回收流通的商品通常价值较低，而相对的运输、仓储和处理的费用高昂。主要是因为这些商品通常缺少规范的包装，又具有不确定性，难以充分利用运输和仓储的规模效益。另一个重要的原因在于许多商品需要人工的检测、判断和处理，极大地增加了人工费用，同时效率也低下。

三、回收物流的目的与任务

（一）回收物流具有重要的社会经济意义

1. 物资节约的源泉

废旧物资回收利用，既可节约，又可开源。据资料统计，全世界钢产量中约45%是由废钢铁冶炼的，铜产量的40%左右是由废铜冶炼的，铝产量的约50%是由废铝冶炼的。

2. 生产投资少，经济效益显著

回收物流使“废旧物”重新投入生产利用，减少了很多物化劳动和活劳动的消耗。据资料介绍，建设中小型电炉炼钢厂时，用废旧钢铁炼钢比用新开发的资源炼钢，每吨建设成本可以降低5倍。

3. 节约生产和流通时间

废旧物资回收利用，可以减少或消除原材料的开采、加工、运输等时间，不仅减少了生产资料的流通时间，也减少了其生产时间，从而体现了社会生产的时间节约规律。

（二）国外跨国企业对回收物流的管理任务

1. 退回检验控制

回收物品的退回检验控制是回收物流的首要任务，来自旧货市场、跳蚤市场、自动废物收集场、旧货店等收集点的回收物品必须经过严格的检验才能确定其利用价值进而选择适宜的回收渠道。

2. 恢复链流程确立

恢复链是企业控制回收物流的主线，它与正向供应链的方向正好相反。控制恢复链的部门与正向供应链的管理部门很相似。以物流部门为主导，与相关的部门一起对产品退回后所有的活动和最终去向负责。在恢复链运转的过程中，销售、财务、客服、生产、研发等相关部门也要各司其责，与物流部门共享信息、相互配合，从而确保企业能及时恢复产品的价值。

3. 回收物流管理信息系统整合

回收物流信息系统为企业恢复链的全面实现提供了最有力的保证，它使恢复链上所有相关业务部门环环相扣，对退货快速反应，并为企业赢得信用，改善企业的现金流。此外，基于电子资料交换系统设计的信息系统，还能让制造商与销售商间共享退货信息，主服务商提供包括品质评价、产品生命周期在内的各类营销信息，使退货在最短的时间内被处理完毕，为企业节省大量的库存成本和运输成本。

4. 集中退货中心管理

集中退货中心管理是回收物流高品质运作的基础和前提。建立一个高效的退货处理系统，不仅有利于在第一时间尽量减少退货商品的数量，也是形成顺畅的回收物流的基础。目前，外国跨国企业的配送中心都设有专门的退货集中地，回收物流流程上所有的产品都会被先送到这里，经过分类、处理后，再送到其最终的归属地。

四、回收物流的业务流程与设计原则

业务流程是为专门顾客或市场生产特定产品的一种结构和可预测的活动集合，它是用来集成终端顾客和涉及产品、信息、资金、知识以及观念的动态管理流程的一种动态结构。

3R 原则即“减量化(reduce)、再利用(reuse)、再循环(recycle)”是回收物流业务流程中最重要的实际操作原则。减量化原则属于输入端方法，旨在减少进入生产和消费过程的物质量，从源头节约资源使用和减少污染物的排放；再利用原则属于过程性方法，目的是提高产品和服务的利用效率，要求产品和包装容器以初始形式多次使用，减少一次用品的污染；再循环原则属于输出端方法，要求物品完成使用功能后重新变成再生资源。

“减量化、再利用、再循环”原则在循环经济中的重要性并不是并列的。循环经济不是简单地通过循环利用实现废弃物资源化，而是强调在优先减少资源消耗和减少废物产生的基础上综合运用 3R 原则，3R 原则的优先顺序是：减量化—再利用—再循环。

第二节　回收物流系统设计

自 20 世纪 90 年代以来，可持续发展已成为我国的发展战略，从源头预防和全过程治理开始渗透到国民经济的一些政策中去。我国相继开展了一系列促进物资回收的相关法规，有数百家企业进行了清洁生产试点；在城市，已创建了 24 个“环境保护模范城市”；在农村和以农业为主的地区，到目前为止已陆续建立起了 137 个生态示范县(市、区)；此外，按照循环经济的理念，国家环保总局已在广西贵港和广东南海创建了两个生态工业园区。通过回收物流而推进循环经济建设，就是要把此前已取得成功经验的诸如清洁生产、生态工业、生态农业等措施整合起来，成为一套系统的工程，用它来指导经济发展和消费模式，实现经济发展、环境保护及社会进步的“共赢”。

一、回收物流系统组织模式设计的理论依据

回收物流是循环经济的一部分，是以资源的高效利用和循环利用为核心，将物质流动方式由传统的“资源—产品—废弃物”单向线型模式，转变为“资源—产品—废弃物—再生资源”的模式。回收物流是通过在生产和服务过程中贯彻“减量化、再使用、资源化”(简称 3R)原则，实现资源利用的最大化和废弃物排放的最小化，从而达到节约资源、改善生态环境的目的。

(一)回收物流经济的基本发展模式和特征

依据可持续发展战略,基于生态经济和系统集成策略,以资源的高效利用和循环利用为核心,贯彻(3R)原则,实现资源利用的最大化和废弃物排放的最小化、无害化,决定回收物流经济的基本发展模式和特征就是低消耗、低排放、高效率、集约型。在经济高速发展的今天,回收物流无论在工业领域还是生活领域都发挥着重要的作用。在循环经济这种新型经济发展模式下研究回收物流系统的模式设计规划,就要使回收物流系统在“环保”的基础上更加“经济”,通过它使资源达到高效利用,这有助于后工业经济时代可持续发展战略的实施。

(二)物流组织模式的发展

随着物流组织模式的不断发展,什么样的物流组织才是最佳的这一概念和哲理也在不断的变化,企业在追求一体化物流管理的过程中,经历了一系列可以明确区分的阶段。最初,大多数的物流活动是职能驱动的,结果是采用了按职能部门划分的组织结构,物流活动则分别从属于这些职能部门。

(三)组织结构的类型

企业决定了某种模式的组织结构后,还可能有一些基本的选择,这些选择有三种:正式的物流组织、半正式的物流组织和非正式的物流组织。企业应该根据自身的实际性情况来选择。

(四)回收物流的组织的定向及定位

任何组织都有自己存在的理由和需要达到的目标,也就是说,所有组织都有自己的定向和定位。同样,回收物流组织作为企业的一个重要组成部分,它也有自己的定向和定位。企业选择组织结构的模式主要来自于企业所追求的战略目标,回收物流组织也要服从于企业的战略目标。

二、产品回收物流管理

产品回收管理的目的是以最小的成本恢复产品最大的经济价值,同时满足技术、生态的要求。在物理网络模型设计中,修复战略中不同的修复和弃置选项供给与需求是假设平衡的,次级产品、部件和材料,来自对修复策略的应用。回收物流系统设计过程中必须考虑到回收物品的加工处理能力的提供,并需要确定设施类型。此外还要保证事先确定的修复策略必须正确地实施,同时在设施与运输连接中没有生产力限制。总而言之,产品回收物流系统的设计目的是要使运输总和、作业量以及每年投入成本最小化,同时满足需求与供给的限制。

目前,如何妥善处理废旧产品,已被越来越多的国家所重视。美国环保局目前正考虑建立一个全国性的体系,通过经济手段鼓励回收和重新使用废旧产品。在日本,家电生产企业、零售商、消费者共同承担家电回收再利用的义务。家电生产企业负责废旧家电的再商品化,而消费者丢弃一台废旧电器,要支付 2 700～4 600 日元的费用，违反规定的将受到重罚。德国也十分重视废弃产品的技术研发，前不久发明了一种可有效回收塑料和防火材料的新方法，将原先的塑料垃圾转换成有使用价值的二次原料资源。由于回收再利用利润诱人，因此，专门进行废旧产品处理的公司不断增加。

针对我国废弃废物回收的低层次现状，建立有效的垃圾产品回收系统模型显得尤为重要。产品回收系统模型有四部分组成：

(1)回收收集点。回收收集点可以是专门设立的回收中心，也可以是零售商，负责收集废弃的各类产品；

(2)存储地。存储地是连接回收点和拆卸、再循环车间的纽带。

(3)拆卸、再循环车间。拆卸、再循环车间负责将回收的电子电器产品拆卸、分解、归类和粉碎处理。

(4)材料市场、终端处理地。将分离出来的有利用价值的材料再次出售或再利用，而将无利用价值的材料直接送至填埋地和焚烧炉。当然，对一些有害的危险材料将作进一步的处理。

在我国，废旧产品回收再利用工作尚属起步阶段，在借鉴发达国家成功经验的同时，还应注意以下几个问题：

(1)政府重视。政府有关部门应制定出相应的法规，使生产者、销售者和消费者共同承担起产品回收再利用的责任和义务，使废旧产品的回收再利用步入“从商品到商品”的循环经济轨道。

(2)进行产品产业链的的绿色设计。激励生产厂商生产环境友好型产品，从源头减少甚至淘汰有害物质的使用，采用更有利于循环利用的材料和设计。

(3)建立废旧产品的有效回收网络。采取多种形式保证回收渠道的顺畅，极大地改善回收的效率和效果。

(4)转变消费观念，树立良好的环保意识。教育消费者购买环保型产品，提高公众的环保意识，人人都自觉参与废旧产品的回收利用工作。

总之，建立社会化的回收处理服务体系，实现产品废物的减量化、资源化和无害化势在必行。有关部门正在制订的“生产者延伸责任制度”，把产品废弃物的管理与生产联系在一起，这对生产厂商而言，是一次新的挑战，也是一次难得的机遇。通过对量大面广的电子废物的回收，对节约和回收资源，减少垃圾，保护环境，加快我国迈向循环型经济的步伐都具有积极的作用。

三、包装物回收物流管理

随着经济的发展和人民生活水平的提高，包装工业总产值不断增长，在提高商品价值的同时也给我们生活带来负面的影响。一方面包装产业消耗了大量的资源能源，使我国的资源紧张状况更加严峻。另一方面包装废弃物大量增加对环境造成了严重的污染。据了解,目前我国包装废弃物已占城市固体废物的1/3左右,而且,包装废弃物还在以每年10%的速度增长。

擅长管理回收物流的管理公司往往也擅长包装物回收物流的起点控制。这些公司还能够缩短回收包装物的时间,及时转移和外置有关的回流包装物。当包装物回流到回流中心后,我们可以根据包装物和条形码包装标准对包装进行分拣处理,根据重新利用、整修、回收物料、循环利用等实际运作过程对包装物及处理,通过压缩处理周期提高包装物回收系统的效率。

(一)包装废弃物的回收利用的种类

1.纸包装材料的回收利用

纸和纸板作为包装的主要材料,其回收利用尤为重要。我国的废纸回收率和利用率一直是稳步上升,2004年废纸回收率是30.4%,废纸利用率是51.7%,而韩国的德国在1999年废纸回收率就分别高达73.8%和70.7%,与发达国家相比较,我国的废纸回收率和利用率还存在很大差距,大部分的纸资源还有回收利用的价值和空间。

2.塑料包装材料和回收利用

有资料显示,英国塑料包装占塑料用量的40%左右,从1995~2001年间回收塑料中绝大部分都是包装塑料,包装塑料回收量占回收总量的90%以上,而我国的除PET瓶的回收率约为50%以外,其他塑料包装物的回收率仍很低,尤其是塑料袋用量很大,却无人回收。

3.玻璃包装材料的回收利用

由于玻璃制品的化学稳定性好,清洁卫生、可再生利用,即可重新回炉熔制,世界上很多发达国家十分重视废玻璃的回收利用,回收率最高的国家达80~90以上。2001年奥地利、比利时、德国回收率都超过80%,而我国玻璃资源回收利用方面存在着很大的差距,1999年只有20%,2004年我国玻璃包装容器回收和再生利用率约60%,除啤酒瓶外其他杂瓶回收率较低,主要原因是回收价格低。这样不仅浪费了宝贵的资源,而且对土地资源等自然环境造成很大的危害,不利于社会的可持续发展。

4.金属包装材料的回收利用

近年来,我国对废铝的回收利用十分重视,国内回收率一直处于稳步上升,回收总量在逐年增加,因铝质易拉罐的平均收购价为0.16元/个,因此,用户及拾荒者积极性比较高,回收率可达80%,马口铁的容器的回收率在75%左右,价格也有所增加。总之,金属包装材料的回收利用率较好。

(二)包装回收物流的管理

物料的回收利用由来已久,如废旧金属、纸、玻璃、塑料等。收集的废旧物品价值一般较低,但需要先进的处理技术和专用设备,投资成本较高,因而要求回收处理设施比较集中，进行大批量处理，以形成规模经济效应。再循环逆向物流过程涉及的活动不多，网络结构较简单。针对包装物的回收的活动是：

(1)整修。这类包装物往往是可以循环使用的包装物。在使用过程中，质量受到损坏。需要运到包装物供应商进行整修。通过整修后，再投入使用。

(2)回收利用。这类包装物的损坏程度很高，往往难以修复后再重新使用。一般将这些包装物卖到回收站。通过回收站进行处理，分解成原料，再提供给包装物生产商作为制造新包装物的原材料。如：包装瓶、罐、纸类包装箱等。

四、零部件回收物流管理

零部件回收物流是产品再制造的前提和保证，是实现产品再制造管理的重要活动之一，零部件回收能够显著提高产品的利用率，缩短再制造生产周期，满足产品个性化的需求，降低生产成本，减少废物排放量，从而树立起企业清洁生产者的形象。

零部件的回收在回收物流中占有重要的部分，尤其在发达国家零部件的回收得到了足够的重视，以汽车产业为例。德国是世界上第一辆汽车诞生的国家，也是世界上汽车回收工作做得最好的国家。目前，德国拥有约 200 多家旧汽车回收企业，汽车回收率已接近 100%。实际上，德国汽车业从 20 世纪 90 年代初就开始逐年增加在汽车回收、再生方面的投资。德国的 3 家主要汽车生产厂家自 1991 年以来用于建造专门的“拆卸流水线”上的投资巨大，年均增幅达 20%，远高于其他国家。奔驰从 1992 年开始按照技术标准回收、利用汽车上的旧零件。实践证明，汽车上的钢铁、有色材料零部件 90%以上可以回收利用，玻璃、塑料等的回收利用率也可达 50%以上。从 1995 年起，奔驰公司开始重复利用经处理后的电池组、织物和轮胎，收集的油料经处理后进入市场给某些生产部门使用。至于汽车上的一些贵重元件材料，回收利用的价值更高。除德国外，法国、英国、瑞典、意大利、美国和日本等许多国家的车商纷纷行动起来。一个共同的做法是，在大中城市中开设专门的汽车零部件收购商店，德国宝马公司过去 3 年通过收购店收集的废旧零部件多达 1 000 多种，这些零部件被送往专门的拆卸工厂，有不少材料可用于生产新的产品。如对于回收的旧塑料保险杠，经碾碎后可重新塑造，其生产成本比采用原始塑料制造低 15%。欧盟成员国中已有 8 个国家政府鼓励业主开设旧汽车零部件回收企业，国家在信贷、税收上予以照顾。由于发达国家昂贵的劳动力常使汽车回收业难以获得利润，政府对此汽车生产商都给予补贴，如奔驰集团过去 3 年在这方面的资助达 1 200 万马克。该公司认为借此树立“绿色”形象，其宣传效果不亚于花巨资做广告。

长期以来，国内企业为了迎合市场的发展和竞争的需求，将企业的重点主要集中在产品的生产、销售和服务上，而将淘汰废弃产品的处置排除在企业经营战略之外，对这些产品沿供应链逆向渠道的收集、运输和再制造都没有引起足够的重视。

目前我国还没有建立规范的零部件产品回收处理体系，废旧零部件的回收和处理完全是在经济利益的驱动下自发进行的。无序回收以及原始落后的拆解处理造成的资源浪费、环境污染情况十分严重，同时也给使用回收零部件的消费者带来了安全隐患。比如对废旧零部件拆解不规范，有的只提取了部分易于回收的贵金属，而大量难以回收的有用资源被当作垃圾随意丢弃或者填埋。简单、无序、不可持续的废旧零部件处理方式远远不能适应社会发展的需要。因此，面对大量涌现的废旧零部件和目前我国对于废旧零部件的回收处理现状，我们有必要进行零部件产品的回收逆向物流研究，建立规范的零部件产品回收处理体系，发展循环经济，实现资源的可持续发展。

五、物料回收物流管理

物料是产品生产过程或流通过程中由于各种原因产生的边角料、废料等，由于技术或经济因素的影响暂时无用但可以预期回收利用的物资。废旧物料的回收利用是利国利民的大事，不仅可以弥补自然资源的不足，而且可以降低生产成本，使社会资源量相对增加，从而提高经济效益。

(一)物料回收物流的组织方法

(1)制定废弃旧物料回收计划。编制计划时要突出重点，抓住一般，先考虑对国民经济有重要影响作用的紧缺物料的回收项目，同时考虑生产、技术、经济方面的可能性。

(2)建立健全物料回收管理机构。物料回收管理机构是完成废旧物料回收任务的组织形式，应本着精简统一的原则，建立健全从中央到地方、从地方到企业的物料回收网。

(3)制定废旧物料回收的技术经济政策。如制定废旧物料的价格政策、鼓励废旧物料回收的政策，开发废旧物料资源的政策，确定废旧物料的合理流向政策等，这些政策是开展物料回收利用的重要依据。

(二)废旧物料实际处置方法

(1)将钢铁、铝、铅等废旧物料适当分类，再分成若干等级，以便于企业内部设法利用。

(2)对拆卸下的大件废料，如钢或其他金属，可以用乙炔剪断，作为废料或予以拼接，以备日后代用作新料。

(3)某些拆下后可经转用到其他地方的废料，如马达、泵、管道等，应小心拆解，再送到维修保养部门整修后，重新入库待用。

(4)对某些存量很多，且有利用价值的废旧物料，可以在组织内部调用，设法利用，如代作其他物料使用或大材小用；或退还给供应商；或集中定期向外出售，如直接销售给其他公司;销售给商人或经纪公司等。

(5)对某些已无明显利用价值的物料,采取焚毁、破毁、掩埋等处理方法。

第三节 废弃物物流

我国已被公认为21世纪的“世界加工工厂”。物流产业已作为国民经济的一个新兴的产业部门,成为我国本世纪重要产业和国民经济新的经济增长点。但目前国内对于废弃物物流的研究和运用却很少,这使人联想到我国早期的工业发展所走的“先污染,后治理”的道路,我们知道,无论是生产领域、流通领域,还是消费领域,都产生了我们所谓的废弃物流。这引起废弃物虽然暂时没有再利用的价值,但如果不妥善处理,就会造成环境污染,就地堆放还会占用生产用地以致妨碍生产,这类物资的处理过程我们称为废弃物物流。

一、废弃物物流的分类与特点

废弃物流是将经济活动中失去原有使用价值的物品,根据实际需要进行收集、分类、加工、包装、搬运、储存等,并分送到专门处理场所时所形成的物品实体流动。

由于废弃物按不同的标准可以分为多种,废弃物物流随之也有多种:

(1)按废弃物的状态不同,我们可将其分为固体废弃物、液体废弃物和气体废弃物。由此相应的就有固体废弃物物流,液体废弃物流和气体废弃物物流。固体废弃物在学术界一般是指在社会生产、流通和消费等一系列活动中产生的相对于占有者来说一般不具有使用价值而被丢弃的以固态和泥状赋存的物质。液体废弃物被称为废液,其形态是各种成分的液体混合物。液体废弃物主要来自于生产部门和消费部门,即工业废水和生活废水。气体废弃物主要是工业企业,尤其是化工类型工业企业的排放物,其次就是生活和交通中产生的废气。

(2)按废弃物的来源分类,可分为产业废弃物、流通废弃物和消费废弃物。产业废弃物通常是指那些在生产行业中被再生利用后也没有使用价值的最终废弃物。流通废弃物就是指在流通过程中产生的相对现在来说已没有使用价值的废弃物,大多数时候表现为废气。流通业也被称为是流动污染源,因为流通废弃物几乎都是在运动时产生的。消费废弃物是指生活垃圾,这是我们身边最常见的废弃物。

(3)按废弃物的性质分类,我们可以将其分为危险废弃物和非危险废弃物,危险性废弃物,即它的数量或浓度达到一定程度时会对环境和人体健康产生危害的废弃物质及其混合物。它有两个特点:一是危险性;二是废弃性。实验室中的危险物质是很危险的,但它不属于危险性废弃物的范畴。非危险性废弃物是单纯的废弃物,并不会对人类或是我们的生活的环境造成危害或是存在潜在的危险性。

其实废弃物的分类处理没有深入的宣传和严格的标准,就现状而言,城市里许多可回收利用的物资主要通过城市里废品收购站回收及小商贩从市内垃圾箱拣选和从住户处回收。回收部门多为私人经营，规模小且设施简陋，对回收物资主要是露天堆放，通过人工拣选再向上一级的物资回收部门出售。作为政府主管部门的环卫机构，对城市里各种无使用价值的生产、生活垃圾进行收集，主要运往垃圾倾倒场地，绝大多数没有进行进一步的处理，致使城市周围的垃圾处理场面积扩大。而把废弃物物流作为营利性服务的物流公司几乎没有。废弃物不仅威胁着城市，也在向农村蔓延。以甘肃省民勤县为例，一个原本生态环境就很薄弱的地方，近几年因为耕地大量使用地膜覆盖，形成的废旧塑料垃圾已开始严重影响农作物的产量，田间地头这种不可降解的塑料随处可见，这种白色污染，后果又由谁来承担？这与我们倡导的"环保模范城市"、"生态城市"、"可持续发展观"是否背道而驰？

二、废弃物物流的意义

我国有数量巨大的固体废弃物资源，对这些废弃物开发利用，既可改善环境，又可取得社会经济效益。据有关资料介绍，我国年产工业废渣(包括煤矸石、粉煤灰、锅炉渣、冶炼渣、化工渣等)和尾矿的产生量约5亿t，占用大量土地；全国城市人口年排出的垃圾和粪便达2.5亿t。这些废弃物的相当部分堆弃在城郊，排入江河或农田，不仅占用土地，而且污染环境，传染疾病。消除固体废弃物的根本途经，是进行综合开发利用。例如：工业废渣可以制作各种建材，垃圾分类处理后也可有多种用途。据资料介绍，英国很重视废弃物资源开发利用，每年从中新创财富价值达10亿英镑。我国80年代高炉废渣的80%制作水泥混合材料，一年创造价值达6.5亿元，可以节约资金1亿多元，节约煤炭200万t。

废弃物是一种资源，但它又不同于其他类的资源：一方面它的量在不断地增长，另一方面在管理方面也与其他类资源有所不同。就总体来看，我国对废弃物的处理及利用程度还相当落后，高科技真正地进入废弃物处理还有一段历程。随着经济发展、科技进步和人民生活水平的提高，各种废弃物的数量迅速增加，对社会生产、环境卫生和人类的身体健康造成日益严重的威胁。例如，工业烟尘排放使大气严重污染，工业废水特别是化工业污水，造成江河、地下水资源严重污染，城市垃圾毒化卫生等，导致自然界生态破坏，危及自然界中植物动物和人类的生存，有的已造成严重灾难。因此，废弃物流受到日益重视，成为现代物流系统的重要类型之一，并具有很大的发展前景。

首先，从社会资源有限性分析，因人类社会所需要的各种物资均来自于自然界，但随着人类社会的进步，人们生活水平的提高和消费需求的多样性，使人类对自然资源的采掘量增大，一些自然界不可再生的资源在逐渐的减少，因此就资源稀缺性的角度考虑，人类必须考虑资源保护和对再生性废弃物的回收再利用，由此而形成的废弃物物流的研究与实践，对整个社会文明的发展有积极的推动作用。

其次，从环境保护的角度分析，因废弃物中除了一部分可回收利用外，其余部分已丧失了使用价值，而且很多生产垃圾中含有对人体有害的物质，如果不及时有效的处理，必将影响人们的整个生活环境，尤其是在城市这种人口密度大、企业数量多、废弃物排放量高的地方。不经过处理直接排放到自然界中的废弃物，会严重的影响到农业土壤、植被和饮用水源。所以必须对其处理，使废弃物资源化，成为有利可图的产业，并逐渐的市场化；不但实现废物再生产，同时增加就业人口，这些已经在一些发达国家开始实施，因此很有研究价值。

再次，从可持续发展的观点来分析，在宏观层次上看，可持续发展思想的实质是追求人与自然的和谐。1987 年世界环境与发展委员会在《我们共同的未来》的报告中对"可持续发展"给出的定义是：可持续发展就是在满足当代人的各种需要的同时，不会使后代人满足他们自身需要的能力受到损害。20 世纪 90 年代可持续发展成为全球的共识。正因为人们已经认识到社会资源的有限性，所以也就有了"循环经济"的提法，即"资源——产品——再生资源"。江泽民曾指出："决不能浪费资源，走先污染后治理的路子，更不能吃子孙饭，造子孙孽。"所以从国家长远发展的观点出发，废弃物的有效处理必须加强。

为此，我们必须提高认识，改变观念，推动废弃物物流的发展。

三、废弃物物流流程

废弃物物流是无视对象的价值或对象物已没有再利用价值，仅从环境保护出发，将其焚化、化学处理或运到特定地点堆入、掩埋。废弃物物流与回收物流相似，仍然是由运输存储、装卸搬动、包装、流通加工和物流信息等环节组成，其物流技术也是围绕这些环节发展的，但因系统的性质所决定，故技术特点有所不同。

物流作业就是实现物流功能时所进行的具体操作活动，包括运输、储存、装卸、包装、分拣、加工、配送等物流活动。伴随着经济的发展、科学技术进步，物流技术也有了很大的发展，从最初的人工物流发展到现代的机械化、信息化物流，各种物流器械也趋向于自动化。随着人们生活水平的提高，环保意识也在逐渐增强，废弃物的处理问题就成为一个重要议题。

（一）废弃物物流的第一阶段任务是收集

废弃物的来源分布极为广泛，遍布每一个工矿、企业和家庭，因此采用多阶段收集逐步集中的方式，广泛使用各种小型的机动车和非机动车辆。许多废弃物具有油腻杂质、高温、污染环境的特点，在装运过程中需要专用工具和专用运输车辆，例如机加工过程的排泄物、金属屑、冶金渣、木屑等。运输设备小型化、专用化。一般情况下，办公废弃物应由办公室返还给供应商统一处理。有毒有害固体废弃物应直接交供应商进行处理，并做好记录。在运输固体废弃物的过程中，不遗洒、不乱放。

(二)预处理

废弃物的预处理是指采用物理或化学、生物的方法,将废弃物转变为便于运输、储存、回收、利用和处理的形态。常用的预处理技术主要有:

1.分拣、分解、分类

在初期收集阶段,各种废弃物往往是混杂在一起的,但是它们按照本身可使用的价值,其去向是各不相同的。如机械加工制造企业中切屑的不同种类之分。比如玻璃、纤维物质(含废纸)分别是玻璃厂和造纸厂的回收对象,一部分有机物质可以作为肥料厂的原料,而有一部分则要送往指定地点掩埋或焚烧。为了适应物流流向的需要,必须进行分拣分类。分拣分类的方法有:磁力分拣,适用于废钢铁等磁性物质的拣选;重力拣选,利用振动或离心力抛射的方法将比重不同的物质区别出来;浮力拣选,利用液体的浮力将轻质物和重质物分离;人力拣选,适应面很广,常常是其他拣选方法的补充;加热分解,对于钢铁和有色金属的复合材料,可以利用较高温度将低熔点金属熔化分离。

2.压块和捆扎

目的是提高对象物的纯度,减小体积和形成作业单元便于装卸和运输。压块适用于机加工中的切屑而捆扎适用于细长料。

3.切断和破碎

切断的目的也是为了搬运作业的方便,而破碎则往往是为了分拣。例如废汽车含有钢铁、有色金属、橡胶、玻璃等材料,经破碎以后这些材料可以进行拣选、分类收集。

4.打包设备

打包的目的首先是为了搬运作业的方便,继而是为了满足冶炼工艺的需要。

(三)运输

在所有的物流活动中,运输都是一个必不可少的重要环节。同样,在危险性废弃物物流作业中,运输发挥着重要的作用。从收集开始到最终处理完毕,运输是中心环节之一。物流过程中的运输能力,运输反应速度,在很大程度上制约了废弃物的物流效率。

(四)最终处理

危险性废弃物会给人身健康、自然环境带来极大的危害,因此,对危险性废弃物的最终处理一直是让各国头疼的问题。在经过最终处理之后,该危险性废弃物的危险性应能够被彻底消除,至少在目前看是这样的。

1.安全掩埋

土地掩埋方式因其一次性投资较低在美国和部分欧洲国家已经得到广泛的应用,中国也已有部分地区使用土地掩埋方式来处理危险性废弃物。危险性废弃物掩埋必须精心选址、设计、施工。

2. 焚烧法

焚烧法是一种高温处理技术，即以一定量的过剩空气与被处理的废物在焚烧炉内进行氧化燃烧反应，从而使有害物质在高温下氧化、热解而被破坏，是一种可同时实现废弃物无害化、减量化、资源化的处理技术。

3. 贮藏法

贮藏法是为了防止从固体废弃物中浸出放射性物质或从有害废弃物中浸出有害成分、对环境造成污染、对人身健康造成危害，把危险性废弃物保存在人造的储存库内的处理方法。

随着科技发展，废弃物处理的现代化、科学化、系统化水平也逐渐提高。如现代机械用于垃圾分拣；生物工程用于填埋场建设；热物理传热技术改进垃圾焚烧发电系统提高产电能力；生物技术用于垃圾制肥提高制肥效率和质量；现代化信息技术用于垃圾综合管理系统等等。

其实，对废弃物管理的最好方法是从源头减少废弃物的排放量，国家应该有具体的实施方法，一方面逐渐对生产垃圾和生活垃圾实行计量收费制度，另一方面也让物流企业看到这一产业的有利可图。另外，我们还应该借鉴发达国家在处理废弃物方面的一些经验，因为废弃物的处理也是一个相当复杂的过程，需要从面到点的收集、储存、运输以及最终的焚烧、掩埋作业环节，需要专用设备，初期投资大，回收期长，所以需要多方面的支持。

第四节　回收物流新趋势

尽管我国是一个资源大国，但由于生态保护意识的薄弱，致使近年来国内许多地区的生态平衡被严重破坏，生产和生活废弃物对我们生存的环境造成了严重的影响，尤其是大都市，废弃物的收集处理已成为人们关注的焦点。我们必须以可持续发展的生态学观点，改善我们的生活环境。尽早结束我国依然持续着的“先污染，后治理”的局面，真正地做到废弃物物流的产业化，减量化，无害化和资源化。

一、供应链管理环境下的回收物流

21 世纪的竞争是供应链之间的竞争。由于供应链管理已经上升到企业与企业间的合作与决策，整条链的目的就是为了实现顾客价值，实现整条链的价值最大化。物流管理已经成为将价值有效地传递给顾客的战略途径。物流活动将从属于供应链管理，一起创造供应链价值。

供应链的管理是基于供应链所实施的管理。而所谓的供应链是指在生产及流通过程，为将货物或服务提供给最终消费者，联结上游与下游创造价值而形成的组织网络。它始于供应的源头，结束于消费的终站点。它将供应商、分销商、零售商、最终用户连成一体，共同分享供应链所带来的价值。

供应链环境下的回收物流主要有两种形式：退货和回收。退货是指下游客户将不符合订单要求的产品、根据销售协议规定将接近有效期限的产品、或者有瑕疵的产品退回给上游供应商，其流程与常规产品流向正好相反。在这个流程运行过程中，客户处于主动地位，企业处于对客户需要的响应地位。回收是指将最终客户所持有的废旧物品，或者他们不再需要的物品，或者一些用于物流配送的专用器具（如托盘、集装箱等）回收到供应链上各节点企业的过程。因此在该过程中，企业处于主动地位。

那么如何来实现供应链环境下回收物流的成功管理呢？我们应注意以下要素：

(1)把好入口关。在新产品上市阶段，生产能力未全部形成，工人操作尚不熟练，次品、废品率高；消费者对新产品处于一个认识过程，不会立刻接受它。在这个阶段物流活动需要能及时调整供应链的市场信息，以调整库存和生产。又由于此阶段有很多的次品、废品。因此，回收物流会面临着大量的次品回收，将回收回来的产品进行分析，为产品的生产和重新设计提供信息。值得注意的是由于销售额不高，回收物流的量不会太高。

(2)构建反向物流信息系统。如用销售终端系统(POS)、EDI技术和射频技术就可以把好入口关，加速反向物流活动处理。由于反向物流过程有很多例外和不确定性，因而反向物流信息系统必须是柔性的。

(3)建立回收中心。回收中收的建立有利于一致、迅速、有效地检查、分类和决定如何处理回收产品，回收中心的有效管理需要信息系统的支持。

(4)改进技术。改进再加工、再制造、系统升级及废弃物处理的技术。

(5)合理运作。与供应链环节上各节点进行谈判，以确定合理的采购、退货政策和回收的零部件、产品价值。

(6)企业外包或引进第三方回收物流来协助管理。若企业在分析他们的核心竞争力时，认识到他们缺乏从事反向物流的专业知识、技术经验等，则应该将其外包给从事反向物流的第三方物流供应商。

二、绿色物流

绿色物流是指在物流过程中抑制物流对环境造成危害的同时，实现对物流环境的净化，使物流资源得到充分利用。

物流由储存、运输、装卸、包装、配送等环节构成，在进行物流的过程中各环节不可避免地对环境造成危害，形成所谓的环境污染成本。主要表现在：

(1)在原材料的取得和产品的分销过程中，运输对环境的污染。

(2)储运的物品所产生的污染。例如有毒有害物质、如酸液、有毒类药品、油类、放射性物品等对环境构成威胁，在物流过程中发生因储存和运输不当而发生泄漏，将对环境造成严重的破坏。

(3)废旧物品物流污染。在21世纪,人类面临人口膨胀、环境恶化、净水资源短缺的三大危机,作为大量耗用能源、燃料和以噪声、废气严重破坏环境的物流业,在发展上应有超前意识,倡导绿色物流。

绿色物流从环境的角度对物流体系进行改进,形成了环境共生型的物流管理系统。这种物流管理系统建立在维护地球环境和可持续发展的基础上,改变原来经济发展与物流、消费生活与物流单向作用关系,在抑制传统直线型的物流对环境造成危害的同时,采用与环境和谐相处的态度和全新理念,去设计和建立一个环保型的循环的物流系统,使达到传统物流末段的废旧物质能回到正常的物流过程中来。一般称这种废旧的物质的回流为逆向物流。现代绿色物流强调了全局和长远的利益,强调了全方位对环境的关注,体现了企业的绿色形象,是一种全新的物流形态。

我国已经加入了WTO,我国的物流业应尽快顺应后产业社会的新经济的要求,抛弃旧的发展模式,实施绿色物流保证物流业的可持续发展。

三、第三方回收物流

(一)第三方回收物流的可行性

所谓的第三方回收物流是指在物流渠道中由中间商提供的服务,中间商以合同的形式在一定期限内提供企业所需的全部或部分回收物流服务,按照企业要求进行退回货物和废旧物品的运输、再包装、保管、维修、再配送等业务。

1.企业能够集中自己的精力于核心业务上

采用第三方回收物流可以使生产等业务进一步专业化,企业把主要精力和资源集中在自己的核心竞争优势的活动上,而把非核心领域外包给其他专业企业已成为企业增加竞争力最重要和最有效的战略手段之一。

2.第三方回收物流可以为企业节约物流成本、可以与其他企业分担风险

企业采用第三方回收物流可以获得专业的物流服务,可以提高配送效率和积载率,从而减少企业的物流成本。并且对于大部分企业而言,投资回收物流系统的建设要承担巨大的风险。运作回收物流业务对企业的生产能力、物流技术、信息技术、人员素质、组织结构等都会提出更高的要求。回收处理中心的建设、处理设施的配置以及信息系统的研究和开发等都需要大量的资金,并且资本回收周期很长、回收物流系统建设和实施还需要大量的专业技术人员和管理人员。对企业尤其是中小企业来说这种高投资带来的高风险必将会影响其物流的有效实施,将回收物流业务外包给专业的物流供应商无疑是分担风险的一个不错的选择。而对于第三方回收物流企业而言,实行规模化经营将退回的产品集中起来进行分类处理提高处理速度本身就可以产生规模效益。

3. 第三方回收物流能使服务的质量得到保证

在市场竞争日益激烈的今天，高水平的顾客服务对于现代企业来说是至关重要的，它是企业优于其同行的一种竞争优势，第三方回收物流在帮助企业提高自身顾客服务水平上，有其独到之处，第三方物流公司可利用信息网络和节点网络，加快退货处理和废品回收，保证企业为顾客提供稳定、可靠的高水平服务。

(二)第三方回收物流的必然性

随着物流业的迅速发展，第三方回收物流已成为企业回收物流发展的必然趋势。然而，目前在国内还很难找到符合要求的第三方物流公司承揽该项业务，已进入中国的国际物流巨头如UPS、联邦快递等，其服务领域也尚待拓宽，尤其是其专为回收物流管理而铺设的网络系统也没有完全到位，所以对于未进入回收物流市场的第三方物流公司来说，进入回收物流市场的前景很好且利润空间较大，并不是所有的第三方物流公司都适合实施回收物流业务，所以一个第三方物流公司在选择进入回收物流市场前应当做一个完备的决策流程分析，制定出其在市场上合适的战略定位从而可以更好地为企业服务。

四、信息化的回收物流

随着可利用自然资源的日趋减少以及人们环境意识的日益增强，同时在政府的各项环境立法以及各种经济因素的驱动下，产品和材料的再利用越来越受到人们的重视。填埋和焚烧是对废旧产品和材料的传统处理方式，然而这种方式已经不再适应可持续发展的要求。取而代之的是对废旧产品和材料进行回收再处理，进而再利用的方式。产品和材料的再利用早已不是什么新现象，随着这种现象的日趋普遍，一个“资源浪费型”社会（设计－生产－流通－消费－维修－废弃）将逐渐向“资源循环型”社会转变。

信息化物流当仁不让的成为回收物流强有力的有生力量。相对于传统的物流网络，信息化回收再利用物流网络具有逆向、流量小、分支多的特点。

信息化物流回收再利用物流网络都具有某些共同特征，将产品再处理的不同形式作为主要的划分依据，可以把回收再利用物流网络分为三大类：大批量回收网络、可装配产品再制造网络和可再利用项目回收网络。下面我们对每一种类型做更为详细的讨论。

(一)大批量回收网络

例子有沙料回收，钢铁副产品回收，废纸回收，塑料回收以及旧地毯回收等。它们的共同点是回收产品都不具有太高的价值，回收的结果都是材料的获得，例如从旧地毯中回收尼龙。由于回收的是材料，而回收的材料未必再用于原始产品的生产，所以在这一类网络中回收市场和再利用市场通常是两个不同的市场。除了原始设备制造商（OEM）以外，材料供应商在这类网络中也扮演了很重要的角色。一方面的低值回收和另一方面由于材料回收所需要的先进技术和设备导致的高额投资使得回收活动对回收物的处理量提出了较高的要求。要使回收行为在经济上切实可行,利用规模经济是必不可少的,也就是说产品的回收处理量必须达到一定的规模。为确保达到大处理量的要求,进行行业内的合作是很好的选择。对规模经济的要求也反应在网络结构的相对集中上,即各项活动都集中在很少的几个地点进行。此外,为了保证回收材料的出售不受原始产品市场的影响,网络设计采用的是开环结构。网络的开环结构也使得行业内的合作更为便利。最后,由于材料回收在技术上的可行,并不过分依赖于回收物的质量,不需要检测设备对回收品进行质量鉴定,所以网络层数较少。综上所述,大批量回收网络具有集中度高,层数少,开环结构的特点。网络的建立经常依赖于整个行业的合作。

(二)可装配产品再制造网络

例子有复印机的再制造、汽车的再制造、移动电话的再制造以及印制电路板的回收等。与大批量回收网络不同,在这些例子中所涉及到的再利用的产品和部件都是来自于价值相对较高的产品,增值回收是产品回收活动的主要经济驱动力。由于进行产品的增值回收活动(维修或再制造)必须具备对产品结构的深层了解的知识,所以大多数情况下这类回收行为由 OEM 执行。而且供应的不确定性也是一个重要的影响因素,回收的运作成本也相对较高。但如果市场进入壁垒不高的话,产品回收的商机也会吸引第三方的进入。在这里回收产品的初始使用和再次使用通常是一致的,也就意味着原始市场和再利用市场会发生重叠。于是在原始物流网络和回收物流网络之间必然存在着联系,对两个物流进行联合运输和管理的机会也就随之产生。在进行回收网络设计时,从已有网络出发进行拓展是一个很好的起点,采用整合两个网络的闭环结构也是很自然的选择。增值回收的另一个重要特点是相互关联的处理步骤较多,相应的物流网络结构也就比较复杂。原因在于再制造网络中回收产品的不确定性占据了主导地位,回收是否可行以及采取怎样的处理步骤都严格依赖于回收产品自身的具体情况。这样就导致了在网络的布局上,某些活动(如测试、检查等)必须分散进行。综上所述,可以看到再制造网络通常都是分散的、复杂的、多层的闭环结构,并且主要是由已有网络的拓展而成。

(三)可再利用物品回收网络

主要指类似于包装这样的可直接再利用物品的回收系统。在这类网络中,产品只需要经过最少量的再处理,如清洗和检查,就可直接进入再利用市场。所以网络结构也相对简单,只需要仓库这样的简单设备。又因为产品的再利用与初始使用毫无二致,所以网络设计采用的是闭环结构。由于大量的回收物品在网络中循环,所以一个很重要的问题是确定物品的数目并且防止丢失。又因为没有其他过多的处理程序,所以运输成本是最主要的成本构成。因此,为使仓库更接近顾客从而减少运输费用,这类网络多采用分散结构。综上所述,可以看到这类网络通常比较简单,具有分散、闭环和单层的结构特点，是已有网络的拓展。

发展回收物流系统中的一个最重要的环节是应用信息技术。新技术和尖端技术可以帮助企业收集被回收产品的信息。数据管理可以使企业追踪产品在客户之间的流动信息，同时也允许企业辨识。出于回收目的的产品返回比例，这些信息将会被利用到提高产品可靠性以及识别回收物流系统中的特殊问题上，同样也可以运用到提高产品供应的预测水平上去。

S 本章小结

近年来，随着我国经济的快速发展，物流产业的独立性日益提高并受到广泛的关注。随着公众环保意识的不断增强，环保法规约束力度的逐步加大，回收物流的经济价值也日益显现。据有关资料显示，在美国，1999 年的回收物流成本约占物流成本的 5%，到 2001 年，回收物流的成本所占比例则翻了一番，大约为 10%。如通用汽车、IBM 等公司，都通过改善回收物流系统，获得了物流成本下降、顾客响应时间缩短、客户满意度提高等诸方面优势。

然而，尽管回收物流的市场巨大，但我国的大多数企业对这一领域的开发还存在着大量的空白。目前我国回收物流仍处于起步阶段，物流基础设施不完备、物流市场需求不旺。针对我国人口众多、人均资源极为匮乏、环境问题日益严重、国民环保意识不断增强、面临加入 WTO 之后的“绿色壁垒”等情况，我国各类企业应该更加重视回收物流的作用，通过建立与完善自身的回收物流系统，不断提高回收物流系统效率，为在经济全球化条件下求得生存与发展寻求新的竞争优势。

随着 2008 年奥运会举办在际，“绿色奥运、科技奥运、人文奥运”的精神将广为传播，“绿色奥运”带来的回收物流需求正成为企业发展的新商机，具有开拓精神的企业家应该看到回收物流废弃物物流发展这一个大好的机遇，迅速的投身并致力于中国回收物流的发展。我们坚信，回收物流必将成为实现我国经济、社会资源与环境可持续发展的朝阳产业，也必将成为企业物流新的增长点。

C 案例分析

世界一些国家的包装废弃物流处理

近来，随着工业化国家的城市化和居民消费水平的提高，城市垃圾的增长十分迅速。全球垃圾年产量大约有 100 多亿 t、相当于全球每年粮食总产量的 6 倍。资料表明，在发达国家，包装废弃物在重量上约占城市固体废弃物的 1/3，而在体积上约占 1/2。大量的垃圾造成的环境污染，已成为人类社会发展所面对的问题。通过以下几段趣闻，我们可以体到发达国家在垃圾处理和环境保护方面的重视程度。

垃圾门票:加拿大西北部的普罗维登堡,有一个设备齐全的现代化游泳池,那里四季如春,是人们理想的休闲场所。为了搞好市政环境卫生,当局规定:男女老少均不必购买门票,只要交纳一定数量的包装垃圾即可入池挥臂击水。所以该城终年干干净净,即使偶尔有零星的垃圾,一会儿也会"不翼而飞"。

垃圾监视比赛:意大利环保部门经常举行"垃圾监视者"比赛,内容是让参赛者将其拍摄的垃圾照片当场展出,哪张照片上的垃圾最脏、最乱,哪张照片就获大奖。这一做法使大量的不按规定堆放的垃圾曝光,得到相应的处理。

垃圾征税:意大利人每年要购买70亿个塑料袋,而每个要付出8美分税金。(欧盟对塑料、除锈剂等造成的污染的物品也要征环境税。)

清垃圾代坐牢:美国高速公路两旁的垃圾清理工作十分辛苦而危险,一直缺乏足够的人手。这时,监狱牢房想出一个点子,凡刑期未达120天的轻刑犯人,可以用清理高速公路上的垃圾来代替坐牢。

垃圾公园:美国佛罗里达州有一座垃圾公园,公园里的游乐设备都是用垃圾为原料做成的,它的目的是告诫人们:身在优美的环境中,要注意对垃圾的利用。

音乐垃圾箱:荷兰卫生部门设计了一种音乐垃圾箱。这种垃圾箱有一个感应器,每当垃圾丢入箱内,感应器就自动播放优美的歌曲、故事或笑话。这种垃圾箱很受人们的欢迎,几乎每个人都情愿多跑几步路,把垃圾丢进音乐垃圾箱内。

垃圾纪念碑:意大利的菲腊奥市位于利古里亚海滨,那里风景优美,气候宜人,是理想的旅游胜地。许多游客在尽情地享受日光浴和海水浴后,把各种饮料、食品垃圾扔在大海里,造成了环境污染。当地政府特意在此修建了一座垃圾纪念碑,碑文上写着:"保护大自然,这里展出的所有废物,都捞自海中。"

垃圾电影院:英国新建了一座亨德尔影剧院,全部建材都来自于垃圾。该院银幕是用38 000块废白布拼凑而成,2 800个座椅来自于拣来的45 000根钢材焊接而成,服务员穿的是清一色废旧布料的拼凑的奇异的服装。它告诉人们:浪费很严重,"废品"并不废!

案例思考题:

结合上述案例谈谈对发展废弃物流重要性的认识。

T 思考题

1. 什么是回收物流、废弃物物流?研究废弃物物流有什么意义?
2. 试述回收物流的业务流程与设计原则。
3. 简述回收物流系统组织模式设计的理论依据。

4. 在供应链管理环境下如何加强回收物流管理。

E 综合练习题

结合本章内容与下述案例说明回收物流对于企业发展的重要性。

1982 年 9 月，美国强生制药公司(J&J)因为发生在美国芝加哥地区 7 起泰勒诺(Tylenol)致人死亡的事件，遭遇了巨大的销售危机。当时泰诺占止痛剂(Tylenol)是该公司销量最高的产品，占市场总额的三分之一，由于这起事件的影响泰勒诺的市场占有额直线下跌了约 80%。然而，强生公司不是回避和推卸责任，而是表现出超强的应对危机的能力。它们正面出击，快速反应，广泛运用回收物流系统，紧急从零售商和消费者手中回购可能有问题的商品，进行集中处理，迅速控制问题商品的扩散和使用；同时，全力提升商品品质，加强从生产到流通各个环节的质量保证措施；再通过广告媒体的大力宣传，很快重新树立了其品牌形象，挽回了顾客的信赖。如今，泰勒诺又恢复了往日的辉煌，泰诺仍是销量最高的解热镇痛剂品牌，拥有止痛剂药品市场的 30%的市场份额。

第十章 企业物流信息系统与信息技术

学习要求

通过本章学习,要求明确企业物流信息系统的目标与基本功能;企业物流信息系统的开发过程;维护及评价指标;掌握企业物流技术的应用情况。

能力目标

- ◆ 掌握物流信息系统的开发、设计及维护的基本内容
- ◆ 熟练掌握现代物流信息技术在企业中的应用情况

知识目标

- ◆ 掌握企业物流信息系统基本功能、结构及组成要素
- ◆ 了解企业物流信息常用系统的功能

第一节 企业物流信息系统

一、企业物流信息系统的含义与特点

企业物流信息系统是企业信息系统的一个子系统,主要对企业物流活动进行管理和控制,为物流决策提供支持。随着社会经济和科学技术的飞速发展,企业物流信息系统正向着信息分类的集成化、系统功能的模块化、信息采集的实时化、信息传输的网络化、信息处理的智能化方向发展。

(一)信息分类集成化

物流信息系统将企业的各项在逻辑上相互关联的业务连接在一起,为企业物流

活动中的集成化信息处理工作提供基础。在系统开发过程中，数据库的设计、系统结构以及功能的设计、输入与输出设计、界面设计等都应遵循统一的标准、规范和规程，以避免“信息孤岛”现象的出现。

（二）系统功能模块化

在系统设计中把物流信息系统划分为许多具有独立功能的子系统（模块），各子系统通过统一的标准进行功能开发，然后在集成组合使用，如此既可满足企业内部不同管理部门的需要，也可保证各子系统的正常使用和访问的安全性。

（三）信息采集实时化

信息采集实时化反应在下述几个方面：借助于编码技术、自动识别技术、GPS 技术、GIS 技术等现代物流技术，对物流活动进行准确实时的信息采集；采用先进的计算机与通信技术，实时的进行数据处理和传递物流活动中的各种信息；通过 Internet、Intranet 的应用将供应商、分销商、零售商按业务关系连接起来，使整个物流信息系统能够及时的共享业务链中不同环节的信息。

（四）信息传输网络化

企业物流信息通过 Internet 将分散在不同地理位置的物流节点连接起来，形成一个复杂而且紧密联系的信息网络，从而通过物流信息系统实时的了解各节点业务的运行情况。物流信息中心将对各地传来的物流信息进行汇总、分类以及综合分析，然后通过信息网络把各种分析结果传达至各节点，以指导、协调和综合各节点的物流业务工作。

（五）信息处理智能化

信息技术的飞速发展使得物流信息系统的智能化水平越来越高，先进的物流信息系统应当能帮助企业管理者快速做出正确的决策，如决策支持系统。不过物流信息系统智能化还是一个亟待发展和提高的领域，这一领域将是现在和将来物流信息化过程中一个重要的发展方向。

二、企业物流信息系统的目标与基本功能

（一）物流信息系统的目标

(1)实现货物跟踪。依据信息跟踪系统对货物处于哪个位置，何种状态，何时到达等进行跟踪。从而使企业对自己的货物动态了如指掌，运筹帷幄。

(2)库存的适当化。依靠电子计算机技术和严密的库存管理，压缩库存，并防止积压或脱销。

(3)调节需求和供给。企业把订货信息和库存信息，及时反馈给生产计划、生产活动、需求预测等部门，使生产、物流、销售形成一系列的连贯活动，以提高工作效率。

(4)采取有效措施，尽可能缩短从订货到发货的时间。

(5)提高运输效率和装卸作业效率。

(6)追求省力化和自动化(特别是订货、发货业务)。

(7)提高工作精确度和作业的准确性,必须具备控制错发货、错配货、漏配送的信息系统,减少事故发生。

(8)积极支持一切有利于扩大销售的活动。

(9)实现物流合理化,降低物流总成本。

(二)物流信息系统的基本功能

1.数据的收集和录入

物流信息系统首先要做的是用某种方式记录下物流系统内外的有关数据,集中起来并转化为物流信息系统能够接收的形式并输入到系统中。

2.信息的存储

数据进入系统之后,经过整理和加工,成为支持物流系统运行的物流信息,这些信息需要暂时存储或永久保存,以供使用。

3.信息的传播

物流信息来自物流系统内外有关单元,又为不同的物流职能所用,因而克服空间障碍的信息传输是物流信息系统的基本功能之一。如向设置在仓库的末端机,传送发货指示。根据这个指示,先计算出装载效率,选定运输车型,并计算出运输效率后,再发出配送指示。

4.信息的处理

物流信息系统的最基本目标,就是将输入数据加工处理成物流信息。信息处理可以是简单的查询、排序,也可以是复杂的模型求解和预测。信息处理能力的强弱是衡量物流信息系统能力的一个重要方面。如根据订货信息和发货信息计算订货余额,进行订货管理和发货管理。

5.信息的输出

物流信息系统的目的是为各级物流人员提供信息。为了便于人们的理解,系统输出的形式应力求易读易懂、直观醒目,这是评价物流信息系统的主要标准之一。如依据库存管理的结果,如发现库存低于正常需要时,便自动向补给仓库发出要货指示,及时补充库存。同时,要建立能力较强的向生产部门反映订货信息的系统,及时把订货信息反映给生产部门和预测部门。

三、企业物流信息系统的结构及组成要素

(一)企业物流信息系统结构

企业物流信息系统可按垂直方向划分为三个层次,即管理层、控制层和操作层,贯穿企业供应物流、生产物流、销售物流、回收和废弃物物流的运输、仓储、搬运装卸、包装、流通加工等各个环节。可见物流信息系统是企业物流领域的神经网络,遍布物

流系统的各个层面。

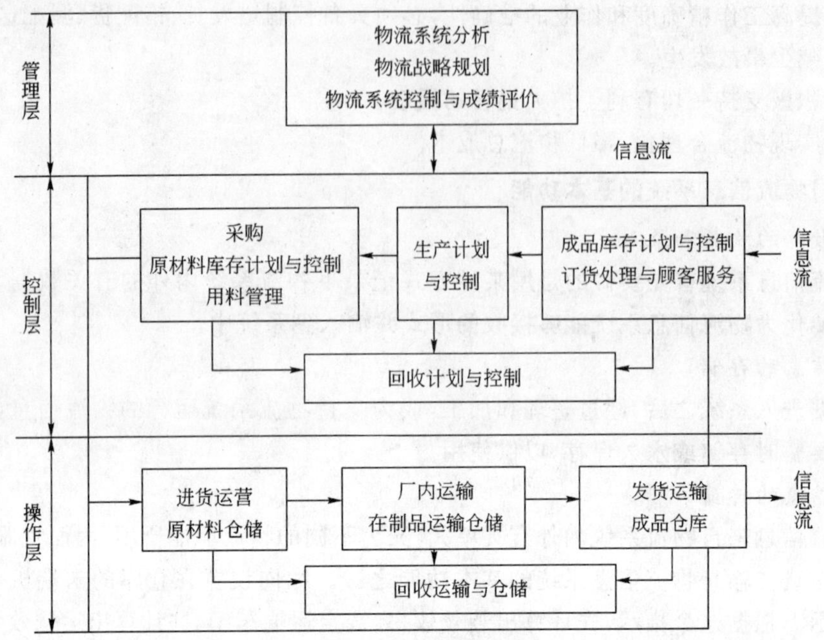

图 10-1　企业物流信息系统结构

1. 管理层

其任务是对整个物流信息系统进行统一的计划、实施和控制。辅助高层管理人员制定物流战略计划,协助管理人员鉴别、评估和比较物流战略和策略上的可选方案。决策分析的主要精力集中在评估未来策略上的可选方案。因此,物流信息系统的决策分析趋向于更多地强调有效而不是强调效率。

2. 控制层

建立物流系统的特征值体系,制定评价标准,建立控制与评价模型,根据运行信息监测物流系统的状况。要求把主要精力集中在功能衡量和报告上。功能衡量对于提供有关服务水平和资源利用等的管理反馈来说是必要的。因此,管理控制以可估价的问题为特征,它涉及评价过去的功能和鉴别各种可选方案。当物流信息系统有必要报告过去的物流系统功能时,物流信息系统是否能够在其被处理的过程中鉴别出异常情况也是很重要的。其任务是控制物料流动过程,主要包括订货处理与顾客服务、库存计划与控制、生产计划与控制、用料管理、采购等。

3. 操作层

将收集、加工的物流信息以数据库的形式加以存储,处理每天的物品订货、对合同、票据、报表等进行日常处理。对车辆运输路径选择、仓库作业计划、库存管理等涉及到当前运行的短期决策。

由此可见，企业物流信息系统渗入到企业的所有生产活动和管理工作中，对企业的影响甚为重要。

(二)企业物流信息系统的组成要素

从系统的观点，构成物流企业信息系统的主要组成要素有硬件、软件、数据库管理系统、相关人员和企业的管理制度及规范等。

1. 硬件

包括计算机和必要的通讯设施，如输入设备、输出设备、处理设备、存储设备、网络设备，它们是物流信息系统的硬件资源，是实现物流信息系统的基础，是构成系统运行的硬件平台。

2. 软件

包括操作系统、系统软件、应用软件。系统软件主要有操作系统、网络操作系统等，它控制、协调硬件资源，是物流信息系统必不可少的软件。实用的软件种类很多，对于物流信息系统，主要有数据库管理系统、计算机语言、各种开发工具、国际互联网上的浏览器等，主要用于开发应用软件、管理数据资源、实现通信等。应用软件是面向问题的软件，与企业物流业务相关，有实现辅助企业管理的功能。

3. 人员

包括系统分析员、高级程序员、程序员、用户。在信息系统规划开发过程中，系统分析员负责把业务流程转化为信息流程，高级程序员负责把信息流程转化为程序流程，程序员负责编程调试，最终是对系统具体的应用者。

四、企业物流信息系统的种类

(一)企业物流信息系统的种类

企业物流信息系统主要是从企业物流管理和企业长远发展的要求出发，因支持不同层次的物流管理需要，一般可以将它分解为若干个子系统，并对这些子系统还可以进一步分解和优化，便其结构清晰，功能明确。

1. 计划管理子系统

是企业物流信息系统的重要组成部分，计划是企业物流管理的一个重要环节，物流的数据原则上从这里开始输入。计划管理子系统基本上涵盖了企业生产经营活动中的所有计划，包括经营规划、年度生产计划、生产作业计划等。

2. 采购管理子系统

该系统是对企业生产涉及到的原材料、产成品进行全面管理的信息子系统，涵盖的范围比较广泛，从原材料的采购计划、审批、原材料的采购合同、合同的执行情况的跟踪反馈到原材料的到货入库、产成品的发货等。

3. 库存管理子系统

是对各种物品的出入库信息进行综合管理的模块，应当包括单据录入、查询、修改、统计及结算等功能。

4. 生产子系统

生产物流子网通过网络实现对现货市场的了解，以销定产，签定电子合同，制定生产计划。通过网络了解原材料市场，"货比三家"，权衡利弊，制定原材料、能源、技术等的采购方案。产品生产出以后，通知销售物流子网进行提货，电子付款和结算。

5. 配送管理子系统

该子系统的功能视生产企业的管理模式而定，如企业自行送货、客户自提，或第三方物流企业送货都将影响该模块的功能设定。从现代物流管理优化的角度考虑，生产企业的所有配送任务应由第三方管理，而企业集中精力做好核心产品的生产。

6. 运输管理子系统

该子系统主要针对生产企业原材料采购中运输、厂内运输和产品销售中的运输车辆管理调度、运输过程管理、车辆跟踪以及运费结算等而设。

7. 销售子系统

根据企业生产的实际情况对客户的订单进行各种处理和反馈，如承诺的交货日期等及质量保证等。

8. 财务子系统

该子系统实现物流活动各环节中发生的资金预算、资金支付情况的录入和统计、稽核出入库单据和资金使用计划等功能，对资金使用进行监督。

9. 决策支持子系统

企业根据其内部和外部可利用的制造、仓库和运输等资源，通过资源获得、需求预测、延缓生产或交付、合同制造或设备租赁等使企业的物流问题得到解决，使物流信息系统达到一个更高的层次。

(二)几种典型的物流信息系统

采购、销售、仓库管理是企业经营管理的核心环节，也是企业生产能否顺利进行，能否取得经济效益的关键。

这里重点就采购管理系统、销售管理系统、库存管理系统、仓储管理系统和配送管理系统的功能加以分析说明。

1. 采购管理系统

采购管理系统为企业的采购供应部门完成采购货物及管理采购过程，并且能够明细管理采购成本、采购费用、库存资料的增加量、预付账款处理、进货检验等。采购业务的基础是生产制造需求资料，也可以是本企业的年度采购计划；采购过程要求企业必须有采购订单(正式的采购合同的数字化的反映)，到货后可以利用软件中的进货送检功能进行送样检验。采购过程的检验满足两种检验方式，一般检验和特殊检验(具体检验过程描述详见品质检验模块描述)，检验合格的产品直接记入进货单，不合格产品有两种处理方式，让步接收的直接记入进货单，不让步的直接退回，自动记入采购退回资料。同时进货资料会自动记录到存货明细账、应付账款账和预付账款账中。采购从询价、采购到货品进库的全过程并汇总各类的反馈信息进行采购决策。通过 MRP 的计算产生采购计划,可有效地计划和控制采购计划的实施,采购成本的变动及供应厂商的交货履约等情况,从而帮助业务员选择最佳的供货商和采购策略,确保采购工作高质量、高效率及低成本执行,使企业具有最佳的供货状态,进而影响企业的库存等与其他系统完全无缝衔接,采购货品验收入库后可自动更新库存资料,同时自动完成结转采购成本及应付款等的工作。

2.销售管理系统主要包含以下几个模块

(1)报价

销售报价的方式可以多种多样,在一定范围内价格可以浮动,不同批量不同价格、不同等级客户不同价格、不同产品配置不同价格,可以随时查询对每个客户的最后一次报价情况。报价时要综合交货期限、运输方式、付款方式、预付款比例、发货地点等信息。

(2)销售单

在报价过程中可以由与客户的交互信息直接生成销售单据,包括产品明细项目、数量、单价、结算方式等,并将销售单提交给库存部门进行发货处理。

(3)出货处理

根据销售单据、库存信息以及工作进度合理安排发货任务,并在销售交易单据上加注标志。

(4)退货处理

销售过程中如果出现产品质量问题或其他问题时,要求销售部门与客户进行协商,经确认需要退货时,由销售部门提供退货产品的具体信息,并提交质检部门做进一步处理。

(5)客户信息管理

建立客户信息库,详细记录对客户的服务以及客户投诉,及时查询订单的执行情况。

(6)销售预测与分析

该模块包括销售预测、分析和商品管理功能。通过销售分析和预测可为企业决策提供依据。销售预测按特定需求查询及打印商品销售预测表、工具设备需求报表、库存需求报表、人力资源需求报表、成本需求分析报表等。

3.库存管理系统

库存管理系统可帮助企业的仓库管理人员对库存物品的入库、出库、移库、盘点、补充订货和生产补料等操作进行全面的控制和管理。库存管理系统从级别、类别、货位、批次、单件、ABC 分类等不同角度来管理库存物品的数量,库存成本和资金占用情况。

(1)库存计划

为了有效地进行库存管理，需要确定在哪个阶段、哪个物流据点设置库存、设置多少，备货保持在什么服务水平上等库存计划，以及在哪个据点备有什么样货物，配备多少货物等库存分配计划。

(2)商品分类分级

按商品类别统计其库存量，并按库存量排序、分类和布置。

(3)入库

可分为订购货物进仓、余货进仓、销售退货进仓等不同类型，仓库规定开出相应的单据。所有进仓物品需经质量和数量检验后才能入库。订货进仓需提供原始采购单据号码，以进行对照；退还未用完的商品，或者退还有问题的商品，同时要开退库单，列出货品的单价、数量、金额以及退货的时间、部门等。此模块用来增加、修改、删除、打印材料退库单。

(4)出库

在经营活动中，领货出库是个经常过程并要求开出库单，列出货品的单价、数量、金额以及领货的时间、部门等。此模块用来增加、修改、删除、打印材料出库单，可分为销售出货和运营出货、补货等不同形式，对应不同单据。

(5)调拨处理

对仓库中各种货物的移动进行调配和登记。

(6)盘点

库存物品采用 ABC 分类法进行管理。根据需要和可能对不同的物品采用不同的盘点方法，如永续盘点、定期盘点，对盘点数据汇总分析，以便调整库存量并做盈亏处理。

(7)库存报警

在经营过程中总要对自己的库存有一定的了解设定商品的库存上限和下限，便于帮助自己了解仓库中某些货品过剩或者某些货品即将不足。该功能的作用是帮助管理者用管理库存状况，不用管理者费心查找，只需要点击该选项按钮，系统会自动总结库存总需要注意数量的商品。

4.仓储管理系统

仓储信息系统是物流信息系统中应用较为广泛的系统，也可以说是各类型物资及物流管理信息系统的基础系统。无论进行何种管理，库存信息都是首先要掌握和收集的。库存信息系统主要是为了掌握各分销地点的库存量及生产企业库存量，对具体的某一仓库进行库存管理。具体包括：

(1)入库作业系统

入库作业处理系统包括预定进货数据处理和实际进货作业。

预定进货数据处理是为进货月台调度、进货人力资源及机器设备资源分配提供参考。其数据来自采购单上的预定进货日期、进货商品、进货数量等、供应商预先通告的进货日期、商品及入库数量。可打印定期入库数据报表。

实际入库作业处理是在实际入库作业中发生在厂商交货之时的输入数据，应包括采购单号、厂商名称、商品名称、商品数量等。商品入库后有两种处理方式：立即出库或上架出库。

对于立即出库的状况，入库系统需具备待出库数据查询并连接派车计划及出货配送系统。采用上架入库再出库的话，进货系统需具备货位指定功能或货位管理功能。

(2)保管场所系统

通过对仓库货物保管位置标明区位号码来提高保管场所使用效率的方式称为保管场所系统。这种系统包括保管位置与保管物品相对一致的固定场所系统和保管位置与保管物品经常变动的自由场所系统两大类。

(3)出库作业系统

出库作业系统包括：订单处理系统、订货拣选系统、出库处理等内容。

5. 配送信息系统

凡是与配送业务活动有关的物流信息，都归类于配送信息系统，由主管配送业务的部门进行管理。如配送计划、统计资料，配送物品清单，配送用户名册，配送路线表，配送时间表，配送物品的退货，事故责任处理等。配送信息系统有一定的综合性，同时配送信息系统也是物流信息系统的重要功能之一。配送的成败决定着企业和经营部门对市场的占有和控制。美国通用电气公司的综合信息及销售管理系统是配送系统中较为有名的例子：该公司将分布于 49 个州的 65 个销售部门、11 个州的 18 个产品仓库及 21 个州的 53 个制造厂联结起来，及时掌握和分析库存情况，一旦有订货，则由中央机进行集中信息处理，在 15 秒内即可处理完毕，然后通过网络将发货信息传递到距用户最近(或运费最低)的配送点命令发货。

第二节　企业物流信息系统的设计与开发

一、物流信息系统的开发过程

物流信息系统的开发过程一般包括系统开发准备、系统调查、系统分析、系统设计、系统实现、系统转换、系统运行与维护、系统评价等步骤。根据开发系统的大小、复杂、投入、方式、方法等因素的不同，各步骤的要求和内容也不同，用户需要根据实际情况进行取舍和计划。

(一)系统开发准备

系统开发准备工作主要包括提出系统开发要求、成立系统开发小组、制订系统开发计划等工作、明确系统目标。完成以下工作：

(1)业务领域的整合。信息系统可以对公司中跨部门的业务活动进行整合，使各部门的工作效率提高而且没有重复性工作。

(2)成本要降低。系统的设计实施要有效地降低生产管理的成本,以较低的成本完成等量的工作。

(3)系统的处理速度要快而且准确、连贯,信息检索速度要快。

(4)精确度高且可以重复执行某一操作。

(5)系统数据安全可靠,系统具有良好的维护性和扩充性。

(6)增强资源共享。

(二)系统调查

实事求是地全面调查是分析与设计系统的基础,这一步的工作质量对于整个开发工作的成败都是决定性的。同时系统调查又是一项工作量大,所涉及的业务、人、数据、信息都是非常多的工作,所以科学地组织和开展系统的初步调研十分重要。

在系统初步调研阶段必须搞清现有企业的运行状况、企业现有的信息系统、新系统开发的条件等情况,这不仅是论证新系统实施的必要性,而且是论证其可行性。这一阶段结束的标志是提出系统的开发方案并提交给企业的决策者决策。

(三)系统分析

1. 组织机构和功能分析

分析现有组织中各部门的隶属关系、物流、资金流和信息流关系,并用项目小组所规定的格式图形化表示出来。对系统现有的功能作详细的分析,保留合理的流程和功能,整合不合理的流程,同时用项目小组所规定的格式图形化表示出来。

2. 业务流程分析

为完整、清楚表达原系统的业务处理流程,同时便于有效地研究和使用系统详细调研的结果,常采用业务流程图来反映实际业务处理流程。业务流程图是用规定的符号来描述具体的业务处理过程,图中不同的符号表示不同的信息类型和处理环节。业务流程图的绘制基本上是按照业务的实际处理步骤进行的。

3. 数据与数据流程分析

数据与数据流程分析是建立数据库系统和设计功能模块的基础。数据与数据流程分析的主要任务是:数据汇总、数据流程分析;将数据和信息的内容、特征用数据字典的形式进行定义;数据存储分析以及数据的查询要求分析、调研结果的复核。这一阶段最终的结果是数据流程图,它是对原系统进行分析和抽象的工具,也是用来描述新系统逻辑模型的主要工具。

(四)系统设计

系统设计又称系统物理设计。系统设计要根据系统分析报告中的系统逻辑模型综合考虑各种约束,利用一切可用的技术手段和方法进行各种具体设计,确定新系统的实施方案,解决“系统怎么做”的问题。

结构化系统设计是指利用一组标准的图表工具和准则,确定系统有哪些模块,用什么方法连接，如何构成良好的系统结构，并进行系统输入、输出、数据处理、数据存储等环节的详细设计。这一阶段的重点是设计好系统的总体结构，选择最经济合理的技术手段。系统设计阶段的文件是系统设计报告(又称系统物理设计说明书)。管理信息系统的开发是一项系统工程，为了保证系统的质量，设计人员必须遵守共同的设计原则，尽可能地提高系统的各项指标(系统可变性、可靠性、工作质量、工作效率、经济性等)。

二、企业物流系统选择时应注意的问题

(1)建立物流信息系统是企业的长期战略投资行为，必须以企业发展战略和物流竞争战略为基本指针。没有战略的依据，企业对物流信息系统的投资将是盲目的投资。

(2)物流信息系统投资的回报不仅包括企业运营成本的降低、运营效率的提高和客户服务水平的提高，更包括物流管理知识的获得和积累。

(3)要有明确的市场定位，或行业定位、或产品定位、或客户定位。要有明确的服务定位，或仓储服务、或货运服务、或货代服务、或供应服务、或分销服务、或供应链整合等。在进行市场定位的时候，不仅要考察客户企业，而且要考察客户企业所属的行业的发展趋势，要考虑客户的客户和他的供应商的供应商。在进行服务定位的时候，一定要仔细分析潜在客户现行物流运作的流程和价值链的结构，选准切入点。

(4)对企业本身现有物流运作流程和价值链也要做精心的分析，找出最需要改进的地方。信息系统的建立要从投资回报最有潜力的环节切入，而不是盲目的一下子就全面铺开。没有战略和重点的全面信息系统化并不能够带来全面的服务水平和服务利润的提高，还可能在投资和实施方面产生负面影响。

(5)要与客户一起商定物流服务目标、确定企业物流管理模式以及信息分享的机制。这对第三方物流服务供应商特别重要。没有互动的机制，就没有信息的分享；没有信息的分享，就没有高水平的物流服务，也没有第三方物流。

(6)系统的结构要具有开放性和扩张性。如要把现在的仓库改造为增值服务中心，则在信息系统的配置方面，至少要有仓库管理系统(WMS)和商务管理系统(BMS)，还要配置条码印制系统(BCP)和无线终端识别系统(RF)等。但一定要以企业的物流发展战略为依据，同时还要考虑有关信息技术的经济寿命。要防止为预留功能接口而购进冗余的设备或造成资金沉淀。

(7)要认真考察系统供应商是否拥有本行或同类企业的设计经验，该供应商所设计的系统目前使用的情况如何，是不是可以在企业现有的管理信息平台上运作。一定要去走访该供应商以前的客户。

(8)在市场和服务定位以后，要有明确的投资预算。

(9)系统供应商对系统从安装调试到正常运行所需时间的承诺。有调查表明，即

使在美国,ERP系统的调试运行一般都要用20个月左右,TMS调试一般要10个月,供应链管理系统调试一般要18个月;EDI系统调试一般要10个月。企业对新旧管理运营模式的转换及其对客户服务可能产生的影响应有所预案。

(10)企业是否已经做好了变革的准备,尤其是服务理念的和企业文化的变革。

(11)要考虑使用规范的招投标程序。在必要时可聘请有关的咨询顾问公司来帮助制定战略规划和选择合适的信息系统供应商。

三、企业物流信息系统设计的原则

(一)必须适应企业的技术水平

一个好的物流信息系统,首先要与企业的技术水平相匹配。技术水平先进、自动化程度高,就要求一个发展程度较高的物流信息系统与其相适应。这样才能使企业的设备和人员得到有效配置,否则会造成一定程度的资源浪费。同理,一个企业的技术水平不高、自动化程度低。如果配备了一套发展程度很高的物流信息系统,也会造成资金投入过多、功能浪费的现象。企业物流信息系统与生产技术水平相匹配的原则要求,发展程度处于高级的物流信息系统与先进生产技术水平相匹配;发展程度处于中等的物流信息系统与中等的生产技术水平相匹配;发展程度处于初级的物流信息系统与低的生产技术水平相匹配。

(二)与当前竞争环境相适应

一个好的物流信息系统除了要与企业的技术水平相匹配,还要求能够适应当前的竞争环境。如果某一企业虽然做到了物流信息系统发展程度与技术水平相匹配,但无论是物流信息系统发展程度,还是技术水平都处于低级阶段,而同行业其他企业却都处于中级阶段,那么这样的物流信息系统也不是一个好的物流信息系统,它不能够保证企业在激烈的竞争环境中处于优势地位。

(三)与企业未来发展相适应

一个好的企业物流信息系统,同时还要求与企业未来发展相适应。一个能够与未来发展相适应的物流信息系统,就要求把握好企业的未来发展方向,积极发展企业的现代物流,从供应链的高度整合企业内外部资源,以增强企业的国际竞争能力。企业在运用这个原则的时候,也应该从自己的战略高度出发,找到适合自己的评价原则和方法。

四、系统实施与维护

当新系统交付使用后,系统维护和评价工作就显得非常重要,其主要任务是对系统进行必要的修改和调整以及对系统的运行状态进行检查和控制。

(一)系统实施

1.按总体设计方案购置和安装计算机网络系统

此项工作只需按总体设计的要求和可行性分析报告对财力资源的分析,选择适当的设备，通知供货商按要求供货并且安装。硬件的购置及安排包括购置计算机及其外围设备、网络设备、环境和电源等辅助设备以及机房设备等。购置设备过程中根据设备性能特点选择专门的技术人员参与和承担。

2. 程序设计和软件购置

程序设计人员按照系统设计的要求和程序说明书的规定，采用某种程序设计语言来实现各个功能模块的程序编写工作。软件购置主要包括系统软件、辅助软件、应用软件和应用软件包的购置。

3. 人员培训

人员培训是系统实施阶段必须完成的一项工作。人员培训的内容包括管理信息系统知识的教育、计算机操作培训等。人员培训的过程也是考查及检查系统结构、硬件设备及应用程序的过程。通过操作人员对系统的不断认识与了解，就会发现各种各样的问题，他们及时地向技术人员提出，以便及时地对系统加以改进和完善。这样，就有利于实现系统目标。

4. 数据和系统转换

按新系统的要求对现行系统中存在的许多需要继续使用的数据进行重新组织编排和录入，这些工作就称为数据转换工作。当系统基本开发完成后，就要进行系统转换工作，使新系统代替旧系统。系统转换工作要根据系统的特点来选择转换的方法。

(二)系统维护

管理信息系统是一个复杂的人机系统。系统外部环境与内部因素的变化，不断影响系统的运行，这时就需要不断地完善系统，以提高系统运行的效率与服务水平，这就需要从始至终地进行系统的维护工作。

1. 系统级维护

主要针对主机、服务器、外部设备以及所涉及的操作系统、数据库管理系统的参数调整、部件更换、清洁器。在系统级维护当中，操作系统以及数据库管理系统的参数调整对维护人员的技术水平要求较高，维护人员应能够根据对系统运行的效率以及发生的故障现象，对故障进行判断，通过调整参数设置，或使用相关的程序消除故障或者改善系统的运行效率。

2. 应用级维护

应用级维护是维护人员日常工作的一部分，主要针对应用系统发生的问题及时给予解决，保证系统的正常运行以及使用系统的业务工作的正常进行。如业务工作发生变化，错误的数据等，都必然引起对应用系统的修改与调整，即对错误数据的修改与更新。由于受权限限制以及企业的管理流程所规定，有些系统的数据修改必须由具备较高使用权限的人员来进行，往往这些人员是由企业的应用维护人员来担当。

3. 代码级维护

代码级维护主要是针对由企业自主开发的信息管理系统而言的。由于信息管理系统是一个业务逻辑复杂、代码量较大的系统,程序中的编码错误是在所难免的。因此,针对系统中的编码错误不断地进行修改,或者由于应用的范围和应用的环境发生变化而导致系统的业务逻辑、显示方式的变化而进行代码的修改是代码级维护工作所要完成的任务。

4.数据级维护

在信息管理系统的使用运行中,数据的准确性至关重要,它影响到信息的有效性和准确性,并直接对企业的业务行为产生影响,由于数据的错误甚至给企业带来严重的商业风险。数据的维护一般包括两个方面。其一基础数据的维护主要是信息管理系统中基础数据的更新、增加、修改等。在物流领域中如运价、客户资料等基础数据都需要及时地进行维护;其二是数据的备份。信息管理系统的数据备份策略是信息系统维护工作中必不可少,也是关系到企业信息资源管理的头等大事。

5.网络维护

目前的信息管理系统完全是建构在网络环境中,基础网络是否稳定、信息交换分组是否合理、路由设置是否合理等因素直接影响系统的效能、安全性等。网络维护的主要工作是监控网络的运行状态,及时发现断点,分析网络负载,合理划分网段、信息分组等。

6.安全维护

系统安全维护包括操作系统、数据管理系统、应用系统的安全维护和网络安全维护。尤其是随着计算机网络的日益壮大,对网络的安全维护日益重视。信息系统的安全维护主要是围绕着信息系统是否存在安全漏洞来进行。及时地发现和杜绝信息管理系统中的安全隐患,及时地对使用系统资源的用户权限进行更新、删改等。

五、企业物流信息系统的评价指标

由于各个企业及其物流部门经营的业务、性质以及内外部环境不尽相同,建立的指标体系也有所不同,因此需要结合信息系统的特点以及企业物流部门对管理信息系统功能的要求,建立两层指标集:第一层为主指标集,评价指标包括通畅性指标、完备性指标、整合性指标等三个方面;第二层指标如下所述。

(一)企业物流信息系统的通畅性指标

(1)系统能确保企业内部各职能部门间在遵循相应权限的前提下实现相关信息的双向流通。

(2)系统能确保企业与外界的相关单位在遵循相应权限的前提下实现相关信息的双向流通。

(二)企业物流信息系统的完备性指标

(1)系统功能的完备性,即能满足企业各方面生产及商务运作的信息交流需求。

(2)系统信息的完备性,即指系统应包括企业现在或将来高效运作的所有相关信息。

(3)系统中各部门间信息传递的完整性。

(三)企业物流信息系统的整合性指标

(1)作业流程相关信息和部门相关信息之间能够有效整合。

(2)各种不同形式相关信息能够有效整合。

(3)相关重要信息能够有效累积及整合存档。

第三节 企业物流信息技术

一、条形码技术

在物流活动中,为了能迅速、准确地识别商品、自动读取有关商品的信息,条形码技术被广泛应用。条形码是用一组数字来表示商品的信息,按使用方式分为直接印刷在商品包装上的条形码和印刷在商品标签上的条形码。按使用目的分为商品条形码和物流条形码。条码技术的特点:是实现各行业自动化管理的有力武器,有利于实现进货、销售、仓储管理一体化;是实现 EDI、节约资源的基础;是及时沟通产、供、销的纽带和桥梁;是提高市场竞争力的工具;可以节省消费者的购物时间,扩大商品销售额。条码技术是在计算机的应用实践中产生和发展起来的一种自动识别技术。它是为实现对信息的自动扫描而设计的。它是实现快速、准确而可靠地采集数据的有效手段。条码技术的应用解决了数据录入和数据采集的"瓶颈"问题,为供应链管理提供了有力的技术支持。

条码技术为我们提供了一种对物流中的物品进行标识和描述的方法,借助自动识别技术、POS 系统、EDI 等现代技术手段,企业可以随时了解有关产品在供应链上的位置,并即时做出反应。当今在欧美等发达国家兴起的 ECR、QR、自动连续补货(ACEP)等供应链管理策略,都离不开条码技术的应用。条码是实现 POS 系统、EDI、电子商务、供应链管理的技术基础,是物流管理现代化、提高企业管理水平和竞争能力的重要技术手段。由于条码技术具有输入速度快、信息量大、准确度高、成本低、可靠性强等优点,因而发展十分迅速。在仅仅四十年的时间里,它已广泛应用于交通运输业、商业贸易、生产制造业、仓储业等生产及流通领域。它不仅在国际范围内为商品提供了一套完整的代码标识体系,而且为供应链管理的各个环节提供了一种通用的语言符号。

(一)条码在零售业中的应用

货物的条码是建立整个供应链的最基本条件,它是实现仓储自动化的第一步,也是作为 POS 快速准确收集销售数据的手段。以零售业为例,公司主机的条码数据和商品价格定期(每天)更新,下载至店面微机。店面微机具有两个功能:第一,它管理前台 POS，包括通过扫描器收集数据的 POS 终端；第二个任务是管理后台 POS，包括分析销售数据、下电子订单、打印产品价格和条码标签。目前较先进的 POS 系统后台具有较强的功能，可以检验货物、进行存货控制、点数、账务与供应商管理。借助条码 POS 系统可以实现商品从订购、送货、内部配送、销售、盘货等零售业循环的一元化管理。

(二)条码在加工制造业和仓储配送业中的应用

加工制造的范围很广，我们仅以汽车制造业为例来说明。汽车制造是通过流水作业线来完成的。一辆汽车要由成千上万个零部件装配而成，根据汽车型号不同，所需要的零部件的品种和数量也不同。有的要空调，有的要后背箱，有的要机械换挡变速箱，有的要液力变速箱，如此等等。为了能按订单生产，在先进的工业化国家，不同型号的汽车是要在同一生产线上装配的。为了避免差错，在零部件进入装配线前，要用扫描器识别零部件上的条码，确认它与所要装配的汽车匹配。在汽车装配完毕后还要识别整车上的条码。一方面对生产完成情况作一个记录。另一方面，不同型号的车辆要通过不同的试验程序。试验机可以根据整车的条码信息来自动完成所需要的试验项目。

仓储配送是产品流通的重要环节。以美国最大的百货公司沃尔玛为例。在全美有 25 个规模很大的配送中心，一个配送中心要为 100 多家零售店服务，日处理量约为 20 多万个纸箱。每个配送中心分三个区域：收货区、拣货区、发货区。在收货区，一般用叉车卸货。先把货堆放到暂存区，工人用手持式扫描器分别识别运单上和货物上的条码，确认匹配无误才能进一步处理，有的要入库，有的则要直接送到发货区，称作直通作业可以节省时间和空间；在拣货区，计算机在夜班打印出隔天需要向零售店发运的纸箱的条码标签。白天，拣货员拿一叠标签打开一只只空箱。在空箱上贴上条码标签。然后用手持式扫描器识读。根据标签上的信息，计算机随即发出拣货指令。在货架的每个货位上都有指示灯，表示那里需要拣货以及拣货的数量。当拣货员完成该货位的拣货作业后，按一下“完成”按钮，计算机就可以更新其数据库；装满货品的纸箱经封箱后运到自动分拣机，在全方位扫描器识别纸箱上的条码后，计算机指令拨叉机构把纸箱拨入相应的装车线，以便集中装车运往指定的零售店。

在国内，条码在加工制造和仓储配送业中的应用也已有了良好的开端。红河烟厂就是一例。成箱的纸烟从生产线下来，汇总到一条运输线。在送往仓库之前，先要用扫描器识别其条码，登记完成生产的情况，纸箱随即进入仓库，运到自动分拣机。另一台扫描器识读纸箱上的条码。如果这种品牌的烟正要发运，则该纸箱被拨入相应的装车线。如果需要入库，则由第三台扫描器识别其品牌。然后拨入相应的自动码托盘机，码成整托盘后通达运输机系统入库储存。条码的功能在于极大地提高了成品流通的效率，而且提高了库存管理的及时性和准确性。

(三)条码技术在我国的应用现状和发展前景

为了参与国际贸易与竞争,我国于1988年成立了中国物品编码中心,并于1991年加入了国际EAN组织,进而在全国各省市、地区设立了条码分支机构,负责介绍与推广条码技术。从此,我国的条码工作纳入正轨,并与国际惯例接轨。截止到1998年,我国的EAN系统成员数目已达4万个,采用商品条码标识的商品项目已超过50万种,采用商品条码技术进行商业自动化管理的各类连锁店、仓储超市、配送中心已达数千家,条码技术的应用推广呈现出良好的发展势头。

国家质量技术监督局在1998年12月1日起实施了《商品条码管理办法》。它是我国第一部关于商品条码工作的具有法律效力的规章,其办法中明确规定了各项条码实施的要求和细则,从而使中国的条码工作完成了从初步发展到成熟的过渡。随着我国条码法规建设的成熟化,商品条码已纳入了强制性国家产品质量标准。所以提高条码质量从而将条码技术逐步应用于供应链管理的全过程中已成为各个企业发展的当务之急。

二、电子数据交换(EDI)

EDI,其英文全称为Electronic Data Interchange,即电子数据交换。它是一种计算机应用技术,是指商业伙伴(Trading Partner)根据事先达成的协议,对经济信息按照一定标准进行格式化处理,并把这些格式化的数据,通过计算机通信网络,在它们的电子计算机系统之间进行交换和自动处理。也就是说,EDI是两个或多个计算机应用进程间的通信,它遵循一定的语法规则与国际标准,自动地进行数据投递、传输和处理,应用程序对它自动响应,而不需要人工介入,从而实现事务处理或贸易自动化。通信网络支撑环境是EDI应用的基础,计算机应用是EDI的条件,标准化是EDI的特征。贸易伙伴的电子计算机系统之间进行数据交换和自动处理,俗称"无纸贸易"。EDI是对供应链上的信息流进行运作的有效方法,其目的是充分利用现有计算机及通信网络资源,提高贸易伙伴间通信的效益,降低成本。EDI在生产企业的应用主要体现在企业通过采用JIT(准时制生产)生产方式,"只在需要的时候,按需要的量,生产所需的产品",从而减少库存量及生产线待料时间,降低生产成本。

目前,世界上大约有10~30万家企业使用了EDI。在EDI交易模式中,采用计算机网络进行电子数据交换,利用公司内部计算机决策支持系统进行自动处理,自动安排贸易各个环节的工作,按照国际通用标准生成各有关单据的EDI报文并自动发送给有关部门或贸易伙伴,免去了人工产生纸张文件及传送和再输入计算机等环节,使效率大大提高,错误减少,成本降低。

(一)EDI在企业物流管理中的运用及问题

1. EDI的运用

EDI的运用是现代高科技和经济信息管理相结合的一个例子,它极大地改变了传统贸易手段和管理手段，不仅使商业业务的操作方式根本改观，而且也影响了企业的行为和效率，使市场结构、国民经济的运行等都产生了根本性的变化，因而被认为是一次影响深远的结构性革命。

一个外贸公司的出口业务 EDI 系统，通过通讯网络收到一份 EDI 订单，该系统便会自动处理该订单。如制作进出口合同，然后发送给对方，当收到对方经数字签名、通过通讯网络传送回来的合同后，计算机就自动制作出口许可证申请单发送给经贸委，经贸委审核批准后，通过网络发给出口公司出口许可证，然后出口公司 EDI 系统又自动向生产厂家发订单，当收到厂家的确认报文后，计算机就会自动生成加工合同发送给厂家，厂家加工完成后，将货物运送到外贸公司的仓库，仓库保管验货，并将货物信息录入网络计算机。出口业务 EDI 系统自动审核，自动生成全套单据，通过网络传送给各有关部门。向经贸委发送配额许可证申请，经贸委数字签名后再发送回来；与航运公司联系租船；向海关报关；若为 CIF 还需向保险公司联系投保，若为 FOB 或 CFR，则自动将装船通知发送给客户；最后通过网络与银行结汇。从而自动完成整个订货、生产、销售、贸易全过程。

2. EDI 发展面临的问题

(1)信息基础设施建设

信息基础设施是制约 EDI 发展的“瓶颈”。虽然我国的通信基础设施已有很大发展，中国公用电子数据交换网络在全国 14 个城市建立了节点，海关总署、交通部和外经贸部也都开始组建全国性的 EDI 网络，但从互联程度、响应速度、带宽及覆盖范围来说，与 EDI 和电子商务发展的要求还相去甚远。

(2)信息意识

我国的企业计算机普及率低，应用水平也不高，对产、供、销、人、财、物等重要资源的管理大多尚未实现电子化，信息的获取、处理和运用还停留在初级阶段。大部分企业对于信息带来的效益和提高竞争力的重要性认识不够，信息意识薄弱。

(3)安全问题

电子商务是通过网络进行商务活动的，网络的开放性和商务信息的独占性两者之间在安全性方面必然存在矛盾。EDI 作为一种相对安全的通信方式，其本身的安全功能也有限。为了达到与传统贸易方式相同或更高的安全性，需要通过安全技术和安全协议来提供技术上的保障。

(4)法律问题

电子商务完全不同于传统的商务活动，会带来一些新的法律问题，如交易的有效性和合法性。这需要成熟且统一的法律框架进行公证和仲裁，以保护电子商务活动顺利进行。前不久我国推出的《合同法》第十一条中，对电子邮件和 EDI 单证的地位作了一些认定，在这方面迈出了第一步。

(5)互联问题

目前各行各业还存在各自独立进行信息化建设的倾向，已建成的网络之间，在兼容性和互操作性方面存在问题，因此，需要打破行业垄断，互相协作实现网络互联，以形成具有高价值的综合网络。上海的国际经贸 EDI 网络通过市政府牵头，以邮电的公用 EDI 平台为市级中心，实现了与海关、港航和外经贸 EDI 分中心的互联，是一次有益的尝试。

(二)EDI 技术在我国的应用现状以及发展前景

EDI 应用获益最大的是零售业、制造业和配送业。在这些行业中的供应链上应用 EDI 技术使传输发票、订单过程中达到了很高的效率。零售业、制造业和运输业所采用的 EDI 应用主要是发票和订单处理，而这些业务代表了他们的核心业务活动：采购和销售。EDI 在密切贸易伙伴关系方面有潜在的优势。

目前，我国 EDI 的应用尚处于起步阶段，同国外相比还有很大差距。随着社会主义市场经济体系的逐步建立，国内市场将同国际接轨并融为一体，逐渐成为国际市场的一部分。为了保持和增强我国在国际市场上的贸易竞争能力，促进我国供应链管理的不断发展，我们必须迎头赶上世界电子信息产业发展的潮流，不失时机地大力发展 EDI 技术。

三、全球卫星定位系统(GPS)

(一)GPS 全球卫星定位系统简介

GPS 全球卫星定位系统是英文 Global Positioning System 的缩写。原名为“导航星”(NAVSTAR)，是美国国防部于 1973 年 11 月授权开始研制的海陆空三军共用的美国第二代卫星导航系统，是美国继阿波罗登月飞船和航天飞机之后第三大航天工程。1994 年全面建成，历时 20 年，耗资 300 亿美元。

GPS 全球卫星定位系统是一个无线电空间定位系统，它利用导航卫星和地面站为全球提供全天候、高精度、连续、实时的三维坐标(纬度、经度、海拔)、三维速度和定位信息，地球表面上任何地点均可以用于定位和导航。

GPS 系统包括三大部分：空间部分—GPS 卫星星座；地面控制部分—地面监控系统；用户设备部分—GPS 信号接收机。

(二)GPS 全球卫星定位系统的应用

1. 物流车辆自动货物配载

在企业中成功实施 GPS 物流运输平台，将改变企业目前人工配载导致的不公平现象；实现运力和运量的最优搭配，杜绝了工作人员的暗箱操作。

2. 全程物流运输管理

司机可在任何时间、任何地点申请配载，系统自动审核司机的情况，根据该车以往的运行状况，自动对请求回复；同时在安排运输的过程中系统实时通知司机各种配载信息；提供运输计划安排、第三方运输公司的运价管理、运费结算、手动调度和自动调度、运输过程中的账务管理等,可以提高企业运输部门的经营管理水平,创造更好的效益与利润。

3. 实时车辆监控

客户能够在监控中心的电子地图上清晰的观察到所有车辆的位置、速度、行驶状态是否正常,这些信息可以通过电话、短信或者公网发布,让所有关心该车辆的用户都能够及时获取信息。车辆陷入困境时,能够主动或者手动向监控中心发送求助信息,司机、车辆以及车载人员、物品的安全具有了充分的保障。

4. 先进的信息化管理

企业 GPS 物流运输平台还将促进企业管理的信息化程度,使管理的规章制度具有真正的可执行性。企业中关于车辆的所有信息都可以通过信息化的手段进行管理,使管理信息化的同时,还增进了管理的服务功能和管理制度的可行性。

5. 降低企业运输成本

企业 GPS 物流运输平台强大的 GPS 车辆监控调度功能和物流运输运力和运量的先进管理功能将极大的降低企业的运输成本,提高企业的经济效益。

6. 实时获取决策数据

企业 GPS 物流运输平台将通过可视化的方式将数据呈现给企业的管理者和决策者,为客户做出正确的决策提供有力支持,将现有的信息系统紧密结合起来,实现企业的自动化管理。

四、地理信息系统(GIS)

GIS 是本世纪 60 年代开始迅速发展起来的地理学研究新成果,是多种学科交叉的产物,它以地理空间数据为基础,采用地理模型分析方法,适时地提供多种空间的和动态的地理信息,是一种为地理研究和地理决策服务的计算机技术系统。

GIS 的基本功能是将表格型数据(无论它来自数据库、电子表格文件或直接在程序中输入)转换为地理图形显示,然后对显示结果浏览、综和分析。其显示范围可以从洲际地图到非常详细的街区地图,显示对象包括人口、销售情况、运输线路以及其他内容。GIS 应用于物流分析,主要是指利用 GIS 强大的地理数据功能来完善物流分析技术。国外公司已经开发出利用 GIS 为物流分析提供专门分析的工具软件。

完整的 GIS 物流分析软件集成了车辆路线模型、最短路径模型、网络物流模型、分配集合模型和设施定位模型等。

(一)车辆路线模型

用于解决一个起始点、多个终点的货物运输中,如何降低物流作业费用,并保证服务质量的问题。包括决定使用多少辆车,每辆车的形式路线等。

(二)网络物流模型

用于解决寻求最有效的分配货物路径问题,也就是物流网点布局问题。如将货物从 N 个仓库运往到 M 个商店，每个商店都有固定的需求量，因此需要确定由哪个仓库提货送给那个商店的运输成本最小。

(三)分配集合模型

可以根据各个要素的相似点把同一层上的所有或部分要素分为几个组，用以解决确定服务范围和销售市场范围等问题。如某一公司要设立 X 个分销点，要求这些分销点要覆盖某一地区，而且要使每个分销点的顾客数目大致相等。

(四)设施定位模型

用于确定一个或多个设施的位置。在物流系统中，仓库和运输线共同组成了物流网络，仓库处于网络的节点上，节点决定着线路，如何根据供求的实际需要并结合经济效益等原则，在既定区域内设立多少个仓库，每个仓库的位置，每个仓库的规模，以及仓库之间的物流关系等，运用此模型均能很容易地得到解决。我国将 GIS 应用于物流分析和物流研究中，迄今为止还处于起步阶段。

五、射频技术(RF)

RF 的基本原理是电磁理论。射频系统的优点是不局限于视线，识别距离比光学系统远，射频识别卡可具有读写能力，可携带大量数据、难以伪造和有智能等。

自从 1985 年开始，射频技术 RF 技术进入了商业领域的运用，它非常适用于物料跟踪、运载工具、仓库货架以及其他目标的识别等要求非接触数据采集和交换的场合，以及用于生产装配线上的作业控制。无线射频技术是将无线电信号扩展到一个很宽的频带上，以达到高速数据传输和减少相互干扰的目的。由于 RF 标签具有可读写能力，对于需要频繁改变数据内容的场合尤为适用，它发挥的作用是数据采集和系统指令的传达，广泛用于供应链上的仓库管理、运输管理、生产管理、物料跟踪、运载工具和货架识别、商店、特别是超市中商品防盗等场合。

近年来，便携式数据终端(PDT)的应用多了起来，它有助于 RF 技术的应用推广。PDT 可把那些采集到的有用数据存储起来或传送至一个管理信息系统。便携式数据终端一般包括一个阅读器，一个体积小但功能很强并带有存储器的计算机，一个显示器和供人工输入的键盘。在只读存储器中装有常驻内存的操作系统，用于控制数据的采集和传送。PDT 一般是可编程的，允许编入一些应用软件。PDT 存储器中的数据可随时通过射频通信技术传送到主计算机。操作时先对货物的位置标签进行扫描，然后货物的某些特征，如数量、产地、品种等就输入到 PDT 中，再通过 RF 技术把这些数据传送到计算机管理系统，可以得到货物以及所需货物客户的详细数据，如产品清单、发票、发运标签、该地所存产品代码和数量等。在运输管理中，在途运输的货物和车辆是通过在其上贴上 RF 标签，例如将标签贴在集装箱和装备上通过射频识别来完成设备与跟踪控制。RF 接收转发装置通常安装在运输线的一些检查点上(如门柱上、桥墩旁等)，以及仓库、车站、码头、机场等关键地点。接收装置收到RF标签信息后，连同接收地的位置信息上传至通信卫星，再由卫星传送给运输调度中心，送入数据库中。

在我国，射频技术的应用也已经开始，一些高速公路的收费站口，使用射频技术可以实现不停车收费，我国铁路系统也使用RF纪录货车车厢编号的试点已运行了一段时间。一些物流公司也正在准备或已将射频技术用于物流管理中，同时，生产企业，如汽车的焊接、装配等生产线上，也开始采用射频技术对车体、部件的识别与跟踪来管理和控制生产流水线。

S 本章小结

我国当前企业物流信息系统市场需求存在七大特点：第一，市场需求极大，当前正进入一个加速发展的时期。第二，相当长的一个时期内，需求的特点仍以信息化为主，即在规范流程中实现信息的采集、传输、存储、共享，建立决策、控制依赖于信息的机制。从总体上来看，我国绝大部分企业，特别是中小企业仍处于第一个阶段，即要用少量的投资，解决业务各流程的信息化问题，建立决策要依赖信息的机制，其中特别是将财务核算深入到各业务环节中去。第三，在一段较长时期内，财务核算和控制仍然是信息系统的主要内容，这些要求将深入到流程的各个环节和时时刻刻。第四，流程改造和运行优化的要求在一些基础较好的企业成为现实的需求，并成为提升企业竞争力的主要措施。企业在利益机制的驱动下，不断追求降低成本和加快资金周转，将系统论和优化技术用于物流的流程设计和改造，融入新的管理制度之中。第五，流程改造和运行优化的需求，多数是从流程的某些局部环节提出的。以流程改造为主、具有较强操作优化功能的占比重在15%左右，其中多数是在供应链的一些关键环节上突出表现出来，例如集中采购、集中库存、运输优化管理等。一般来说，流程的改造必然会涉及企业组织结构和制度的变革，难度比较大，所以经常是一个个环节分步实施、逐步完善的。第六，以协同业务流程和建立企业之间战略合作伙伴关系为特点的供应链，目前成功案例尚较少见。第七，技术、流程设计和优化、供应链管理三个层次的需求上，正由浅入深地稳步发展，企业越来越追求对流程和管理的了解和掌握，对解决方案的要求越来越超出IT商目前所能提供的服务。三个层次的需求在我国表现为物流信息系统的三个发展阶段。后一阶段往往以前一阶段的基础为起点，即流程改造和过程的优化控制是要有信息化基础为起点的，而供应链的形成和供应链管理又要以各企业流程设计和运行优化为基础的。由于我国现在是利用后发优势，希望通过更短的过渡时间走过许多跨国公司几十年甚至上百年的历史，所以常常三步并作一步走，这方面也有许多成功的例子，说明处理得好可以缩短这个进程。但是如果处理不好，不能对症下药，反而会适得其反，甚至伤筋动骨。

C 案例分析

上海“可的”连锁便利店运用物流信息系统推动经营发展

上海“可的”连锁便利店有限公司的前身是上海可的食品公司，它集中了上海牛奶公司下属各部门和工厂的“三产”。创业时仅具备连锁经营的外形，有数十家分散的门店网点，有从事餐饮的，有经营咖啡厅的，有经营蛋糕房的。1996年，可的食品公司做出了从事便利店的战略决策，走上了便利店的连锁经营道路。

一、原信息系统的状况

(1)网点增多，电脑部每天平均要为65家门店打单。仓库规定每天中午12:00以前，门店的要货单必须送到仓库，而有的门店传真总是太晚，甚至超过12:00还未传真，大部分门店都集中在10:30～11:00传真。

(2)由于网点增多，直供商品及供应商也比较多，电脑在结报过程中相当繁忙，为了在结报过程中少出错，对门店月底结报提出要求：直供商品的结算期以上月18日至本月17日为1个周期；门店在21日左右将各种直供商品分类结算好(进价与零价)，最好与供应商核对一下；门店在21～23日将直接供应品种按不同供应商分类汇总，然后将零售价报到电脑部。

二、原物流信息运行过程

(1)店长根据总部提供的书面商品目录，分别向供应商和总部要货。商品目录大致是3个月更新一次，期间引进的新品和淘汰的旧品以及价格的变动靠书面通知补充。很快门店的商品目录已经面目全非，破损的破损，丢失的丢失，而这本商品目录正是门店要货的唯一依据。

(2)店长每天一边巡视商品的货架和内仓的库存，一边决定要货商品数量，并记录在要货单上。这种手工作业的过程，全靠店长的直观判断，因此总部将门店商品的上架率作为重要的考核指标，抽查商品的上架率在80%左右。认真的店长完成一次要货需要3～4小时，而总部规定中午12:00前要货单必须传真到总部，总部因电话线路和打单的需要将门店分成5组，在9:00～12:00每组给半小时的传真时间。店长7:30上班，要么匆忙要货，要么提前一天要货，要么为完成要货而推迟传真。

(3)总部收到门店要货单传真后，将传真数据输入电脑系统，根据电脑库存生成对门店配货的配送单，还要靠手工对账作业。当时门店每次要货的品种约为60多种，但仓库还是无法全部满足，仓库商品断货，门店也无法知道，继续要货，若还没有响应，门店就会停止要货；而商品到货时，门店也无法知道，也不会重新要货，除非另有通知，而制度性的通知只能做到1周1次。对好销的商品门店为防止断货，会加大要货量，而对销路一般的商品，门店很容易忘记要货，一旦要货，要货量又会偏大。总部除了门店盘点库存的金额指标外，没有其他控制手段，而盘点已是既成事实，因此门店的库存总是偏多。由于门店传真的要货单是手写的，很难保证格式统一，经常发生编码、名称、数量的错误，同时人工打单也增加了出错的机会。

(4)当初门店配备的是第2代POS机，销售时收银员按商品上所打价签的金额输入，POS机只能完成销售金额的汇总。总部每天上午由专人通过电话接收门店前一天的销售金额，形成销售日报，总部无法知道门店的销售结构。总部在管理商品时，只能利用配送商品金额和商品结构来管理商品，因为仓库管理系统可以提供配送金额的单品数据。但是，由于要货是手工作业，配送金额无法准确反映销售的结构。

(5)总部规定门店建立台账，门店每天将当天的配货单据记录登账，部分供应商还直接向门店开发票。在结报日的前一天，门店店长一般要花两天汇总商品的进货数据、销售数据和盘点结果，然后填写规定格式的结报表，结报时全体门店店长汇集总部，核对数据，同时补填变价金额，最终完成结报。

(6)总部保证门店按总部要求要货，每月检查门店的上架率。对门店的管理以现场管理为主。

三、分析系统需求

根据便利店的运作特点及计算机人员的素质、外部环境等，“可的”对信息系统功能设计、信息处理等要求进行系统分析，有如下需求：

“可的”便利连锁企业的进、销、调、存全过程的自动化管理，包括商品销售管理、供应商结算管理、商品自动配送管理、自动补货订单管理、商品仓库管理、与外部企业的信息交换、各类储值优惠卡的管理、服务类信息处理以及消费者预订牛奶卡的销售和管理。第三方物流和服务在系统中实现下达门店销售计划和自动调整计划需求、个性化服务需求、加盟店需求控制，支持多门店同时间盘点功能、外地子系统与总部系统的分布式处理功能、销售信息自动收集和处理功能、分析统计决策功能等。

四、物流信息管理系统的建设

上海“可的”连锁便利店从自动配货、自动补货、自动结报、自动付款四大功能来认识和建设物流管理信息系统。

1. 自动配货

到2001年3月，“可的”共有门店320余家，全部通过自动配货系统配货。8:30左右完成全部门店的配货。系统提供了两种自动配货方法：一种是销售法，当门店账面库存低于设定的最低库存数时，按门店过去若干天的销售数量配货;另一种方法是上下限法,当门店账面库存低于设置的最低库存(下限)时,按固定数量为门店配货,这个参数为上限。

(1)每日0:00后,信息系统通过计算机网络自动回收门店POS机的销售数据,并自动计算出门店当时的库存,然后进行自动配货。

(2)完成自动配货后,系统打印配货单,交仓库配货发货。货物到达门店后,门店根据随车的配货单验货收货。

(3)使用自动配货系统,改门店要货为总部统一配货。运作自动配货系统前,单店的平均库存为12万元左右,实现自动配送后单店的平均库存在10万元以下。

2.自动补货

经物流仓库的配送商品基本是统配商品,采用自动补货系统为仓库补货,系统可依固定周期或仓库的库存,按自动配货的方法(配送数量或上下限)自动生成订货单。供应商按订货单内容送货,并附正式发票。

3.自动结报

每月20日24:00所有门店统一盘点,盘点时门店将盘点数输入POS机,盘点结束,信息系统自动回收门店数据,系统根据账面库存和门店库存计算出盈亏数量,总部营运21日根据盘点数据,抽取部分门店复核,检查盘点质量。

4.自动付款

按合同规定,系统中设置对供应商的付款期。系统会根据进货单的填单时间(打印时间)自动计算每张发票的付款期,在“可的”每月的付款日自动生成付款单,财务主管和总经理复核后付款。对部分重点供应商,“可的”在付款日按付款单金额直接划款到供应商账上。

五、物流信息管理的发展

物流信息系统不仅是一个物流业务操作的高效率系统,而且是一个高效率的管理系统。“可的”通过物流信息系统实现企业经营活动的控制和管理。主要体现在以下两个方面:

1.追踪分析门店销售业绩

(1)管理人员通过自动信息查询报表系统,可以得到整个公司的各类数据、组合信息、包括门店经营销售情况。

(2)管理层开始从关心门店的日销售额和月累计销售额,逐步关心门店本期的日均销售额、每日重要类别商品的销售额以及销售的动态趋势,发现门店所在地消费群体的特点,并调整商品结构。

(3)信息系统的应用不仅提高了员工计算机操作水平、业务技术水平,而且还帮助管理者开始研究利用系统丰富的信息资源来发现管理问题和指导经营。

2. 严格按数据标准进行管理

通过信息系统可对"可的"经营的商品按周期进行排名，可以对全部商品排名，可以进行80/20分析，用来淘汰旧商品引进新商品，在品牌集中的基础上严格按商品排名顺序淘汰商品。

商品的编码反映了对商品的新认识，也是商品管理和数据分析的需要。充分利用信息反映出的商品经营成果来考核销售额、考核毛利率、考核大类商品销售额、考核新品引进率、考核品牌商品的销售额。对销售管理部考核商品的缺货率，商品的打单率，商品的库存和商品的周转率。数据分析发现通常的缺货率都是从仓库的角度看，仓库商品断档不能认定为缺货，应该从订单的在途、库存和所有门店库存的具体情况综合分析判断。

案例思考题：

"可的"是如何把物流运作与物流信息有机结合起来以提升企业竞争力的？

T 思考题

1. 什么叫企业物流信息系统？它有什么特点？
2. 如何进行企业物流信息系统维护？
3. 谈谈目前我国企业物流信息系统的种类。
4. 结合企业实际谈谈企业物流信息技术的应用。

E 综合练习题

对当地的一家企业进行物流信息系统运用情况调查与效果评价，并填写下列分析表。

分析内容	本企业状况	
	是	否
1. 库存是否适当		
2. 是否充分利用了需求库信息，使生产、物流、销售形成一系列的连贯活动，从而提高效率		
3. 是否缩短了从订货到发货的时间		
4. 是否提高了运输效率		
5. 是否提高了装卸作业的效率		
6. 是否达到了省力的效果(特别是在订货过程中)		
7. 是否提高了工作的精确性		

续上表

分析内容	本企业状况	
	是	否
8. 是否提高了作业的准确性		
9. 是否有力地支援了销售活动解答各种信息咨询		
10. 是否降低了物流的总成本		
本企业物流信息系统的优点		
本企业物流信息的不足		
改进计划		

第十一章 企业物流技术装备

学习要求

通过对本章的学习，掌握企业仓储设备的类型、货架技术、自动立体库及装备；熟悉企业物流输送及搬运设备概念、常见搬运设备，自动搬运车系统；了解包装设备的应用情况。

能力目标

◆ 正确认识企业物流的各种技术装备及其用途
◆ 能够结合工作岗位合理配置物流设备

知识目标

◆ 掌握物流技术装备的管理知识
◆ 掌握企业物流技术装备的基本类型
◆ 掌握各种企业物流技术装备的用途

第一节 物流技术装备管理

一、物流设备管理的内容

(一)做好设备的安装、调试工作

设备在正式投入使用前，应严格按质量标准和技术说明安装、调试。安装调试后要经试验运转验收合格后才能投入使用。以上步骤是正确使用设备的前提和基础。

(二)合理安排生产任务

使用设备时，要根据工作对象的特点和设备的结构、性能特点来合理安排生产任

务，防止设备无效运转。使用时，既要严禁设备超负荷工作也要避免设备空载和能源浪费。

(三)做好机械操作人员的技术培训工作

操作人员在上机操作之前，需接受上岗培训，认真学习有关设备的性能、结构和维护保养等知识，掌握操作技能、熟悉安全技术规程，经过考核合格后，方可上岗。

(四)建立健全一套科学的管理制度

现代物流企业要针对设备的不同特点和要求，建立各项管理制度、规章制度和责任制度。如持证上岗制、安全操作规程、操作人员岗位责任制、定人定机制、定期检查维护制、交接班制度及设备档案制度等。

(五)创造设备良好使用的工作条件和环境

保持设备作业条件和环境的整齐、清洁并根据设备本身的结构、性能等特点，安装必要的防护、防潮、防尘、防腐、防冻和防锈等装置。有条件的还应该配备必要的测量、检验、控制、分析以及保险用的仪器、仪表、安全保护装置，这对精密、复杂、贵重设备尤为重要。

二、物流设备保养、维护的分类

物流设备的保养维护应遵循设备自身运动的客观要求。其主要内容包括：清洁、润滑、紧固、调整和防腐等。设备的维护保养工作，按其工作量大小和难易程度，一般可分为：日常保养、一级保养和二级保养等三个类别。

(一)日常保养

也称例行保养。其作业内容主要是由操作人员每天对设备进行理性保养。日常保养的主要内容有：班前班后检查、擦拭、润滑设备的各个部位，使设备经常保持清洁润滑；操作过程中认真检查设备运转情况，及时排除细小故障，认真做好交接班记录。这种保养的项目和部位较少，大多在设备的外部。

(二)一级保养

一级保养是以操作人员为主、维修人员为辅，对设备进行局部和重点拆卸，检查、清洗有关部位，疏通油路，调整各部位配合间隙，紧固各部位等。这种保养的项目和部位较多，由设备外部进入设备内部。

(三)二级保养

二级保养是以维修人员为主，附以操作人员，对设备进行部分解体检查和修理，更换或修复磨损件；对润滑系统清洗、换油；对电气系统检查、修理，局部恢复精度，满足物流作业工艺要求。这种保养的项目和部位最多，主要在设备内部。

此外，物流企业在实施设备保养制度过程中，对那些已运转到规定期限的重点和关键设备，不管其技术状态好坏、生产任务缓急，都必须按保养作业范围和要求进行检查和保养，以确保这类设备运转的正常，保持足够的精确度、稳定性。

三、物流设备保养、维护的内容

(一)设备磨损的形态

设备在使用或闲置过程中,会逐渐发生磨损。这里的“磨损”是指设备原始价值的降低。造成设备原始价值降低的磨损有有形磨损和无形磨损两种。

(二)设备磨损的补偿

要维持企业生产的正常进行,必须对设备的磨损及时进行补偿。由于设备遭受的磨损形式不同,补偿磨损的方式也不一样。

(1)修理是对有形磨损和无形磨损的局部补偿。

(2)完全补偿的方式是更新,即用新设备更换旧设备。

①原型更新,即用结构、性能完全相同的新设备更换旧设备,这是对原有设备有形磨损的完全补偿。

②新型更新,即用结构更先进、技术更完善、效率更高、性能更好的新型设备更换旧设备,这是对第一类无形磨损的完全补偿,也是技术进步的表现之一,是目前设备更新的主要方式。

(三)设备检查的方法

通过对设备的检查,可以全面掌握设备技术状态的变化和磨损情况,及时发现并消除设备的缺陷和隐患,找出设备管理中存在的问题,提出改进设备维护工作和管理工作的措施,便于有目的、有针对性地做好设备修理前的各项准备工作,以提高设备的修理质量、缩短修理时间,保证设备长期安全运转并对设备是否需要进行技术改造或更新提供可靠的技术资料和数据,为设备技术改造和更新的可行性研究奠定良好的基础。

设备的修理就是修复和更换损坏的部位或零件,使设备的效能得到恢复。按照设备修理对设备性能恢复的程度和修理范围的大小、修理间隔期的长短及修理费用的多少等,可以分为大、中、小修理三类。

(1)小修,是指工作量最小的局部修理。它通常只需在设备所在地点更换和修少量的磨损零件或调整设备、排除障碍,以保证设备能够正常运转。小修费用直接入企业当期生产费用内。

(2)中修,是指更换与修理设备的主要零件和数量较多的各种磨损零件,并校正设备的基准,以恢复和达到规定的精度、功率或其他的技术要求。中修需对设备进行部分解体,通常由专职维修人员在设备作业现场或机修车间内完成。中修费用也是直接计入企业当期生产费用的。

(3)大修,是指通过更换、修复重要部件,以消除有形磨损,恢复设备原有精度、性能和生产效率为目的而进行的全面解体修复。设备大修后,质检部门和设备管理部门应组织有关单位和人员共同检查验收,合格后办理交接手续。大修一般由专职机检修人员进行。因为大修的工作量大、修理时间长、修理费用较高，所以进行大修之前要精心计划好。所发生的费用，由企业大修理基金支出。

第二节 企业仓储设备

一、仓储设备类型及选用

(一)仓储设备的类型

1.仓储设备的概念

仓储设备是指仓库进行生产和辅助生产作业，以及保证仓库及作业安全所必需的各种机械设备的总称。

2.仓储设备的分类

仓储设备按照功能不同可分为：储存设备、装卸搬运设备、计量设备、商品保养和检验设备、机械维修设备以及安全设备等。

(1)仓储设备按照作业方式不同可分为：搬运机械设备和起重吊装机械设备。

(2)仓储设备按照用途不同可分为：专用机械设备和通用机械设备。

(3)仓储设备按照作业形式不同可分为：固定机械设备、流动机械设备和半移动式机械设备。

(二)仓储设备的选用

在选择仓储机械设备时，应对仓储机械的技术经济指标进行综合评价。

1.仓储机械设备的型号应与仓库的作业量、出入库作业频率相适应

仓储机械设备的型号和数量应与仓库的日吞吐量相对应，仓储的日吞吐量与仓储机械的额定起重量、水平运行速度、起升和下降以及设备的数量有关，应根据具体的情况进行选择；同时，仓储机械的型号应与仓库的出入频率相适应。对于综合性仓库，其吞吐量不大，但是其收发作业频繁，作业量和作业时间很不均衡，因该考虑选用起重载荷相对较小，工作繁忙程度较高的机械设备；对于专用性仓库，其吞吐量大，但是其收发作业并不频繁，作业量和作业时间均衡，应该考虑选用起重载荷相对较大，工作繁忙程度较小的机械设备。

2.计量和搬运作业同时完成

有些设备需要大量的计量作业，如果搬运作业和计量作业不同时进行，势必要增加装卸搬运的次数，降低了生产效率，所以希望搬运和计量作业同时完成，例如，在带式运输机上安装计量感应装置，在输送的过程中，同时完成计量工作。

3.选用自动化程度高的取物装置

要提高仓库的作业效率，应从货物和作业机械两个方面着手。从货物的角度来考虑，要选择合适的货架和托盘，托盘的运用大大提高了出入库作业的效率，选择合适的货架同样使出入库作业的效率提高;从机械设备的角度来考虑,应提高机械设备的自动化程度,以提高仓储作业的效率。

4.注意仓储机械设备的经济性

选择装卸搬运设备时,应该根据仓库作业的特点全面地考虑。在坚持技术先进、经济合理、操作方便的原则下,企业应根据自身的特点和条件,对设备进行经济性评价后,选择合适的机械设备。仓储机械设备的总费用构成与其他设备一样,是由一次购置费用和维护费用所组成的,应根据企业的具体情况进行合理地选择;同时应该注意设备的投资回收期,应选择投资回收期最短的装卸搬运设备;除此以外,还应注意,将设备的经济性与设备的技术性结合起来进行考虑,如采用新设备时,尽管设备的投资加大,但应该看到采用新设备带来的生产效率提高、劳动力节约和节省能源等受益。

二、货架技术

(一)货架技术概述

1.货架的概念

一般而言,货架泛指存放货物的架子。在仓库设备中,货架是指专门用于存放成件物品的保管设备,货架在物流及仓库中占有非常重要的地位。随着现代工业的迅猛发展,物流量的大幅度增加,为实现仓库的现代化管理,改善仓库的功能,不仅要求货架数量多,而且要求具有多功能,并能实现机械化、自动化要求。

2.货架的作用及功能

货架在现代物流活动中起着相当重要的作用。仓库管理实现现代化,与货架的种类、功能有直接的关系。

货架的种类及功能如下:

(1)货架是一种架式结构物,可充分利用仓库空间,提高库容利用率,扩大仓库储存能力。

(2)存入货架中的货物互不挤压,货物损耗小,可完整保证物资本身的功能,减少货物的损失。

(3)货架中的货物存取方便,便于清点及计量,可做到先进先出。

(4)保证存储货物的质量,可以采取防潮、防尘、防盗、防破坏等措施,以提高物资存储质量。

(5)很多新型货架的结构及功能有利于实现仓库的机械化及自动化管理。

3.货架的材料

高层货架是仓库的主要构筑物,一般用钢材或钢筋混凝土制作。钢货架的优点是构建尺寸小,仓库空间利用率高,制作方便,安装建设周期短。而且,随着高度的增加,钢货架比钢筋混凝土货架的优越性更明显。因此,目前国内外大多数立体仓库都采用钢货架。钢筋混凝土货架的突出优点是防火性能好，抗腐蚀能力强，维护保养简单。

4. 货架的尺寸

恰当地确定货架净空尺寸是立体仓库设计中一项极为重要的设计内容。对于给定尺寸的货物单元，货格尺寸取决于单元四周需留出的空隙大小。同时，在一定程度上也受到货架结构造型的影响。这项尺寸之所以重要，是因为它直接影响着仓库面积和空间利用率。

5. 货架的刚度和精度

作为一种承重结构，货架必须具有足够的强度和稳定性。在正常工作条件下和在特殊的非工作条件下，都不至于破坏。同时，作为一种设备，高层货架还必须具有一定的精度和最大的工作载荷下的有限弹性变形。对于自动和半自动控制的立体仓库，货架精度更是仓库成败的决定因素之一。

(二)货架结构与应用

1. 固定式货架

(1)组合式货格货架

传动的焊接货架是采用型钢焊接而成，费工费料，不宜拆装。20 世纪 80 年代出现了各种组合式货架。这种货架由于美观经济、装拆方便，比相同规格的焊接式货架节约钢材，且能根据货物的大小随时调节尺寸，能适应仓储货物品种、规格、形式和大小的经常性变化，因此得到快速发展。如图 11-1 所示。

图 11-1　组合式货格货架

(2)重力式货架

特点是每一个货架就是一个具有一定坡度的滑道，如图 11-2 所示。由叉车或堆垛机装入滑道的货物单元能够在重力作用下，自动地由入库端向出库端滑动，直到滑道的出库端或碰上滑道上的已有货物单元停住为止。位于滑道出库端的第一个货物单元取走以后，它后面的各货物单元便在重力作用下一次向出库端移动一个货位。

重力式货架的每个滑道只能存放一种货物，货物进入后始终处于流动状态，存取迅速，先进先出。故重力式货架适宜于少品种、大批量货物的存储。重力式货架的优点是能充分利用仓库的面积，但滑道越长时，货架的下“死角”也越大，从而造成仓库

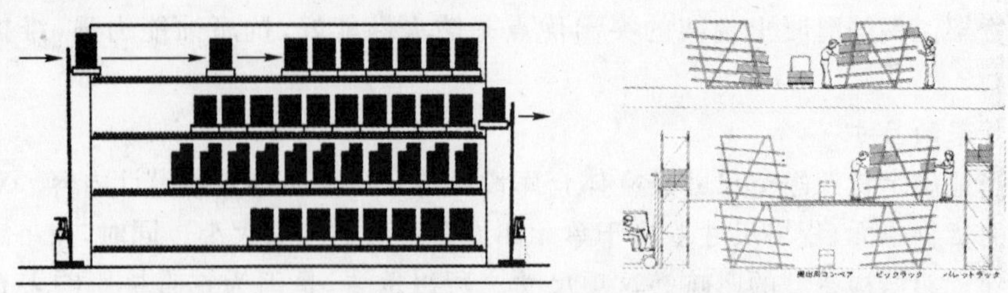

图 11-2　重力式货架

的容积不能充分利用。

(3)贯通式货架

采用货格货架,必顺为作业机械安排工作巷道,因而降低了仓库单位面积的库容量。贯通式货架取消了两排货架之间的巷道,将所有货架合并在一起,使同一层、同一列的货物互相贯通,托盘活货箱搁置于货架的牛腿上,叉车可直接进入货架每列存货通道内作业。这种货架比较适合于同类大批货物的储存。如图 11-3 所示。

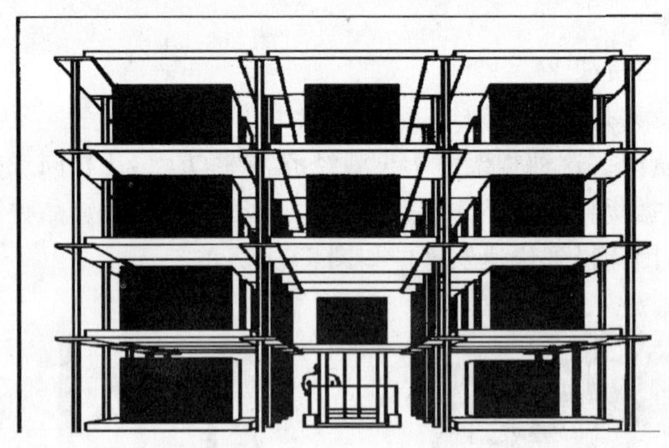

图 11-3　贯通式货架

(4)悬臂式货架

悬臂式货架又称树枝型货架,由中间立柱向单侧或双侧伸出悬臂而成。悬臂可以是固定的,也可以是可调节的,一般用于储存长料货物,如圆钢、型钢、木板和地毯等。此种货架可采用起重机起吊作业,也可以采用侧面叉车或长料堆垛机作业。如图 11-4 所示。

(5)阁楼式货架

阁楼式货架的特点是可充分利用仓储空间,适用于库房较高、货物较轻、人工存取且储货量最大的情况,特别是用于现有旧仓库的技术改造,提高仓库的空间利用率。货架的底层货架不但是保管物料的场所,而且是上层建筑成重梁的支撑(柱)。货架可设计成多层楼层(通常 2～3 层),配有楼梯、扶手和货物提升电梯等。适用于五金、汽配、电子元件等的分类存储。如图 11-5 所示。

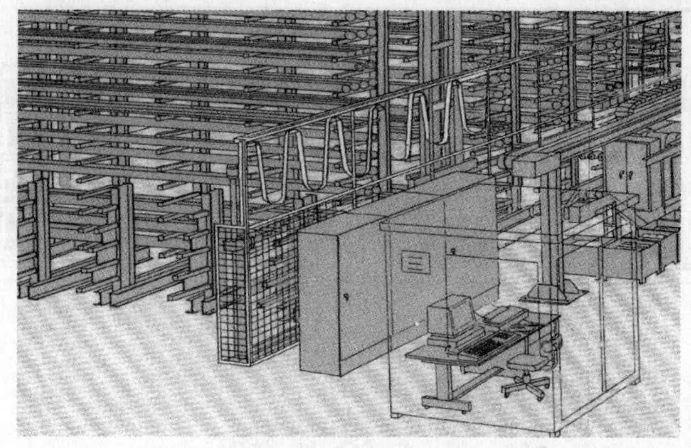

图 11-4 悬臂式货架

图 11-5 阁楼式货架

(6)抽屉式货架

抽屉式货架内的货物储存在封闭的抽屉内,分层保管,抽屉由薄钢板或木板制成。在仓库内货架按列布置,抽屉可以从货架中向巷道方向抽出。储存的货物一半是经过包装后放入抽屉的,其包装体积的大小必须与抽屉容积相符。该货架具有防尘、防潮、避光等作用,用于贵重物品,如刀具、量具、精密仪器、药品的存放。

2. 移动式货架

移动式货架又叫动力式货架,只需一个通道,而且通道随着货架的移动而变动位置。货架的移动有手动和机动两种。如图 11-6 所示。

3. 旋转式货架

旋转货架是将货架上的货物送到拣货点,再由人或机械将所需货物取出,所以拣货路线短,操作效率高。旋转货架的货格样式很多。一般有货架式、盘式、抽屉式、提篮式等,可以根据所存货物的种类、形状、大小、规格等的不同进行选择,货格可由硬纸板、塑料板、钢板制成。

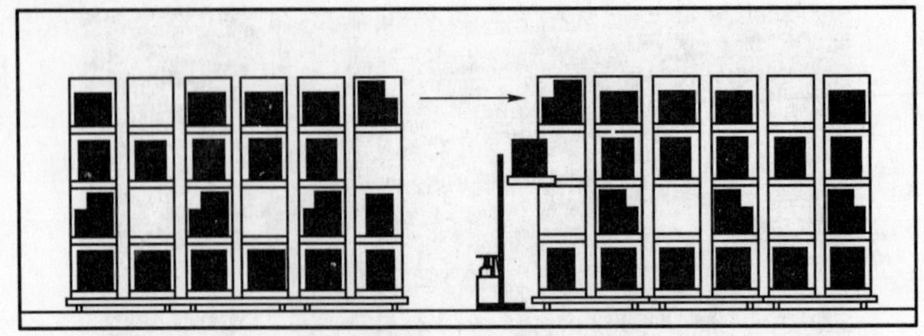

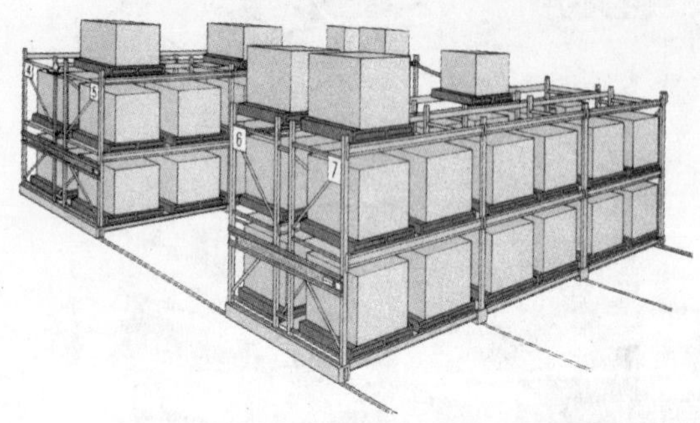

图 11-6　移动式货架

旋转货架适用于以分拣为目的的小件物品的存取，尤其对于多品种的货物分拣更为方便。它占地面积小，储存密度大，易于管理。如采用计算机控制，可使操作员摆脱人工寻货的负担，避免看错看丢的现象，提高分拣质量并缩短拣货时间。另外，由于拣货人员工作位置固定，故可按照人机工程的原理，设计操作人员的工作条件。这种货架的规模可大可小，企业可根据实际情况控制投资规模。

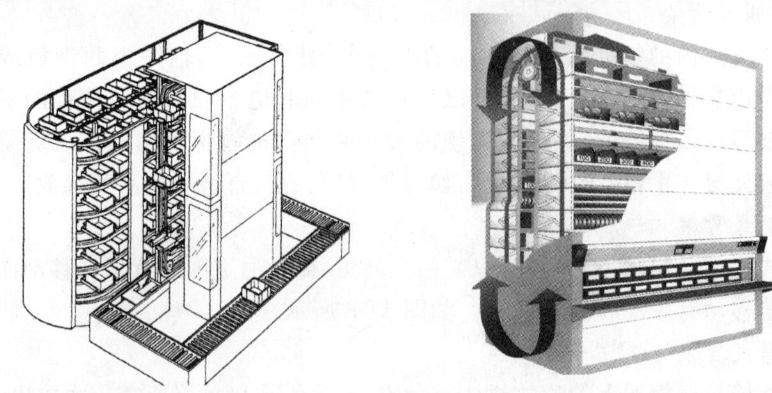

图 11-7　旋转式货架

4. 特殊货架——自动货柜

自动货柜是集机电、信息和管理为一体的小型自动化仓库。它充分利用了仓库的高度空间，最大限度地优化了存储管理，与其他外部自动化输送设备相连，就可以形成一个高效、便捷的小型AS/RS系统。

自动货柜主要由货架、升降装置、信息控制系统和存取装置组成。工作时，货柜内的升降装置缓慢下降复位并寻找基点，完毕后，操作终端显示待命信息。在用户输入命令信息(如存货、取货、查阅库存信息等)后，控制升降装置将货物送到经运算后所确定的货位，同时对货物和货盘进行记忆，以备查询和取货。

三、自动立体库及装备

(一)立体仓库的类型

1.按照立体化仓库的高度进行分类

(1)低层立体化仓库。高度在5m以下，主要是在原来老仓库的基础上进行改建的，是提高原有仓库技术水平的手段。

(2)中层立体化仓库。高度在5～15m，由于中层立体仓库对建筑以及仓储机械设备的要求不高，造价合理，是目前应用最多的一种仓库。

(3)高层立体化仓库。高度在15m以上，由于其对建筑以及仓储机械设备的要求高，造价太高，安装难度大，应用较少。

2.按照自动化程度进行分类

(1)非自动化立体仓库。货物的存取和搬运过程是由人工操作机械来完成的。

(2)半自动化立体仓库。货物的存取和搬运过程一部分是由人工操作机械来完成的，一部分是由自动化控制完成的。

(3)自动化立体仓库。货物的存取和搬运过程是自动控制完成的。

3.按照建筑物构造进行分类

(1)一体化立体仓库。高层货架与建筑物时一体的，货架不能单独拆装。货架本身起到屋架的作用，是一种永久性的设施，所以层数较高，采用钢筋混凝土结构。

(2)分离型立体化仓库。仓库的建筑物与货架式分别建造的，由于分离型立体化仓库不是永久性的设施，可以根据需要进行重新安装和改造，所以层数较低，采用钢结构。

4.按照货架结构进行分类

(1)货格式立体化仓库，是应用较普遍的立体化仓库。它的特点是每一层货架都由同一尺寸的货格组成，货格开口面向货架之间的通道，堆垛机械在货架之间的通道内行驶，以完成货物的存取。

(2)贯通式立体化仓库，又称流动式货架仓库。这种仓库的货架之间没有间隔，不设通道，货架组合成一个整体。货架纵向贯通，贯通的通道存在一定的坡度，在每层货架底部安装滑道、辊道等装置，使货物在自重作用下，沿着滑道或辊道从高处向低处运动。

(3)驶入式货架仓库。这种货架仓库设有专门的叉车运行通道。货架由若干个垂直的货架片组成。货架片上有短的托梁支撑存放的货物,货架片之间没有横梁或斜撑。

(4)自动化柜式立体化仓库。小型可以移动的封闭立体化仓库,有柜外壳、控制装置、操作盘、储物箱和传动装置组成。其主要特点是封闭性强、小型化、智能化和轻量化,有很强的保密性。

(5)条形货架立体化仓库。专门用于存放条形和筒形的货物的立体化仓库,如钢管库。

(6)移动式货架仓库。为了尽量减少作业通道所造成的库容量的损失,可以采用移动式高位货架。

(二)自动化立体仓库的机械设备与控制

1.仓储机械的特点

仓储机械技术设备是在特定环境中完成特定的物流作业功能。它们在结构、外形和功能上的差别比较大的同时,又具有如下一些共性:

(1)仓储机械技术装备一般在物流据点内工作,其作业场所较固定,工作范围相对较小,运行线路较固定。

(2)安全性、节能性、环保性和经济性要求高。

(3)机械化、自动化程度高。

(4)专业化和标准化程度高。仓储机械化系统活动的基本内容包括通过货物的装卸搬运,实现货物的分类与合并,完成货物的上、下货架的存取工作。通用的仓储机械可概括为四大类:搬运车辆、输送机、堆垛机和垂直提升机械。

2.仓储机械的选用原则

(1)作业方式与作业量协同原则。仓储装卸搬运设备的选择应配合仓库的经营目标和服务方式,与作业流程、作业方式和作业量相配合。

(2)作业对象和环境决定原则。仓库装卸搬运设备性能参数的确定要考虑库存货物单元的重量、货架高度、仓库地面承载能力、货架通道宽度等。

(3)工作能力均衡原则。为提高搬运效率,避免人员、设备的闲置、等待和空载,仓储装卸搬运设备之间的工作能力要协调,要与仓库系统的出入库系统布置,分拣系统能力协调,保证仓储系统能维持在一个合理的速度下运行。

(4)物流和信息流的统一原则。现代仓储系统是集信息、管理和机电一体化的复杂系统。仓储机械系统作业时,要求输入各种作业和管理的指令,因此在设备配置时,要兼顾机械系统的控制与信息管理和状态监控的需要。

3.仓储搬运技术装备

仓储搬运设备主要有手推车、简易叉式搬运车、牵引车、蓄电池搬运车、曳引小车、叉车、自动导引车(AGV)和穿梭小车。

(1)简易叉式搬运车。简易叉式搬运车是一种轻小型的利用人力提升货叉的装卸、搬运设备,用于搬运装载于托盘上的货物。

(2)牵引车。牵引车俗称拖头,其特点是没有承载货物的平台,只能作为牵引工具,用来牵引挂车,不能单独运输货物。

(3)曳引小车。曳引小车是用来在工厂或仓库里输送货物的连续输送设备。

(4)卫星小车。卫星小车有两种,一种是在贯通式货架的通道内使用的自行式通道小车,亦称穿梭小车;另一种是带货叉的自行式小车,亦称为货物分配小车。

4. 仓储输送机系统

在仓储系统中,其搬运作业以集装单元化搬运最为普遍。因此,所用的输送机也以单元负载式输送机为主。单元负载式输送机主要用于输送托盘、箱包件或其他有固定尺寸的集装单元货物。

5. 垂直提升机械

为了有效地连接楼房仓库或高层建筑各层的运输系统,以及在不同的装卸作业面装卸货物的需要,往往要采用各种垂直提升机械。仓储作业中常用的垂直提升机械有载货电梯、液压升降平台和板条式升降机。

6. 堆垛起重机

堆垛起重机是高架仓库内进行货物堆存作业的主要机型,是代表自动化立体仓库特征的标志。堆垛起重机主要用途是在立体仓库的通道内运行,将位于巷道口的货物存入货格,或者将货格中的货物取出,运送到巷道口,并移交给其他输送设备。

第三节 企业物流输送及搬运设备

一、物流输送与搬运设备的类型

(一)输送设备

1. 输送设备类型

(1)带式输送机

带式输送机是用连续运动的无端输送带输运货物的机械。用胶带作为输送带的称胶带输送机,简称胶带机(俗称皮带机)。输送带既是承载货物的构件,又是传递牵引力的牵引构件,依靠输送带与滚筒之间的摩擦力平稳地进行驱动。

带式输送机可用于输送散货和件货。根据工作需要,带式输送机可制成装有轮子的移动式、输送方向可以改变的可逆式,如斗轮堆取料机的悬臂胶带机;通过机架伸缩改变输送距离的伸缩式;加装船机的悬臂段胶带机等各种形式。

在各种连续输送机中,带式输送机的生产率最高、输送距离最长,工作平稳可靠、能量消耗少、自重轻、噪声小且作业管理容易，是最适于在水平或接近水平的倾斜方向上连续输送散货和小型件货的输送机。

(2)链式输送机

链式输送机是用绕过若干链轮的无端链条做牵引构件，由驱动链轮通过轮齿与链节的啮合将圆周牵引力传递给链条，在链条上或固接在一定的工作构件上输送货物。

(3)斗式提升机

斗式提升机是在垂直或接近垂直的方向上连续提升粉粒状物料的输送机械。它的牵引构件(胶带或链条)绕过上部和底部的滚筒或链轮，牵引构件上每隔一定距离装一料斗，由上部滚筒或链轮驱动，形成具有上升的有载分支和下降的无载分支的无端闭合环路。物料从有载分支的下部供入，由料斗把物料提升至上部卸料口卸出。

斗式提升机的优点是结构比较简单，横向尺寸小，并可在全封闭的罩壳内工作，减少灰尘对环境的污染。必要时还可把斗式提升机底部插入货堆中自行取货。斗式提升机的缺点是:对过载较敏感;斗和链易磨损;被输送的物料受到一定的限制，只宜于输送粉粒状和中小块状的散货，如粮、煤、砂等。此外，斗式提升机不能在水平方向输送货物。

(4)辊式输送机

辊式输送机是由一系列以一定间距排列的辊子组成的用于输送成件货物或托盘货物的输送机械。与其他输送成件货物的输送机相比，它除了结构简单，运转可靠，布置灵活，输送平稳，使用方便，经济，节能之外，最突出的是它与生产过程和装卸搬运系统能很好地衔接和配置，并有功能的多样性，宜于组成流水线作业，可并排组成大宽度的输送机，已运送大型成件物品。由于其特点独特，因此在仓库、货场、港口得到了广泛的应用。

(5)气力输送机

气力输送机是采用风机使管道内形成气流来输送散粒物料的机械。它的输送原理是将物料加到具有一定速度的空气气流中，构成悬浮的混合物，通过管道输送到目的地，然后将物料从气流中分离出来卸出。气力输送机主要用于输送粉状、粒状及块度不大于 20～30mm 的小块物料，有时也输送成件物品。对于不同物料，选择不同的风速，既要保证物料在管道内成悬浮状态，不堵塞管道，又要尽可能多地输送物料，做到既经济又合理。

气力输送机的优点是:可以改善劳动条件，提高生产效率，有利于实现自动化;可以减少货损，保证货物质量;结构简单，没有牵引构件;生产效率较高，不受管道周围条件和气候影响;输送管道能灵活布置，适应各种装卸工艺;有利于实现散装运输，节省包装费用，降低成本。

气力运输机的缺点是：动力消耗较大，噪声大；被输送物料有一定限制，不宜输送潮湿的、粘性的和易碎的物料；在输送磨损性大的物料时，管道等部件容易磨损。

(6)螺旋输送机

螺旋输送机是无挠性牵引构件的输送机械。它借助原地旋转的螺旋叶片将物料推移向前而进行输送，主要用来输送粉粒状散货，如水泥、谷物、面粉、煤、砂、化肥等。

螺旋输送机的主要优点是：结构简单，没有空反分支，因为横断面尺寸小，它可在多点装货或卸货，工作可靠，易于维修，造价较低，输送散货时能在料槽内实现密闭输送，对输送粉尘大的物料更为优越。

它的缺点是：由于物料对螺旋、物料对料槽的摩擦和物料的搅拌，在运送过程中的阻力大，使单位功率消耗较大；螺旋和料槽容易磨损，物料也有可能破碎；螺旋输送机对超载较敏感，易产生堵塞现象。因此，螺旋输送机一般输送距离不长、生产效率低，适于输送摩擦较小的物料，不易输送粘性大、易结块及大块的物料。

2. 输送设备选用

正确配置和选用连续运输机械，加强设备管理，是充分发挥设备效能，完成输送任务的根本保证。选用输送机械常按以下原则进行：

(1)根据被输送物料的性质选用。物料粒状大小、表面状态、堆密度、散落性、外摩擦系数、破碎性等特点，影响着输送机械的选用。

(2)根据被输送物料的输送量大小进行选用。通常，输送速度大则物料的输送量大。

(3)根据物料的输送距离和方向进行选用。输送距离长的水平输送，一般选用胶带输送机；对于垂直输送多采用斗式提升机；对于既要求水平输送又要求垂直输送的散装物料，一般可用斗式提升机或刮板输送机等。

(4)根据物料在输送中工艺流程来选用。物料从何处接收、发放到什么设备上或场所，决定着选用不同的输送机械。

(5)根据安装场地进行选用。安装场地不同，要求选用不同的输送设备，因此，应根据安装场地位置条件，选用相适宜的输送机械。

(二)搬运设备

装卸搬运是物流系统中的一个重要环节，合理利用搬运设备可以提高装卸搬运的效率。搬运设备是指依靠本身的运行和装卸机构的功能，实现货物的水平搬运和短距离运输、装卸的各种设备。

1. 搬运设备的功能

装卸搬运活动渗透到物流的各个环节，成为物流活动能否顺利进行的关键。装卸搬运活动贯穿于物流的始终，联系着物流的其他功能，成为提高物流效率、降低物流成本、改善物流条件、保证物流质量最重要的环节之一。物流的各个环节之间以及同一个环节的不同活动之间，都必须有装卸搬运作业。随着物流业的发展，对装卸搬运作业的要求越来越高，物流发展到今天，依靠人工的装卸搬运活动越来越来少，为了提高物流作业的效率，依靠现代化的物流搬运设备是必然的选择。

2. 搬运设备的选型与配置

(1)合理配置搬运设备的指标体系

搬运设备配置的指标体系主要由5个部分所组成。即技术指标、经济指标、适应性指标、组织性指标和人机关系指标。

(2)合理配置搬运设备的相关因素

①搬运设备或起升设备。当搬运距离小于50m时，应该选择堆垛用起升设备，如巷道堆垛机和叉车的选用；当搬运距离在50～300m时，一般应选择堆垛用起升设备和非堆垛用搬运设备相搭配；当搬运距离超过300m时，应选用牵引车或平台搬运车来进行搬运作业。

②电动设备和内燃设备，一般情况下，以市内作业为主的搬运作业选择电动设备，以室外作业为主的搬运作业选择内燃设备。

③高品质设备或低品质设备。应从技术性和经济性上进行综合考虑。

(三)叉车类型与应用

叉车是广泛用来承担装卸、搬运、堆码作业的一种搬运车辆。它具有实用性强、机动灵活、效率高等优点。它不仅可以将货物叉起进行水平运输，还可以叉取货物进行垂直堆码。

1. 叉车种类

叉车种类可以从不同角度分类。如果按构造的不同，可以分为正面式、侧面式和转叉式叉车；如果按所用动力的不同，则可以分为内燃式、蓄电池式和无动力叉车。

(1)正面式叉车。正面式叉车的特点是货叉朝向叉车正前方。正面式叉车根据结构的不同可分为五种：手动液压叉车、平衡重叉车、插腿式叉车、前移式叉车和四向行走叉车。

(2)侧面式叉车。侧面式叉车的货叉在车身的侧面，是平板运输车和前移式叉车的结合。门架可以伸出取货，然后缩回车体内将货物放在平台上即可行走，适于装卸运输钢管、型材、木材、电线杆、水泥管等细长货物。

(3)转叉式叉车。转叉式叉车是专门用于仓库的无轨堆垛机的一种。其货叉有一个回转机构、还有一个侧移机构。两个结构协调动作，货叉可以面向货架通道任意一侧的货架，并伸到货格中完成存取作业，而不需要对叉车的位置作任何调整，因此所需要的货架通道最小。当货架高度较大时，需要配备自动选层装置在高度方向辅助定位。这种叉车在货架通道内行驶时，需要导轨导向或用感性线自动导向，以避免叉车与货架相碰。

2.叉车的选择

(1)负载能力是最重要的因素。即把最重的额定负载举到特定高度的能力。它是以负载重心距进行计算的。

(2)最大提升高度。在额定负载下叉车的最大提升高度。

(3)最大提升车体高度。指在最大提升高度时的升降架顶端可达到的最高位置。

(4)升降架高度。指地面到第一段升降架顶端的高度。

(5)自由升程。指第二段升降架移动之前货叉立刻上升的高度。

(6)行走及提升速度。叉车的行走及提升的速度是指满载时叉车的行驶速度(以km/h 为单位)和叉车提升速度(以 m/min 为单位)。它直接影响叉车的作业效率。

(7)最小转弯半径。一般是指叉车转弯时车体外侧可能达到的最小转弯半径,是衡量叉车机动性的主要指标。

还有其他技术性能指标如自重、门架前后倾斜角度和车体外形尺寸等等。在选用叉车时要全面考虑叉车的技术性能,使之满足作业要求和外界条件。

二、生产车间内连续输送系统

现代生产输送系统是指高度智能化的集成物料搬运系统。以汽车生产输送系统为例,整个生产线物料输送系统由空中和地面输送线设备、升降机、移载移行机、存储线及控制系统等专用设备组成。输送系统的集成单元设备主要有:带式输送机、板式输送机、辊筒输送机、升降机、移载机、封闭轨输送机、无链式摩擦积放输送机等等。集成物料搬运系统可以大大提高生产作业效率。

(一)生产车间连续输送系统的构造

一般来说,生产车间连续输送系统由以下各部分组成。

(1)仓库结构——储存物品的货架。

(2)把装载容器从输入、输出站送到各货架的堆垛机。

(3)存放储存物品的托盘,料斗和其他转载容器。

(4)输入、输出储存物品的输入、输出站。

(5)物品的搬运和输送设备。

(6)中央自动控制系统,包括自动化立体仓库的计算机控制系统。

(7)其他器件和装备。

(二)生产车间连续输送系统的主要组成部分

1.立体库系统

主要由巷道堆垛机(自动存、取设备)、高层立体货架、出、入库站台等设备组成。其功能是用于自动储存和取出原材料。

2.自动输送机系统

主要由链式输送机、辊式输送机、转换台、外形尺寸检测站、装卸识别站、重量检测站、穿梭车、地面有轨自动车、空中有轨自动车等设备组成。它按工艺设计的要求分布于立体辅料库内各相关位置,负责原材料的入库、出库的传输,具有检查和识别货物的功能,同时可对空托盘进行自动收集、堆垛、输入指定货架存放。

3.自动导引车系统

自动导引小车,简称 AGV 是一种以电池为动力、装有非接触导向装置的无人驾驶自动输送车。其主要功能是在计算机控制下通过复杂的路径把装载物按生产的需要输送到指定位置上。自动导引小车按导引方式的不同分为电磁导引、无线通信导引、光学导引、激光导引几种形式。

4.计算机管理系统

包括物流管理和物流控制两方面,由仓库物流管理计算机、物流跟踪计算机及可编程控制器等部分组成。原材料在计算机系统的管理和控制下,可形成一个自动、合理的物料流,实现高速、高效、及时、准确的原材料供应和管理系统。因此,计算机管理及控制系统是物流系统的核心。

三、厂区 JIT 配送及装备体系

企业物资供应工作是企业物流管理的一个重要环节。在市场竞争日趋激烈的今天,企业为满足下游用户个性化需求,不断向市场投放更多品种的产品,同时为了降低库存、降低成本、提高柔性,采用 JIT 式准时化的生产方式。当企业的生产物流已经形成准时化生产方式,自然要求供应物流的准时化。这种市场向企业、企业生产部门向物资供应部门频繁而多品种、小批量的服务要求加深了物资供应工作的难度。企业要提高物流管理水平,实现供应物流现代化、准时化的关键是实行 JIT 式准时化的物资配送进行物资供应。

(一)配送在企业供应物流管理中的地位和意义

企业通过物流管理可以降低企业成本,创造经营利润,提高企业的服务保障水平,被表述为“第三利润源”。“物流”重点解决原材料、商品从生产部门向消费部门转移过程的技术和管理。从这一层面上可以说,现代物流=传统储运+配送+电子信息化。

配送是根据物资的不同需用地点和所需物资的不同品种规格数量进行分析,安排运力和送货路线进行配货和送货的组织过程。它集装卸、包装、保管、运输、加工于一体,可以减少企业物流工作量,提高企业物流作业效率,避免了企业内部各环节的不协调和浪费现象;它不仅包括运输和保管,还包括为生产服务的分拣配货,是为生产服务的一种高水平的物流组织形式。

(二)厂区物流配送的内涵

从配送的概念可以看出,配送的本质是“物流服务”,“送货上门”是配送服务的基本功能而非全部。在实际操作中，厂区物资供应的“配送服务”应理解为以下六个方面的工作：

1. 备货

备货是配送的准备工作和基础工作，包括筹集货源、订货、集货、进货及有关的质量检查、结算、交接等。配送的优势之一，就是可以集中各种物资需求进行一定规模的备货。备货是决定配送成败的初期工作，如果备货成本太高，会大大降低配送的效益。

2. 合理库存

现在很多人把“物流”抽象为“企业实现零库存”，实际上生产性的企业不可能在零库存的状态下生产。只是它将原材料交给专门的物流部门，去组织生产料件，视货源及到货情况，有计划地确定周转储备及保险储备的结构和数量，设计合理库存的上下限模型与最佳控制点，保证按时按量按质地满足生产线上的物资材料的需要。这里的“配送”的内涵就是根据市场动态调整产品方向，及时掌握市场脉搏，根据瞬时万变的市场行情调整生产计划，组织材料供应，快速响应市场的需求，即实现所谓的“JIT”准时制生产方式；科学的物流模型能自适应计算控制企业备料的上下限，有效实现“动态零库存”，减少流动资金占用；企业生产各环节是紧密联系的，优秀的物流管理系统能有效衔接供需各环节。控制衔接时间到最短，实现资源利用最优化。

3. 货物的分拣、选配

根据生产需求的品种规格数量分拣配置物品并准备分送到生产线各工序点，它是完善送货、支持送货的准备工作。

4. 运输配载，集散与分放

在单个配送数量不能达到车辆的有效载运符合时，就存在如何集中不同用户的配送货物，进行搭配装载，充分利用运能、运力，降低送货成本。而配送运输由于配送用户多，可以建立计算机模型，综合统筹配送物品的车辆、容器，设计最佳运送路线、接验地点，使配装和路线有效搭配。

5. 报表配送

为供应服务单位提供各类数据性的报表和分析报告。

6. 结算配送

形成应收应付往来账报告，为各方分割账目，为电子统计准备基础数据。

(三)厂区 JIT 配送的主要装备与条件

1. 主要装备

厂区配送业务作业，大部分工作由机械完成，其主要机械装备有装卸搬运、输送、检验、分拣、储存、加工和包装作业机械。

(1)装卸搬运机械

装卸搬运机械主要在进货场、配货发送场和仓库内使用。在进货场和配货发送场中设置的装卸搬运机械主要有叉车、汽车起重机、轮胎起重机、桥式起重机、门式起重机等。

(2)输送机械

厂区配送系统的各个组成部分是靠输送机械连成一个整体的,它的主要任务是按照配送计划输送各种物资。

(3)检测设备

进入厂区的所有货物,原则上都应进行检查验收,包括数量、重量和质量验收。

(4)分货拣货装置

在配送作业流程中,其分拣作业是一项非常频繁的工作。现代配送的分拣工作,大多数以自动分拣机来完成,基本上由输入装置、货架信号设定装置、进货装置、分拣装置、分拣道口和计算机控制器等。

(5)储存保管设备

货物的储存大所采用各种类型的货架。自动化立体仓库所使用设备是高层货架储存货物,以巷道堆垛起重机存取货物,并通过周围的装卸搬运设备,自动进行出入库存取作业。

(6)流通加工机械

在配送中,流通加工一般为简单加工,使用的机械多为剪裁机、折弯机、拔丝机、钻孔机、组装机、分拣机等。

(7)集装机械

集装的目的在于提高厂区的配送效率。将若干个包装件或产品包装在一起,形成一个合适的搬运单元或销售单元的机器成为集装机。

2. 实行 JIT 配送的条件

实行 JIT 配送是大型企业特别是企业集团物流管理现代化的标志,需要具备一定条件。除了企业各生产单位的分布和需求情况对配送的规模和方式提出需求和限制外,对企业物资供应体系也有相应的要求。

(1)要理顺企业内部的物资供应体系的关系和程序。实行配送不是将物品的管理权限制进行简单的划分,而是将供应功能划分为物流职能和商流职能。

(2)企业的物流管理水平和信息化程度条件。信息化使配送服务的基本支持,企业内部配送的对象是各生产单位。没有信息统配,物流就等于传统的储运业,缺乏技术增值,缺乏服务质量的提高。

(3)物资供应管理人员的素质条件。现代物流是一个涉及多学科、多领域的增值服务体系,配送服务也有一些基础工作要做,对管理人员的知识结构、能力结构的要求要全面,既要懂企业生产与管理,又要懂材料物品的性能与性质,还要有相应的物流技术。

四、自动搬运车系统

(一)自动搬运车概述

1. 概念

自动搬运车(Automatic Guided Vehicle ,简称 AGV)是一种现代化的先进物料搬运技术装备,并逐步趋于功能完善。AGV 能自动地和不受机械约束地从一地点把载荷移送到一个功能网络,具有一定的柔性程度。目前已进入广泛的产业领域,引起了工业界和其他行业的兴趣。

2. 类型

根据日本工业标准 JISD-6801-1990,将 AGV 分为无人搬运车、无人牵引车和无人叉车三类,这里所述的无人搬运车实际上是指能装载、运输货物的自动化台车,它也是目前使用最多的一类自动搬运车。

3. 载重量

自动搬运车的载重量在 50kg～20t,但以中小型占多数。

4. 功能

无人搬运车采用人力或自动移载装置将货物装载到小车上,小车行走到指定地点后,再由人力或自动移载装置将货物卸下,从而完成装卸搬运过程。

(二)自动搬运系统的技术组成

AGV 通常具有 4 个子系统,即自动导向系统、动力系统、控制和通信系统及安全系统。

1. 自动导向系统

目前有电磁感应导向、惯性导向、红外线导向、光学导向、激光导向、示教型导向、磁性式导向、直线感应电动机、反射式 9 种导向方法,可根据不同的环境来选择使用。

2. 动力系统

小车的电动机驱动以工业上常用的铅酸蓄电池作为动力源,小车应有自动电源状况报告装置,通过与主控计算机通信,在电源用完以前由主控计算机制定到维修区充电或更换电源。

3. 控制与通信系统

(1)控制台。由于采用集中控制,控制台将成为 AGV 这一系统的核心。它与自动立体仓库管理的计算机通信,接受调度任务。

(2)控制台与 AGV 之间的通信。控制台与 AGV 间采用定点光导通信和无线局域网通信两种方式。在无线方式下,控制台和 AGV 构成无线局域通信网。

4. 自动搬运车的安全系统

为确保 AGV 在运行过程中自身安全,特别是现场人员及各类设备的安全,AGV 将采取多级硬件、软件的安全措施。一旦发生故障,AGV 自动用声光报警,同时通过无线通信系统通知 AGV 监控系统。

5. 移载装置

AGV 用移载装置来装卸货物，即接受和卸下载荷。常见 AGV 的装卸方式可分为被动装卸和主动装卸两种。

6. AGV 的安全装置

由于 AGV 是在无人操作的情况下运行，其安全措施至为重要。安全装置的功能除了保护 AGV 自身安全，还能在最大可能的范围内保护人员和运行环境设施的安全。

五、厂区集装式物料流转及装备体系

(一)集装式物料流转的概念

集装式物料流转是将一定数量的物料，根据其自身的性质、外部形态、包装等情况，利用特别的器具，把零散的物料集装起来，形成一个较大的集装单元的物料流转，以达到便于装卸、搬运、储存、运输和计量的目的。

(二)集装式物料流转的装备类型

集装式物料流转装备是组成集装单元的载体。通常的集装化工具有集装盘、集装袋、集装笼、集装架、集装网和集装箱等。

1. 集装盘

集装盘亦称托盘式集装器具，简称托盘。托盘具有载货平面，并设有叉孔，便于叉车作业。

2. 集装袋

集装袋是由涂布橡胶或树脂的高强度化学纤维织物制成的柔性袋装集装容器，其特点是重量轻、可折叠、密封性好。适合盛装粉状、块粒状物。

3. 集装笼

集装笼，亦称笼式集装器具，一般是用钢材焊接而成的笼形容器，有固定式、组合式和折叠式之分。

4. 集装架

集装架亦称架式集装器具，它是由各种框架和加固件构成的集装特种物料的专用集装器具。

5. 集装网

集装网是用绳索(如棕绳、尼龙绳、钢丝绳、麻绳等)编制而成的网状集装器具。主要用于装载袋装货物和块状物料。

6. 集装箱

集装箱是一种用以运输货物的大型容器，是一种综合性运输工具(不包括车辆和一般包装)。集装箱有很多种类型，按集装箱用途，可分为通用集装箱和专用集装箱，按照集装箱的结构,可分为密闭式集装箱和折叠式集装箱,按集装箱的结构材料,可分为钢制集装箱、铝合金集装箱和玻璃钢集装箱等。

第四节 企业物流包装设备

一、企业包装设备类型

(一)企业物流包装设备的概念及分类

1. 概念

包装设备指完成全部或部分包装工艺过程的一系列机电装备。包装过程包括充填、裹包、封口等主要包装工序以及与其相关的前后工序,例如清洗、干燥、杀菌、计量、成型、紧固、集装组装、拆卸及其他辅助工序。

2. 分类

包装机械的种类很多,从不同的方面考虑可有不同的分类方法:

(1)按包装机械的自动化程度分类:可分为全自动包装机械、半自动包装机械。

(2)按包装产品的类型分类:专用包装机、多用包装机、通用包装机等。

(3)按包装机械功能分类:充填机械、罐装机械、裹包机械、封口机械、贴标机械、清洗机械、干燥机械、杀菌机械、捆轧机械等。

(4)包装生产线:包装生产线即由数台包装机和其他辅助设备组成的能完成一系列包装作业的生产线。

(二)企业物流包装设备的作用

在社会再生产过程中,产品包装处于生产过程的末尾和物流过程的开头,既是生产的终点又是物流的开始,而包装机械是使产品包装实现机械化、自动化的根本保证,因此包装机械在物流中起着相当重要的作用。

(1)大幅度地提高生产效率。机械包装要比手工包装速度快得多。

(2)改善劳动条件,降低劳动强度。手工包装的劳动强度大,包装体积大、重量大的产品、即耗费体力又不安全,广泛采用包装机械代替手工包装,可以大大改善工人的劳动条件和环境,避免工人身体受到危害,能使工人从繁重的劳动中解脱出来。

(3)节约原材料,降低产品成本。采用机械包装能防止产品的散失,不仅保护了环境,又节省了原材料。

(4)保证产品卫生,提高包装质量。有些产品的卫生要求很严,如食品、药品等。采用机械包装有利于保证产品卫生质量,并且机械包装易于实现包装的规格化、标准化。

(5)降低包装成本,节约储运费用。对于松散产品,例如烟叶、麻、丝等产品,采用压缩包装，可大大缩小体积，降低包装成本，节省仓容，减少保管费，有利于运输。

(6)延长保质期，方便产品流通。采用真空、无菌等包装进行产品包装，可以延长食品和饮料的保质期，使产品的流通范围更加广泛。

(7)减少包装场地面积，节约基建投资。采用手工包装，由于包装工人多，工序不紧凑，包装作业占地面积大，基建投资多，采用机械包装可以减少包装占地面积，节约基建投资。

二、常用包装材料及绿色包装

(一)常用包装材料

常用包装材料有纸、塑料、木材、金属、玻璃等。使用最为广泛的是纸及各种纸制品，其次是木材、塑料材料。

1. 包装用纸和纸制品

纸和纸板具有很多优良性能。如适宜的坚牢度、耐冲击性、耐磨擦性、易于消毒、易于成型、经济、重量轻、便于加工。

2. 塑料

塑料具有机械性能好，阻隔性好，化学稳定性好，加工成形简单，透明性好等优良性能。常用的塑料包装材料有以下几种：聚乙烯塑料(PE)、聚氯乙烯塑料(PVC)、聚丙烯塑料(PP)、聚苯乙烯塑料(PS)、聚酯(PET)。

3. 木材及木制品

木材是一种优良的包装材料，长期用于制作运输包装，有被取代的趋势，但仍在一定范围内使用。木材的种类繁多，其用途也各不相同，包装用木材一般分为天然木材和人造板材两种。人造板材又有胶合板、纤维板等。木材常用于那些批量小，或体积小、重量大，或体积大、重量大的产品，制作小批量、强度高的包装。

4. 金属材料

包装所使用的金属材料主要有钢材和铝材，其形态为薄板和金属箔，前者为刚性材料，后者为软性材料。金属材料具有较强的塑性和韧性、光滑、延伸率均匀，有良好的机械强度和抗冲击力，不易破碎，但金属材料具有导电、导热性，价格较高的缺点。

5. 玻璃

玻璃材料可用于运输包装和销售包装。

6. 复合材料

将几种材料复合在一起，使其兼具有不同材料的优良性能，正在被广泛地采用。现在使用较多的是薄膜复合材料。主要有纸基复合材料、塑料基复合材料、金属基复合材料等。

(二)绿色包装

绿色包装是指采用节约资源、保护环境的包装。

绿色包装的途径主要包括:促进生产部门采用尽量简化的以及由可降解材料制成的包装,商品流通过程中尽量采用可重复使用单元式包装,实现流通部门自身经营活动用包装的减量化,主动地协助生产部门进行包装材料的回收及再利用。

1. 新型塑料包装材料

(1)新型降解塑料。随着国际环境标准 ISO 4000 的实施,新开发的各种降解塑料备受人们关注。

(2)泡沫塑料新品种。意大利 AMUT 公司挤出发泡 PP 片材是聚丙烯系列产品的最新发展。它与具有同样性能的 PP 片材相比,因产品密度低,故可节约 20%的原材料,从而节约因破坏生态环境所需偿付的费用。

2. 新型纸包装材料

纸制品包装在诸多种包装制品中,其比重处于领先的地位。在国际市场上,以纸代塑,以纸代布等已成为产品包装的大趋势,欧美一些发达国家甚至拒绝接收塑料袋包装的产品。由于纸制品易于腐化,既可以回收作再生纸张或做植物肥料,又可以减少空气污染,净化环境。因此,与塑料、金属、玻璃其他三大包装相比,纸包装将成为最有前途的绿色包装材料之一。

(1)新型的瓦楞纸包装。新型的瓦楞纸板抗压强度高,缓冲性能好,它的包装费用要比木箱低 30%,比木制品重量轻 65%以上。

(2)新型的蜂窝纸包装。这是一种组合式环保角蜂窝纸箱,其最大特点是其“组合式”结构,6 块面板,8 个护角,12 条棱简单地有机组合成坚硬美观实用的纸箱。拆卸灵活,储运更加方便。平时蜂窝纸板单独成片,一旦使用,按图组合,15 分钟内可组合成形。

(3)新型无订纸箱。无订纸箱多采用将纸箱结合处订头去掉,而改用黏合剂粘接处理,亦有少量的用胶带粘结。现今市场上经常使用的瓦楞纸箱多以带订纸箱出现。带订纸箱会带来一系列不便利因素,因此在食品、医药、农副产品等商品包装中,采用无订纸箱已成为一种趋势。

(4)应用于销售领域的瓦楞纸包装。瓦楞纸包装都用于商品的外包装盒运输包装,这似乎成了一种约定俗成的规定,形成了一种观念,因而也束缚了瓦楞纸包装的发展。随着自主销售越来越流行,出现了异型彩印 E 形瓦楞纸包装,它不仅具有相应的强度且装潢精美和兼具有广告功能,又是一种很好的销售包装。

三、包装技术及其应用

(一)防湿、防水包装

采用防湿、防水包装的目的,其一是为了阻隔外界水分的侵入,其二是为了减少、避免由于外界温、湿度的变化，而引起包装内部产生返潮、结露和霉变现象。

防湿、防水包装的包装材料必须具有抵御外力作用和防止水分进入内部两种保护性能，因此要求防湿、防水包装应由两种材料构成。一种是用于抵御外力的框架外壁材料，另一种是具有防湿、防水性能的内衬材料。

1.外壁材料

外壁材料必须具有一定的机械强度，既能承受内装物的重量，又能承受搬运、装卸和运输各环节中所遇到的各种机械外力，包括各种作业中所发生的动应力和堆码中的静应力。当承受到各种外力作用时，在正常情况下保持其刚性而保护内装物的质量，特别是外部浸水受潮的条件下，仍能具有一定的机械强度，能保护其刚性不变而使内装物得到保护。

2.内衬材料

①防湿、防水用的内衬材料有纸张类、塑料类、金属类和复合材料类。

②用于防湿、防水的纸张有石油沥青油毡、石油沥青纸、蜡剂浸渍纸等。

③常用防湿、防水的薄膜塑料有低密度聚乙烯、聚氯乙烯、聚苯乙烯等。

④常用于防湿、防水的金属和复合材料有铝箔、铝型复合膜等。

3.密封材料与防水材料

防湿、防水用的密封材料有压敏胶带、防水胶粘带、防水胶粘剂等。密封材料必须具有良好的黏结和耐湿、耐水性能。密封材料遇湿、遇水后，其粘结性能不应下降，箱体的结合部位不应产生分离现象。

4.防湿、防水包装方法

对防湿、防水的包装容器、装填时装物后严密封缄，要保证接合处不渗水，保证水不会透过而侵害内装产品。为了提高防水效果，可敷设双层防水材料，如一层为石油沥青油毡和一两层塑料薄膜。

在装箱作业过程中，包装环境应清洁、干燥，不得有其他有害物质存在，并将内装物用适当的衬垫物卡紧固定，以避免在运输过程中由于震动冲击等作用力，使内装物发生移动而损伤防湿、防水材料现象发生。

5.防潮包装有效年限

防潮包装的储运期限就是防潮包装的有效期限，是指在规定的条件下，防潮包装应保证内装物符合规定质量要求的时间。对防潮运输包装来说，有效期限是指从生产厂家将产品封口时开始，经过流通环节中的储存、装卸、中转、运输而到达收货单位首次启开包装时终止所允许的时间。

(二)防霉包装

1.概述

防霉包装是在流通过程中，防止霉变侵袭包装及其内装物而采取的一种保护包装。防霉包装能使包装及其内装物处于霉菌被抑制的特定条件下，保持其质量完好和延长保存期限。霉变是由于霉菌寄生和繁衍滋生的结果。包装及其内装物在生产、包装、运输和储运的过程中受到微生物的污染,引起营养物质的分解而发生霉变的现象。从包装方面来说,要根据霉菌的生理特性,控制霉菌的生长条件,对包装结构、工艺过程进行改进来达到防霉的目的。

2. 防霉包装材料

根据包装材料抗霉能力的不同,可把包装材料划分为抗霉性材料、半抗霉性材料和不抗霉性材料三种。

抗霉性材料主要指各种金属材料和部分非金属材料。金属材料主要是指钢铁、铝、铜等。非金属材料抗霉包装主要是指钙塑瓦楞箱。半抗霉性材料主要指塑料及其复合材料。不抗霉性材料是指棉、麻、丝、毛等自然纤维及其纺品、纸张、纸板、绳索等。

3. 防霉包装技术要求

(1)质量要求:要根据内装物的性质、储运和装卸条件,确定防霉包装结构和加工工艺方法,使经过包装的内装物出厂后两年内达到专业技术文件所规定的防霉技术要求。

(2)材料要求:直接接触内装物的包装材料,不允许对内装物有腐蚀作用,也不允许使用产生气体的材料;应选择吸水率和透湿度较低的材料进行包装,用于防霉包装的材料必须耐霉,而耐湿度与耐霉性较差的材料,应按有关标准规定进行防潮、防霉处理。

(3)防霉包装的结构形式:可归纳为密闭包装和非密闭包装两大类。

密闭包装的关键是要高度阻隔外界气候条件参数的渗透,因此,首先要采用气密性好、透湿度和透氧率低的材料、复合材料及其包装容器来实施防霉包装,以便防止在储运过程中发生长霉现象。

非密闭防霉包装对外界不是密闭的,因此,包装容器内的湿度和相对湿度随着外界环境条件的变化而变化。所以,这类包装的内装物在潮湿的环境条件作用下容易受潮长霉。

(三)防震包装

防震包装又称缓冲包装,在各种包装方法中占用重要地位。产品从生产出来到开始使用要经过一系列的保管、堆积、运输和装卸过程,在任何一个环节中,都会有外力作用于产品之上,并可能使产品发生机械性的损坏。为了防止产品遭受损坏,就要设法较少外力的影响。所谓防震包装就是指为了减缓内装物受到的冲击和震动,保护其免受损坏所采取的一定保护措施的包装。

1. 防震包装材料

防震材料是置于被包装产品与被包装产品之间来吸收冲击、振动等外力而保护被包装产品的。所以选择防震材料是防震包装中的关键问题之一。

(1)泡沫塑料

泡沫塑料可定义为具有细孔海绵状结构的发泡树脂材料，通常是将气体导入并分散在液体树脂中，随后将发泡的材料硬化。

(2)气泡塑料薄膜

气泡塑料薄膜是采用专门的加工方法，在两层塑料薄膜之间封入空气，在一面形成一个个突出的气泡。气泡塑料薄膜的材料一般为聚乙烯。气泡塑料薄膜适用于包装重量较轻的物件。

(3)兽毛填充橡胶防震材料

把猪毛、马毛、合成纤维等天然橡胶作为粘合剂将其粘合，制成防震胶垫。这种防震材料适用于包装仪器仪表和精密机械时采用。

防震缓冲包装材料应具有的特性：良好的吸收冲击能量和震动外力的性能，并能使其减弱和消除；良好的复原性；较小的吸湿性；适中的酸碱性。

2.防震包装技术方法

防震包装的结构形式一般有全面缓冲防震技术方法、现场发泡缓冲防震技术方法、部分缓冲防震技术方法和浮吊缓冲防震技术方法。

(1)全面缓冲防震包装技术

全面缓冲防震包装是指内装物在其内外包装容器的所有空隙间，全部用缓冲材料填满固定的方法，对内装物进行全面保护，缓冲材料一般采用丝状、粒状和薄片，以便对形状复杂的内装物能有很好的填塞。当发生冲击、振动时，能有效地吸收能量，分散起作用力来保护内装物。全面缓冲防震包装技术方法有压缩包装法、浮动包装法和模合包装法等。

(2)现场发泡缓冲防震技术方法

现场发泡缓冲防震是一种全面缓冲防震的包装方法。这种包装技术方法主要运用于各仪器、仪表、家用电器、玻璃陶瓷制品以及不规则的内装物品。

(3)部分缓冲防震技术方法

对于整体结构好的产品和有内包装容器的产品，可对其侧面、棱边、拐角等局部的部位使用缓冲防震材料进行衬垫，对于这种在局部部位缓冲防震的方法，叫做部分缓冲防震技术方法。

四、工业包装自动化技术

(一)自动化包装线的含义及分类

自动化包装线是按包装的工艺过程，将各自动包装机和有关辅助设备，用输送装置连起来，成为具有独立控制装置的工作系统。它能使被包装产品与包装材料、包装辅助材料、包装容器等，按预定的包装要求和工艺顺序，完成商品包装的全过程。

自动包装线有两种分类方法。

1. 按各包装机之间连接特征

(1)刚性自动包装线：

是指各包装机间输送装置直接连接起来，以一定的生产节奏完成包装作业。缺点是某一生产环节出现故障，会引起全线停产。

(2)柔性自动包装线：

是在各包装机间加设储料器，由其向后续包装机械供料，克服了因某台机器发生故障而影响其他机器的包装作业，生产效率较高。

(3)刚柔性组自动包装或半柔性自动包装线：

这种包装线介于刚性和柔性之间的自动包装线，即把包装线分成若干区段，对故障出现比较多的位置设置储料器，故障少者不设储料器，既保证生产高效率，又减少资金投入。

2. 按组合布局分

(1)串联自动包装线：是将各包装机按工艺流程单向顺序连接，生产节奏相同，连续生产。

(2)并联自动包装线：是为了平衡生产节奏，提高生产能力，将具有相同包装功能的机械分成数组，共同完成同一包装作业，直至完成商品包装。

(3)混联自动包装线：客观存在是在一条包装线中同时采用串联和并联两种形式。其目的是平衡各包装机的生产节拍。

(二)自动化包装线的条件

自动包装线能改善劳动条件，提高生产能力；能提高产品质量，合理利用资源；能统一包装规格，降低包装成本；特别是对于食品包装，自动包装线能有利于食品卫生。

自动线包装对少品种、大批量生产的工厂最有利，对于多品种，小批量的包装，则不宜搞自动线包装，因为不经济。

(三)工业包装自动化设备体系

工业包装自动化设备体系的种类很多，所包装产品不一，但一般来说，它是由控制系统、输送装置、辅助工艺装置与自动包装机组成。

1. 控制系统

在包装自动线中，控制系统是整个自动线中的灵魂，它指挥着各个部分协调工作，它将自动生产线中所有的设备连接成一个有机的整体。它主要由工作循环控制装置、讯号处理装置及检测装置组成。

2. 输送装置

输送装置是将各台完成部分包装的机器连接起来，使之成为一条自动线的重要装置。它不仅担负包装工序间的传送作用，而且使包装材料或包装容器、被包装产品进入自动线，以及成品离开自动线。

3. 辅助工艺装置

在自动包装线中，为适应工艺上的要求，使自动线能有节奏、协调地工作而配置的辅助工艺装置，如转向装置、分流装置、合流装置等。

4. 自动包装机

自动供料、自动完成某一项或多项包装工序的机器称为自动包装机。它是一种由操作系统控制，在规定时间内，自动实现协作动作，完成包装作业的机器。它是自动线包装中的主要设备，是自动包装线的主体。

五、包装的标准化

(一)实行包装标准化的意义

众所周知，标准化是组织现代化大生产的重要手段，是推动社会生产迅速发展的强大动力，是经济发展和科学管理的重要基础。因此，实行包装工程的标准化具有相当重要的意义。

(1)便于提高包装生产率。实行统一的包装标准，简化了包装的规格型号，使同种类产品的包装可以互相通用。

(2)便于识别、使用和计量。由于包装标准化，简化和统一了包装容器的规格和型号，所以在生产和流通过程中便于识别、使用和计量。

(3)节约包装材料，降低包装成本。由于包装标准化，使包装材料、结构、规格型号统一了标准，所以在包装设计制造时可以充分而有效地使用原材料，不仅可以节省包装材料，还有利于堆码和提高仓库容量和运输工具的运载量。

(4)保证包装质量，保护产品安全。包装标准的制定，是从保护产品质量出发的。实现包装标准化，便于搬运和装卸，也为储存和堆码提供了良好的条件。

(5)有利于产品走向国际市场。有利于提高产品的竞争力，便于产品走向国际市场。

(6)有利于包装的回收复用。由于包装标准化，使包装规格型号统一，因此又利于包装容器的相互通用。

(二)物流中的主要包装标准

在包装标准体系中，可分为普通货物包装与危险货物包装两大部分。

20 世纪，我国宣布危险货物包装与国际要求接轨，其原因在于有国际规则可以遵循，并且是政府行为。在二战后，联合国危险品运输专家委员会集各国运输经验和研究成果编纂而成《危险货物运输建议书》，几经修改，并日臻成熟，并为各国政府正式接受。

普通货物组有所不同。发布一系列国际包装标准的国际标准化组织（ISO）不属于联合国，是非政府国际组织。

在发达国家不仅积极采用国际标准，而且其区域标准、行业标准与企业标准越往下要求越高，以保持其商品的竞争能力和垄断地位。我国也制定有大量的普通货物包装标准，特别是在各种行业标准中对产品的包装均相当重视，提出了相应的包装要求和规定。

S 本章小结

仓储活动是物流领域中的一个中心环节，在物流领域中起着重要的作用，被称为"物流的支柱"。它的基本功能包括物资的保管功能、调节物资的供需功能、调节物资的运输功能、实现物资的配送功能和节约物资的功能。仓储活动的基本活动包括存储、保养、维护和管理。仓储活动离不开设备的支持，仓储设备的选择是否合理，直接影响着仓储的作业效率。

现代生产输送系统是指高度智能化的集成物料搬运系统。输送系统的集成单元设备主要有带式输送机、板式输送机、辊筒输送机、升降机、移载机、封闭轨输送机、无链式摩擦积放输送机等等。集成物料搬运系统可以大大提高生产作业效率。

装卸搬运是物流系统中的一个重要环节，合理利用搬运设备可以提高装卸搬运的效率。搬运设备是指依靠本身的运行和装卸机构的功能，实现货物的水平搬运和短距离运输、装卸的各种设备。

包装是"为在流通过程中保护产品、方便储运、促进销售，按一定技术方面而采用的容器、材料及辅助物等的总体名称。也是为了达到上述目的而采用容器、材料和辅助物的过程中施加一定技术方法等的操作活动。"

C 案例分析

仪征化纤工业联合公司涤纶长丝自动化立体仓库

仪征化纤工业联合公司是我国最大的化纤生产基地，具有年产 50 万 t 聚酯的生产能力。仿毛差别化长丝项目是仪化三期工程的主要组成部分之一，涤纶长丝自动化立体仓库就在其主车间内。涤纶长丝自动化立体仓库是主车间后纺加工的一部分，它担负着长丝成品的入库存储、出库发送以及空托盘的自动处理，立体仓库的作业非常频繁。

一、立体仓库的平面布置

根据仪征化纤股份公司对生产、使用及其他系统联结的要求，立体仓库为南北向，进货、出货的位置分别安排在立体仓库货架的两端，平面输送系统采用贯通式布置，总的物流方向是从立体仓库南端（入库端）到北端（出库端），路径简捷，物流畅通。

二、仓库的主要设施

(1)高层货架。

(2)巷道式堆垛机。

(3)输送机。

(4)条形码阅读器。

(5)计算机终端。

三、仓库控制系统特点

控制系统是一个分层分布式计算机系统,它由管理层、监控层、控制层和设备层构成,具有以下特点:

1.可靠性高

在系统中,主管理机构的双层备份,系统启动时的自检功能,软件方面的抗干扰措施,以及远红外线和光纤通信等都是提高系统可靠性、使系统稳定运行的有效措施。

2.易操作维护

本系统的人机界面清楚、简单,系统操作和维护中有简明的提示方式和操作程序。

3.自动化程度高

在自动化仓库系统中,除出货口处的人工输入出库单和人工搬运外,其余均无须人工干预,这是目前国内综合自动化程度较高的立体仓库之一。

4.作业快速准确

货位分配的准确查找和合理分配,堆垛机认址的奇偶校验,条形码复核分岔,设置多个入口和多个出口,各巷道均匀入出库和就近出库的分配原则,合理高效的作业调度,空托盘的自动补给,这些措施都提高了作业的准确性和效率。

5.具有良好开放性

整个系统的软硬件环境开放透明,便于将来的修改与扩充,并具有与其他系统联接的通用接口。

6.模态组合灵活

多级控制方式、多种灵活的作业方式,使系统可以根据不同需要进行组合。

7.技术、设备成熟先进

系统中使用了远红外通信设备、智能控制系统、网络集成技术和低照度自控摄像系统,这些技术和设备为系统的可靠、高效、灵活运行提供了有效的保证。

案例思考题:

1.结合案例,谈谈自动化立体仓库的优点。

2.自动化立体仓库一般应配备哪些基本设施?

T 思考题

1. 仓储设备的概念及分类?

2. 仓储设备的选用标准是什么?

3. 货架技术的概念及应用?

4. 立体仓库的类型有哪些?

5. 企业物流设备管理有哪些内容?

6. 常用包装材料有哪些? 企业物流包装设备的概念及分类是什么?

7. 实行包装标准化的意义。

E 综合练习题

进行企业物流技术装备情况调查,取得资料,完成以下报告:

1. 描述企业概况

(1)企业在所处领域和业务功能等方面的情况

(2)企业组织结构图、企业定位与发展规划

(3)企业发展现状(主营业务、人员、设备、技术、管理等)

2. 企业物流技术装备使用情况

(1)明确企业物流技术装备所涉及部门

(2)物流装备类型

(3)物流装备管理情况

3. 根据调查说明我国企业物流技术装备的使用与管理水平

参考文献

[1] 唐纳德·沃特斯.物流管理概论.北京:电子工业出版社,2004.
[2] 杨凤祥.仓储管理实务.北京:电子工业出版社,2005.
[3] 梁军.仓储管理实务.北京:高等教育出版社,2006.
[4] 梁金萍.现代物流学.大连:东北财经大学出版社,2005.
[5] 王自勤.现代物流管理.北京:电子工业出版社,2002.
[6] 程淑丽.物流管理职位手册.北京:人民邮电出版社,2005.
[7] 吴清一.现代物流概论.北京:中国物资出版社,2005.
[8] 郝渊晓.现代物流技术学.广州:中山大学出版社,2001.
[9] 宋建阳.企业物流管理.北京:电子工业出版社,2004.
[10] 罗纳德·H·巴罗.企业物流管理.北京:机械工业出版社,2002.
[11] 张念.仓储与配送管理.大连:东北财经大学出版社,2005.
[12] 阙祖平.商品采购管理.大连:东北财经大学出版社,2005.
[13] 吴清一.现代物流管理.北京:中国物资出版社,2005.
[14] 吴清一.物流系统工程.北京:中国物资出版社,2005.
[15] 张晓青.物流管理基础.广州:华南理工大学出版社,2006.
[16] 戢守峰.物流管理新论.北京:科学出版社,2004.
[17] 邹辉霞.供应链物流管理.北京:清华大学出版社,2004.
[18] 葛承群.物流运作典型案例诊断.北京:中国物资出版社,2006.
[19] 王国华.制造业物流系统规划设计、运作与控制.北京:机械工业出版社,2006.
[20] 崔介何.企业物流.北京:中国物资出版社,2002.
[21] 万志坚.企业物流运营实务与案例分析.北京:中国物资出版社,2006.
[22] 赵启兰.企业管理物流.北京:机械工业出版社,2005.
[23] 左生龙.现代仓储作业管理.北京:中国物资出版社,2006.
[24] 李苏剑.企业物流管理理论与案例.北京:机械工业出版社,2003.
[25] 叶春明.生产计划与控制.北京:高等教育出版社,2005.
[26] 王蓓彬.现代仓储管理.北京:人民交通出版社,2004.
[27] 陈义仁.现代企业物流管理.广州:广东经济出版社,2001.
[28] 真虹.物流企业仓储管理与实务.北京:中国物资出版社,2003.
[29] 聂军.物流技术与设备.北京:对外经济贸易大学出版社,2004.
[30] 杨霞芳.现代物流技术.上海:上海财经大学出版社,2004.

[31] 鲁晓春.仓储自动化.北京:清华大学出版社,2002.

[32] 曾剑.物流基础.北京:机械工业出版社,2003.

[33] 王国华.现代物流技术与装备.北京:中国铁道出版社,2004.

[34] 姜大立.现代物流装备.北京:首都经济贸易大学出版社,2004.

图书在版编目（C I P）数据

企业物流管理/姜志遥，曹玉华主编 .—北京：人民交通出版社，2007.10

ISBN 978-7-114-06674-0

Ⅰ.企… Ⅱ.①姜…②曹… Ⅲ.企业管理－物流－物资管理 Ⅳ.F273.4

中国版本图书馆 CIP 数据核字（2007）第 162908 号

Qiye Wuliu Guanli

书　　名：企业物流管理
著 作 者：姜志遥　曹玉华
责任编辑：陈志敏　高　培
出版发行：人民交通出版社
地　　址：（100011）北京市朝阳区安定门外外馆斜街 3 号
网　　址：http：//www.ccpress.com.cn
销售电话：（010）85285838，85285995
总 经 销：北京中交盛世书刊有限公司
经　　销：各地新华书店
印　　刷：北京交通印务实业公司
开　　本：787×960　1/16
印　　张：20.5
字　　数：410 千
版　　次：2007 年 10 月　第 1 版
印　　次：2007 年 10 月　第 1 次印刷
书　　号：ISBN 978-7-114-06674-0
定　　价：28.00 元
（如有印刷、装订质量问题的图书由本社负责调换）